Offerings Sacrifices to the Deities of State
The Propitious Rituals in Tang and Northern Song China

朱溢 著

事邦国之神祇
唐至北宋吉礼变迁研究

上海古籍出版社

图书在版编目(CIP)数据

事邦国之神祇:唐至北宋吉礼变迁研究/朱溢著
.—上海:上海古籍出版社,2024.5
ISBN 978-7-5732-1109-5

Ⅰ.①事… Ⅱ.①朱… Ⅲ.①祭礼-研究-中国-唐代-北宋 Ⅳ.①K892.98

中国国家版本馆 CIP 数据核字(2024)第 076452 号

事邦国之神祇
——唐至北宋吉礼变迁研究

朱 溢 著

上海古籍出版社出版发行

(上海市闵行区号景路159弄1-5号A座5F 邮政编码201101)
　(1)网址:www.guji.com.cn
　(2)E-mail:guji1@guji.com.cn
　(3)易文网网址:www.ewen.co
苏州市越洋印刷有限公司印刷
开本635×965 1/16 印张23.75 插页5 字数349,000
2024年5月第1版 2024年5月第1次印刷
ISBN 978-7-5732-1109-5
K·3579 定价:148.00元
如有质量问题,请与承印公司联系

序

中国传统文化中,礼仪制度是一个重要的组成部分。礼的原意和最早的表现形式,大抵与祭祀有关,可以说礼是发源于古人对天地自然的祭祀和对鬼神祖先的崇拜。周代后期,礼的内容开始转化,一方面仍是泛指祭祀仪节,另一方面则从礼仪引申为"常道"、"法典",泛指人与人之间所当具有的关系、态度与行为,亦即人伦规范的意思。如《左传》隐公十一年记:"礼,经国家、定社稷、序民人、利后嗣者也。"昭公二十六年又记晏子对礼的界定说:"君令臣共,父慈子孝,兄爱弟敬,夫和妻柔,姑慈妇听,礼也。"可见礼已经发展成为政治、社会、家庭等多方面的行为准则和人伦规范。

礼是儒家思想中重要观念,从内在的道德提升到外在的守礼达人,可说是儒家伦理的一体两面。孔子在《论语》中对礼的阐释,除了泛指古代传下来的祭礼外,也包括了社会政治体制,即周代的典章制度。但讨论得最多的,则是人伦规范方面的含意。如《论语·为政》记孟懿子问孝,孔子的回答是:"生,事之以礼;死,葬之以礼,祭之以礼。"所谓"以礼",是要合乎当时社会上认为侍奉父母所应有的行为,而且往往要发自真心,不能只是形式。所以"礼"和孝道思想的关系是分不开的。在儒家来说,孝是一种发自内心的美德,而它的外在表现,要通过礼来实现。因此,礼仪在儒家道德伦理体系中扮演举足轻重的角色。这点可以从礼与仁的关系去加以证明。"仁"是儒家思想的核心价值观,但当孔子解释什么是仁时,他说:"克己复礼为仁。"(《论语·颜渊》)换句话说,实行仁德,就要克制自己,使自己的言行合乎礼。由此可见,礼已经成为人类在各种生活中所应遵循的行为规范,其最终目的在于培养人类的道德人格，建立人文秩序。

祭祀礼仪为什么会发展成为人伦规范？首先，古代的祭祀仪式除了代表宗教上的一种信仰外，也带有政治和社会上的功能。祭祀背后所包含的孝道思想、尊卑有别、长幼有序精神，对政治和社会的安定有一定的作用，因而受到重视，被政治家大力提倡。所以，中国古代礼制的经典《礼记》有以下的记载："礼至于国也，犹衡至于轻重也，绳墨之于曲直也，规矩之于方圆也。……故以奉宗庙则敬，以入朝廷则贵贱在位，以处家室则父子亲、兄弟和，以处乡里则长幼有序。孔子曰：'安上治民，莫善于礼。'此之谓也。"

中国古代的政治，本质上是一种等级政治，以维护上下尊卑的等级秩序为治世的根本。而礼仪制度正能够在这方面发挥效用，因为礼的本质在于区别上下，有了礼才能区别君臣、父子、兄弟、夫妇的名分，使人们在日常生活中各安其位，不相僭越。其次，因为有区别，日后才有"敬"，以下敬上，以卑敬尊，这样才能维护社会的秩序。所以礼制的任何一个环节，都在于区别等级人伦，树立人际规范。故《礼记》说："朝觐之礼，所以明君臣之义；聘问之礼，所以使诸侯相尊敬也；丧祭之礼，所以明臣子之恩也；乡饮酒之礼，所以明表幼之序也；婚姻之礼，所以明男女之别也。夫礼禁乱之所由生，犹坊止水之所自来也。"儒家所倡议的理想社会结构中，自天子以至庶人，自中央以至乡里，都由一定的礼仪规范。国家祭典、人伦秩序，都靠礼仪来维系。而人的生命中每个阶段的变化，都有一套严肃而深具文化意义的礼制来引导，成为了人生必经的"通过仪式"（Rites of Passage）。

汉代以后，中国官方以儒治国，儒家的礼仪进一步制度化、政治化，成为两千年来中国社会政教合一的重要工具。但古代礼仪文字繁琐，加以历代的变革更新，后人要了解其来龙去脉，绝不容易。学术界过去数十年对三礼的研究比较多，而历代礼制变迁的研究，可谓屈指可数。朱溢博士的新著《事邦国之神祇：唐至北宋吉礼变迁研究》，正好填补目前学术界的空白。

朱溢博士是北京大学历史学及经济学双学位毕业生，在北大历史系时已经一直名列前茅,屡获奖项,其中包括2002年中国第三届全国史学新秀论文奖。2002年以第一名保送北大历史系研究生,2005年获北京大学硕士学位。同年朱君以优异成绩考取新加坡国立大学研究生院,获新加坡国立大学全额奖学金,从事博士学位研究。除四年全额奖学金外,连续四年获颁作为全校少数顶尖研究生的奖励的新加坡国立大学校长奖学金。本书为朱君在新加坡国立大学的博士论文修改增补而成。他的博士论文在送外审后很快便顺利通过,当年三位评审人之一,已故华盛顿大学陈学霖教授的长篇审查报告中,有这样的一段:

The thesis is judiciously organized to provide an orderly structure to elucidate the development and changes of the Propitious Rituals as they emerged from the classical *Zhouli* and their modifications and maturation under the Han-Wei and Six Dynasties onto the Tang and Northern Song period. Discontent with the piecemeal efforts of past scholars, the candidate sought to provide a comprehensive coverage and analysis of the Propitious Rituals through a two-throng approach. It starts with an investigation of the Major Sacrifices, Medium Sacrifices and Minor Sacrifices that formed the vertical structure of the *Ji li*, and complements with a detailed discussion of four rituals that formed the horizontal dimension of the rituals: Ritual of the Heavenly Deities, Earth Deities, Human Deities, and Shidian Rituals. A full picture of the transformed Propitious Rituals through the Tang-Song transition thus emerges. This well-conceived intelligent design of the thesis is an outgrowth of the candidate's long years of study of the ritual systems in classical and medieval China in the context of political and cultural history, and the result of his accumulated experience in research skills and bibliographical search, much of which was enriched during his period of study in Singapore.

陈教授的评语客观地总结了朱溢博士论文的学术成就与建树。朱君除在北京大学接受传统之史学训练外,在新加坡国立大学就学期间,受到西方严谨学术研究方法之熏陶,从事学术研究及著述,均一丝不苟。读者阅读是书,当发现其缕析条分,精思博识。朱君穷多年之力,考究唐宋礼制,汇通古今之变,以成一家之言。其筚路蓝缕之功,定能嘉惠学林,启开风气之先。

李焯然
2014 年劳动节写于新加坡国立大学

目　　录

序 ·· 李焯然　1

第一章　导论 ·· 1
第一节　研究对象 ·· 2
第二节　学术史回顾 ·· 9
一、唐宋礼制研究的起步 ··· 9
二、20 世纪 90 年代以来唐宋礼制研究的进展 ································ 16
三、唐宋礼制研究的几点观察 ··· 35
第三节　研究思路 ·· 37

第二章　大祀、中祀和小祀 ··· 41
第一节　大祀、中祀和小祀制度的建立 ·· 42
第二节　祭祀等级制的展开 ·· 43
一、斋戒 ·· 44
二、祭品 ·· 48
三、祭祀人员 ··· 51
第三节　大祀、中祀和小祀祭祀对象的变化 ····································· 57
一、高宗武后时期 ·· 60
二、开元至贞元年间 ·· 63
三、北宋初年至英宗时期 ··· 67
四、神宗时期 ··· 75
五、徽宗时期 ··· 78

第四节　小结 ………………………………………………… 84

第三章　郊祀礼仪 …………………………………………………… 86
第一节　从郊丘之争到天地分合之争 ……………………………… 87
　　一、郊丘之争与郊祀礼仪的演进 ……………………………… 88
　　二、天地合祭的出现及其制度化 ……………………………… 97
　　三、北宋后期的天地分合之争 ……………………………… 103
第二节　皇帝亲郊礼仪 ……………………………………………… 122
　　一、三大礼的形成及其争议 ………………………………… 124
　　二、大礼五使的出现及其展开 ……………………………… 131
　　三、皇帝亲郊与国家秩序 …………………………………… 138
第三节　小结 ………………………………………………………… 158

第四章　太庙祭祀 …………………………………………………… 163
第一节　太庙庙数的变迁 …………………………………………… 166
　　一、"天子七庙"观念及其争议 ……………………………… 167
　　二、唐初至宋英宗朝太庙庙数的变化 ……………………… 170
　　三、宋神宗时期的始祖问题与北宋后期九庙制的出现 …… 181
第二节　太庙祭祀中私家因素的凸显 ……………………………… 195
　　一、太庙管理机构的变动 …………………………………… 196
　　二、宗室参与太庙祭祀程度的加深 ………………………… 201
　　三、一帝一后形式的打破 …………………………………… 207
　　四、常馔珍羞与太庙祭品 …………………………………… 223
第三节　禘祫礼仪 …………………………………………………… 236
　　一、禘祫礼仪中的东向问题 ………………………………… 238
　　二、别庙皇后与禘祫礼仪 …………………………………… 246
　　三、禘礼的终结 ……………………………………………… 253
第四节　小结 ………………………………………………………… 261

第五章　释奠礼仪 ……………………………………… 265

第一节　孔庙释奠礼仪 …………………………………… 266
一、释奠礼仪功能的转变 ………………………………… 268
二、释奠礼仪在五礼之中归属的固定 …………………… 283
三、孔庙释奠礼仪在北宋地方社会的深入展开 ………… 288
四、儒学复兴与北宋后期孔庙神位的变化 ……………… 297

第二节　武庙释奠礼仪 …………………………………… 304
一、武庙释奠礼仪的建立 ………………………………… 305
二、晚唐五代的武庙释奠礼仪 …………………………… 309
三、北宋的武庙释奠礼仪 ………………………………… 314

第三节　小结 ……………………………………………… 318

第六章　结语 …………………………………………… 322

参考文献 ………………………………………………… 329

索引 ……………………………………………………… 357

后记 ……………………………………………………… 367

第一章 导　　论

中国自古以来就是礼仪之邦，礼文化博大精深，涵盖面非常广泛。《礼记·曲礼上》就有"道德仁义，非礼不成。教训正俗，非礼不备。分争辨讼，非礼不决。君臣、上下、父子、兄弟，非礼不定。宦学事师，非礼不亲。班朝治军，涖官行法，非礼威严不行。祷祠祭祀，供给鬼神，非礼不诚不庄"的观念。[①] 可以看到，在古人的心目中，无论是陶冶道德情操还是规范社会习俗，无论是维持社会成员的身份等级还是裁决他们之间的纷争，无论是国家机器的运转还是人与神灵世界的沟通，都离不开礼的作用。进入帝制时代后，这一观念也没有变过。可以说，礼代表了中国文化的精粹，也是中国传统社会有效运转的软性约束力量。

正是因为这种极端重要性，礼成为中国古代士人最为关心的话题之一，并留下了异常丰富的文字记载。对于今天的学人来说，礼同样是探究中国传统文化的重要课题，相关论著也是层出不穷。在与礼有关的研究成果中，经学史取向的研究蔚为大宗，其中以三《礼》学的研究最为突出。三《礼》学有着两千多年的传承和积累，自然是非常理想的研究对象，成果丰硕也在情理之中。但是，礼是多层面的、立体的，[②]除了三《礼》学，其他

[①]《礼记正义》卷一，《十三经注疏》本，北京：中华书局，1980年，第1231页。
[②] 陈戍国认为礼有礼物、礼仪、礼意三部分内容。王启发将中国古代的礼区分为行为之礼、制度之礼、观念之礼，具有宗教、法律、道德三方面的属性。梁满仓认为，中国的礼文化包括礼学、礼制、礼俗、礼行四个方面。高明士指出，礼有三义，即礼之义、礼之仪、礼之制，也就是礼的义理、礼的仪式和礼的制度，分别参见陈戍国：《先秦礼制研究》，长沙：湖南教育出版社，1991年，第7—8页；王启发：《礼学思想体系探源》，郑州：中州古籍出版社，2005年，第4—7页；梁满仓：《魏晋南北朝五礼制度考论》，北京：社会科学文献出版社，2009年，第1页；高明士：《律令法与天下法》，台北：五南图书出版公司，2012年，第371—377页。

方面的研究也需要切实的加强。

礼,既涵盖诸多宗教性或非宗教性的典礼和仪节,也包括社会成员应当普遍接受并遵循的行为准则、道德规范和人类秩序。因为国家权力的介入,在那些传统的典礼和仪节中,有了礼制和礼俗之分。两者的分野在于:礼制是朝廷以礼典和相关法令的形式颁布的礼仪活动规则,礼俗是由社会习俗支撑的礼仪行为。礼制和礼俗之间并非决然对立,而是时有沟通的,也有一些礼仪内容兼跨这两个领域,但是两者的界限还是相当分明。礼制属于典章制度,因此礼制史研究是制度史研究的一个分支。

在中国古代的政治生活中,礼仪制度一直是极受关注的话题,它是王朝合法性和意识形态的一种表达,也是士大夫政治理想的一种寄托,重要性不言而喻。礼制的重要性也体现在文献的数量上,与国家礼制的文本规定、实际运作以及由此带来的争论有关的文献记载极其丰富。在中国古代,史书写作与历史研究并非截然两分,因此很多传世文献在一定程度上也带有研究性质。例如,杜佑的《通典》和马端临的《文献通考》将过去的礼制进行了分门别类的整理,并加以注释考辨。清人秦蕙田的《五礼通考》是这方面最杰出的代表。

然而,礼制进入现代学者的研究视野,却是很晚近的事情,礼制研究成为一个研究领域,更是只有短短的三四十年时间。经过学者们的努力,礼制研究已经取得了长足的进步,并成为一个非常活跃的研究领域。但是,礼制研究有着极其重要的学术价值,又有数量众多的原始史料在后面支撑,这一领域的研究潜力需要而且可以进一步开掘。

第一节 研 究 对 象

为了清楚地说明本书的研究对象——吉礼,我们需要了解吉礼在中国礼制史上的位置,这样才能对吉礼的概念及其时间有效性有一个准确的认识。

在中国早期文明的形成时期,源于风俗习惯的礼仪就已经产生,并随着国家的出现而制度化,成为一种重要的治国措施。周代便是以礼乐制度著称。① 与后世精致的礼制架构相比,先秦的礼制还非常粗陋,两者之间经过了很多曲折复杂的演变过程。这一过程可以概括为:在精神内核上确立了儒家思想的指导地位;在形式上逐渐精致化,最后建立了五礼体系。

直到西汉末年之前,方术还深刻地影响着帝国礼制的运行。在汉武帝统治时期,最重要的祭祀礼仪是雍的五帝祭祀、甘泉的太一祭祀和汾阴的后土祭祀,这些都带有明显的方术色彩,这正是西汉末年的礼制改革所要改变的。② 在西汉末年,尤其是王莽统治时期,儒家士大夫推动了郊祀和宗庙的改革,在这两项最重要的礼仪制度上确立起儒家思想的权威地位。③ 新莽政权虽然很快被推翻,但是其政治遗产被东汉继承,礼制与儒家思想的结合更为稳固。

"五礼"一词出现甚早,例如《尚书·舜典》说:"岁二月,东巡守,至于岱宗,柴,望秩于山川,肆觐东后。协时月正日,同律度量衡。修五礼、五玉、三帛、二生、一死贽,如五器,卒乃复。"④ 不过,《尚书》没有具体说明五礼的含义。在成书较晚的《周礼》中,五礼的含义开始变得清晰。《周礼·春官·大宗伯》:

> 以吉礼事邦国之鬼神示,以禋祀祀昊天上帝,以实柴祀日、月、星、辰,以槱燎祀司中、司命、飌师、雨师,以血祭祭社稷、五祀、五岳,以貍沈祭山林、川泽,以疈辜祭四方百物,以肆献祼享先王,以馈食享先王,以祠春享先王,以禴夏享先王,以尝秋享先王,以烝冬享先王。
>
> 以凶礼哀邦国之忧,以丧礼哀死亡,以荒礼哀凶札,以吊礼哀祸灾,以禬礼哀围败,以恤礼哀寇乱。

---

① 杨向奎:《宗周社会与礼乐文明》,北京:人民出版社,1997年,第229—357页。
② 金子修一:《古代中国と皇帝祭祀》,东京:汲古书院,2001年,第86—94页。
③ 板野长八:《儒教成立史の研究》,东京:岩波书店,1995年,第216—227页;金子修一:《古代中国と皇帝祭祀》,第94—99、106—108页。
④ 《尚书正义》卷三,《十三经注疏》本,北京:中华书局,1980年,第127页。

>　　以宾礼亲邦国,春见曰朝,夏见曰宗,秋见曰觐,冬见曰遇,时见曰会,殷见曰同,时聘曰问,殷覜曰视。
>　　以军礼同邦国,大师之礼,用众也;大均之礼,恤众也;大田之礼,简众也;大役之礼,任众也;大封之礼,合众也。
>　　以嘉礼亲万民,以饮食之礼,亲宗族兄弟;以昏冠之礼,亲成男女;以宾射之礼,亲故旧朋友;以飨燕之礼,亲四方之宾客;以脤膰之礼,亲兄弟之国;以贺庆之礼,亲异姓之国。①

根据彭林的研究,《周礼》成书于西汉时期,②它并不全是西周典章制度的如实记载,在很大程度上是当时儒生礼制理想的反映。《周礼》中的五礼从一种观念最终变为国家礼仪制度的基本框架,经历了漫长的过程。

汉代建立后,学术以今文经学为正统,在礼学领域的表现就是以《仪礼》为经。在《仪礼》中,礼仪有冠、婚、丧、祭、乡和相见六类。《仪礼》的缺陷是它无法囊括汉代的国家礼仪制度,所以有一部分礼制超出了《仪礼》的范围,这在正史中有充分反映:《史记》有《礼书》,也有《封禅书》;《汉书》有《礼乐志》,也有《郊祀志》;《续汉书》有《礼仪志》,也有《祭祀志》。因为《仪礼》在汉代被称为《士礼》,所以梁满仓将汉代的国家礼制称作"超《士礼》礼制"。③

后来,因为古文经学的崛起乃至胜利,《周礼》的地位不断上升,到了魏晋南北朝,已经超越了《仪礼》和《礼记》,具有了礼经的地位。与《仪礼》相比,《周礼》显然更符合大一统帝国的需要:《仪礼》记载的是古代士大夫的礼仪,汉朝将这些礼仪推衍应用到皇帝身上,以此来建立国家礼制,难免有格格不入的地方;《周礼》以天子为中心,建构了一套比《仪礼》更为庞大复杂的体系,并且与整个国家制度有机地结合在一起。④ 随着《周礼》的

---

① 《周礼注疏》卷一八,《十三经注疏》本,北京:中华书局,1980年,第757—761页。
② 彭林:《周礼主体思想与成书年代考》,北京:中国社会科学出版社,1991年,第82—90、229—256页。
③ 梁满仓:《魏晋南北朝五礼制度考论》,第127—128页。
④ 梁满仓:《魏晋南北朝五礼制度考论》,第67—72页。

地位不断凸显,五礼观念逐渐用于国家礼制实践。在魏晋南北朝时期,五礼体系取代了"超《士礼》礼制",成为国家礼制的基本架构,并且最终定型于隋唐时期。①

吉礼是五礼之首,尽管五种礼仪的排列顺序和相对地位发生过变化,②但是吉礼在五礼体系中的首席地位一直不变。在五礼之中,吉礼的内容和篇幅也是最多的,在整部礼典中占了一半左右。例如,在150卷的《大唐开元礼》中,吉礼占了75卷;北宋末年的《政和五礼新仪》共220卷,吉礼有111卷。吉礼中的绝大多数内容都与祭祀有关,可以说吉礼的主体部分是制度化的祭祀礼仪。在先秦时代,祭祀是社会中的头等大事,《左传》之中就有"国之大事,在祀与戎"的说法,③祭祀的重要性列于武力征讨之前。进入帝制时代后,祭祀活动的重要程度有所下降,但仍然是维系国家和社会运行的一项关键机制。在儒家的思想观念中,宇宙间的万事万物有机地联系在一起,礼制是促进天、地、人和谐共处的必要途径。《礼记·礼运》:"故先王患礼之不达于下也。故祭帝于郊,所以定天位也;祀社于国,所以列地利也;祖庙,所以本仁也;山川,所以傧鬼神也;五祀,所以本事也。故宗祝在庙,三公在朝,三老在学,王前巫而后史,卜筮瞽侑皆在左右。王中心无为也,以守至正。故礼行于郊,而百神受职焉;礼行于社,而百货可极焉;礼行于祖庙,而孝慈服焉;礼行于五祀,而正法则焉。故自郊社、祖庙、山川、五祀,义之修而礼之藏也。"④到了唐代,传统的儒家宇宙观仍然是礼制存在的首要依据。⑤ 与偏重于人伦的宾礼、军礼、嘉礼和凶礼相比,旨在沟通人间与神界的吉礼集中体现了儒家宇宙观。宾礼、军礼、嘉礼和凶礼大多没有固定的举行时间,像纳后、立太子这样的礼仪

---

① 梁满仓:《魏晋南北朝五礼制度考论》,第126—146页。
② 在《周礼》中,五礼的顺序是吉、凶、宾、军、嘉,这在魏晋南北朝时期得到了遵循。唐太宗贞观年间制定《贞观礼》时,五礼顺序调整为吉、宾、军、嘉、凶,奠定了以后这五种礼仪之间的相对地位。
③ 《春秋左传正义》卷二七,《十三经注疏》本,北京:中华书局,1980年,第1911页。
④ 《礼记正义》卷二二,第1425—1426页。
⑤ David L. McMullen, "Bureaucrats and Cosmology: The Ritual Code of T'ang China," in David Cannadine and Simon Price, eds., *Ritual of Royalty: Power and Ceremony in Traditional Societies*, Cambridge: Cambridge University Press, 1987, pp. 215-216.

几年都不见得举行一次,吉礼之中的这些祭祀礼仪基本上每年都有,要么是在固定的节气举行,要么是在固定的月份通过卜筮确定具体的举行日期。人间的吉礼仪式配合时节的运转而举行,通过祭祀的方式维持生者与天神、地祇、人鬼的和谐关系,并体现皇帝作为人间统治者与神灵沟通的权威。

因为吉礼的重要性,学界对吉礼之下多种重要祭祀礼仪进行了研究,不过,讨论主要是在国家祭祀而非吉礼的范畴内进行。本书之所以一反通行做法,不用国家祭祀的概念,而是用"吉礼"来涵盖本文的研究对象,主要是出于两方面的考虑。第一,中国古代不存在一个与"国家祭祀"等同的概念,所以国家祭祀的内涵、外延需要研究者进行界定。研究者对哪些祭祀礼仪属于国家祭祀的判断各有不同,例如,周绍明(Joseph P. McDermott)以礼典是否有记载为依据,[①]吴丽娱以祭祀功能为标准,[②]雷闻强调了祭祀执行机构的公共性,认为国家祭祀是由各级政府主持的一切祭祀活动。[③] 如何界定国家祭祀的概念,在很大程度上决定了讨论的范围有多宽,哪些祭祀可以成为讨论的内容。正因为这样,国家祭祀研究的范围有很大的不确定性。第二,尽管吉礼与国家祭祀有很多重合之处,但是这两个概念并不等同。并非所有的国家祭祀礼仪都在吉礼的范畴内,例如军礼和嘉礼中也有祭祀内容,还有一些官方祭祀行为甚至不在国家礼制的范围内。在中国古代,吉礼是一个内涵、外延都很明确的概念,哪些祭祀礼仪属于吉礼,是当朝制度明确规定的,而且更具系统性。本书将这些祭祀礼仪放在吉礼体系的框架下研究,既是出于方便操作的考虑,也是为了回到历史现场,尽可能用当时的术语、概念来讨论问题。

从时间范围来看,我们的研究横跨唐代、五代和宋代。尽管学界对唐宋时期的社会性质持不同的看法,但是大都同意中国社会在这一时期出

[①] Joseph P. McDermott, "Introduction," in Joseph P. McDermott ed., *State and Court Ritual in China*, Cambridge: Cambridge University Press, 1999, pp. 1-19.

[②] 吴丽娱:《唐宋之际的礼仪新秩序——以唐代的公卿巡陵和陵庙荐食为中心》,《唐研究》第 11 卷,2005 年,第 266—268 页。

[③] 雷闻:《郊庙之外:隋唐国家祭祀与宗教》,北京:三联书店,2009 年,第 3 页。

现了重大转折。以日本的东洋史学界为例,京都学派对中国历史的分期以文化形态为原则,在这一分析框架下,中国在唐宋时期从中世社会进入近世前期社会;东京学派的历史分期看重生产关系,在他们看来,唐宋时期经历了古代社会向中世社会的转变。① 从世界范围看,京都学派的看法得到了更多的共鸣,朝向现代性的唐宋社会变迁成为一个极受关注的话题。唐宋变革论的叙述模式已经发生了不少变化,现代性的探讨逐渐退出,②但是唐宋社会转型的话题仍然经久不衰。

针对唐宋诸多历史现象,除了断代性的专题研究,不少学者们还尝试跨越朝代限制,来进行某个历史主题的研究,并且取得了可喜的成果。③尽管我们的唐宋吉礼研究不以回应唐宋变革论为主要目标,但是唐宋政治、经济、社会、思想文化等方面的变迁,构成了这一时期吉礼承继和兴替

---

① 谷川道雄:《总论》,收入谷川道雄编《战后日本の中国史论争》,名古屋:河合文化教育研究所,1993年,第13—19页。
② 包弼德:《唐宋转型的反思——以思想的变化为主》,《中国学术》第3辑,2000年,第63—87页;罗祎楠:《模式及其变迁——史学史视野中的唐宋变革问题》,《中国文化研究》2003年夏之卷,第18—31页。
③ 重要的专著有加藤繁《唐宋时代における金银の研究》(东京:东洋文库,1925、1926年)、仁井田陞《唐宋法律文书の研究》(东京:东方文化学院东京研究所,1937年)、全汉昇《唐宋帝国与运河》(重庆:商务印书馆,1944年)、青山定雄《唐宋时代の交通と地志地图の研究》(东京:吉川弘文馆,1963年)、周藤吉之《唐宋社会经济史研究》(东京:东京大学出版会,1965年)、佐竹靖彦《唐宋变革的地域之研究》(京都:同朋舍,1990年)、Peter K. Bol, *"This Culture of Ours": Intellectual Transitions in T'ang and Sung China* (Stanford: Stanford University Press, 1992)、赵雨乐《唐宋变革期军政制度史研究:三班官制之演变》(台北:文史哲出版社,1993年)、赵雨乐《唐宋变革期之军政制度:官僚机构与等级之编成》(台北:文史哲出版社,1994年)、大泽正昭《唐宋变革期农业社会史研究》(东京:汲古书院,1996年)、邱添生《唐宋变革期的政经与社会》(台北:文津出版社,1999年)、郑学檬《中国古代经济重心南移和唐宋江南经济研究》(长沙:岳麓书社,2003年)、大泽正昭《唐宋时代の家族・婚姻・女性:妇は强く》(东京:明石书店,2005年)、林文勋《唐宋乡村社会力量与基层控制》(昆明:云南大学出版社,2005年)、李淑媛《争财竞产:唐宋的家产与法律》(台北:五南图书公司,2005年)、李全德《唐宋变革期枢密院研究》(北京:国家图书馆出版社,2009年)、宁欣《唐宋都城社会结构研究:对城市经济与社会的关注》(北京:商务印书馆,2009年)、戴建国《唐宋变革时期的法律与社会》(上海:上海古籍出版社,2010年)、赖亮郡《唐宋律令法制考释:法令实施与制度变迁》(台北:元照出版公司,2010年)、辻正博《唐宋时代刑罚制度の研究》(京都:京都大学学术出版会,2010年)等。单篇论文更是不计其数,其中有一篇文章特别值得留意:Robert M. Hartwell, "Demographic, Political and Social Transformation of China, 750‑1550," *Harvard Journal of Asiatic Studies*, 42: 2 (1982), pp. 365‑442.

的历史舞台。礼仪制度是人类文明的结晶，时代的变迁也必然会直接或间接地与之产生互动效应。

在时间上，本书并不打算覆盖整个唐宋时代，而是以唐朝建立至北宋灭亡为界。之所以这样做，主要是因为唐至北宋时期的礼仪制度具有很强的承接性。宋太祖时期颁布的《开宝通礼》就是"本唐《开元礼》而损益之"而成的。① 我们再看北宋中期的重要礼书《太常因革礼》的成书过程："至嘉祐中，欧阳修纂集散失，命官设局，主《通礼》而记其变，及《新礼》以类相从，为一百卷，赐名《太常因革礼》，异于旧者盖十三四焉。"②既然《太常因革礼》是"主《通礼》而记其变"，而《开宝通礼》又是以《开元礼》为基准的，可见《太常因革礼》受《开元礼》的影响不小。北宋末年编修的《政和五礼新仪》有纠正北宋长期以来遵循唐代礼制的意图："遭秦变古，书缺简脱，远则开元所纪多袭隋余，近则开宝之传间存唐旧。在昔神考，跻时极治，新美宪章，是正郊庙，缉熙先猷，实在今日。"③但是，《政和五礼新仪》在很大程度上又继承了唐代礼制的精神。以上这些，都体现了唐代礼制在北宋持久的影响力，以及唐朝和北宋的礼仪制度之间紧密的正向和反向的关联。

唐和北宋吉礼制度的关系更是密切。在唐玄宗统治时期，吉礼制度发生了不少影响深远的变化。北宋建立后制定的各项吉礼制度主要承袭自中晚唐和五代，此后又沿着中晚唐以来的轨迹继续向前发展。从宋神宗统治时期到北宋末年，礼仪制度经历了大规模的改革。北宋后期的吉礼制度既有延续、放大中晚唐以来吉礼演化趋势的一面，同时又在某些方面设法改变乃至逆转这些趋势。这既使北宋后期的吉礼制度呈现出非常多元的面貌，也充分说明唐朝与北宋的吉礼制度的深刻联系。到了南宋，程朱理学的介入使吉礼制度的变迁呈现出新的特点。从礼制史的角度看，唐至北宋时期的吉礼变迁是一个较为完整的过程，因此本文的时间范

---

① 《宋史》卷九八《礼志一》，北京：中华书局，1977年，第2421页。
② 《宋史》卷九八《礼志一》，第2422页。
③ 《政和五礼新仪》卷首，《景印文渊阁四库全书》第647册，台北：台湾商务印书馆，1983年，第4页。

围限定于此。

第二节 学术史回顾

因其极端重要性,礼的研究源远流长,在中国古代就极为兴盛。正如前文所说,长期以来,礼的研究主要集中于三《礼》学,经学研究的路径占据了绝对的优势。相比之下,帝制时代的礼仪制度很少成为研究对象。即使在现代学术中,礼仪制度成为历史学的研究对象,也是相当晚近的事情,只有陈寅恪是唯一的例外。然而,近年来礼制研究越来越受到重视,一方面,礼仪制度在中国古代的典章制度和思想世界中的重要性得到了学者们的关注,另一方面,很多史料尚未从礼制史的视角加以检讨,这些原始史料俨然是一座有待开采的富矿。于是,以礼制为主题的论文和专著不断涌现。其中,唐代礼制研究在深度和广度上都积极拓展,成为中国古代礼制研究的排头兵,其他朝代的礼制研究也有可喜的进展,礼制研究正成为中国古代史最有活力、最富潜力的研究方向之一。下面,我们将回顾唐宋礼制研究的发展历程,展示这一领域业已取得的成绩,以及尚可进一步研究的课题,从而将本项研究镶嵌在学术史的坐标中,既能对以往研究进行有效回应,又能起到推陈出新的效果。

特别需要说明的是,本书的基础是我的博士论文,博士论文的构思、写作开始于 2006 年,最终于 2009 年完成,因此,本书的问题意识主要是在总结和检讨 2009 年以前学界既有成果的基础上形成的。在修改博士论文并将部分章节发表于期刊和会议论文集期间,我尽力蒐求了新近刊出的论著,虽然不是以其为主要对话对象,但是本书的具体论证环节还是积极吸收了这些前沿成果。

一、唐宋礼制研究的起步

陈寅恪可谓采用现代学术方法研究中国古代礼制的先驱,1943 年,他出版了《隋唐制度渊源略论稿》。在这部专著中,礼制是正文的第一章,而且占据的篇幅最多。陈寅恪指出,隋代继承了西魏北周的政治大业,但是其礼制渊源主要有二,分别是梁陈仪注和东魏北齐仪注。两股源流都有汉魏晋和南朝前期的共同礼制基础,又在各自的历史环境下有了新的发展,其中,东魏北齐的仪注还融入了从东汉末年到西晋末年中原士族避乱河西地区时保存的汉魏礼制。他认为,隋代融汇这些不同源流而制定的礼制,对唐代有很深的影响,即使是被视作唐代礼制巅峰的《开元礼》也间接受到了隋代礼制的影响。[①] 从方法看,陈寅恪对隋唐礼制源流的探讨,与今天的礼制研究颇为不同。他主要以参与礼制制定的官僚士大夫的身世、活动为线索,来讨论西魏北周、东魏北齐和梁陈礼制的形成及其对隋唐礼制的影响,很少触及礼制本身。也就是说,他基本上是采取政治史的研究思路和方法来分析隋唐礼制的源流,这或许可以称为政治史路径的礼制史研究。这部著作的核心观点是:虽然魏晋南北朝长期处于政治分裂的状态,最终是北方少数族完成了国家的统一,建立了隋唐帝国,但是中古时代仍然以华夏文化为主流和最终的归宿。陈寅恪对魏晋南北朝隋唐礼制的研究,是他论证这一理论极其重要的环节。无论是被赞成还是被反对,陈寅恪的研究总是能够激起学界的强烈回应,不过他对中古礼制的研究在当时似乎没有引起太多的反响,在很长一段时间内,既没有质疑意见,也无人顺着他的思路或结论继续深化这一课题的研究,直到近二十年才有改观。因此,隋唐礼制研究有过三十余年的中断。

帝制时代礼制研究的真正起步,发生在 20 世纪 60、70 年代。这不仅表现为制度史路径的形成,而且伴随着研究对象的逐步明确、研究方法的不断探索,礼制研究开始有了成为一个重要研究领域的可能。今日礼制研究的基本格局实奠基于这一时期,西嶋定生对此有很大的贡献。他积极倡导中国古代皇帝制度研究,作为皇帝制度的重要组成部分,郊祀、太庙、即位等礼仪形式开始受到关注。西嶋定生的主要研究时段是汉代,他对汉代礼制研究的贡献主要有两点:一是讨论君主如何通过二十等爵制

[①] 陈寅恪:《隋唐制度渊源略论稿》,上海:上海古籍出版社,1982 年,第 3—58 页。

以及与赐爵过程配套的乡饮酒礼,实现对人民的个别人身支配;①二是指出君主具有天子和皇帝的双重身份,礼制是体现这一双重身份的重要场域。② 他的理论创造和实证研究,使礼制研究的价值逐渐显露出来,并为之提供了坚实的讨论平台和丰厚的理论资源。

西嶋定生的研究取向、理论预设,被他的学生金子修一应用到汉唐礼制研究中。金子修一在20世纪70年代发表了三篇重要的论文。一篇是讨论唐代的大祀、中祀和小祀制度,重点在于揭示祭祀礼仪中君主的自称如何与祭祀的等级挂钩,从而显示君主在祭祀礼仪中的身份及其与受祭神灵的关系。他的研究表明,"天子"的自称用于祭祀天地系统的神祇,"皇帝"的自称用于祭祀祖先和其他人格神;大祀时君主自称"天子臣某"或"皇帝臣某",中祀时君主自称"天子某"或"皇帝某",小祀时君主自称"天子"或"皇帝"。这篇论文是对君主具有天子和皇帝双重身份之观点的进一步确认。③ 另外两篇论文与魏晋南北朝隋唐时期的郊庙礼仪有关。郊祀礼仪和太庙礼仪是国家礼制的两大柱石,郊庙礼仪的探讨对礼制研究的奠基作用是不难理解的。其中,一篇论文讨论了即位过程中的告谒郊庙礼仪。金子修一指出,汉代的即位礼仪以谒庙为中心,宗庙礼仪在一个有限的空间内举行,君主通过祖先与神灵沟通,私密性较为显著;到了唐代,皇帝即位以册诏和郊祀为中心,郊祀礼仪在开阔的空间举行,实现了君主与天神的直接交接,更具开放性,显示了皇权的强化。④ 另一篇论文研究了魏晋南北朝隋唐时期郊庙礼仪的变化。根据作者的研究,这一时期太庙祭祀制度变化不大,而郊祀礼仪的分量明显增加,昊天上帝祭祀

---

① 西嶋定生:《中国古代帝国の形成と构造:二十等爵制の研究》,东京:东京大学出版会,1961年。
② 西嶋定生:《皇帝支配の成立》,收入《岩波讲座世界历史》第4卷《东アジア世界の形成I》,东京:岩波书店,1970年,第229—256页;《汉代について即位仪礼——とくに帝位继承のばあいについて》,收入榎博士还历记念东洋史论丛编纂委员会编《榎博士还历记念东洋史论丛》,东京:山川出版社,1975年,第403—422页。
③ 金子修一:《唐代の大祀・中祀・小祀について》,《高知大学学术研究报告・人文科学编》第25号,1976年,第13—19页。
④ 金子修一:《中国古代における皇帝祭祀の一考察》,《史学杂志》第87编第2号,1978年,第174—202页。

的意义逐渐凸显。① 金子修一的观点对后来的研究者影响很深,例如,魏侯玮(Howard J. Wechsler)在很多地方吸收了他的看法。

20世纪80年代,金子修一又发表论文辨析了唐代皇帝亲祭与有司摄事的区别。② 在唐代,重要的祭祀礼仪分为皇帝亲祭与有司摄事两种形式。那些祭祀礼仪理论上应由皇帝主持,如果皇帝不能或不愿参加,就由有司代行其事,这称为有司摄事。皇帝亲祭与有司摄事之间有什么区别,皇帝亲祭的意义是什么,这些问题通过他的研究得到了清晰的揭示。金子修一始终关注在郊祀、宗庙等重要祭祀中,君主的位置在哪里,其权威如何体现。这些问题的解答,对于我们理解隋唐时期的皇帝制度、礼仪制度都至关重要。

除了金子修一,户崎哲彦对唐代太庙祭祀的研究也需要引起我们关注。对太庙祭祀来说,庙数问题一直争议不断,尤其是郑玄和王肃的争论对魏晋南北朝隋唐时期的太庙礼制影响甚深。为此,户崎哲彦从庙数的角度探讨了唐代太庙制度的变迁,将其进行了分期。③ 与此项研究密切相关的是,由于庙数的限制,太庙祭祀涉及在位皇帝的哪些祖先应该被迁毁,哪个祖先在合祭中应该占据东向之位,这样的争论在帝制时代不时发生。户崎哲彦探讨了唐后期的太庙禘祫礼仪之争,他认为,经过一系列争论,在禘祫礼仪中居东向之位的神主,由献祖变为太祖,其背后是血统原理向实绩主义原理的转变。④

这一时期,高明士、麦大维(David L. McMullen)对文武释奠礼仪的研究颇有价值。高明士对孔庙释奠礼仪的研究主要从教育制度切入,他

---

① 金子修一:《魏晋より隋唐に至る郊祀・宗廟の制度について》,《史学杂志》第88编第10号,1979年,第1498—1539页。
② 金子修一:《唐代皇帝祭祀の亲祭と有司摄事》,《东洋史研究》第47卷第2号,1988年,第284—313页;《唐代皇帝祭祀の二つの事例——太宗贞观十七年の场合と玄宗开元十一年の场合》,收入栗原益男先生古稀记念论集编集委员会编《中国古代の法と社会》,东京:汲古书院,1988年,第313—330页。
③ 户崎哲彦:《唐代における太庙制度の变迁》,《彦根论丛》第262、263号,1989年,第371—390页。
④ 户崎哲彦:《唐代における禘祫论争とその意义》,《东方学》第80辑,1990年,第82—96页。

认定庙学制建立于唐代,并对周边国家和唐代以后的中国产生了深刻影响,因此对孔庙中举行的释奠礼仪进行了细致研讨,内容包括先圣先师的争论、从祀制度及其与道统的关系等方面。① 作为始于唐代且与孔庙释奠礼仪相对应的礼仪形式,武庙释奠礼仪也受到了高明士的关注,他研究了唐代武庙释奠礼仪的沿革、争议以及武庙与武举的结合,着重强调了武庙、武举的创建对文、武系统并立的关键性影响。② 麦大维将齐太公崇拜放在唐代文武观念演变的脉络中加以理解,除了分析唐人对"武"的态度,还探讨了以齐太公为主神的武庙及其祭祀在唐代的兴衰。③

麦大维对唐代礼制研究的贡献不止于武庙释奠礼仪的探讨,更重要的是,他和魏侯玮分别通过不同的方式,勾勒出唐代礼制的整体面貌,把唐代礼制研究推进到相当高的水准。时至今日,他们的论著依然代表了唐代礼制整体研究的最高水准。④

魏侯玮的专著《玉帛之奠:唐代合法化过程中的礼仪和符号》集中探讨了唐代前三朝皇帝如何运用礼仪制度和历法、童谣之类的象征事物,来体现李唐王朝的统治合法性,巩固自身的权力。此书对包括即位、郊祀、

---

① 高明士:《唐代的释奠礼制及其在教育上的意义》,《大陆杂志》第61卷第5期,1980年,第20—38页;《隋唐庙学制度的成立与道统的关系》,《台大历史学报》第9期,1982年,第93—122页。二文收入氏著:《中国中古的教育与学礼》,台北:台湾大学出版中心,2005年。高明士所论庙学制度与东亚教育圈的关系,参见氏著:《东亚教育圈形成史论》,台北:中华丛书编审委员会,1984年。

② 高明士:《唐代的武举与武庙》,收入中国唐代学会编《第一届国际唐代学术会议论文集》,台北:唐代研究学者联谊会,1989年,第1016—1069页。此文收入氏著:《隋唐贡举制度》,台北:文津出版社,1999年。

③ David L. McMullen, "The Cult of Ch'i T'ai-kung and T'ang Attitudes to the Military," *T'ang Studies*, 7(1989), pp. 59 - 103.

④ 后来,陈戍国出版了《中国礼制史·隋唐五代卷》(长沙:湖南教育出版社,1998年)、《中国礼制史·宋辽金夏卷》(长沙:湖南教育出版社,2001年),任爽出版了《唐代礼制研究》(长春:东北师范大学出版社,1999年)。陈戍国的两本著作主要论述了祭祀、丧葬、军事、外交等方面的礼仪,但是作者对唐宋礼制的时代背景和研究状况都不熟悉,静态描述多于动态分析,对已有研究成果的吸收甚少,这些限制了其研究价值。任爽在书的上编"唐代礼制的基本内容及其演变"只是将正史礼志的材料略加分类,并未进行细致的分析,下编"礼制与唐代社会"对礼制与社会、法律、政治的关系有一定深度的探讨。总的来看,此书对礼制本身的研究远远不够。另外,雷闻对《中国礼制史·隋唐五代卷》和《唐代礼制研究》二书撰有书评,刊于《唐研究》第7卷,2001年,第532—541页,敬请参看。

宗庙、先代帝王、巡守、封禅、明堂在内的重要礼制的源流和功能进行了分析。根据他对帝制时代礼制演变的理解,唐前期是一个重要的分水岭:一是郑玄学说和王肃学说的斗争以后者的胜利而告终,二是礼制的重点转而强调"天下为公"的理念。他认为,唐代统治者对统治合法性的考虑,不以直系祖先和皇室为重心,而是更具有包容性和公共性,这有几方面的表现:昊天上帝在统治合法性的象征中占据了中心位置,祖先崇拜的政治意义衰落;封禅礼仪原有的私密性让位于公开性,为国家和苍生祈福的目的压倒了皇帝长生不老的追求;比起前代,帝陵埋葬了很多文武官员及其家人,君臣之间建立起强有力的纽带,作者将之称为"政治家族"(political family);通过先代帝王祭祀的系统化和二王三恪的任命,唐代统治者将没有血缘关系的"政治祖先"(political ancestors)纳入统治合法性的表征范围;过去把历法的变化看作新的家族统治的开始,而唐代历法变化频繁,与以前的观念有很大不同。作者由此断定,汉代"天下为家"的礼制理念在唐代被摈弃,代之以"天下为公"的礼制观念。① 尽管这一看法有过度诠释之嫌,但是魏侯玮的研究还是揭示了唐前期礼制的转折性意义,尤其是汉唐两个帝国的礼制及其背后思想观念的巨大差异,这是本书非常重要的贡献。《玉帛之奠》采用了很多西方社会科学的理论、方法,是唐代礼制研究中最具理论深度的作品,此后其他学者的研究更多地走向实证。

麦大维的唐代礼制整体研究,缘于他受《剑桥中国史》总主编杜希德(Denis C. Twitchett)之邀,为《剑桥中国隋唐史》下卷撰写儒家思想部分。《剑桥中国隋唐史》下卷的出版遥遥无期,加上麦大维的文稿篇幅很长,所以他的研究成果以单行本的形式先行出版,题名《唐代的国家与学者》。② 此书主要从教育制度、经学、史学、礼制、文学五个方面,讨论唐代对儒家学术传统的贡献。麦大维指出,过去学界对唐代儒学尤其是唐前期儒学的发展程度估计过低。在他看来,唐后期的儒学固然可以像其他学者那

---

① Howard J. Wechsler, *Offerings of Jade and Silk: Ritual and Symbol in the Legitimation of the T'ang Dynasty*, New Haven: Yale University Press, 1985.
② David L. McMullen, *State and Scholars in T'ang China*, Cambridge: Cambridge University Press, 1988.

样从新儒学的兴起入手探讨,而唐前期的儒学也有自身的特色和表现方式,就是由国家推动、通过典章制度的建设和大规模的文化活动来实行。《唐代的国家与学者》一书侧重于分析国家的制度和政策导向与唐代儒学发展的关系,堪称制度史倾向的思想史研究,是制度史研究与思想史研究结合的典范。麦大维认为,礼制在唐代的政治生活和思想世界中占据了中心位置,所以书中专辟一章来讨论礼制。他对唐代礼制的变化作了提纲挈领式的研究,如三部礼典(《贞观礼》《显庆礼》《开元礼》)的编修,有关郊祀、太庙、明堂、封禅等礼仪之争,礼制在科举制度中的位置,晚唐士人对礼制功能的反思等唐代礼制的重大问题,在书中得到了精彩的梳理。

与唐代礼制研究相比,宋代礼制研究的起步要稍晚一些,其先行者是山内弘一。山内弘一长期从事朝鲜儒学史的研究,但是,他在20世纪80年代就读和就职于东京大学期间,发表了一系列有关宋代礼制研究的论文。他对北宋郊祀礼仪、太庙礼仪的研究,重在梳理这两项最重要的国家礼仪的基本史实:前者以时间为顺序,勾勒了北宋一朝郊祀礼仪的发展线索;后者探究了太庙的构造、祭祀的内容、皇帝神主的变动、皇后的庙祠等横切面。山内弘一还研究了恭谢天地礼仪和景灵宫祭祀,他指出,这两种礼仪分别是受道教影响而产生的祭天和祭祖礼仪。他对恭谢天地礼仪的讨论主要集中于主神玉皇,对玉皇与圣祖降临事件、玉皇与昊天上帝的关系都有探讨,还论述了恭谢天地礼仪的变迁。他对景灵宫祭祀的研究涉及皇帝御容、景灵宫建立后神御殿的仪式、神宗对景灵宫祭祀的改造、景灵宫祭祀与北宋后期政争等问题。① 山内弘一对恭谢天地礼仪、景灵宫祭祀的研究,将道教影响国家礼制的问题带进了礼制研究,近年来,唐宋时期道教、民间信仰与国家礼制关系的研究相当盛行,若我们回顾学术史的话,山内弘一对这一议题的开拓功不可没。

除了山内弘一,另两位学者对宋代郊祀礼仪的讨论同样值得重视。

---

① 山内弘一:《北宋の国家と玉皇——新礼恭谢天地を中心に》,《东方学》第62辑,1981年,第83—97页;《北宋时代の神御殿と景灵宫》,《东方学》第70辑,1985年,第46—60页;《北宋时代の郊祀》,《史学杂志》第92编第1号,1985年,第40—66页;《北宋时代の太庙》,《上智史学》第35号,1990年,第91—119页。

小岛毅对中国古代的郊祀礼仪进行了长时段研究,其中在唐宋时期着墨较多,他对唐宋郊祀的配侑原则、北宋末年的天地分祭与合祭之争等重大问题都有精彩分析。① 杨倩描对宋代郊祀礼仪的研究主要集中在皇帝亲祀上,尤其是大赦、荫子、赏赉等政治附加因素对皇帝亲祀的影响,因此,他将宋代的皇帝亲郊礼仪看作是以宗教形式举行的政治活动。②

二、20 世纪 90 年代以来唐宋礼制研究的进展

进入 20 世纪 90 年代以后,唐宋礼制研究取得了长足的进步,不少原先从事其他专题研究的学者投入礼制研究,极大地推动了相关课题的开展,新的有价值的议题不断涌现,重要的著作和论文大量刊行于世,礼制研究逐渐成为一个热门的研究领域。

上世纪 90 年代之前,唐宋礼制的个案研究主要限于各种祭祀礼仪,也就是五礼中的吉礼。近年来,除了吉礼之下各种祭祀仪式的研究深度和广度继续拓展外,凶礼、嘉礼的研究取得了突破性进展,宾礼、军礼方面虽然成果不多,但也已经出现标志性的论著。

在各种吉礼仪式中,郊祀礼仪和太庙礼仪仍然受到关注。整个 80、90 年代,金子修一将研究重点置于唐代皇帝亲祭意义的探讨,他主要从两个方面着手,首先是辨析皇帝亲祭与有司摄事的区别,其次是考察皇帝亲祭的实况。完成前一个方面后,他将研究转向唐代的皇帝郊庙亲祭,为此他详细考证了历次郊庙亲祭的史实,并揭示出其背后的政治动机。③ 经过这

---

① 小岛毅:《郊祀制度の変遷》,《东洋文化研究所纪要》第 109 册,1989 年,第 153—194 页。
② 杨倩描:《宋代郊祀制度初探》,《世界宗教研究》1988 年第 4 期,第 75—81 页。
③ 金子修一:《唐玄宗の谒庙の礼について》,《山梨大学教育学部研究报告》第 42 号第 1 分册,1991 年,第 59—69 页;《唐太宗—睿宗郊庙亲祭について——唐代における皇帝の郊庙亲祭その一》,收入唐代史研究会编《中国の都市と农村》,东京:汲古书院,1992 年,第 235—262 页;《玄宗朝の皇帝亲祭について》,收入池田温编《中国礼法と日本律令制》,东京:东方书店,1992 年,第 139—164 页;《唐后半期の郊庙亲祭について——唐代における皇帝の郊庙亲祭その三》,《东洋史研究》第 55 卷第 2 号,1996 年,第 323—357 页;《唐代皇帝祭祀の特质——皇帝の郊庙祭祀を通して》,收入西嶋定生博士追悼论文集编集委员会编《东アジア史の展开と日本》,东京:山川出版社,2000 年,第 291—308 页。

些问题的研究,他对汉唐时期皇帝祭祀的研究基本成型,他于 2001 年和 2006 年出版的两本专著,主要是以 20 世纪 70 年代至 90 年代发表的论文为基础结集而成。①

近年来,高桥弘臣对南宋国家礼制的开拓性研究以郊祀、太庙、景灵宫的祭祀为中心,论述了南宋初年在金军追击之下皇帝祭祀的混乱状况,以及宋金和议后南宋对皇帝祭祀的整顿,他指出,整顿礼制的目的主要有两个:第一是加强高宗和南宋政权的正统性、权威;第二是以秦桧为首的和议派通过完善临安的礼制功能,来巩固绍兴和议的成果和自己对主战派的优势。②

与郊祀礼仪相比,以太庙祭祀为主题的研究成果更多。西冈市祐对唐代太庙祭祀中的细节问题多有考辨。③ 江川式部着重分析了祼礼和郁鬯在唐代宗庙享祭中的意义;④她还把唐后期的禘祫礼仪之争与礼书撰写结合起来,将这些活动视作德宗朝礼制整备的重要表现。⑤ 高明士对中古时代宗庙制度的研究主要集中在唐代,尤其是亲亲与尊尊精神对太庙祭祀的影响。⑥ 新城理惠探讨了唐至北宋太庙祭祀的后妃祔庙问题,研究表

---

① 金子修一:《古代中国と皇帝祭祀》,东京:汲古书院,2001年;《中国古代皇帝祭祀の研究》,东京:岩波书店,2006年。
② 高桥弘臣:《南宋の皇帝祭祀と临安》,《东洋史研究》第 69 卷第 4 期,2011 年,第 611—643 页。
③ 西冈市祐:《释冬鱼:〈大唐开元礼〉荐新于太庙礼の荐新物その一》,《国学院中国学会报》第 38 卷,1992 年,第 74—90 页;《〈大唐开元礼〉"荐新于太庙"の仪礼复元:玄宗朝から宪宗朝までの准备》,《国学院中国学会报》第 40 卷,1994 年,第 32—42 页;《唐代"荐新于太庙"の仪礼复元:〈大唐开元礼〉を中心として》,《国学院杂志》第 97 卷第 3 号,1996 年,第 16—27 页;《释蕨・笋・蒲白・韭:〈大唐开元礼〉の荐新物について》,《国学院杂志》第 97 卷第 8 号,1996 年,第 56—69 页;《〈大唐开元礼〉の七祀について》,《国学院杂志》第 97 卷第 11 号,1996 年,第 88—100 页;《"二月甲午、亲享太庙"の读解:记述の存否と日付を中心にして》,《国学院中国学会报》第 43 卷,1997 年,第 33—45 页;《銮驾の构成:"天宝元年二月甲午、亲享太庙"の读解》,《国学院大学纪要》第 37 卷,1999 年,第 35—56 页;《省牲器・晨祼仪礼の差异:时享仪礼の比较》,《国学院杂志》第 100 卷第 10 号,1999 年,第 13—25 页。
④ 江川式部:《唐の庙享と祼礼》,《明治大学人文科学研究所纪要》第 55 册,2004 年,第 174—200 页。
⑤ 江川式部:《贞元年间の太庙奏议と唐代后期の礼制改革》,《中国史学》第 20 号,2010 年,第 153—175 页。
⑥ 高明士:《礼法意义上的宗庙——以中国中古为主》,收入高明士编《东亚传统家礼、教育与国法(一):家族、家礼与教育》,台北:台湾大学出版中心,2005 年,第 23—86 页。

明，汉代以来太庙祭祀中嫡妻的优先地位和庙室中"一帝一后"的原则在北宋被破坏，皇帝生母在太庙祭祀中日渐受重视，她考察了这些变化与党派斗争的关系，并将其解释为一元化支配体制下皇帝私意的伸张。① 张焕君分析了北宋熙宁五年（1072）至南宋绍熙五年（1194）间太庙中东向之位的易主，重在揭示这一礼制变化与政治、学术之间错综复杂的关系。②

家庙与太庙相对应，是帝制时代高级官僚的宗庙。甘怀真的专著全面探讨了唐代的家庙制度，例如这一制度的渊源、家庙制与身份制度的关系、家庙的建筑形式、地理分布、家庙祭祀的制度规定、家庙与家的关系等，并且对封建宗庙制与皇帝制度的复杂关系进行了阐发。③ 赵旭把视野扩大到唐宋时期，研究私家祖考祭祀的形式变化及其背后的历史动因，他从宗法制度易动的角度，来解释家庙制度的衰落、私家影堂的发展和朱熹祠堂构想的制度化。④ 稍晚一些，游自勇研究了唐都长安的私家庙祀，他的"私家庙祀"概念除了家庙，还包括因为特殊原因为某人单独立庙、由私家后裔祭祀的情况。他讨论了立庙的资格、程序、庙祀的举行、延续和废绝等问题。⑤ 吾妻重二对宋代家庙的研究表明，在家庙制度建设进展缓慢的同时，士人对家庙设施和祭祀祖先的方式进行了积极的探索，家庙成为士人普遍拥有的日常设施，这也使儒教对民间祭祀礼仪的影响不断增大。⑥

孔庙、武庙的释奠礼仪依然受到学者的关注。黄进兴对整个中国古代孔庙祭祀制度的演变作了通盘研究，作为孔庙祭祀最重要的一种形式，释奠礼仪自然是其考察重点，唐代先圣先师人选的争论、从祀制度的建

---

① 新城理惠：《唐宋期の皇后・皇太后——太庙制度と皇后》，收入野口铁郎先生古稀记念论集刊行委员会编《中华世界の历史的展开》，东京：汲古书院，2002年，第133—155页。
② 张焕君：《宋代太庙中的始祖之争——以绍熙五年为中心》，《中国文化研究》2006年夏之卷，第48—56页。
③ 甘怀真：《唐代家庙礼制研究》，台北：台湾商务印书馆，1991年。
④ 赵旭：《唐宋时期私家祖考祭祀礼制论考》，《中国史研究》2008年第3期，第17—44页。
⑤ 游自勇：《礼展奉先之敬——唐代长安的私家庙祀》，《唐研究》第15卷，2009年，第435—481页。
⑥ 吾妻重二：《宋代の家庙と祖先祭祀》，收入小南一郎编《中国の礼制と礼学》，京都：朋友书店，2001年，第505—575页。

立、宋代学术兴替对从祀人选的影响等问题都得到了深入的探索。① 中野昌代考察了唐前期孔庙释奠礼仪的演变,对其与日本奈良礼制的关系亦有所涉及。② 因为武庙及其释奠礼仪在明初被废除,黄进兴把研究的时段拉长到明初,主要探究了武庙从有到无的完整历史,重点在于武庙如何衰微,也就是分析武庙被废除的必然性,他主要从唐以来重文轻武观念的盛行和君尊臣卑的现实加以论述。③ 参与唐宋时期武庙礼仪讨论的还有于赓哲、陈峰等人:前者通过武成王庙制度的论证,考察了唐代后期的文武分途情况;④后者则论述了宋代武成王庙礼仪的变化及其与朝政、意识形态的关联。⑤

山川崇拜是人类社会一种古老的信仰,后来也成为国家礼仪的一部分,目前已有多篇以唐宋时期的山川祭祀为主题的论文。从唐代开始,出现了皇帝将人爵授予山川神的现象,朱溢分析了这一独特现象背后的权力观念、政治动机,并认为山川封爵和山川祭祀是唐前期到明初官方山川崇拜的两种主要形式。⑥ 江川式部利用石刻资料,讨论了晚唐藩镇体制下北岳祭祀的三献官问题。⑦ 森田健太郎以东海、南海神为例,解释了在宋代祠庙政策和国内外政局变动之下,四海信仰与航海交通、地域社会的紧密联系。⑧

---

① 黄进兴:《权力与信仰:孔庙祭祀制度的形成》,《大陆杂志》第 86 卷第 5 期,1993 年,第 8—34 页;《学术与信仰:论孔庙从祀制与儒家道统意识》,《新史学》第 5 卷第 2 期,1994 年,第 1—82 页。二文收入氏著:《优入圣域:权力、信仰与正当性》,台北:允晨文化实业公司,1994 年。
② 中野昌代:《唐代の释奠について》,《史窗》第 58 号,2001 年,第 197—208 页。
③ 黄进兴:《武庙的崛起与衰微(七迄十四世纪):一个政治文化的考察》,收入周质平、Willard J. Peterson 编《国史浮海开新录——余英时教授荣退论文集》,台北:联经出版事业公司,2002 年,第 249—282 页。
④ 于赓哲:《由武成王庙制变迁看唐代文武分途》,《魏晋南北朝隋唐史资料》第 19 辑,2002 年,第 133—147 页。
⑤ 陈峰、胡文宁:《宋代武成王庙与朝政关系初探》,《中国史研究》2012 年第 2 期,第 137—146 页。
⑥ 朱溢:《论唐代的山川封爵现象——兼论唐代的官方山川崇拜》,《新史学》第 18 卷第 4 期,2007 年,第 71—124 页。
⑦ 江川式部:《北岳庙题记にみえる唐代の常祀と三献官》,收入气贺泽保规编《中国石刻资料とその社会——北朝隋唐期を中心に》,东京:汲古书院,2007 年,第 145—178 页。
⑧ 森田健太郎:《宋朝四海信仰の实像——祠庙政策を通して》,《早稻田大学大学院文学研究科纪要》第 49 辑第 4 分册,2004 年,第 67—79 页。

与以上这些课题相比,其他吉礼仪式虽然没有那么高的关注度,但是也有重要的研究成果发表。新城理惠对先农祭祀和先蚕祭祀有系统研究,重点放在了唐代。她尤其重视先蚕礼仪,在梳理仪式过程、探讨历史源流外,还着重探讨了这一礼仪与皇后权力的关系。① 麦谷邦夫研究了唐前期封禅争论与封禅制度演进的关系,剖析了封禅礼仪意义的变质。② 吴丽娱对唐代的公卿巡陵和陵寝上食制度及其渊源进行了论述,更重要的是,她的研究深入揭示了陵寝祭祀对太庙祭祀的影响。③ 雷闻讨论了先代帝王祭祀在隋唐时期如何从抽象原则逐步得到落实,进而体现在国家的礼典与法典中,及其性质从圣贤祭祀向帝王祭祀的转变。④ 江川式部探析了唐代上墓习俗的礼制化、上墓给假制度、上墓礼仪的实践,及其在礼制上解决宗子之外者祖先祭祀需求的意义。⑤

近年来,吉礼之下各种祭祀仪式的研究不再限于仪式自身历史线索的梳理,国家祭祀与道教、民间信仰乃至佛教的关系引发了热烈的探讨。玄宗天宝年间建立的太清宫和九宫贵神祭祀,成为重要的研究对象。熊存瑞对太清宫和九宫贵神祭祀的研究,强调了唐玄宗个人的道教信仰对礼制改革的推动。⑥ 差不多同时,松浦千春通过这两种祭祀探讨了玄宗时期国家祭

---

① 新城理惠:《先蚕仪礼と中国の蚕神信仰》,《比较民俗研究》第 4 号,1991 年,第 7—27 页;《先蚕仪礼と唐代の皇后》,《史论》第 46 集,1993 年,第 37—50 页;《唐代先蚕仪礼の复元》,《史峰》第 7 号,1994 年,第 1—33 页;《中国の籍田仪礼について》,《史境》第 41 号,2000 年,第 25—38 页;《绢と皇后——中国の国家仪礼と养蚕》,收入网野善彦等编《天皇と王权を考える》第 3 卷《生产と流通》,东京:岩波书店,2002 年,第 141—160 页。
② 麦谷邦夫:《唐代封禅议小考》,收入小南一郎编《中国文明の形成》,京都:朋友书店,2005 年,第 311—340 页。
③ 吴丽娱:《唐宋之际的礼仪新秩序——以唐代的公卿巡陵和陵庙荐食为中心》,《唐研究》第 11 卷,2005 年,第 233—268 页。
④ 雷闻:《试论隋唐对于先代帝王的祭祀》,《文史》第 78 辑,2007 年,第 123—136 页。此文收入氏著:《郊庙之外:隋唐国家祭祀与宗教》。
⑤ 江川式部:《唐代の上墓仪礼——墓祭习俗の礼典编入とその意义について》,《东方学》第 120 辑,2010 年,第 34—50 页。
⑥ Victor Cunrui Xiong, "Ritual Innovations and Taoism under Tang Xuanzong," T'oung Pao, 82: 1-3(1996), pp. 258-316.

祀在皇权神圣化中的作用。① 在此基础上,吴丽娱对九宫贵神祭祀的由来、在唐宋两朝的变迁过程及其与十神太一的关系进行了更为细致的探讨,在她看来,这些体现了道教崇拜在国家祭祀中的扩大和实践过程。② 吴羽对宋代的十神太一有进一步的论述,他指出,东京太一宫的建立旨在消弭晚唐以降高涨的地方主体意识,以重建国家认同和社会秩序,十神太一的道教化是国家主动为之。③ 此外,廖咸惠分析了唐宋之际后土崇拜在政治权力和文学媒介的作用下,由官方系统的神祇变成民间神祇的过程。④

在唐代国家祭祀与道教、佛教和民间信仰之关系的研究中,成绩最突出的当属雷闻。他分析了唐代祈雨仪式中的各种宗教性因素,和地方政府祈雨活动中的国家礼典模糊化问题;以唐高宗的封禅活动为例,分析了道教崇拜对唐代国家礼仪的影响;通过开元时期的五岳真君祠,揭示了盛唐时期道教徒利用道教理论改造国家祭祀体系的努力;通过分析山川、风师雨师、后土的人格化和孔庙祭祀的偶像崇拜现象,指出隋唐国家祭祀中存在着相当浓厚的神祠色彩。⑤ 这项研究在很大程度上丰富了学界对国家祭祀的理解。

在地方社会,除了官方祭祀,广大民众有着自己的祭祀习俗,如何应对这些行为是统治者面临的重大问题。因此,地方祠祀与官方政策的关系一直受到学者的关注,尤其是宋史学者对此多有发明。沈宗宪对宋代的民间祠祀行为、官方对民间祠祀采取的引导和压制并重的政策进行了

---

① 松浦千春:《玄宗朝の国家祭祀と"王权"のシソボリズム》,《古代文化》第49卷第1期,1997年,第47—58页。
② 吴丽娱:《论九宫祭祀与道教崇拜》,《唐研究》第9卷,2003年,第283—314页。
③ 吴羽:《宋代太一宫及其礼仪——兼论十神太一信仰与晚唐至宋的政治、社会变迁》,《中国史研究》2011年第3期,第87—108页。
④ 廖咸惠:《唐宋时期南方后土信仰的演变——以扬州后土崇拜为例》,《汉学研究》第14卷第2期,1996年,第103—134页。
⑤ 雷闻:《祈雨与唐代社会研究》,《国学研究》第8卷,2001年,第245—289页;《唐代道教与国家礼仪——以高宗封禅活动为中心》,《中华文史论丛》第68辑,2002年,第62—79页;《五岳真君祠与唐代国家祭祀》,收入荣新江编《唐代宗教信仰与社会》,上海:上海辞书出版社,2003年,第35—83页;《论隋唐国家祭祀中的神祠色彩》,《汉学研究》第21卷第2期,2003年,第111—138页。诸文收入氏著:《郊庙之外:隋唐国家祭祀与宗教》。

论述。① 宋代处理祠庙时采取的赐号赐额政策,在松本浩一、须江隆、水越知等人的研究下,已经越来越清晰。松本浩一以《宋会要辑稿》的史料为中心,讨论了北宋后期朝廷如何利用赐号赐额政策来应对祠庙兴盛的问题。② 须江隆深入探究了唐宋时期(主要是北宋)祠庙的庙额·封号下赐的程序、朝廷以此来区分淫祠·正祠的意图、赐额·赐号制度如何受政治局势和地域社会的影响等问题。③ 水越知的研究重点放在了南宋,对这一时期赐额和赐号制度的实施状况作了分析。④ 作为唐史学者,雷闻的研究成果对这些论著给予了很好的回应:在唐代,除了国家礼典确定的祭祀和地方政府判定的淫祠,尚存在由地方政府判定为合法祠祀者,这体现了国家意识形态对地方文化传统的妥协与引导;"祀典"的概念逐步扩大,"淫祠"的概念重新落实,最终在北宋末年形成了一个由皇权支配的新的神明体系。⑤ 皮庆生也指出,在宋代,正祠和淫祠之间存在着广阔的中间地带,朝廷在打击民众祠神信仰的同时,也采取赐额、封号的方式进行管理,后者逐渐取代准入祀典的做法,成为民众祠神信仰获得官方认可的主要途径。⑥ 杨俊峰的研究则强调,北宋元丰年间赐额封号制度建立后,

---

① 沈宗宪:《宋代民间祠祀与政府政策》,《大陆杂志》第 91 卷第 6 期,1996 年,第 23—39 页。
② 松本浩一:《宋代の道教と民间信仰》,东京:汲古书院,2006 年,第 249—268 页。这些内容此前未正式发表,以《宋代の赐额·赐号について——主として〈宋会要辑稿〉にみえる史料から》为题,收入野口铁郎编辑的科研成果报告书《中国史における中央政治と地方社会》(1986 年)中。
③ 须江隆:《唐宋期における祠庙の庙额·封号の下赐について》,《中国——社会と文化》第 9 号,1994 年,第 96—119 页;《"熙宁七年の诏"——北宋神宗朝期の赐额·赐号》,《东北大学东洋史论集》第 8 号,2001 年,第 54—93 页;《唐宋期における社会构造の变质过程——祠庙制の推移を中心として》,《东北大学东洋史论集》第 9 号,2003 年,第 247—294 页。
④ 水越知:《宋代社会と祠庙信仰の展开——地域核としての祠庙の出现》,《东洋史研究》第 60 卷第 4 号,2002 年,第 629—666 页。
⑤ 雷闻:《唐代地方祠祀的分层与运作——以生祠与城隍神为中心》,《历史研究》2004 年第 2 期,第 27—41 页;《唐宋时期地方祠祀政策的变化——兼论"祀典"与"淫祠"观念的落实》,《唐研究》第 11 卷,2005 年,第 269—294 页。二文收入氏著:《郊庙之外:隋唐国家祭祀与宗教》。
⑥ 皮庆生:《宋人的正祀、淫祀观》,《东岳论丛》2005 年第 4 期,第 25—35 页;《论宋代的打击"淫祀"与文明的推广》,《清华大学学报》2008 年第 2 期,第 40—51 页。二文收入氏著:《宋代民众祠神信仰研究》,上海:上海古籍出版社,2008 年。

作为赐封对象的各地民间信仰多数是已经列载于地方祀典的神祇,地方官府奏请封赐和朝廷对此进行审核,目的在于赐予和接受皇帝的荣宠。① 此外,我们也不能忽视蔡宗宪的研究成果,他对"淫祠"、"淫祀"和"祀典"的含义在汉唐时期流变的考察,提醒我们这些概念的使用范围。②

凶礼与吉礼相对,主要由丧葬礼仪和丧服制度构成。近年来,唐宋凶礼的研究进展十分迅速。丧服制度依据社会成员的尊卑贵贱、亲疏远近,规定他们为亲人、与之缔结了政治关系的人穿何种丧服,服多长时间的丧期,因而这一礼制与社会结构、人际关系紧紧挂钩。甘怀真研究了汉唐间的儒生如何通过诠释《仪礼·丧服经传》中的"旧君"条来建构士大夫社会中的人际关系,特别是君臣关系的界定,分析了儒家经典诠释、时人对人际关系的认识如何影响君臣关系的内涵。③ 吴丽娱在考证敦煌出土书仪的基础上,针对唐代丧服制度的一些重大变化,例如母服、舅甥服、叔嫂服等方面的改制,进行了深入的探索,强调了帝王意志和北朝风习的作用,并对唐宋丧服制度的发展趋势作了概括归纳。④ 此外,她还以唐武宗如何为敬宗生母义安太后服丧为切入点,考察了唐宋时期后妃的服制、祔庙问

---

① 杨俊峰:《宋代的封赐与祀典——兼论宋廷的祠祀措施》,《唐研究》第18卷,2012年,第75—97页。他另有几篇讨论唐宋祠祀信仰的论文亦值得重视,参见氏著:《五代南方王国的封神运动》,《汉学研究》第28卷第2期,2010年,第327—362页;《唐代城隍信仰与官府的立祀——兼论其官僚化神格的形成》,《新史学》第23卷第3期,2012年,第1—43页;《赐封与劝忠——两宋之际的旌忠庙》,《历史人类学学刊》第10卷第2期,2012年,第33—62页。
② 蔡宗宪:《淫祀、淫祠与祀典——汉唐间几个祠祀概念的历史考察》,《唐研究》第13卷,2007年,第203—232页。
③ 甘怀真:《"旧君"的经典诠释——汉唐间的丧服礼与政治秩序》,《新史学》第13卷第2期,2002年,第1—44页。此文收入氏著:《皇权、礼仪与经典诠释:中国古代政治史研究》,台北:喜马拉雅研究发展基金会,2003年。
④ 吴丽娱:《S. 1725与P. 4024写本书仪的撰成年代与贞观丧服礼》,收入宋家钰、刘忠编《英国收藏敦煌汉藏文献研究》,北京:中国社会科学出版社,2000年,第282—294页;《P. 3637〈新定书仪镜〉中丧服图的年代质疑》,《中华文史论丛》第67辑,2001年,第77—106页;《敦煌写本书仪中的丧服图与唐礼》,《中国社会科学院历史研究所学刊》第1集,2001年,第211—237页;《敦煌P. 2967杜佑丧礼服制度图与郑余庆元和书仪》,《敦煌吐鲁番研究》第5卷,2001年,第195—215页;《唐礼摭遗——中古书仪研究》,北京:商务印书馆,2002年,第464—520页。后来,前面四篇论文也都收入《唐礼摭遗——中古书仪研究》。

题,并由此探讨了帝母身份对继位正当性问题的影响逐渐减弱的趋势。①

近些年唐宋凶礼的研究,更多地集中于君臣的丧葬礼仪。吴丽娱对这一时期皇帝的丧葬礼仪有大量精彩的研究:通过分析唐宋君臣丧礼中奉慰表、奉慰仪的渊源、形式和流变指出,奉慰仪实行场合的不断扩大,既是人情观念在国家礼仪中的渗透,也用来体现皇帝至高无上的权威;为了厘清皇帝丧葬礼仪的组织,她全面梳理了山陵诸使的缘起、演变、职能分工与协作;她论证了唐宋皇帝丧葬礼仪中二重丧制(三年丧制、"以日易月"权制)的消长,并且通过以佛、道仪式为主的三年丧期在皇帝丧葬礼仪中重要性的提升,提出皇帝个人的意愿和需要愈发凌驾于国家之上;她在考察唐宋皇帝即位礼仪与先皇丧礼的程序转换时,发现即位礼仪逐渐简化,其中受册宝仪式的取消既是解决长期以来吉凶混同的需要,也是为了淡化这一仪式中君臣权力的对等交接。②

凶礼地位的变化、皇帝丧葬礼仪在礼典中的消失,是唐代凶礼发展过程中最重要的两个问题,研究者对此进行了积极的探索。《周礼》中五礼的排序是吉、凶、宾、军、嘉,到了贞观年间,凶礼坠居最后,而且皇帝的丧葬礼仪逐渐脱离凶礼:先是在《贞观礼》中以"国恤"的形式游离于五礼之外,从《显庆礼》开始,皇帝的丧葬礼仪最终从礼典中消失。为了揭示这些重大变化,吴丽娱以《贞观礼》为中心,探究了唐初如何有选择地吸收南朝和北朝的凶礼制度,她的看法是,这些变化可能与讳言帝王凶事的北朝传统有关。③ 尽管此后皇帝丧葬礼仪不见于礼典,每逢皇帝去世,都由有司临时制定仪注,事毕即毁,但是颜真卿为代宗葬仪修撰的《元陵仪注》留存

---

① 吴丽娱:《试论唐宋皇后的服制与祔庙——从义安太后的丧服减降谈起》,《中国社会科学院历史研究所学刊》第 7 集,2011 年,第 263—285 页。此文收入氏著:《终极之典——中古丧葬制度研究》,北京:中华书局,2012 年。
② 吴丽娱:《敦煌书仪中的奉慰表启与唐宋朝廷的凶礼慰哀》,《燕京学报》新 21 期,2006 年,第 35—67 页;《唐代的皇帝丧葬与山陵使》,《魏晋南北朝隋唐史资料》第 24 辑,2008 年,第 110—137 页;《试论唐宋皇帝的两重丧制与佛道典礼》,《文史》第 91 辑,2010 年,第 203—235 页;《试论中古皇帝"二次即位"礼的唐宋变革》,《文史》第 100 辑,2012 年,第 277—311 页。诸文收入氏著:《终极之典——中古丧葬制度研究》。
③ 吴丽娱:《对〈贞观礼〉渊源问题的再分析——以贞观凶礼和〈国恤〉为中心》,《中国史研究》2010 年第 2 期,第 113—139 页。此文收入氏著:《终极之典——中古丧葬制度研究》。

下来，使得今天的学者有机会了解皇帝葬礼的面貌。麦大维是较早关注《元陵仪注》的学者，他对《通典》中散见的《元陵仪注》进行了整理复原，展示了代宗葬仪的完整过程。他认为，代宗葬仪的制定和执行过程反映了当时的权力结构，也就是说皇帝和官僚士大夫是主导力量。就思想资源而言，尽管道教和佛教对个人的精神世界有着极强的影响力，但是儒家礼制思想在代宗葬仪中仍然占据了支配地位。[1] 来村多加史对《元陵仪注》的修撰背景有所讨论，对其内容更是进行了详尽的文本分析。[2] 近十几年里，金子修一组织了一批青年学者，对《元陵仪注》作了详细的史料解读和注释，其成果陆续刊布，最终汇集成《大唐元陵仪注新释》。[3] 金子修一还将《开元礼》三品以上官员丧葬礼仪与《元陵仪注》皇帝丧葬礼仪的构成进行了比较研究，其研究表明，两者的差别在入柩前并不大，入柩后逐渐增大。[4] 吴丽娱对《元陵仪注》的礼仪来源有过考索，强调了《元陵仪注》对《开

---

[1] David L. McMullen, "The Death Rites of Tang Daizong," in Joseph P. McDermott ed., *State and Court Ritual in China*, Cambridge: Cambridge University Press, 1999, pp. 150‑196.

[2] 来村多加史：《唐代皇帝陵の研究》，东京：学生社，2001年，第245—439页。

[3] 金子修一、江川式部、稻田奈津子、金子由纪：《大唐元陵仪注试释（一）》，《山梨大学教育人间科学部纪要》第3卷第2号，2002年，第1—16页；金子修一、河内春人、铃木桂、野田有纪子、稻田奈津子、江川式部：《大唐元陵仪注试释（二）》，《山梨大学教育人间科学部纪要》第4卷第2号，2003年，第1—18页；金子修一、金子由纪、河内春人、榊佳子、牧飞鸟、江川式部：《大唐元陵仪注试释（三）》，《山梨大学教育人间科学部纪要》第5卷第2号，2003年，第1—23页；金子修一、江川式部、稻田奈津子、金子由纪：《大唐元陵仪注试释（四）》，《山梨大学教育人间科学部纪要》第6卷第2号，2005年，第1—13页；金子修一、小幡みちる、野田有纪子、牧飞鸟：《大唐元陵仪注试释（五）》，《山梨大学教育人间科学部纪要》第7卷第1号，2005年，第1—17页；金子修一、河内春人、榊佳子、江川式部：《大唐元陵仪注试释（六）》，《国学院大学大学院文学研究科纪要》第38辑，2007年，第65—90页；金子修一、稻田奈津子、金子由纪、小幡みちる：《大唐元陵仪注试释（七）》，收入《シンジポウム"东アジア世界における王权の态样——陵墓・王权仪礼の视点から"》，东京：国学院大学文学部古代王权研究会，2007年，第1—19页；金子修一、野田有纪子、牧飞鸟：《大唐元陵仪注试释（八）》，《国学院大学大学院文学研究科纪要》第39辑，2008年，第25—41页；金子修一、稻田奈津子、小仓久美子、铃木桂、河内春人：《大唐元陵仪注试释（终章）》，《国学院大学大学院文学研究科纪要》第41辑，2009年，第21—53页。诸文收入金子修一主编：《大唐元陵仪注新释》，东京：汲古书院，2013年。

[4] 金子修一：《〈大唐元陵仪注〉と〈大唐开元礼〉》，收入铃木靖民编《日本古代の王权と东アジア》，东京：吉川弘文馆，2012年，第316—334页。

元礼》和开元制度的取法,以及"国恤"重新进入国家典礼的意义。①《崇丰二陵集礼》是德宗、顺宗的葬礼仪注,吴丽娱在辑佚此书若干片段的基础上,将其与《元陵仪注》进行了比较,她认为,《元陵仪注》是建中年间恢复旧礼的一种尝试,《崇丰二陵集礼》代表了永贞、元和年间建立礼制新秩序的努力。②

品官丧葬礼仪在礼典中一直存在,但是在《天圣令》残本发现以前研究成果有限,最主要的成果是皮庆生的论文,他论述了宋代临奠礼的转变,尤其是政和时期仪式中心从臣下向君主的倾斜,以及该礼仪与君臣权力结构、宗教习俗、思想世界之间的互动关系。③ 前些年宋代《天圣令》残本在宁波天一阁被发现,极大地刺激了唐代品官丧葬礼仪的研究。《天圣令》残本中的《丧葬令》,主要针对官僚群体的丧葬事宜,这些史料的整理校正和唐代《丧葬令》的复原由吴丽娱负责。④ 此外,吴丽娱还发表了数篇论文讨论唐代《丧葬令》及其相关问题。她通过举哀、赠赙、诏葬等制度的变化,揭示了丧葬礼仪与皇帝制度、官僚制度的紧密结合,这些皇帝对臣下的优礼都是以皇权为中心的,体现了皇帝意志在大臣丧事中的主导作用,而葬事等级在很大程度上取决于官品高低;分析《丧葬令》的构成、等级划分、丧葬的管理机构,爬梳了其他的令以及格、式、制敕中规定的丧葬制度,对唐五代丧葬制度更加重视中下层官员和一般民众丧葬要求的趋势作了探讨;比较了《丧葬令》与《开元礼》的凶礼部分,区分两者内容的异同,尤其是对《开元礼》中凶礼的礼制渊源及其与令、式的关系进行了研究。⑤ 石

---

① 吴丽娱:《再造"国恤":试论〈大唐元陵仪注〉的礼仪来源》,《隋唐辽宋金元史论丛》第1辑,2010年,第51—80页。此文收入氏著:《终极之典——中古丧葬制度研究》。
② 吴丽娱:《推陈出新:关于〈崇丰二陵集礼〉的创作》,《台湾师大历史学报》第43期,2010年,第89—117页。此文收入氏著:《终极之典——中古丧葬制度研究》。
③ 皮庆生:《宋代的"车驾临奠"》,《台大历史学报》第33期,2004年,第43—69页。
④ 吴丽娱:《〈丧葬令〉校勘整理与复原研究》,收入天一阁博物馆、中国社会科学院历史研究所天圣令整理课题组校证《天一阁藏明钞本天圣令校证:附唐令复原研究》,北京:中华书局,2006年,第675—717页;《关于唐〈丧葬令〉复原的再检讨》,《文史哲》2008年第4期,第91—97页。
⑤ 吴丽娱:《从〈天圣令〉对唐令的修改看唐宋制度之变迁——〈丧葬令〉研读笔记三篇》,《唐研究》第12卷,2006年,第123—201页;《唐朝的〈丧葬令〉与唐五代丧葬法式》,《文史》第79辑,2008年,第87—123页;《唐朝的〈丧葬令〉与丧葬礼》,《燕京学报》新25期,2008年,第89—122页。诸文收入氏著:《终极之典——中古丧葬制度研究》。

见清裕考察了唐代官僚丧葬礼仪的经典依据、《开元礼》与开元二十五年(737)《丧葬令》的关系、改葬过程中的相应礼仪,并用墓志资料确认了丧葬制度在实际操作中的落实。① 针对吴丽娱将天圣《丧葬令》所附《丧服年月》复原为唐令《服纪》的做法,皮庆生提出了质疑,他认为,五服制度入令经历了复杂的历史过程,它先是在晚唐附于《假宁令》,至天圣年间转而附于《丧葬》,因此《天圣令》所据蓝本是开元二十五年后经过多次改动的本子。②

唐代嘉礼的研究也是极具活力,研究对象主要集中在朝贺、册礼、乡饮酒礼等仪式上。朝贺礼仪的研究首先由渡边信一郎推动,他探讨了汉唐间正旦朝会礼仪的变化。他指出,二重君臣关系(皇帝与朝廷命官之间为第一重,朝廷命官尤其是地方长官与属吏之间为第二重)构成了汉代至南北朝政治秩序的重要特征,元会礼仪是确认和更新皇帝与朝廷命官之间君臣关系的重要场合,到了隋代,随着"委质礼"和君主赐物等程式的消失,二重君臣关系被一元化君臣关系取代。③ 吴丽娱将朝贺朝参制度看作一种更加正式的起居仪,论述了唐五代朝贺朝参制度的演进,并从家国起居礼仪交互影响的角度,探讨了官吏对朝廷重臣的起居仪和地方僚吏对长官的起居仪。④ 金子由纪对两宋的元会礼仪有深入研究,内容包括国家礼仪的世俗化倾向和神秘化倾向两股力量对北宋元会礼仪的影响、元会礼仪在五礼之中类别归属的变化、南宋元会礼仪规模的缩小等。⑤

除了皇帝的朝贺朝参礼仪外,唐代皇后、皇太后的受朝贺礼仪也受到了学者的关注。新城理惠的论文揭示了受朝贺礼仪巩固皇后和皇太后地位的作用,尤其是在唐后期不立皇后的情况下,受朝贺礼仪如何用来强化

---

① 石见清裕:《唐代の官僚丧葬仪礼と开元二十五年丧葬令》,收入吾妻重二、二阶堂善弘编《东アジアの仪礼と宗教》,东京:雄松堂,2008年,第167—185页。
② 皮庆生:《唐宋时期五服制度入令过程试探——以〈丧葬令〉所附〈丧服年月〉为中心》,《唐研究》第14卷,2008年,第381—411页。
③ 渡边信一郎:《天空の玉座——中国古代帝国の朝政と仪礼》,东京:柏书房,1996年,第105—193页。
④ 吴丽娱:《试论唐五代的起居仪》,《中国社会科学院历史研究所学刊》第4集,2007年,第345—374页。
⑤ 金子由纪:《宋代の大朝会仪礼》,《上智史学》第47号,2002年,第49—85页;《南宋の大朝会仪礼——高宗绍兴15年の元会を中心として》,《纪尾井史学》第23号,2003年,第25—36页。

作为皇帝生母的皇太后的政治地位。① 在此基础上，吴丽娱揭开了《开元礼》中的皇后受朝贺仪源于北齐和隋代的事实，认为北朝传统风习、武则天立为皇后是其存续壮大的主要原因。她还指出，因为晚唐不立皇后，这一礼仪的对象变为皇太后，其功能从突出皇后权威变为表明帝位继承的合法性。②

武则天对唐代礼制有很深的影响，尤其是皇后礼制得到了强化，这不仅表现于朝贺礼仪，在册后礼仪和册太子礼仪上也有充分的表现。在册后礼仪上，佐藤和彦较早展开研究，他辨析了皇后和皇太后的册礼中"皇后正殿"所指的对象，还注意到《开元礼》中的册后礼仪有"纳后"和"临轩册后"的区别，指出后者极其隆重，构筑起以新皇后为顶点的女性秩序。③吴丽娱对"纳后"和"临轩册后"的区别及其历史渊源有精彩讨论，她指出，前者主要源自北齐，强调正统的娶妇配嫡，到了唐代，又增加了东晋南朝行六礼的内容；后者是武则天被立为皇后以妾为妻的产物。④《开元礼》中的册太子礼仪也有"临轩册立"和"内册皇太子"两种，前者是传统礼制，在东汉基本定型，吴丽娱重点讨论了后者。"内册皇太子"礼仪出现于北齐，对象是年幼的太子，武则天出于夺权和昭显皇后权威的目的，吸收并扩大了这一礼仪，并使之明确区分于"临轩册立"礼仪。⑤

因为与地方社会的秩序紧密相关，嘉礼之中的乡饮酒礼也引起了学人的兴趣。宋史学者对乡饮酒礼的关注略早。山口智哉探讨了唐宋乡饮酒礼的变迁，其论述重点是北宋后期士人如何议论乡饮酒礼、南宋士人如

---

① 新城理惠：《唐代における国家儀礼と皇太后——皇后・皇太后受朝賀を中心に》，《社会文化史学》第 39 号，1998 年，第 55—80 页。
② 吴丽娱：《朝贺皇后：〈大唐开元礼〉中的则天旧仪》，《文史》第 74 辑，2006 年，第 109—137 页。
③ 佐藤和彦：《唐代における皇后・皇太后の冊位に関する一問題——〈大唐開元礼〉所見の"皇后正殿"を手がかりに》，《立正大学大学院文学研究科年報》第 17 号，1999 年，第 39—50 页；《〈大唐開元礼〉からみる立皇后儀礼》，《立正大学東洋史論集》第 17 号，2005 年，第 15—33 页。
④ 吴丽娱：《兼容南北：〈大唐开元礼〉的册后之源》，《魏晋南北朝隋唐史资料》第 23 辑，2006 年，第 101—115 页。
⑤ 吴丽娱：《太子册礼的演变与中古政治——从〈大唐开元礼〉的两种太子册礼说起》，《唐研究》第 13 卷，2007 年，第 63—86 页。

何实践这一礼仪,他认为,乡饮酒礼逐渐成为地方士人缔结人际关系的场域。① 申万里论述了宋元时期乡饮酒礼在地方社会的实施状况,尤其是这一礼仪在南宋经由四明等地儒生的提倡而推广至全国的历史。② 相比之下,因为与贡举制度的结合导致的乡饮酒礼性质的变化,引起了更多的讨论。游自勇探讨了汉唐间乡饮酒礼之国家礼制化的经过,尤为重要的是,他揭示了乡饮酒礼"进贤能"的功能在唐代如何盖过"明长幼之序"的内涵而与贡举制度结合、最终乡饮酒礼和正齿位礼分立的历史进程。③ 高明士在此基础上指出,隋唐乡饮酒礼"进贤能"的一面主要面向乡贡,地方生徒成为陪衬。④ 王美华也接续了游自勇的研究,她指出,与贡举制度结合的乡饮酒礼在宋代转化为鹿鸣宴,与此同时,宋代乡饮酒礼的概念缩小、并固定为以"尊德尚齿"为主旨的基层父老宴饮的礼仪,用以维系基层社会的秩序。⑤

户崎哲彦对唐代上尊号制度有全面探讨:通过唐代皇帝尊号、谥号的整理,发现从肃宗朝开始,定型为生前册尊号、死后上谥号;梳理了唐朝至清代以及日本"尊号"及其别称的用法;唐代皇帝受册尊号礼仪的复原,着重于玉册、宝玺、摄官的考察以及整个册尊号礼仪次第的还原;最后,将册尊号仪式与其前后诸环节结合起来研究,揭示了唐代尊号制度的整体构造,即册尊号的外在条件、请上尊号、批答、受册尊号和册尊号赦。⑥

---

① 山口智哉:《宋代乡饮酒礼考——仪礼空间としてみた人的结合の"场"》,《史学研究》第 241 号,2003 年,第 66—99 页。
② 申万里:《宋元乡饮酒礼考》,《史学月刊》2005 年第 2 期,第 28—36 页。
③ 游自勇:《汉唐时期"乡饮酒"礼制化考论》,《汉学研究》第 22 卷第 2 期,2004 年,第 245—270 页。
④ 高明士:《隋唐学礼中的乡饮酒礼》,《唐史论丛》第 8 辑,2006 年,第 1—28 页。
⑤ 王美华:《唐宋时期乡饮酒礼演变探析》,《中国史研究》2011 年第 2 期,第 91—116 页。
⑥ 户崎哲彦:《唐诸帝号考(上)——皋陶から睿宗まで》,《彦根论丛》第 264 号,1990 年,第 71—96 页;《唐诸帝号考(下)——殇帝から哀帝》,《彦根论丛》第 266 号,1990 年,第 71—98 页;《唐代君主号制度に由来する"尊号"てその别称——唐から清,および日本における用语と用法》,《彦根论丛》第 270、271 号,1991 年,第 123—141 页;《唐代皇帝受册尊号仪の复元(上)——唐代皇帝即位仪礼の复元に向かつて》,《彦根论丛》第 272 号,1991 年,第 11—34 页;《唐代皇帝受册尊号仪の复元(下)——唐代皇帝即位仪礼の复元に向かつて》,《彦根论丛》第 273、274 号,1991 年,第 377—400 页;《唐代尊号制度の构造》,《彦根论丛》第 278 号,1992 年,第 43—65 页。

在嘉礼方面,还有三篇论文需要提及。吴丽娱有两篇论文以官员的上事仪为主题:通过尚书仆射上事礼仪的升降,论述了唐后期官场礼仪在伸张朝廷权威和笼络藩镇武将之间的两难境地;通过节度刺史的中谢和上事礼仪,提出了晚唐五代官场礼仪的重心在藩镇的观点。[1] 佐藤和彦对唐前期皇太子尊崇师傅礼仪的历史渊源、制度文本、实际运作以及唐后期太子师傅性质的变化展开了讨论。[2]

与吉礼、凶礼和嘉礼相比,军礼和宾礼的重要性有所不如,原始史料也比较少,因此唐宋军礼和宾礼的研究成果有限。丸桥充拓对唐宋军礼的变迁有全面检讨,他的研究表明,这一时期军礼的军事象征意义逐渐减弱,田猎和讲武礼仪变为君臣间增进互酬关系的场合。[3] 陈峰和刘缙论述了"崇文抑武"政策下北宋讲武礼形式化、边缘化的过程。[4] 宾礼的研究主要是由石见清裕推进的,他复原了唐代的蕃主蕃使谒见皇帝礼仪、皇帝宴请蕃主蕃使、国书授予的礼仪,并对其中一些关键环节进行了解说和讨论。[5]

除了五礼制度的个案研究外,唐宋礼制的综合研究也已经积累了很多成果,其中多数论著是围绕礼典展开的。唐前期颁布过《贞观礼》、《显庆礼》和《开元礼》,学者们对这三部礼典有不同程度的研究。岛一通过分析贞观年间朝廷在太庙、明堂、丧服等问题上的争论与《礼记正义》的内容,揭示了朝廷内部在制礼依据和对《礼记》的价值判断上存在的分歧。[6]

---

[1] 吴丽娱:《试论唐后期中央长官的上事之仪——以尚书仆射的上事为中心》,《中国社会科学院历史研究所学刊》第 3 集,2004 年,第 263—291 页;《晚唐五代中央地方的礼仪交接——以节度刺史的拜官中谢、上事为中心》,收入卢向前编《唐宋变革论》,合肥:黄山书社,2006 年,第 250—282 页。
[2] 佐藤和彦:《〈大唐開元礼〉に見る皇太子の師父尊崇儀礼について——儀礼から見る東宮機構の変化》,《立正史学》第 97 号,2005 年,第 49—65 页。
[3] 丸橋充拓:《唐宋変革期の軍礼と秩序》,《東洋史研究》第 64 卷第 3 号,2005 年,第 490—522 页。
[4] 陈峰、刘缙:《北宋讲武礼初探》,《清华大学学报》2007 年第 5 期,第 51—57 页。
[5] 石見清裕:《唐の北方問題と国際秩序》,东京:汲古书院,1998 年,第 413—500 页;《唐の国書授与儀礼について》,《東洋史研究》第 57 卷第 2 号,1998 年,第 243—276 页。
[6] 島一:《貞観年間の礼の修定と〈礼記正義〉》(上),《学林》第 26 号,1997 年,第 27—49 页;《貞観年間の礼の修定と〈礼記正義〉》(下),《立命館文学》第 549 号,1997 年,第 37—70 页。

高明士认为,《贞观礼》比武德祠令更加接近《开皇礼》,又对《开皇礼》进行了修正,从而确立起李唐近取开皇、远述《周礼》的立国政策。① 吴丽娱对《贞观礼》的研究强调了其继承《开皇礼》的一面和总体上的北朝特色,不过,新增的"二十九条"反映了《贞观礼》对南朝礼制的吸收和融合。② 史睿通过《显庆礼》颁布前后礼典和法典频繁修改的现象指出,这一时期礼典与法典的礼制规定趋于统一。③ 吴丽娱对《显庆礼》的研究,从礼典修撰主持人选的改易、具体礼仪内容的调整等角度,肯定了武后立朝带来的影响。④

《贞观礼》和《显庆礼》早已佚失,内容只能靠其他史书中的只言片语来推测,《开元礼》则保存完好,这为研究提供了极大便利,学界因此积累了丰富的成果。赵澜较早对此进行研究,她探讨了《开元礼》的编修背景、经过和行用问题。⑤ 杨华考察了《开元礼》在太庙、郊祀、丧服等礼制上如何取舍郑玄和王肃的学说,在他看来,尽管王肃礼学略占上风,但是《开元礼》的颁布意味着唐朝实现了礼制上的南北融汇、郑王杂糅。⑥ 刘安志在《开元礼》的性质和行用问题上有深入分析:作为礼的一般原则性规定,《开元礼》在唐代受到礼经一般的尊重,与仪注是体、用关系;尽管《开元礼》中有些礼仪没有能够实行,但是其基本原则和规定在中晚唐还是得到了遵循。⑦ 在探讨《开元礼》的论著中,以吴丽娱的系列论文最为重要:在《开元礼》的修撰缘起上,突破了《开元礼》折中《贞观礼》和《显庆礼》的传

---

① 高明士:《论武德到贞观礼的成立——唐朝立国政策的研究之一》,收入中国唐代学会编《第二届国际唐代学术会议论文集》,台北:文津出版社,1993年,第1159—1214页。
② 吴丽娱:《关于〈贞观礼〉的一些问题——以所增"二十九条"为中心》,《中国史研究》2008年第2期,第37—55页。
③ 史睿:《〈显庆礼〉所见唐代礼典与法典的关系》,收入高田时雄编《唐代宗教文化与制度》,京都:京都人文科学研究所,2007年,第115—132页。
④ 吴丽娱:《〈显庆礼〉与武则天》,《唐史论丛》第10辑,2008年,第1—16页。
⑤ 赵澜:《〈大唐开元礼〉初探——论唐代礼制的演化历程》,《复旦学报》1994年第5期,第87—92页。
⑥ 杨华:《论〈开元礼〉对郑玄和王肃礼学的择从》,《中国史研究》2003年第1期,第53—67页。
⑦ 刘安志:《关于〈大唐开元礼〉的性质及行用问题》,《中国史研究》2005年第3期,第95—117页。

统观点,指出太宗后期到高宗朝有完全不按《礼记》和郑玄学说定礼的倾向,《开元礼》"改撰《礼记》"的做法是这一思潮的延续;关于《开元礼》的修撰过程,她重点关注了《开元礼》颁布前两年朝廷在礼制上理顺诸多争议、添加不少新内容的情况,将这些变化的主题归纳为两个,一是突出皇帝权威,二是引入道教性质的礼仪为皇帝祈福求寿;在《开元礼》是否行用的问题上,通过考察中晚唐和五代的礼制实施状况得出结论,《开元礼》在晚唐五代被视作具有指导意义的新经典,而且具备一定的实用功能和参考价值,但是晚唐五代礼制的更替以制敕格式和相关法令为依据,《开元礼》更多的是作为一种原则和纲领而存在。① 另外,作为对《开元礼》的解释,《开元礼义鉴》的体例、基本内容、对南朝礼学传统的沿袭、对后世的影响等问题在吴羽的论文中得到了阐释。②

唐后期没有编修礼典,但是礼官的礼书写作并没有中断。姜伯勤指出,为了应对唐后期的变局,贞元、元和年间,朝廷在礼仪上作了不少调整,强调王朝的正统性和中央集权的绝对性,同时礼书逐渐呈现仪注化和庶民化的趋势。③ 吴羽认为,王彦威编纂的《曲台礼》具有国家礼书案牍化、编纂者职业化的特色,对宋代《礼阁新编》、《中兴礼书》等礼书的修撰产生了深刻影响。④ 他还对韦彤及其《五礼精义》的学术取向、在晚唐至南宋国家礼制调整中的具体作用展开了研究。⑤ 唐后期礼制发展的全面探讨来自吴丽娱,她对《开元礼》的原则在中晚唐的恢复、新的礼仪内容的补充、国家权威和皇帝尊严在礼仪中的体现、礼仪机构的变化、礼仪与律令

---

① 吴丽娱:《营造盛世:〈大唐开元礼〉的撰作缘起》,《中国史研究》2005 年第 3 期,第 73—94 页;《新制入礼:〈大唐开元礼〉的最后修订》,《燕京学报》新 19 期,2005 年,第 45—66 页;《礼用之辨:〈大唐开元礼〉的行用释疑》,《文史》第 71 辑,2005 年,第 97—130 页。
② 吴羽:《今佚唐〈开元礼义鉴〉的学术渊源与影响》,《魏晋南北朝隋唐史资料》第 26 辑,2010 年,第 187—201 页。
③ 姜伯勤:《唐贞元、元和间礼的变迁——兼论唐礼的变迁与敦煌元和书仪》,收入黄约瑟、刘健明编《隋唐史论集》,香港:香港大学亚洲研究中心,1993 年,第 222—231 页。此文收入氏著:《敦煌艺术宗教与礼乐文明》,北京:中国社会科学出版社,1996 年。
④ 吴羽:《论中晚唐国家礼书编纂的新动向对宋代的影响——以〈元和曲台新礼〉、〈中兴礼书〉为中心》,《学术研究》2008 年第 6 期,第 102—107 页。
⑤ 吴羽:《今佚唐代韦彤〈五礼精义〉的学术特点及其影响——兼论中晚唐礼学新趋向对宋代礼仪的影响》,《魏晋南北朝隋唐史资料》第 25 辑,2009 年,第 148—168 页。

格式等重大问题进行了细致的梳理,论述了中晚唐的礼仪制度是如何适应政治局势变化的。①

下面再来看宋代礼制的整体研究。楼劲对北宋前三朝的礼制发展有全面把握:根据其他史书中的片断记载,分析了早已佚失的《开宝通礼》的内容体例、与《开元礼》的沿革关系及其行用情况;对前三朝的诸多礼仪制度进行了较为全面的探讨,强调了五代礼制对宋代的影响,并分析了"宋承唐制"说兴起的思想史背景;通过宋初三朝礼例的研讨,指出北宋礼制形态演变的轴心不再是礼典和令式,而是以例为代表的新的发展样态。② 小岛毅通过《政和五礼新仪》探讨了北宋末年国家祭祀的特征,尤其是来自道教、纬书、五德终始说的影响,《政和五礼新仪》与《明集礼》的吉礼部的不同,则缘自程朱理学兴起后对国家礼制的清理。③ 吴羽论述了《政和五礼新仪》的编纂过程、特色、目的,并且将此书的编成看作宋代国家礼仪走向成熟、礼学知识结构转型最终完成的标志。④

在唐宋国家礼典、礼书的编纂上,张文昌有系统研究。他认为,唐代的国家礼典注重当代性和完整性,宋代注重沿革性和修正性,其间的变化发生于晚唐,追溯沿革以维护当代礼典的效力成为晚唐至南宋礼典编纂的主要原则,以"今王定制"为目标的《政和五礼新仪》其实与这一思维背道而驰,且未能达到预期效果。与这一过程相应,太常礼官编纂礼典的职能加强,皇帝获得了礼制争议的最终裁决权,礼典吸收了现行的宗教和民俗因素。因为唐宋时期私礼编纂的盛行,张文昌将唐宋礼仪的演进脉络

---

① 吴丽娱:《礼制变革与中晚唐社会政治》,收入黄正建编《中晚唐社会与政治研究》,北京:中国社会科学出版社,2006年,第108—267页。
② 楼劲:《关于〈开宝通礼〉若干问题的考察》,《中国社会科学院历史研究所学刊》第4集,2007年,第411—437页;《宋初礼制沿革及其与唐制的关系——兼论"宋承唐制"说之兴》,《中国史研究》2008年第2期,第57—76页;《宋初三朝的礼例与礼制形态的变迁》,《中国社会科学院历史研究所学刊》第5集,2008年,第157—189页。
③ 小岛毅:《宋代の国家祭祀——〈政和五礼新仪〉の特征》,收入池田温编《中国礼法と日本律令制》,东京:东方书店,1992年,第463—484页。
④ 吴羽:《〈政和五礼新仪〉编纂考论》,《学术研究》2013年第6期,第119—126页。

归纳为"从公礼到私礼"。①

除了以礼典为中心的讨论,礼仪空间的研究是礼制综合研究的另一取径。其中,妹尾达彦的研究成绩最为突出。他对隋唐时期长安城礼仪空间的营造及其变化进行了别开生面的研究。他指出,隋朝和唐朝初年的长安城以宇宙论为基础,国都成为以皇帝为中心的国家礼仪的舞台,这些礼仪实现了宇宙秩序与人间秩序的沟通,成为企求王朝正统性的重要方式。后来,大明宫的建造打破了长安城的空间对称,国家礼仪的轴线开始向东偏移,道教崇拜、民间习俗都参与了这一历史过程,国家礼仪的世俗化、享乐化程度大为增强。② 他还利用日僧圆仁的《入唐求法巡礼行记》,进一步探索了晚唐长安城举行的国家礼仪的实像,并讨论了9世纪国家礼仪的变动及其背后深层次的社会、文化背景。③ 熊存瑞在他有关隋唐长安的通论性著作中,专门辟出一章讨论了长安城的各种礼仪场所和礼仪实践。④ 姜伯勤通过对唐代敦煌城市礼仪空间的复原,分析了身份性礼仪空间的变容、庶民性礼仪空间的成长以及人对自然的礼敬态度。⑤

---

① 张文昌:《制礼以教天下——唐宋礼书与国家社会》,台北:台湾大学出版中心,2012年。其中,部分篇章已经以单篇论文的形式发表:《唐德宗重建礼制秩序与〈大唐郊祀录〉的编纂》,《兴大历史学报》第 19 期,2007 年,第 1—44 页;《论唐代后期之太常礼典》,《文史》第 85 期,2008 年,第 169—190 页;《论唐宋礼典中的佛教与民俗因素及其影响》,《唐史论丛》第 10 期,2008 年,第 17—39 页;《唐代国家礼典脉络下之私撰礼书——以〈新唐书·艺文志〉为考察中心》,收入宋德熹《中国中古社会与国家史料典籍研读会成果论文集》,台北:稻乡出版社,2009 年,第 339—353 页;《中国中古家礼的编纂与发展》,《东吴历史学报》第 23 期,2010 年,第 1—84 页;《〈大周通礼〉与〈开宝通礼〉内容与体例试探——以"通礼"为切入点》,《早期中国史研究》第 2 卷第 2 期,2010 年,第 109—132 页;《唐代以降国家礼仪发展之变迁》,收入朱凤玉、汪娟编《张广达先生八十华诞祝寿论文集》,台北:新文丰出版公司,2010 年,第 159—209 页。
② 妹尾达彦:《唐長安城の儀礼空間——皇帝儀礼の舞台を中心に》,《東洋文化》第 72 号,1992 年,第 1—35 页。
③ 妹尾达彦:《圓仁の長安——9 世紀の中国都城と王権儀礼》,《中央大学文学部史学紀要》第 53 号,2008 年,第 17—76 页;《長安:礼仪之都——以圆仁〈入唐求法巡礼行记〉为素材》,《唐研究》第 15 卷,2009 年,第 385—434 页。
④ Victor Cunrui Xiong, *Sui-Tang Chang'an: A Study in the Urban History of Medieval China*, Ann Arbor: Center for Chinese Studies, the University of Michigan, 2000, pp. 129-164.
⑤ 姜伯勤:《唐敦煌城市的礼仪空间》,《文史》第 55 辑,2001 年,第 229—244 页。

三、唐宋礼制研究的几点观察

作为中国传统文化的核心观念,礼渗透于社会的各个方面,礼制是其中最精致、最具表演性的一面,对宣扬王朝的统治合法性、以皇帝为顶点的权力结构都是至关重要。在《新唐书·礼乐志》的序言中,欧阳修有一个非常著名的言论:"由三代而上,治出于一,而礼乐达于天下;由三代而下,治出于二,而礼乐为虚名。"根据他的理解,夏商周三代推行以礼治国的统治方式,"宫室车舆以为居,衣裳冕弁以为服,尊爵俎豆以为器,金石丝竹以为乐,以适郊庙,以临朝廷,以事神而治民。其岁时聚会以为朝觐、聘问,欢欣交接以为射乡、食飨,合众兴事以为师田、学校,下至里闾田亩,吉凶哀乐,凡民之事,莫不一出于礼",这就是所谓的"治出于一";三代以后,以礼治国和以政治国并存,这就是所谓的"治出于二",其中"朝夕从事,则以簿书、狱讼、兵食为急",礼乐有逐渐边缘化的趋势。① 不过,若以此说明礼乐制度在帝制时代不再重要,又不符合欧阳修的本意。儒家厚古薄今,将三代视作理想社会,把三代以后看成礼崩乐坏的不完美世界,这是儒家士大夫的思维定势。但是,这种对现实的批判,并不意味着礼制在三代以后变得不重要了,相反,各种史书记载礼制内容之多,官僚士大夫对礼制问题有分歧时辩论之激烈,足以说明礼制在帝制时代依然事关重大。陈寅恪认为:"旧籍于礼仪特重,记述甚繁,由今日观之,其制度大抵仅为纸上之空文,或其影响所届,止限于少数特殊阶级。……唐以前士大夫与礼制之关系既如是之密切,而士大夫阶级又居当日极重要地位,故治史者自不应以其仅为空名,影响不及于平民,遂忽视之而不加以论究也。"② 正是因为有这种同情之理解,陈寅恪为隋唐礼制研究作出了卓著的贡献。近年来刊布的大量论著,更是充分证明礼制在唐宋时期的重大作用,以及礼制与政治、经济、思想、文化、宗教等方面的紧密联系。

---

① 《新唐书》卷一一《礼乐志一》,北京:中华书局,1975 年,第 307、308 页。
② 陈寅恪:《隋唐制度渊源略论稿》,第 3 页。

通过对唐宋礼制研究的回顾，我们可以看到这一领域的发展概况。过去，学术界对礼的研究集中于三《礼》学，研究取向是经学式的，以礼仪制度为对象的历史学研究比较欠缺。近三四十年以来，经过中外学者的共同努力，中国古代礼仪制度的研究有了突飞猛进的发展，尤其是进入 21 世纪后，礼制研究呈现爆发式增长。这些研究成果正在日新月异地推进礼制研究的前沿，充实和丰富礼制研究的内容、方法。

从课题看，唐宋礼制研究已有成果的涵盖面非常广。正如前文所述，西晋以后，国家礼制采用《周礼》的观念，分为吉、凶、宾、军、嘉五类。唐宋时期五类礼仪都有重要的个案研究成果刊布，尤其是吉礼、凶礼和嘉礼的研究可谓硕果累累。尽管史料缺乏，军礼和宾礼的研究也已有重要成果出现。除了五礼制度的个案研究外，还有不少综合性的研究，其中以礼典、礼书为中心的讨论是主要的研究路径，礼仪空间和礼仪机构的讨论也丰富了唐宋礼制研究。

从研究方法看，除了陈寅恪采用政治史的研究路径来探寻隋唐礼制渊源外，唐宋礼制研究的主流是采取制度史研究的路径，深入礼制内部，考察其功能、流变。当然，在制度史研究路径下，也有很多不同的理论、方法来研究唐宋礼制。例如，在《玉帛之奠》中，魏侯玮引入了西方社会科学的理论，来理解唐代的礼制和象征性事物，例如马克斯·韦伯(Max Weber)的合法性(legitimacy)、大卫·伊斯顿(David Easton)的广泛性支持(diffuse or indirect support)、Amitai Etzioni 的范性服从(normative compliance)等概念。甘怀真的礼制研究力行"经典诠释"的方法，所谓经典诠释，就是将儒学看作一种政治论述，研究"历史中的行动者如何理解其所处的历史脉络，根据其意志，并受其策略影响，对于具有共识的儒家经典，作出'经典诠释'"。[①] 他通过礼制、礼学研究，探讨了儒家经典诠释与建构政治秩序的关系。

在唐宋礼制研究的开展过程中，有来自海峡两岸、日本、欧美的学者投身其中，这也使得这一研究领域具有很强的国际性。一般来说，虽然国内和国外的学者对中国历史都有研究，但是因为不同的学术训练背景和问题意识，关注的问题其实各有侧重，不容易聚焦于同一个研究领域。然

[①] 甘怀真：《皇权、礼仪与经典诠释：中国古代政治史研究》，第 vi 页。

而，唐宋礼制研究的情况却不一样，尽管有各自的学术关怀，但是这些学者都意识到了礼制研究的意义，共同参与了这一领域研究现状的塑造。例如，陈寅恪的隋唐礼制渊源研究意在从一个特定的角度证明，中古时代虽然在政治上深受外来种族影响，但是在文化上最终还是以本土化为归宿。金子修一的郊庙礼制研究，着眼于探明中国古代皇帝制度的特质。高明士的释奠礼仪研究，是其探讨东亚教育史的重要环节。麦大维的唐代礼制研究作为其唐代儒学研究的一部分，重在强调唐代儒学有其自身发展特色，不应以后世获得胜利的程朱理学书写的道统谱系来衡量和评判唐代儒学。雷闻的隋唐国家祭祀研究，则是肯定其宗教性，反对把它看作与民众个人宗教信仰脱节的纯粹官方仪式。吴丽娱以丧葬制度研究为切入点，考察唐宋整体的制度变革和社会发展。宋代赐额、赐号政策的研究者的学术兴趣多在于地方社会。这些拥有不同学术背景、问题意识的学者通过自己的论著，推动了唐宋礼制研究的深入开展。

如果以唐宋为一个时间单元，我们可以看到，礼制研究在过去二三十年里取得了极大进展，但是如果只看断代的话，会发现朝代间礼制研究的不均衡现象。唐代礼制显然在研究的深度和广度上都优于五代、两宋，可以说在帝制时代各断代中，唐代礼制受到了学者最多的关注，在研究成果上领先于其他各朝代。相比之下，无论在论著的数量上，还是在开拓的议题上，五代和宋代的礼制研究都还有欠缺。如果说五代礼制的研究状况受制于史料稀少的话，那么宋代礼制的研究空间还非常宽阔。对宋代礼制研究来说，可以讨论的议题一点不比唐代少，原始史料的丰富程度更是有过之而无不及，且未加以充分利用，因此宋代礼制研究还有很大的开拓空间。无论是采取断代研究，还是采取跨朝代研究，都将有助于宋代礼制研究的推进，挖掘其中丰富的议题和史实资源。

第三节 研究思路

作为五礼之中最重要的一类，吉礼在以往的唐宋礼制研究中自然最受重视,尽管近年来凶礼和嘉礼的研究也是呈现出突飞猛进的发展。不过,唐宋吉礼研究还存在着一些不足,需要我们留意。

首先,过去的研究成果主要是对吉礼之中各种祭祀礼仪的个案研究,研究者较少注意这些礼仪之间的共性,对整个吉礼制度的时代特色和历史走向不够关注。不惟如此,学者们在申述这些礼仪的研究意义时,多将落脚点置于整个国家礼仪制度或国家祭祀上,"吉礼"这一概念受到了忽视。在国家礼仪制度之下,至少还有两个层次:一是吉、凶、宾、军、嘉五礼,二是五礼之下各种具体的礼仪形式。若只将注意力聚焦于个别祭祀礼仪和整个国家礼制上,我们便无从了解作为中间层次的吉礼制度在唐宋时期的整体面貌。正如前文所说,国家祭祀与吉礼并不是两个等值的概念,所以,已有的国家祭祀研究无法取代吉礼制度研究的必要性。

其次,与唐宋礼制研究的其他方面一样,在各种吉礼仪式及其相关制度上,也呈现朝代间研究成果、进度不平衡的状态,五代和两宋部分的研究有待改进,因为这有利于我们理解包括吉礼在内的国家礼制在一个较长时期内的走向。其中,五代礼制的研究特别容易被忽略。在兵荒马乱的五代,军事胜利固然压倒一切,但是,通过包括礼制在内的怀柔手段来争取民心,体现自己的统治合法性,也不是可有可无的事情。事实上,像后唐这样一个以李唐继承人自居的政权对继承唐代礼制并非熟视无睹,后周在礼制上也不乏重要举措,张文昌的研究就表明,《大周通礼》对北宋初年的《开宝通礼》深有影响。[①] 本书的第三、四章也会揭示五代在唐宋郊庙礼制变迁中起到了承上启下的作用。北宋的各项吉礼仪式及其相关制度,更是本书重点关注的内容。

基于以上这些思考,我决定将唐至北宋时期吉礼体系的变迁作为研究对象。吉礼之下有着为数众多的祭祀礼仪,然而吉礼并不是这些仪式的简单集合,而是有着自身的内在逻辑和结构,从而成为一个体系。吉礼是五礼体系中最重要的一个子体系,可是前人甚少对此进行整体性的研究。因此,在唐宋变革的时代背景下,唐至北宋时期的吉礼制度在整体上

[①] 张文昌:《制礼以教天下——唐宋礼书与国家社会》,第134—138页。

如何变迁,及其背后的原因是什么,就成为我们最关心的问题。

要从整体上把握唐至北宋时期吉礼体系的变迁,就需要对这一体系的内在结构有比较清楚的了解。在我看来,这一时期的吉礼体系内部存在着两个基本的架构。首先是纵向结构——大祀、中祀和小祀制度。从隋代开始,朝廷将《周礼》中的祭祀等级观念付诸实践,把吉礼之中的诸多常祀分成大祀、中祀和小祀三个等级,以示这些祭祀的重要程度。唐宋王朝沿用了这一制度。三祀制提供了一个纵向的观照维度,从中可以看到,唐至北宋时期吉礼体系中的祭祀等级制如何演进,祭祀对象的等级性如何逐步体现于具体的礼仪操作中,三祀制的祭祀对象如何发生变化及其原因何在。我们在讨论三祀制祭祀对象的变化时,会大量涉及唐至北宋时期开始出现、甚至是只存在于这一时期的祭祀礼仪。这一方面可以体现这一时期吉礼制度的时代特色,另一方面使我们的研究具有扎实的基盘,与后面提到的那些最重要吉礼仪式的个案研究相配合,更好地探讨吉礼体系的变迁。

在横向上,唐至北宋时期的各种吉礼仪式是按"祀天神,祭地祇,享人鬼,释奠于先圣先师"的原则来分类的。《周礼·春官·大宗伯》:"大宗伯之职,掌建邦之天神、人鬼、地示之礼,以佐王建保邦国。"郑玄注:"建,立也。立天神、地祇、人鬼之礼者,谓祀之、祭之、享之。礼,吉礼是也。"[1]这说明,在儒家经典中,吉礼分为"祀天神、祭地祇、享人鬼"三类。从唐代开始,随着释奠礼仪成为独立的一类祭祀仪式,吉礼内部遂分为四小类。在《唐六典》中有这样的记载:"凡祭祀之名有四:一曰祀天神,二曰祭地祇,三曰享人鬼,四曰释奠于先圣先师。"[2]到了宋代,这一分类原则仍然在行用之中。《政和五礼新仪》规定:"凡祭祀之礼,天神曰祀,地祇曰祭,宗庙人鬼曰享,至圣文宣王、昭烈武成王曰释奠。"[3]因为天神和地祇通常是放在一起研究的,所以可将其合并。在实际研究中,我们将吉礼体系下的祭祀对象分为三类。其中,释奠礼仪只有孔庙释奠礼仪、武庙释奠礼仪两类,无需选择代表性祭祀。"祀天神、祭地祇"礼仪的典型是郊祀礼仪,"享

---

[1] 《周礼注疏》卷一八,第757页。
[2] 《唐六典》卷四祠部郎中员外郎条,北京:中华书局,1992年,第120页。
[3] 《政和五礼新仪》卷一《序例一》,第134页。

人鬼"礼仪的代表是太庙祭祀。我们将探寻这些具体的祭祀礼仪在唐至北宋时期经历了什么样的变化，究竟有哪些因素促成了这些变化，有何共同的特征。

因此，本书除了第一章导论和第六章结语外，正文部分共有四章。

第二章讨论大祀、中祀、小祀制度。这一章关注的重点有两个：一是祭祀等级制如何落实，即大祀、中祀、小祀等级的划分如何逐渐在祭祀仪式的诸多要素中得到体现；二是大祀、中祀、小祀制度的祭祀对象如何发生变化，这里既包括既有祭祀对象的等级变动，也包括祭祀对象进入或退出三祀制度，其中最值得关注的是这一时期进入三祀制度的祭祀对象，它们往往最体现吉礼体系的时代特色。

第三章讨论郊祀礼仪。这一章主要涉及两个彼此关联的问题：一是有关主神的争论，即郊丘之争到天地分合之争如何发生，这一转变既是中国古代郊祀礼仪两大争议话题的历史性转移，也意味着皇帝亲郊的重要性更趋突出；二是探讨这一时期的皇帝亲郊礼仪，特别是其如何在既有的沟通人神的功能之外，进而成为帝国秩序的展示窗口，从中亦可看到，非祭祀性因素的凸显对皇帝亲郊仪式的形态有明显的制约作用。

第四章讨论太庙祭祀。这一章重在论证太庙祭祀中私家因素的凸显，拟从六个方面着手：一是太庙祭祀中最具争议的庙数问题，由此可见这一时期太庙礼制逐渐超越了郑玄和王肃对"天子七庙"的争论；二是太庙祭祀管理机构从太常寺到宗正寺的变动；三是宗室参与太庙祭祀程度的加深；四是太庙庙室中"一帝一后"形式的打破，一帝数后的形式愈加频繁并且被合理化；五是太庙祭品深受陵寝祭祀影响，日常饮食的因素增加；六是作为太庙殷祭的禘祫礼仪中祖先神位的变化及其争议。

第五章讨论文武释奠礼仪。孔庙释奠礼仪的研究关注三个方面的内容：一是这一礼仪的功能、类别归属在唐代的转折性变化；二是晚唐至北宋孔庙释奠礼仪在地方社会的深入开展；三是北宋后期孔庙从祀神位的变化及其对这一礼仪造成的影响。武庙释奠礼仪的研究则试图回答两个问题：一是这一礼仪与此前的齐太公崇拜有何关联，二是唐至北宋时期的文武政策是否决定了这一礼仪的命运。

第二章　大祀、中祀和小祀

礼仪制度是中国历代王朝立国政策的一部分，是其统治合法性和治国理念的一种表达。魏晋以降，国家礼仪体系发生了转折性的变化，五礼体系取代了两汉基于《仪礼》而又超越《仪礼》的礼仪体制，并于隋唐时期成熟起来。[1] 所谓五礼，就是吉礼、凶礼、宾礼、军礼和嘉礼，吉礼的主体是各类制度化的官方祭祀礼仪。自从隋初开始，朝廷根据祭祀对象重要性的不同，将吉礼中的诸多常祀分别定为大祀、中祀和小祀。三祀制是维系吉礼制度的重要构架，它代表着国家对这些祭祀礼仪重要程度的认定，也代表着国家对礼仪活动进行规范化的努力。正因为这样，在不少具体的礼制研究中，学者们经常提到大、中、小祀。这一制度的研究已有一定的成绩：金子修一从祭祀祝版中皇帝自称的不同，探讨了唐代的大祀、中祀和小祀制度；[2]高明士在研究隋唐初年礼仪制度时，对三祀制有所涉及；[3]江川式部研究了五齐三酒与祭祀等级制的关系；[4]吴丽娱讨论了《开元礼》颁布以后唐代三祀制下祭祀对象的变化。[5] 不过，与这一制度的重要意义、丰富的史料状况相比，这一课题有继续深入探讨的余地和必要。三祀

---

[1] 梁满仓：《魏晋南北朝五礼制度考论》，北京：社会科学文献出版社，2009年，第126—146页。
[2] 金子修一：《中国古代皇帝祭祀の研究》，东京：岩波书店，2006年，第1—28页。
[3] 高明士：《隋代的制礼作乐——隋代立国政策研究之二》，收入黄约瑟、刘健明编《隋唐史论集》，香港：香港大学亚洲研究中心，1993年，第18—21页；《论武德到贞观礼的成立——唐朝立国政策的研究之一》，收入中国唐代学会编《第二届国际唐代学术会议论文集》，台北：文津出版社，1993年，第1166—1170页。
[4] 江川式部：《唐朝祭祀における五齐三酒》，《明治大学文学研究论集》第14号，2001年，第198—200页。
[5] 吴丽娱：《礼制变革与中晚唐社会政治》，收入黄正建编《中晚唐社会与政治研究》，北京：中国社会科学出版社，2006年，第174—189页。

制分别连接着祭祀对象和祭祀等级,无论是从祭祀等级制落实的角度看,还是从每一个等级下祭祀对象的变动来看,过去的研究只是覆盖了其中的某些方面,尚无法提供关于三祀制的完整认识。下面,我们将细致考察唐至北宋时期的三祀制,以便为深入了解这一时期的吉礼体系提供可能。

第一节　大祀、中祀和小祀制度的建立

作为一种观念,祭祀仪式的等级之分出现在《周礼》中。根据《周礼》,肆师的职掌是:"掌立国祀之礼,以佐大宗伯。立大祀,用玉帛牲牷;立次祀,用牲币;立小祀,用牲。"①国祀分为大祀、次祀和小祀,这与后代的三祀制是相通的。可以看到,在《周礼》中,不同等级祭祀活动的区别主要体现在祭品上。至于大、次、小祀的具体祭祀对象,郑众注:"大祀,天地。次祀,日月星辰。小祀,司命已下。"郑玄作了补充:"大祀又有宗庙,次祀又有社稷、五祀、五岳,小祀又有司中、风师、雨师、山川、百物。"②《周礼》成书于汉初,是儒家理想化的国家制度的反映,③郑众和郑玄的见解也代表了东汉儒生的礼制理想。

作为一种制度,大、中、小祀的划分出现于隋初。《开皇礼》的制作始于开皇三年(583),两年后完成,其中包括三祀制的建立。④《开皇礼》规定:"昊天上帝、五方上帝、日月、皇地祇、神州、社稷、宗庙等为大祀,星辰、五祀、四望等为中祀,司中、司命、风师、雨师及诸星、诸山川等为小祀。"⑤三祀制的建立,意味着《周礼》中的祭祀等级观念成为现实,这代表了国家对诸多常祀重要程度的制度认定。

在草创时期的三祀制中,可以表现祭祀等级的外在尺度还不多。隋

---

① 《周礼注疏》卷一九,《十三经注疏》本,北京:中华书局,1980年,第768页。
② 《周礼注疏》卷一九,第768页。
③ 彭林:《周礼主体思想与成书年代考》,北京:中国社会科学出版社,1991年,第82—90、229—256页。
④ 高明士:《隋代的制礼作乐——隋代立国政策研究之二》,第18—21页。
⑤ 《隋书》卷六《礼仪志一》,北京:中华书局,1973年,第117页。

制规定:"大祀养牲,在涤九旬,中祀三旬,小祀一旬。"①先秦有涤宫饲养牲牢的做法,《公羊传》宣公三年:"帝牲在于涤三月,于稷者唯具是视。"②到了隋代,这一传统被纳入三祀制的框架中而等级化,牲牢在涤宫饲养的时间由祭祀等级决定。尽管这样,隋代三祀制的等级化程度还是有限。即便是同一等级的祭祀,牲牢也有所不同。大祀之中,在昊天上帝的常祀中,昊天上帝及配帝用苍犊二,五帝、日月用方色犊各一,五星以下用羊豕各九。在皇地祇的常祀中,皇地祇和配帝用黄犊二,九州各用方色犊一,冀州的山林川泽、丘陵坟衍加羊豕各九。感生帝和神州地祇的常祀都用二犊。太庙和社稷的常祀用太牢。③ 斋戒方面,隋代只规定了大祀斋戒的时间和程式:"凡大祀,斋官皆于其晨集尚书省,受誓戒。散斋四日,致斋三日。祭前一日,昼漏上水五刻,到祀所,沐浴,着明衣,咸不得闻见衰绖哭泣。"④虽然记载阙如,中祀和小祀的斋戒不至于没有。《隋书·礼仪志》:"隋制,常以仲春,用少牢祭马祖于大泽,诸预祭官,皆于祭所致斋一日,积柴于燎坛,礼毕,就燎。"⑤马祖祭祀在隋代是军礼,不过同为国家祭祀行为,吉礼中的中祀和小祀当与马祖祭祀一样,有斋戒这一环节,可能是斋戒时间、程式与祭祀等级之间没有严格的对应关系,所以《隋书》没有交代中祀和小祀的斋戒情况。这些表明了隋代三祀制的不成熟。

第二节　祭祀等级制的展开

隋代建立起三祀制,以显示诸常祀仪式的重要程度,但是祭祀的等级性在具体操作中并没有充分的表现。唐至北宋时期,祭祀等级制逐渐落实,仪式中用于体现祭祀等级的环节增多。尾形勇、金子修一先后探讨了

---

① 《隋书》卷六《礼仪志一》,第 117 页。
② 《春秋公羊传注疏》卷一五,《十三经注疏》本,北京:中华书局,1980 年,第 2278 页。
③ 《隋书》卷七《礼仪志二》,第 116—117、136、143 页。
④ 《隋书》卷六《礼仪志一》,第 117 页。
⑤ 《隋书》卷八《礼仪志三》,第 162 页。

《开元礼》各种祭祀祝文中皇帝自称与祭祀等级的关系,这一问题已很清晰:"天子"用于祭祀天地系统的神祇,"皇帝"用于祭祀祖先与其他人格神;大祀时,皇帝自称"天子臣某"或"皇帝臣某";中祀时,皇帝自称"天子某"或"皇帝某",但是孔宣父和齐太公常祀时,皇帝自称"皇帝";小祀时,皇帝自称"天子"或"皇帝"。① 江川式部指出,唐代国家祭祀所用酒类与祭祀等级有关,大祀都含五齐,中祀使用醴齐以下的酒,小祀使用醍齐以下的酒。② 其实在唐代,祭祀等级制已经体现在祭祀仪式的其他方面,至北宋又有进一步发展,我们将对此进行具体分析。

一、斋　戒

在操作层面上,唐代三祀制的等级化程度有了明显提高,这在斋戒方面有突出表现,大、中、小祀都有了统一的斋戒时间。《旧唐书·礼仪志》:"大祀散斋四日,致斋三日。中祀散斋三日,致斋二日。小祀散斋二日,致斋一日。"③根据学者的研究,永徽二年(651),这一制度就已经存在。④ 散斋和致斋的说法出自《礼记》。《礼记·祭义》:"致齐于内,散齐于外。齐之日,思其居处,思其笑语,思其志意,思其所乐,思其所嗜。齐三日,乃见其所为齐者。"⑤《礼记·祭统》:

> 及时将祭,君子乃齐。齐之为言齐也,齐不齐,以致齐者也。是以君子非有大事也,非有恭敬也,则不齐。不齐则于物无防也,嗜欲无止也。及其将齐也,防其邪物,讫其嗜欲,耳不听乐。故《记》曰:"齐者不乐。"言不敢散其志也。心不苟虑,必依于道;手足不苟动,必依于礼。是故君子之齐也,专致其精明之德也。故散齐七日以定之,

---

① 尾形勇:《中国古代の"家"と国家——皇帝支配下の秩序构造》,东京:岩波书店,1979年,第129—134页;金子修一:《中国古代皇帝祭祀の研究》,第4—8页。
② 江川式部:《唐朝祭祀における五齐三酒》,第198—200页。
③ 《旧唐书》卷二一《礼仪志一》,北京:中华书局,1975年,第819页。
④ 池田温编集代表:《唐令拾遗补》,东京:东京大学出版会,1997年,第488—489页。
⑤ 《礼记正义》卷四七,《十三经注疏》本,北京:中华书局,1980年,第1592页。

致齐三日以齐之。定之之谓齐,齐者,精明之至也,然后可以交于神明也。是故,先期旬有一日,宫宰宿夫人,夫人亦散齐七日,致齐三日。君致齐于外,夫人致齐于内,然后会于大庙。①

"齐"与"斋"相通。在祭祀之前,祭祀者通过斋戒净化身心,达到精诚纯净的境界,这样才能与神灵交流。在唐代,斋戒的时间长短成为体现祭祀等级的一个重要尺度。

唐廷对斋戒内容有严格的规定。《旧唐书·礼仪志》:"散斋之日,昼理事如旧,夜宿于家正寝,不得吊丧问疾,不判署刑杀文书,不决罚罪人,不作乐,不预秽恶之事。致斋惟为祀事得行,其余悉断。"②这些内容在《永徽令》中就已经存在,③目的是确保有关人员身心的洁净。到了后唐,朝廷对此也不断予以强调。天成四年(929)十月,中书门下针对"太微宫、太庙、南郊坛,宰臣行事宿斋,百官皆预人事"的现象,上奏皇帝:"伏以奉命行事,精诚斋宿,倪遍见于朝官,涉不虔于祠祭。今后宰臣行事,文武两班,望令并不得到宿斋处者。"同年十二月,中书门下又一次上奏:"今后宰臣致斋内,请不押班,不知印,不起居。或遇国忌,应行事官受誓戒,并不赴行香,并不奏覆刑杀公事。及大祠致斋内,请不开宴。"④这两次奏请皆得到了明宗的认可,这样做都是为了使斋戒不受政事特别是刑杀之事的影响,确保斋戒的圣洁。

唐律中有条款来惩处违反斋戒规定的官员。例如,根据唐朝的制度,散斋期内,应当宿于正寝,"其无正寝者,于当家之内余斋房内宿者,亦无罪"。⑤ 致斋期内,"三公于尚书省安置;余官各于本司,若皇城内无本司,于太常郊社、太庙署安置"。⑥ 大祀的致斋,则是"两宿宿本司,一宿宿祀

---

① 《礼记正义》卷四九,第1603页。
② 《旧唐书》卷二一《礼仪志一》,第819页。
③ 《唐令拾遗补》,第499—500页。
④ 《旧五代史》卷一四三《礼志下》,北京:中华书局,1976年,第1914—1915页。
⑤ 《唐律疏议》卷九《职制律》"大祀不预申期及不如法"条,北京:中华书局,1983年,第188页。
⑥ 《旧唐书》卷二一《礼仪志一》,第819页。

所"。① 对不遵守这一制度的行为,唐律规定:"即入散斋,不宿正寝者,一宿笞五十;致斋,不宿本司者,一宿杖九十;一宿各加一等。中、小祀递减二等。"②"笞五十"和"杖九十",是针对大祀而言的。如果中祀散斋期间一宿不宿正寝、致斋期间一宿不宿本司,分别减二等,处以笞三十、杖七十的刑罚。如果小祀斋戒期间犯同样的错误,在此基础上再减二等刑罚。这些处罚还只是针对只有一宿不在指定地点就寝的行为,每多一宿,还要罪加一等。

对斋戒期间从事丧疾刑杀活动的官员,唐律也有处罚条例:"诸大祀在散斋而吊丧、问疾、判署刑杀文书及决罚者,笞五十;奏闻者,杖六十。致斋者,各加一等。"《疏》议对此有进一步解释:"大祀散斋四日,并不得吊丧,亦不得问疾。刑谓定罪,杀谓杀戮罪人,此等文书不得判署,及不得决罚杖、笞。违者,笞五十,若以此刑杀、决罚事奏闻者,杖六十。若在致斋内犯者,各加一等。中、小祀犯者,各递减二等。"③在同一斋戒期内,同罪所受惩罚,大、中、小祀之间各差两等。在同一等级的散斋和致斋期间,同罪处罚相差一等。

上面这些制度,都是为了确保祭祀的圣洁性。针对斋戒期内不可预期的生老病死现象,朝廷也建立了相应的制度,以避免祭祀沾染秽恶之物。《开元礼》规定:"凡散斋有大功以上丧,致斋有周以上丧,并听赴。即居缌麻已上丧者,不得预宗庙之事。其在斋坊病者听还,若死于斋所,同房不得行事。"④遇到亲属去世,官员不得参与国家祭祀。不过,如果遇到私忌日,则不影响斋戒和祭祀。私忌给假在唐宋时期皆有相应法令条文予以保证,无论是开元年间的令文,还是近年发现的《天圣令》都是如此,但是如果私忌日与国家祭祀的时间冲突,则以国家祭祀为先。⑤

在斋戒方面,北宋时期最大的变化是大祀的散斋期由四天改为七天。大观四年(1110),礼仪局上奏:

---

① 《唐律疏议》卷九《职制律》"大祀不预申期及不如法"条,第188页。
② 《唐律疏议》卷九《职制律》"大祀不预申期及不如法"条,第188页。
③ 《唐律疏议》卷九《职制律》"大祀在散斋吊丧问疾"条,第189页。
④ 《大唐开元礼》卷三《序例下》,东京:古典研究会,1972年,第32页。
⑤ 赵大莹:《唐宋〈假宁令〉研究》,《唐研究》第12卷,2006年,第89—90页。

> 臣等闻古之祭祀，必七日戒，三日斋。戒者，防其非僻，以无为也。斋者，一其思虑，以无思也。无为无思以致一，则能神明其德，然后可以交于神明。所以斋，则见其所为斋者，有能一日尽其诚于此，则可以承祭祀矣，必期以十日者，何也？人之精神，易动而难静，非俟之以久，则夜气之所息不足胜旦昼之所为。今夫自甲至癸，日一周也；五行刚柔，气一成也。《周官》太宰祀五帝，则前期书帅执事而卜日，遂戒，谓散斋七日，致斋三日也。秦变古法，改用三日。汉则天地七日，宗庙五日。魏晋因之。唐则大祀七日。虽多寡不同，皆非先王之制。臣等欲乞明诏，有司郊庙大祭祀，皆前期而誓戒，散斋七日以定之，致斋三日以齐之，以应典礼。①

这一奏请得到了徽宗的批准。在礼仪局的礼官看来，斋戒的意义在于通过聚拢精神、无思无为达到可以与神明沟通的状态，因而在祭祀之前需要长达十天的斋戒期，《周礼》对此有明确的记载，但是这一先王之制在帝制时代始终没有得到实行。这一说法其实不准确，刘宋时期皇帝在南郊祭祀和太庙禘祫前散斋七日、致斋三日，②萧梁时期的籍田礼也是如此。③不过，隋唐两朝将大祀的斋期固定为散斋四日、致斋三日，这在北宋得到了长期沿用，这与《周礼》的记载确实不相吻合。北宋末年的礼制变革不可谓不大，经典中斋戒传统的恢复是其中重要的一部分。

斋戒是最能体现三祀制之等级性的。北宋士人慕容彦逢说："国家称秩祀典，交百神而礼之，考诸令格，惟以斋日多寡为大、中、小祀之辨。大祀散斋四日，致斋三日；中祀散斋三日，致斋二日；小祀散斋二日，致斋一日。参稽情文，各有攸当。"④虽然有些言过其实，但是确实点出了斋戒在表现祭祀等级性上的意义。

---

① 《政和五礼新仪》卷首，《景印文渊阁四库全书》第647册，台北：台湾商务印书馆，1983年，第14—15页。
② 《宋书》卷一四《礼志一》，北京：中华书局，1974年，第347、349页。
③ 《隋书》卷七《礼仪志二》，第143页。
④ 慕容彦逢：《摛文堂集》卷一〇《理会祭祀札子》，《景印文渊阁四库全书》第1123册，台北：台湾商务印书馆，1983年，第418页。

二、祭　品

《开皇礼》颁布后，五礼体系进入了成熟阶段，不过，在具体细节上还有很多不合理之处。唐朝建立后，《武德祠令》和《贞观礼》对隋朝礼制有所修正，但是因袭的成分更多。① 因此，"礼文虽具，然制度时时缪缺不伦"。② 至显庆二年（657），还是如此。当时行用的《光禄式》规定："祭天地、日月、岳镇、海渎、先蚕等，笾、豆各四。祭宗庙，笾、豆各十二。祭社稷、先农等，笾、豆各九。祭风师、雨师，笾、豆各二。"③此时大、中、小祀的对象是由《永徽祠令》规定的。《唐律疏议·职制律》所引《祠令》就是《永徽祠令》，④其中规定："大祀，谓天地、宗庙、神州等为大祀。……中、小祀者，谓社稷、日月、星辰、岳镇、海渎、帝社等为中祀，司中、司命、风师、雨师、诸星、山林、川泽之属为小祀。"⑤我们清楚地看到，《光禄式》中各种常祀笾豆数无法反映祭祀的等级高下。许敬宗因此上奏："寻此式文，事深乖谬。社稷多于天地，似不贵多。风雨少于日月，又不贵少。且先农、先蚕，俱为中祭，或六或四，理不可通。又先农之神，尊于释奠，笾、豆之数，先农乃少，理既差舛，难以因循。"他建议："谨按《礼记·郊特牲》云：'笾、豆之荐，水土之品，不敢用亵味而贵多品，所以交于神明之义也。'此即祭祀笾、豆，以多为贵。宗庙之数，不可逾郊。今请大祀同为十二，中祀同为十，小祀同为八。"对此，高宗"诏并可之，遂附于礼令"。⑥ 次年颁布的《显庆礼》以"其文杂以式令"著称，⑦应当是吸收了这一变化。

开元二十年（732）颁布的《开元礼》没有直接规定大祀笾豆各十二，中

---

① 高明士：《论武德到贞观礼的成立——唐朝立国政策的研究之一》，第1159—1214页。
② 《新唐书》卷一二二《韦缜传》，北京：中华书局，1975年，第4355页。
③ 《旧唐书》卷二一《礼仪志一》，第825页。
④ 荣新江、史睿：《俄藏敦煌写本〈唐令〉残卷（Дх.3558）考释》，《敦煌学辑刊》1999年第1期，第8页。
⑤ 《唐律疏议》卷九《职制律》"大祀不预申期及不如法"条，第187—188页。
⑥ 《旧唐书》卷二一《礼仪志一》，第825页。
⑦ 《新唐书》卷一一《礼乐志一》，第308页。

祀各十,小祀各八,不过,若将各常祀的等级与笾豆数对照,可知显庆二年的原则得到了遵循。不仅如此,在《开元礼》中,三祀制下常祀的笾豆祭品是根据笾豆数确定的:"凡祭器用笾豆各十二者,笾实以石盐、干鱼、干枣、栗黄、榛子仁、菱仁、芡仁、鹿脯、白饼、黑饼、糗饵、粉餈,其豆实以韭菹、醓醢、菁菹、鹿醢、芹菹、兔醢、笋菹、鱼醢、脾析菹、豚胉、酏食、糁食。用笾豆各十者,笾减糗饵、粉餈,豆减酏食、糁食。用笾豆各八者,笾又减白饼、黑饼,豆又减脾析菹、豚胉。"①也就是说,笾豆所盛祭品与祭祀等级也是严格对应的,祭祀等级在笾豆祭品上也得到了体现。

此后,这一原则稍有变化,太庙的笾豆数一度超出了其他大祀。开元二十三年(735),玄宗提出:"宗庙致享,务在丰洁,礼经沿革,必本人情,笾豆之荐,或未能备物,宜令礼官、学士详议具奏。"太常卿韦绦建议太庙笾豆之数各加十二,其他官员有不同意见,最后折中为太庙笾豆数各加六,用来盛放常馔和荐新物,原来的十二笾豆仍然盛放传统祭品。② 大、中、小祀的笾豆数,呈现出些许不平衡的迹象。不过这一做法没有持续很长时间,天宝五载(746),玄宗下令:"其已后享太庙,宜料外每室加常食一牙盘,仍令所司,务尽丰洁。"③于是,笾豆和牙盘的功用截然分开,前者盛放礼馔,后者盛放常食。设置牙盘常食后,增加的六个笾豆就显得多余,太庙时享的笾豆数恢复为十二就在情理之中了。在《大唐郊祀录》中,太庙时享的笾豆数就是十二。④

---

① 《大唐开元礼》卷一《序例上》,第 17—19 页。
② 《唐会要》卷一七《祭器议》,北京:中华书局,1955 年,第 349—352 页。史书对此事的时间有不同的记载。例如,《旧唐书》卷二五《礼仪志五》记为开元二十二年(第 969 页)。《资治通鉴》将此事系年为开元二十四年(卷二一四开元二十四年六月条,北京:中华书局,1956 年,第 6818—6820 页)。在更多的史料中,此事系年为开元二十三年,我们也倾向于此。《唐大诏令集》卷七四《开元二十三年籍田赦》中有"宗庙致享,务存丰洁,礼经沿革,必本人情。笾豆之荐,或未能备物,服制之纪,或有未通。宜令礼官学士详议具奏"的语句(北京:商务印书馆,1959 年,第 416 页),这是正文中玄宗言论的原始出处。玄宗确实是在开元二十三年正月举行籍田礼仪(《旧唐书》卷八《玄宗纪上》,第 202 页),所以此事系年为开元二十三年较为允当。关于太庙笾豆加六的意义,参见吴丽娱:《唐宋之际的礼仪新秩序——以唐代的公卿巡陵和陵庙荐食为中心》,《唐研究》第 11 卷,2005 年,第 245—253 页。
③ 《唐会要》卷一七《缘庙裁制上》,第 359 页。
④ 《大唐郊祀录》卷一《凡例上》,东京:古典研究会,1972 年,第 735 页。

牙盘常食在北宋的太庙祭祀中长期存在，因而这一时期常祀笾豆数与祭祀等级是严格对应的。北宋后期情况稍有变化。元丰四年（1081），详定礼文所上奏："笾豆于常数之外别加时物之荐，丰约各因其时，以应古礼。"①在他们看来，这一措施比纯粹的笾豆祭品贴近现实生活，比牙盘常食有古礼气息。神宗表示同意。次年，在他们的要求下，撤掉了牙盘常食。元祐七年（1092），礼官吕希纯提议："今后每遇皇帝亲祀，及有司摄事，并依祖宗旧制，每室除礼料外，各荐常食一牙盘。庶于礼义人情，咸得允当。"于是，哲宗"诏太庙复用牙盘食"。② 太庙时享的笾豆数由此恢复为十二。不过，此次改制没有持续太久。政和三年（1113），《政和五礼新仪》修成，大祀笾豆各十二，中祀笾豆各十，小祀笾豆各八，"时享太庙、别庙，每室加豆二"。③ 在唐宋各种祭祀中，太庙时享的笾豆数稍显特殊，统治者希望在太庙祭祀中加入更多现实生活的因素，笾豆数随之发生变化。但是，在大多数时候，笾豆数都是十二，即使时有增加，那也是在十二这个"常数"之外的变数。所以说，按祭祀等级来确定笾豆数的原则从唐至北宋大体上得到了延续。

在祭祀物品方面，笾豆数最能体现祭祀的等级性。尽管程度有别，其他祭祀物品与祭祀等级的关系也逐渐紧密，例如酒器。在唐代，酒器数与祭祀等级之间没有对应关系。北宋末年，"凡酒尊之数，亲祠用太尊五，山尊五。常祀昊天上帝、上帝、感生帝、皇地祇、神州地祇、太社、太稷，每位用太尊五，山尊五。其余大祀，用牺尊五、象尊五，中祀用牺尊四，小祀用牺尊三，以上为酌尊"。④ 酌尊的种类和数量与祭祀等级还是相关的，但是增加了皇帝亲祠这一特殊级别。有司摄事的场合，在大祀中又有区分，昊天上帝、上帝、感生帝、皇地祇、神州地祇、太社和太稷常祀的酒器种类与其他大祀有别，以示尊崇。副尊数量却没有这种区别，都与祭祀等级紧紧

---

① 《续资治通鉴长编》卷三一七元丰四年十月戊午条，北京：中华书局，1979年，第7659页。
② 《续资治通鉴长编》卷四七六元祐七年八月乙丑条，第11344—11345页。
③ 《政和五礼新仪》卷五《序例五》，第150页。
④ 《政和五礼新仪》卷五《序例五》，第150页。

挂钩:"大祀所酌,凡一尊以三为副,中祀以二尊,小祀以一尊。"①通过酒器种类和数量的变化,可以看到祭祀等级制在操作层面的逐步落实。

祭品是实现人神沟通的途径,妥善准备和保管祭品是祭祀顺利进行的前提。唐律规定:"诸供大祀牺牲,养饲不如法,致有瘦损者,一杖六十,一加一等,罪止杖一百;以故致死者,加一等。"《疏》议对此进行了补充说明:"《职制律》:'中、小祀递减二等,余条中、小祀准此。'即中祀养牲不如法,各减大祀二等;小祀不如法,又减中祀二等。"②同样的过失,按照祭祀的等级而不同,大、中、小祀依次递减二等刑罚。

偷盗祭品的行为,则会受到更严厉的处罚。唐律规定:"诸弃毁大祀神御之物,若御宝、乘舆服御物及非服而御者,各以盗论;亡失及误毁者,准盗论减二等。"《疏》议曰:"弃毁中祀神御之物,减大祀二等;弃毁小祀神御之物,又减二等。"③故意毁坏祭坛者,更是要遭受严惩:"诸大祀丘坛将行事,有守卫而毁者,流二千里;非行事日,徒一年。墙门,各减二等。"《疏》议曰:"毁中、小祀,各递减二等。"④唐代对违反祭礼者的处罚,都以大祀为基准,中祀和小祀各递降二等。宋代的刑律继承了唐代的做法,祭祀的等级性在法律层面得到了延续。⑤

三、祭 祀 人 员

在祭祀仪式中,人神之间通过祭祀物品来沟通,因此,在执行吉礼仪式的人员中,负责献酒的献官最重要。在亲祭的场合,皇帝还要担任初献。下面,我们将探讨唐至北宋献官的身份是如何体现祭祀重要程度的。

开元二十六年(738)颁布的《唐六典》规定:

---

① 《政和五礼新仪》卷五《序例五》,第 151 页。
② 《唐律疏议》卷一五《厩库律》"大祀牺牲养饲不如法"条,第 280 页。
③ 《唐律疏议》卷二七《杂律下》"弃毁亡失神御之物"条,第 512—513 页。
④ 《唐律疏议》卷二七《杂律下》"毁大祀丘坛"条,第 513 页。
⑤ 《宋刑统》卷九《职制律》,北京:中华书局,1984 年,第 148—151 页。

凡国有大祭祀之礼,皇帝亲祭,则太尉为亚献,光禄卿为终献;若有司摄事,则太尉为初献,太常卿为亚献,光禄卿为终献;孔宣父庙,则国子祭酒为初献,司业为亚献,国子博士为终献;齐太公庙,则太常卿为初献,少卿为亚献,丞为终献。诸小祀唯官一献。①

史料前半部分规定了大祀献官的身份,实际上一部分中祀的情况与此相同。根据《开元礼》,中祀日月、社稷、先农同样是皇帝亲祭的对象,太尉为亚献,光禄卿为终献;在有司摄事时,太尉为初献,太常卿为亚献,光禄卿为终献。② 除此之外,开元后期的中祀还有先代帝王、岳镇海渎、先蚕、孔宣父、齐太公和诸太子庙。上引史料已经规定了孔宣父和齐太公常祀的献官。岳镇海渎常祀由所在地的行政长官主持。先蚕祭祀由皇后主持,或有司代行。先代帝王和诸太子庙不是皇帝的亲祀对象,献官的身份也没有明确规定。可见,大祀的献官人选是统一规定的,中祀的献官却各有不同,日月、社稷和先农与大祀的情况相同,小祀的献官也不明确。献官人选的安排,不全是从祭祀的等级来考虑的。

到了五代,在献官的安排上,统治者已经充分考虑到了祭祀的等级问题。后唐天成四年(929),太常寺上奏:"伏见大祠则差宰臣行事,中祠则差诸寺卿监行事,小祠则委太祝、奉礼。今后凡小祠,请差五品官行事。"这一奏请被批准。③ 这一史料说明,此前大、中、小祀的献官人选就能体现出祭祀等级了,后唐政权只是在这一前提下做局部修正。

在唐朝中后期的皇帝亲祀中,亲王开始充当亚献和终献,并且逐渐形

---

① 《唐六典》卷四祠部郎中员外郎条,北京:中华书局,1992年,第124页。太尉是献官中比较特殊的。太尉在唐代是荣誉性的职务,时常空缺,在重大祭祀中却不可缺省,因此由其他官员摄理。《唐六典》卷一太尉条自注,第4页:"武德初,秦王兼之;永徽中,长孙无忌为之。其后,亲王拜三公者皆不视事,祭祀则摄者行焉。"

② 《大唐开元礼》卷二四《皇帝春分朝日于东郊》,第150—151页;卷二五《春分祀日于东郊有司摄事》,第154页;卷二六《皇帝秋分夕月于西郊》,第157—158页;卷二七《秋分祀月于西郊有司摄事》,第161页;卷三三《皇帝仲春仲秋上戊祭大社》,第192—193页;卷三四《仲春仲秋上戊祭太社有司摄事》,第196—197页;卷四六《皇帝孟春吉亥享先农耕藉》,第268页;卷四七《孟春吉亥享先农于藉田有司摄事》,第273页。

③ 《旧五代史》卷一四三《礼志下》,第1914页。

成了惯例。① 后唐同光二年（924），"有司上言：'南郊朝享太庙，旧例亲王充亚献、终献行事。'乃以皇子继岌为亚献，皇弟存纪为终献"。② 所谓"旧例"即形成于唐代。后周广顺三年（953），礼仪使奏："皇帝郊庙行事，请以晋王荣为亚献，通摄终献行事。"③可见，皇帝亲祀礼仪中亲王亚献和终献的做法，在五代得到了延续，这也是为了体现皇帝亲祭非同寻常的意义。

北宋继承了这一做法，《宋史·礼志》："凡亲行大祀，则皇子弟为亚献、终献。"④《礼院仪注》的记载更为明确："乾德六年南郊，并以亲王充献官，至今循用乾德故事。"⑤可见，从太祖时期开始，皇帝亲行大祀时，亚献和终献由亲王来执行。北宋后期，其他宗室也开始参与有司摄行的太庙常祀：

〔熙宁五年正月〕己亥，诏自今奉祠太庙，命宗室使相已上摄事。先是，侍御史知杂事邓绾言："伏见著令，郊庙大祀，常以宰臣摄太尉受誓致斋，动经累日，中书政事多所废滞。祭祀之礼，于古则专以宗伯治神。于唐则宰相之外，兼用尚书、嗣王、郡王，下至三品以上职事官通摄。而本朝车驾行大礼，亚献、终献亦有以亲王及宗室近亲摄事者。方陛下讲修百度，政府大臣翊赞万机，而又使之奉郊庙四时献享之礼，实恐淹废事务。欲乞明诏有司，凡四时郊庙大祀专使宗室近亲兼使相者摄上公行事。"故有是诏。⑥

因为政务繁忙，宰臣对祭仪的参与逐渐减少。淳化三年（992），中书门下上奏："昊天四祭、太庙五飨，望依旧以宰臣摄太尉行事。自余大祀并差给

---

① 江川式部：《唐朝祭祀における三献》，《骏台史学》第129号，2006年，第34—40页。
② 《旧五代史》卷三一《后唐庄宗纪五》，第427—428页。
③ 《旧五代史》卷一一三《后周太祖纪四》，第1500页。
④ 《宋史》卷九八《礼志一》，北京：中华书局，1977年，第2427页。
⑤ 《太常因革礼》卷三《总例三》，《续修四库全书》第821册，上海：上海古籍出版社，1995年，第369页。
⑥ 《续资治通鉴长编》卷二二九熙宁五年正月己亥条，第5570页。

舍已上摄,中小祠诸司四品以下摄。"①太宗同意了这一奏请。除了郊庙常祀外,其他大祀中的太尉之职由给事中和中书舍人以上的官员摄任。即便这样,仍然无法保证宰相参与郊庙祭祀。景祐二年(1035),仁宗下诏:"每岁大祠,故事以宰臣摄事者,自今以参知政事、尚书丞郎、学士奉祠。"②参知政事、尚书丞郎、学士等官取代了宰相,在郊庙常祀中摄行太尉之职。熙宁五年(1072)的举措是上面一系列变化的继续,旨在减少国家祭祀对政务的干扰。另一方面,这一变化与太庙祭祀中私家因素的凸显有关,这一点在第四章将有详述。

此后,朝廷在献官问题上又进行了调整。元丰四年(1081),详定礼文所上奏:

> 古者神民不杂,礼刑异制,故治礼之官常得以事神。如左氏所谓使名姓之后率旧典者为之宗,故神降之嘉祥,民以物享。《周礼》王与后不行祭事,则宗伯摄,得其任矣。自汉以来,治礼事神之官不得其职,始杂以他,故《后汉志》太尉掌郊祀亚献,光禄掌三献。夫太尉,秦、汉用以掌兵,今为三公,坐而论道者也。光禄本掌宫殿门户,皆非祠官之任。伏请诸祠祭应摄太尉并以礼部尚书充,如正官阙则南北郊以中书臣僚摄,太庙以宗室摄,其余及亚献太常卿并以太常寺、太常礼院主、判官摄;其光禄卿并罢终献,仍以太常卿行礼。③

详定礼文所对帝制时代以太尉、光禄卿为亚献、三献的做法深表不满。在他们看来,在上古时代,事神之官与治民之官各司其职,秦汉以降,两者之间的界限模糊,治民之官时常介入祭祀礼仪。他们主张,三献官应以礼部、太常寺、太常礼院的礼官为主。对此,神宗下诏:

> 南、北郊,差执政官为初献,礼部尚书、侍郎为亚献,太常少卿为

---

① 《宋会要辑稿》礼一之二,北京:中华书局,1957年,第398页。
② 《宋会要辑稿》礼一之五,第400页。
③ 《续资治通鉴长编》卷三一八元丰四年十月庚辰条,第7695—7696页。

终献；诸祭，礼部尚书、侍郎、太常卿为初献，太常少卿、礼部、祠部郎中、员外郎为亚献，太常博士为终献；宗庙，亲王、宗室、使相、节度使为初献，正任已上为亚献。已上如阙，即递差以次官充。①

根据神宗的这一诏文，除了郊祀常祀由参知政事初献、太庙常祀的献官由皇室担任外，其他祭祀的献官基本上由礼部和太常寺的官员充任。

唐代以来献官问题的复杂变化，在《政和五礼新仪》中得到了集中的体现。对大祀而言，在皇帝亲祀时，"亲王为亚献、终献"；有司举行常祀时，"礼部尚书、侍郎为初献，太常卿少、礼部祠部郎官为亚献，太常博士为终献"。中祀和小祀的献官也有了比较明确的规定，中祀三献，"以太常卿少、礼部祠部郎官为初献，礼部祠部郎官为亚献，太常博士为终献"，小祀一献，"以礼部祠部郎官、太常博士充"。《政和五礼新仪》还对个别祭祀的献官作了特殊规定，例如，大祀太庙、别庙祭祀以"亲王、宗室使相、节度使并郡王及观察使以上为初献，宗室正仕（按：当为正任）以上为亚献、终献"；作为中祀，太学的文宣王释奠、武学的武成王释奠，以"大司成、祭酒、司业为初献，祭酒、司业、丞为亚献，丞、博士为终献"，宗学的文宣王释奠以"宗正卿、少为初献，少卿、丞为亚献，丞、博士为终献"；大祀太一宫和阳德观祭祀以中书舍人为献官；小祀诸马祭以太仆卿、少为献官。② 大、中、小祀的献官安排并不完全整齐划一，这主要是照顾到一些祭祀的特殊性。祭祀的等级性是首要的考虑因素，制礼者的着眼点，还是在于统一同级祭祀的献官人选，体现不同级祭祀的差别。

我们从斋戒、祭祀器物和献官的角度，探讨了唐至北宋时期的祭祀等级制问题。按照重要性的不同，隋代将诸多常祀分为大、中、小祀，用来表现祭祀等级的外在形式却很少。到了唐代，祭祀等级制在祭祀程式上逐步落实，这一进程在北宋走向深入。《政和五礼新仪》汇集了唐、五代和北宋发生的各种变化，此时的祭祀等级制与隋代相比，已经显出其优势了。

---

① 《续资治通鉴长编》卷三一八元丰四年十月庚辰条，第7696页。
② 《政和五礼新仪》卷五《序例五》，第149—150页。

即使到了宋代,也不是祭祀的每个环节都能体现出等级性。根据《政和五礼新仪》,在牲牢种类和数量方面,同为大祀,昊天上帝、上帝、感生帝、神州地祇、皇地祇、高禖、太社、太稷、太庙各不相同。① 某些祭器的数量也不是按照祭祀等级来安排的,如登、铏和盘。②

更重要的是,三祀制无法完全准确反映祭祀的重要程度。例如,大祀中各种常祀的重要性并不相同,南郊祭天和太庙祭祖最重要,但是这在三祀制中无法得到完全的体现。下面再来看两个例子。会昌二年(842),检校左仆射、太常卿王起和广文博士卢就上奏:"今据《江都集礼》及《开元礼》:蜡祭之日,大明、夜明二座及朝日、夕月,皇帝致祝,皆率称臣。若以为非泰坛配祀之时,得主日报天之义。卑缘厌屈,尊用德伸,不以著在中祠,取类常祀。此则中祠用大祠之义也。"③大明、夜明即日月。朝日、夕月是中祀,但是因为与天神关系紧密,故在祝版上使用大祀之礼,皇帝自称"天子臣某"。蜡祭参照常祀的做法,在祭祀大明、夜明的祝版上,用"天子臣某"的自称。王起、卢就又提到:"又据太社、太稷,开元之制,列在中祠。天宝三载二月十四日敕,改为大祠,自后因循,复用前礼。长庆三年正月,礼官献议,始准前敕,称为大祠。唯御署祝文,称天子谨遣某官某昭告。文义以为殖物粒人,则宜增秩,致祝称祷,有异方丘,不以伸为大祠,遂屈尊称。此又大祠用中祠之礼也。"④社稷常祀由中祀升为大祀,在祝版上皇帝的自称却没有升为"天子臣某",对皇帝来说,社稷的重要性尚不能与其他大祀平齐。之所以这样,是因为三祀制层次过少,无法精确地表现祭祀重要性的差别。

因为各种原因,在操作层面上,大、中、小祀之间没有形成整齐一致的落差,但是从唐代到北宋,三祀制还是在很大程度上得以落实,作为祭祀等级制度,其自身的内容也在不断丰富中。

---

① 《政和五礼新仪》卷五《序例五》,第152—153页。
② 《政和五礼新仪》卷五《序例五》,第150页。
③ 《旧唐书》卷二四《礼仪志四》,第933页。
④ 《旧唐书》卷二四《礼仪志四》,第933页。

第三节　大祀、中祀和小祀祭祀对象的变化

大祀、中祀和小祀制度分别联系着祭祀对象和祭祀等级,因此,唐至北宋时期三祀制的变化,不仅表现为祭祀等级制的展开,还包括祭祀对象的变动。

表一　隋至北宋大祀、中祀和小祀的祭祀对象

时　期	大　祀	中　祀	小　祀	资料来源
隋代(开皇五年)	昊天上帝、五方上帝、日月、皇地祇、神州、社稷、宗庙等	星辰、五祀、四望等	司中、司命、风师、雨师及诸星、诸山川等	《隋书》卷六《礼仪志一》,第117页。
唐代(永徽二年)	天地、宗庙、神州等	社稷、日月、星辰、岳镇、海渎、帝社等	司中、司命、风师、雨师、诸星、山林、川泽	《唐律疏议》卷九《职制律》"大祀不预申期及不如法"条,第187—188页。
唐代(开元二十年)	昊天上帝、五方上帝、皇地祇、神州、宗庙	日月、星辰、社稷、先代帝王、岳镇海渎、帝社、先蚕、孔宣父、齐太公、诸太子庙	司中、司命、风师、雨师、灵星、山林川泽、五龙祠等	《大唐开元礼》卷一《序例一》,第12页。
唐代(贞元九年)	昊天上帝、九宫贵神、皇地祇、神州、太清宫、宗庙	日月、社稷、帝社、先代帝王、岳镇海渎、先蚕、文宣王、武成王、诸太子庙、风师、雨师	司中、司命、司人、司禄、灵星、众星、山林川泽、五龙祠	《大唐郊祀录》卷一《凡例上》,第728页。

(续表)

时　期	大　祀	中　祀	小　祀	资料来源
北宋(太祖至英宗时期)	昊天上帝、感生帝、五方上帝、九宫贵神、五福太一宫、皇地祇、神州地祇、太庙、皇后庙、景灵宫、朝日、高禖、夕月、社稷、蜡祭百神、五岳	风师、雨师、海渎、五镇、先农、先蚕、五龙、周六庙、先代帝王、至圣文宣王、昭烈武成王	司中、司命、司民、司禄、灵星、寿星、马祖、先牧、马社、马步、司寒、山林、川泽、中霤	《宋会要辑稿》礼一四之一,第587页。
北宋(熙宁四年)	天地、五方帝、神州、宗庙、大明、夜明、太社、太稷、太一、九宫、腊蜡	文宣、武成、风师、雨师、先农、先蚕、五龙	寿星、灵星、中霤、马祭、司寒、司中、司命、司民、司禄	《无为集》卷八《熙宁太常祠祭总要序》,第718—719页。
北宋(政和三年)	昊天上帝、上帝感生帝、五方帝、高禖、皇地祇、神州地祇、大社、大稷、朝日、夕月、荧惑、九宫贵神、太一宫、阳德观、帝鼐、太庙、别庙、东蜡、西蜡、坊州朝献圣祖、应天府祀大火	岳镇海渎、先农、先蚕、风师、雨师、雷神、南蜡、北蜡、文宣王、武成王、历代帝王、宝鼎、牡鼎、苍鼎、罡鼎、彤鼎、阜鼎、晶鼎、魁鼎、会应庙、庆成军祭后土	司中、司命、司民、司禄、司寒、灵星、寿星、马祖、先牧、马社、马步、七祀、山林川泽之属、州县祭社稷、祀风师、雨师、雷神	《政和五礼新仪》卷一《辨祀》,第134页。

表一反映了隋初至北宋末年三祀制下祭祀对象的变化情况。① 可以看到,一些祭仪的等级发生了变动。比起北宋,这一现象在唐代更为常

---

① 史书对三祀制祭祀对象的记载可能不完整,例如,《开元礼》的小祀中没有诸星,但是事实恐怕并非如此。根据《唐六典》卷四祠部郎中员外郎条的记载,众星为小祀(第120页)。天宝三载(744),"诸星升为中祀"(《册府元龟》卷三三《帝王部·崇祭祀二》,南京:凤凰出版社,2006年,第344页)。由此可以推断,诸星在开元年间应该是小祀。在行文中,我们将会充分考虑史书记载不全的因素。

见。例如,社稷在隋代属于大祀,在《开元礼》中是中祀,高明士怀疑其间的变化始于《贞观礼》。① 天宝三载(744),玄宗下敕:"祭祀之典,以陈至敬,名或不正,是相夺伦。况社稷孚祐,百世蒙福,列为中祀,颇紊大猷。自今以后,升为大祀。"然而,"尔后因循,又依《开元礼》为中祀",到了长庆三年(823),祠部员外充太常礼院修撰王彦威上奏:"牲用太牢,太尉摄行事,祭之日不坐,并是大祀之义,列为中祀,是因循谬误,教人报本,未极尊严,有国之仪,唯此厌屈。今请准敕升为大祀,庶合礼中。"社稷由此成为大祀。②

另一个值得探讨的例子是九宫贵神祭祀,这一祭祀自从天宝三载(744)建立并成为大祀后,其祭祀等级也经历了复杂的变化。大和二年(828)八月,监察御史舒元舆因为监察九宫贵神祭祀,看到祝版上"陛下亲署御名及称臣于九宫之神",故而上奏要求予以改正。他的理由是:

> 以天子之尊,除祭天地、宗庙之外,无合称臣者。王者父天母地,兄日姊月,此以九宫为目,是宜分方而守其位。臣又观其名号,乃太一、天一、招摇、轩辕、咸池、青龙、太阴、天符、摄提也。此九神,于天地犹子男也,于日月犹侯伯也。陛下尊为天子,岂可反臣于天之子男耶?臣窃以为过。纵阴阳者流言其合祀,则陛下当合称皇帝遣某官致祭于九宫之神,不宜称臣与名。

经过尚书都省的讨论,九宫贵神"降为中祠,祝版称皇帝,不署"。③

到了会昌二年(842),中书门下认为,九宫贵神中的天一"掌八气、九精之政令,以佐天极。征明而有常,则阴阳序,大运兴",太一"掌十有六神之法度,以辅人极。征明而得中,则神人和而王道升平",而且"北斗有权、衡二星,天一、太一参居其间,所以财成天地,辅相神道也"。既然太一之

---

① 高明士:《论武德到贞观礼的成立——唐朝立国政策的研究之一》,第1169页。
② 《唐会要》卷二二《社稷》,第425页。
③ 《旧唐书》卷二四《礼仪志四》,第929—930页。

佐五帝的祭祀属于大祀，九宫贵神就不该降为中祀。王起、卢就等人提出了折中意见。一方面，他们认为："九宫贵神，位列星座，往因致福，诏立祠坛。降至尊以称臣，就东郊以亲拜。在祀典虽云过礼，庇群生岂患无文，思福黔黎，特申严奉，诚圣人屈已以安天下之心也。厥后祝史不明，精诚亦怠，礼官建议，降处中祠。"另一方面，在具体建议上，他们又提出："自今已后，却用大祠之礼，誓官备物，无有降差。惟御署祝文，以社稷为本，伏缘已称臣于天帝，无二尊故也。"武宗批准了这一请求。① 也就是说，九宫贵神祭祀恢复了大祀等级，只有皇帝在祝版上的自称使用中祀的标准，即"天子某"，而非大祀所对应的自称"天子臣某"。

与其他祭祀相比，九宫贵神祭祀等级变动的原因在史书上有较详尽的反映。通过九宫贵神的实例可以看到，在唐人看来，皇帝只合向天地宗庙称臣，这一观念在礼制上的反映就是天地宗庙稳居大祀之列，其他祭祀能否成为大祀，要取决于其象征意义是否与天地宗庙相当。九宫贵神祭祀等级的来回变化，主要是不同时期君臣对其性质和地位的不同认定导致，其他祭祀大致也是如此。北宋对祭祀等级的认定相对宽松，在给那些唐代时等级有争议的祭仪制定等级时，基本上都从高，因此后来少有变动。

通过表一可以看到，除了某些祭祀的等级有了变动外，还有不少祭祀进入或退出三祀制。相比之下，后者在唐至北宋时期更频繁地发生，也更能体现这一时期吉礼的时代性，因此下面将分阶段讨论这些祭祀进出三祀制的情况。

一、高宗武后时期

与隋代相比，三祀制的祭祀对象在唐高祖、太宗两朝没有什么变化，只是在名称上有异，如隋代的四望就是岳镇海渎。高宗继位后，情况有所变化，释奠、先农、先蚕和先代帝王成为三祀制的祭祀对象，五祀从这一制度中消失了。

---

① 《旧唐书》卷二四《礼仪志四》，第 931—933 页。

释奠礼仪是祭祀儒家先圣、先师的仪式。唐前期是帝制时代释奠礼仪发展过程中最关键的时期。以往的研究表明，在这一时期，经过一番政策上的摇摆，最终确立了以孔子为先圣、颜回为先师的制度，并建立了从祀制度。①本书的第五章也将指出，在唐前期，不仅是释奠礼仪的功能发生了转折性的变化，从佐证皇太子或幼帝知识、人格的养成变为呈现儒家学术传统，这一礼仪在五礼制度中的类别归属也最终固定为吉礼。隋代的三祀制中没有释奠礼。贞观二十一年（646），许敬宗指出："凡在小神，犹皆遣使行礼，释奠既准中祀，据理必须禀命。"②可见，此时释奠礼尚未成为中祀，只是参照中祀的标准。显庆二年（657），许敬宗奏请以祭祀等级确定笾豆数时，仍然提到"释奠准中祀"。③不久后，释奠礼成为中祀，根据荣新江和史睿对俄藏 Дx.3558 敦煌文书的复原，在显庆年间修订过的《永徽祠令》中，释奠礼是中祀。④

先农、先蚕的祭祀是象征意义颇浓的仪式，分别配合皇帝亲耕、皇后亲蚕，来体现统治者对农业生产的重视。《礼记·祭统》："天子亲耕于南郊，以共齐盛；……诸侯耕于东郊，亦以共齐盛。"⑤《礼记·月令》："〔季春之月〕，命野虞无伐桑柘。鸣鸠拂其羽，戴胜降于桑。具曲植蘧筐。后妃齐戒，亲东向躬桑。禁妇女毋观，省妇使以劝蚕事。蚕事既登，分茧称丝效功，以共郊庙之服，无有敢惰。"⑥先农和先蚕的常祀虽然

---

① 黄进兴：《优入圣域：权力、信仰与正当性》，台北：允晨文化实业公司，1994年，第203—210、228—241页；高明士：《中国中古的教育与学礼》，台北：台湾大学出版中心，2005年，第585—647页。
② 《旧唐书》卷二四《礼仪志四》，第918页。
③ 《旧唐书》卷二一《礼仪志一》，第825页。
④ 荣新江、史睿：《俄藏敦煌写本〈唐令〉残卷（Дx.3558）考释》，第5页。在此文中，作者认为，Дx.3558文书是显庆年间的《永徽令》修订版。近来，他们修正了这一看法，认为该文书是显庆年间的令式汇编。见氏著：《俄藏Дx.3558唐代令式残卷再研究》，《敦煌吐鲁番研究》第9卷，2006年，第143—167页。尽管如此，两篇论文都认为文书包含了显庆年间经过修订的《永徽祠令》的内容。后来，史睿进一步论证了显庆年间唐廷有修改令条以适应《显庆礼》的举动，见氏著：《〈显庆礼〉所见唐代礼典与法典的关系》，收入高田时雄编《唐代宗教文化与制度》，京都：京都大学人文科学研究所，2007年，第121—127页。
⑤ 《礼记正义》卷四九，第1603页。
⑥ 《礼记正义》卷一五，第1363—1364页。

早已有之,①但是进入三祀制还是在唐前期完成的。在永徽二年(651)颁布的祠令中,先农已是中祀。② 次年,高宗下制:"以先蚕为中祀,后不祭,则皇帝遣有司享之如先农。"③

汉代以后不时举行的先代帝王祭祀,直至隋代才建立常祀制度,④至唐高宗朝进一步系统化,并成为中祀。显庆二年(657),三年一祭的先代帝王常祀制度确立:"以仲春之月,祭唐尧于平阳,以契配;祭虞舜于河东,以咎繇配;祭夏禹于安邑,以伯益配;祭殷汤于偃师,以伊尹配;祭周文王于酆,以太公配;祭武王于镐,以周公、召公配;祭汉高祖于长陵,以萧何配。"⑤荣新江和史睿的研究表明,先代帝王常祀在显庆年间成为中祀。⑥

最后说一下五祀,也就是五官之神。《周礼·春官·大宗伯》:"以血祭祭社稷、五祀、五岳。"郑玄注:"此五祀者,五官之神在四郊,四时迎五行之气于四郊,而祭五德之帝,亦食此神焉。少昊神之子曰重,为句芒,食于木;该为蓐收,食于金;修及熙为玄冥,食于水;颛顼氏之子曰黎,为祝融、后土,食于火、土。"⑦五祀在隋代属于中祀,但只是明堂、雩祀、五方上帝等祭祀的从祀神,或在蜡祭中出现。到了唐代,依然没有单独的五官之神祭祀,因此,五祀退出三祀制是不难理解的。

高宗武后时期进入三祀制的释奠、先农、先蚕和先代帝王常祀,都是源自经典、历史悠久的传统祭祀,此前就已出现在国家祀典中了。我们注意到,隋代三祀制下的祭祀对象较少,不少国家礼典中的常祀尚未出现于其中,从高宗武后时期开始,那些原先不在三祀制中的传统祭仪逐渐被吸纳进来,这一过程在唐至北宋时期长期延续。五祀在三祀制中的消失,开启

---

① 新城理惠:《中国の籍田儀礼について》,《史境》第 41 号,2000 年,第 28—33 页;《先蚕儀礼と中国の蚕神信仰》,《比較民俗研究》第 4 号,1991 年,第 10—16 页;《絹と皇后——中国の国家儀礼と養蚕》,収入網野善彦等編《天皇と王権を考える》第 3 巻《生産と流通》,東京:岩波書店,2002 年,第 142—148 页。
② 《唐令拾遗补》,第 488—489 页。
③ 《唐会要》卷一〇下《皇后亲蚕》,第 260 页。
④ 显庆之前先代帝王祭祀的演变,参见雷闻:《郊庙之外:隋唐国家祭祀与宗教》,北京:三联书店,2009 年,第 73—76 页。
⑤ 《旧唐书》卷二四《礼仪志四》,第 915 页。
⑥ 荣新江、史睿:《俄藏敦煌写本〈唐令〉残卷(Дх.3558)考释》,第 9—10 页。
⑦ 《周礼注疏》卷一八,第 456—457 页。

了非祭祀主神的神灵退出这一制度的进程。这些现象体现了在儒家礼制框架下三祀制的逐步清理完善,这是唐至北宋时期三祀制演化的重要内容。

二、开元至贞元年间

玄宗朝以社会经济繁荣著称,文化成就也很突出。这一时期有一些新的祭祀礼仪出现,并进入了三祀制。然而,从《开元礼》颁布后至《大唐郊祀录》成书前,三祀制祭祀对象的变动情况在史书中没有记载,我们无从知晓天宝年间新创的祭仪何时成为三祀制的一部分。因此我们选择以开元至贞元年间为时间段,讨论此间三祀制祭祀对象的变化。这一时期进入三祀制的礼仪有武庙释奠、诸太子庙、五龙祠、太清宫、九宫贵神、灵星、司人和司禄。

武庙释奠礼为唐代首创。[1] 唐初朝廷开始祭祀齐太公,但是太公庙释奠礼是在开元十九年(731)完成的:"两京及天下诸州各置太公庙一所,以张良配享,春秋取仲月上戊日祭。"[2]随着祭祀场所、日期和配神的确定,武庙释奠礼真正建立起来了。次年颁布的《开元礼》采纳了这一做法:"仲春仲秋上戊,释奠于齐太公。"自注:"以留侯张良配。"[3]自此,武庙释奠礼明确成为中祀。

太子庙祭祀是唐代独有的国家祭仪。唐代宫廷斗争激烈,时常有废黜太子的现象,太子庙起初是为被弑的储君而建的,后来一些未曾被立储的赠太子也加入其中。开元三年(715),"右拾遗陈贞节以诸太子庙不合守供祀享上疏",[4]可见太子庙祭祀已在国家祭祀体系中了。此时,诸太子庙包括隐太子李建成、章怀太子李贤、懿德太子李重润和节愍太子李重俊的庙,其中李重润是赠太子。开元十二年、十四年,玄宗追赠其兄弟李撝和李范为惠庄太子和惠

---

[1] 唐代武庙的具体研究,参见 David L. McMullen, "The Cult of Ch'i T'ai-kung and T'ang Attitudes to the Military," *T'ang Studies*, 7(1989), pp. 59-103; 高明士:《隋唐贡举制度》,台北:文津出版社,1999 年,第 173—241 页;黄进兴:《武庙的崛起与衰微(七迄十四世纪):一个政治文化的考察》,收入周质平、Willard J. Peterson 编《国史浮海开新录——余英时教授荣退论文集》,台北:联经出版事业公司,2002 年,第 249—282 页。
[2] 《唐会要》卷二三《武成王庙》,第 435 页。
[3] 《大唐开元礼》卷一《序例一》,第 17 页。
[4] 《唐会要》卷一九《诸太子庙》,第 380 页。

文太子，并为其立太子庙。在《开元礼》中，诸太子庙就是此六庙，其常祀为中祀。开元二十二年，玄宗追册其弟李业为惠宣太子，惠宣太子庙也成为太子庙。

这些太子庙是否应该成为国家祭祀体系的一部分，臣僚间早就持有不同看法。开元三年(715)陈贞节反对国家祀享太子庙的原因主要有两点，一是与在位皇帝的关系疏远，二是诸太子没有功德："王者祀典，义存德坊，犹且远庙为祧，去坛为墠，亲尽则毁，此皆为继体之君焉，苟非斯文，并从咸秩。伏见章怀太子等四庙，远则从祖，近则堂昆，并非有功于民，立事于世，而寝庙相属，献祼连时，事不师古，以克永世，臣实疑之。"有鉴于此，他认为，这些太子的祭祀应该"令承后子孙自修其事"。驾部员外郎裴子余仍然主张朝廷出面操办诸太子庙的祭祀："谨按前件四庙等，并前皇嫡胤，陨身昭代，圣上哀骨肉之深，锡烝尝之享，宪章往昔，垂范将来。"太常博士段同泰对陈贞节的两点理由进行了批驳："自古帝王，封建子孙，寄以维城之固，咸登列郡之荣，岂必有功于民，立事于世？……隐太子是皇帝曾伯祖，本服缌麻；章怀是伯父，本服周年；懿德、节愍，咸是堂昆，本服大功，亲并未尽，庙不合废。"最后，诸太子庙还是保全下来。① 在玄宗统治时期，太子庙还从四个扩展为七个。② 但是，随着这些太子与后代皇帝的关系愈行愈远，七太子庙的地位不断降低乃大势所趋。上元二年(761)，礼仪使、太常卿杜鸿渐提议："让帝、七太子庙等，停四时享献，每至禘祫之月，则一祭焉。乐用登歌一部，时献俎樽之礼，同太庙一室之仪。"③在《大唐郊祀录》中，太子庙仍是中祀，不久后即被废除。元和元年(806)，太常寺上奏："七太子庙、文敬、恭懿太子，两京皆是旁亲。伏详礼经，无文享祀，官员所设，深恐非宜。其两京官吏，并请勒停，其屋宇请令宗正寺勾当者。"这一建议基本上得到了宪宗的准许，只是保留了文敬太子庙，到了大和四年(830)，朝廷最终以"庙享既绝，神主理合埋瘗"为由罢黜了文敬太

---

① 《唐会要》卷一九《诸太子庙》，第381—382页。
② 天宝六载(647)正月的敕文规定，此前分散建立的诸太子庙改为同庙异室，章怀、节愍、惠庄、惠文、惠宣太子"虽官为立庙，凡来子孙自祭，或时物有阙，礼仪不备，宜与隐太子及懿德太子列次诸室，简择一宽处，同为一庙，应缘祭事所须及乐馔，并令官供，每差祭官，宜准常式"，地点就在原来的懿德太子庙。见《唐会要》卷一九《诸太子庙》，第383页。
③ 《唐会要》卷一九《诸太子庙》，第383页。

子庙。① 虽然后来又有一些早薨、追赠的太子立庙,但是这些新建的太子庙是否还有中祀的等级,恐怕需要打上一个大大的问号。

五龙祠祭祀也是唐代新出现的祭祀礼仪。登基之前,玄宗通过各种途径为自己夺取帝位制造舆论,潞州符瑞和龙池符瑞就是其中很有名的例子。② 五龙祠祭祀的建立与龙池符瑞有关。开元二年(714),玄宗下诏祭祀兴庆宫内的龙池。十六年,"诏置坛及祠堂,每仲春将祭,则奏之",龙池祭祀由此实现了日常化。十八年,玄宗下令由太常卿韦绦起草祭仪,仪式的内容进一步丰富:"飨之法,请用二月,有司筮日,池傍设坛,官致斋。设笾豆如祭雨师之仪,以龙致雨也。其牲用少牢,乐用鼓钟,奏《姑洗》,歌《南吕》。……舞用帗舞,樽用散酒,以一献。"③在唐代,对那些日期不定的常祀来说,其具体举行日期,大祀和中祀用卜日,小祀用筮日来确定。可见,在择日方面,龙池祭祀按小祀处理。在笾豆数量上,龙池祭祀与小祀雨师祭祀相同。龙池祭祀所采用的"一献",也是小祀的规格。不过,不能确定此时龙池常祀是小祀还是"准小祀"。在《开元礼》中,五龙祠常祀明确记载为小祀。

道教出现后,对国家礼制逐渐产生了有力影响,④在玄宗统治时期进入了高潮。玄宗崇尚道教,既是出自个人的信仰,也有整合思想资源、改造意识形态的意图,⑤后者在礼制上有充分的反映。五龙祠祭祀即有一定

---

① 《唐会要》卷一九《诸太子庙》,第383页。恭懿太子李佋是肃宗的第十二子,由张皇后所生,肃宗对他十分喜爱,上元元年(760)薨,"册赠皇太子,庙号恭懿"(《旧唐书》卷一一六《恭懿太子李佋传》,第3389页)。文敬太子李謜的生父是顺宗,李謜因为深受德宗喜爱而成为德宗之子,贞元十五年(799)去世后,"废朝三日,赠文敬太子"(《旧唐书》卷一五〇《文敬太子李謜传》,第4045页)。
② Thomas Thilo 著,池田温译:《唐史における帝王符瑞の一例とその背景》,《东方学》第48号,1974年,第12—27页。
③ 《唐会要》卷二二《龙池坛》,第433页。
④ 雷闻:《郊庙之外:隋唐国家祭祀与宗教》,第133—153页。
⑤ 关于道教在玄宗统治时期的政治意义,参见 Timothy H. Barrett, *Li Ao: Buddhist, Taoist, or Neo-Confucian?* Oxford: Oxford University Press, 1992, p. 17. 熊存瑞认为,天宝年间以太清宫和九宫贵神祭祀为代表的礼制改革,主要是玄宗为了追求长生不老,不含多少政治意图。见 Victor Cunrui Xiong, "Ritual Innovations and Taoism under Tang Xuanzong," *T'oung Pao*, 82: 4–5(1996), pp. 284–306. 这种看法恐有偏颇。松浦千春和吴丽娱的研究都表明了太清宫和九宫贵神祭祀与皇权塑造之间的关系,参见松浦千春:《玄宗朝の国家祭祀と"王权"のシソボリズム》,《古代文化》第49卷第1号,1997年,第47—58页;吴丽娱:《论九宫祭祀与道教崇拜》,《唐研究》第9卷,2003年,第283—301页。

的道教色彩,①九宫贵神和太清宫祭祀更是如此。

九宫贵神即太一、摄提、轩辕、招摇、天符、青龙、咸池、太阴、天一,其祭祀融合了阴阳五行理论、道教学说和民间社会的神仙信仰。② 因为术士苏嘉庆的上奏,九宫贵神祭祀于天宝三载(744)建立,祭坛在日坛的东面,祭坛之上又分设九坛,分别摆放太一等九神的神位。每逢四孟月举行九宫贵神祭祀,其地位一度仅次于昊天上帝,而在太庙、太清宫之上。玄宗还曾经亲自主持九宫贵神祭祀。③

太清宫及其祭祀的建立,也是天宝年间非常引人注目的现象。④ 开元二十九年(741),唐玄宗下诏在两京和各州设置一所玄元皇帝庙,以供奉和祭祀老子。天宝元年(742),各地的玄元皇帝庙均改名为太上玄元庙,次年,长安和洛阳的玄元庙分别改名为太清宫和太微宫。⑤ 他在天宝元年和十载的南郊亲祭前都举行了太清宫朝献仪式。天宝十载以后,太清宫朝献成为唐朝皇帝亲郊必不可少的一部分,连续三天举行的太清宫朝献、太庙朝享和南郊亲祭构成了"三大礼"。⑥ 不过,天宝十三载之前,太清宫祭祀虽然深受玄宗重视,但是并未常规化。天宝十三载,玄宗"令有司每至春日,则修荐献上香之礼,仍永为常式"。⑦ 太清宫祭祀在很大程度上采取了道教祭祀的方式:"荐献之馔,皆以素位雅洁之物。"兴元元年(784)确立了太尉、太常卿、光禄卿三上香的制度,与其他祭祀中的三献相对应;其祭祀因为"非事生之礼",故不用祝版,而用青词。⑧ 在《大唐郊祀录》中,太清宫和九宫贵神的常祀都是大祀。

除了上面这些新创祭仪外,灵星、司民和司禄祭祀也进入了三祀制。灵星又名龙星或天田星,被古人认为与农业生产密切相关。贾逵说:"龙

---

① 雷闻:《郊庙之外:隋唐国家祭祀与宗教》,第307—310页。
② 吴丽娱:《论九宫祭祀与道教崇拜》,第283—301页。
③ 《旧唐书》卷二四《礼仪志四》,第929页。
④ 丁煌对太清宫制度建立的背景、历史影响、太清宫的规制、组织有全面研究,参见氏著:《汉唐道教论集》,北京:中华书局,2009年,第73—156页。
⑤ 《旧唐书》卷二四《礼仪志四》,第925—926页。
⑥ 金子修一:《中国古代皇帝祭祀の研究》,第362—403页。
⑦ 《唐会要》卷五〇《尊崇道教》,第867页。
⑧ 《大唐郊祀录》卷九《荐献太清宫》,第789页。

第三有天田星，灵者神也，故祀以报功。辰之神为灵星，故以壬辰日祀灵星于东南，金胜木为土相。"①裴骃《史记集解》引张晏的说法："龙星左角曰天田，则农祥也，晨见而祭。"早在西汉，灵星祭祀就已经遍及天下了。②此后，灵星祭祀长期存在。隋代"于国城东南七里延兴门外，为灵星坛，立秋后辰，令有司祠以一少牢"。③唐代"立秋后辰，祀灵星于国城东南"。④在《开元礼》中，灵星常祀是小祀。

在《大唐郊祀录》中，司人（司民）、司禄是小祀。司民和司禄的常祀此前就已存在，隋代"于国城西北十里亥地，为司中、司命、司禄三坛，同墠。祀以立冬后亥"。⑤唐代武德、贞观年间，"立冬后亥，祀司中、司命、司人、司禄于国城西北"。⑥后来这一制度没有什么变化。司中和司命在隋代已是小祀，司民和司禄进入三祀制的时间相当迟，在《开元礼》之后才成为小祀，因而为《大唐郊祀录》所记载。

在这一时期进入三祀制的祭祀礼仪中，只有灵星、司民和司禄属于传统祭祀的范畴，其他都是玄宗时期新建的祭仪。玄宗朝在礼制上多有建树，《开元礼》就是典型例子。不仅如此，一些新的祭祀礼仪建立起来了，并成为三祀制的一部分。尤可注意的是，道教对吉礼的影响进一步加大，不仅有道教因素对传统礼仪的渗透，⑦带有浓厚道教性质的祭祀礼仪也被创造出来，并进入了三祀制。至宋代，这一进程更向纵深发展。

三、北宋初年至英宗时期

到了宋代，三祀制的祭祀对象进一步扩大。太祖至英宗时期，进入三祀制的有蜡祭、皇后庙、高禖、景灵宫、五福太一宫、周六庙、寿星、司寒、中

---

① 应劭著，王利器校注：《风俗通义校注》卷八《灵星》，北京：中华书局，1981年，第359页。
② 《史记》卷二八《封禅书》，北京：中华书局，1959年，第1380页。
③ 《隋书》卷七《礼仪志二》，第143页。
④ 《旧唐书》卷二四《礼仪志四》，第910页。
⑤ 《隋书》卷七《礼仪志二》，第147页。
⑥ 《旧唐书》卷二四《礼仪志四》，第910页。
⑦ 吴丽娱：《礼制变革与中晚唐社会政治》，第195—201页。

雷、马祖、先牧、马社、马步,太清宫和众星退出了这一制度。

在唐代,不少原先在三祀制之外的传统祭祀被纳入其中,到了宋代,这一趋势仍然延续。蜡祭就是例子。蜡祭是年终百神的合祭仪式,用来答谢百神的眷顾。《礼记·郊特牲》:"蜡也者,索也,岁十二月,合聚万物而索飨之也。"①在北周和隋唐,蜡祭仪式极为隆重。《隋书·礼仪志》:"后周亦存其典,常以十一月,祭神农氏、伊耆氏、后稷氏、田畯、鳞、羽、臝、毛、介、水、墉、坊、邮、表、畷、兽、猫之神于五郊。五方上帝、地祇、五星、列宿、苍龙、朱雀、白兽、玄武、五人帝、五官之神、岳镇海渎、山林川泽、丘陵坟衍原隰,各分其方,合祭之。……隋初因周制,定令亦以孟冬下亥蜡百神,腊宗庙,祭社稷。其方不熟,则阙其方之蜡焉。"②唐朝建立后不久,改行季冬寅日南郊蜡祭百神的仪式。③ 不过,蜡祭仪式在隋唐时期一直没有进入三祀制,至北宋成为大祀。

皇后别庙进入三祀制的历程也是在北宋完成的。皇后别庙与太庙升祔紧密相关。皇后去世而皇帝依然在位时,皇后神主先供奉于别庙,皇帝去世后,帝后神主一同升祔太庙。另一种情况是,皇帝册封过的皇后不止一位,但是只有一位皇后能够升祔太庙,所以其他皇后的神主只能屈居于别庙。唐代的皇后别庙有四时致祭的制度。睿宗即位后,"追尊昭成、肃明二皇后,于亲仁里别置仪坤庙,四时享祭"。④ 开元四年(716),睿宗去世,昭成皇后升祔,仪坤庙中剩下肃明皇后的神主。礼官奏请:"今肃明皇后无祔配之位,请同姜嫄、宣后,别庙而处,四时享祭如旧仪。"按时致祭的制度没有改变。⑤《开元礼》规定,肃明皇后庙"新修享仪,皆准太庙例"。⑥ 这样,肃明皇后庙除了四时享祭外,还有腊享仪式,禘祫大享时也举行相应的典礼。次年,玄宗特令肃明皇后神主祔于太庙睿宗室,毁仪坤庙,⑦但

---

① 《礼记正义》卷二六,第1453页。
② 《隋书》卷七《礼仪志二》,第148页。
③ 《旧唐书》卷二四《礼仪志四》,第911页。
④ 《旧唐书》卷二五《礼仪志五》,第950页。
⑤ 《旧唐书》卷二五《礼仪志五》,第951页。
⑥ 《大唐开元礼》卷一《序例上》,第16页。
⑦ 《旧唐书》卷八《玄宗纪上》,第199页。

是别庙享礼参照太庙的做法没有自此消失。唐后期,敬宗之母王氏、文宗之母萧氏、宣宗之母郑氏"有故不当入太庙。当时礼官建议,并置别庙,每年五享,及三年一祫,五年一禘,皆于本庙行事"。① 唐代的三祀制中一直没有皇后别庙祭祀的位置。北宋乾德元年(963),孝明皇后去世,"始诏有司议置后庙,详定殿室之制,及孝惠、孝明二后先后之次",次年下令"别庙祀事,一准太庙"。② 宋代皇后别庙按时致祭的制度建立于此时。北宋的皇帝大多册立或追册过几个皇后,最终升祔的皇后也往往不止一个,一帝一后的限制不时被打破。③ 尽管这样,别庙中还是供奉着或多或少的皇后神主。正因为如此,后庙在北宋长期居于大祀之列。

高禖祭祀是一种与生育崇拜有关的古老祭祀。④《礼记·月令》:"〔仲春之月〕,玄鸟至,至之日,以太牢祠于高禖,天子亲往,后妃帅九嫔御,乃礼天子所御,带以弓韣,授以弓矢于高禖之前。"⑤东汉就有了官方的高禖祭祀:"仲春之月,立高禖祠于城南,祀以特牲。"⑥此后,官方的高禖常祀长期存在。⑦ 至唐代,高禖不再是常祀对象,"唐明皇因旧《月令》,特存其事。开元定礼,已复不著",⑧直到宋仁宗统治时期才复兴。仁宗长期无嗣,景祐四年(1037)于南郊建造高禖祭坛,遣官致祭。宝元二年(1039),皇子赵昕出生,"遣参知政事王鬷以太牢报祠,准春分仪,惟不设弓矢、弓韣,著为常祀,遣两制官摄事"。⑨高禖常祀建立。根据《庆历祀仪》,高禖祭祀笾、豆

---

① 《旧唐书》卷二五《礼仪志五》,第964页。
② 《宋会要辑稿》礼一〇之一,第548页。
③ 北宋皇后册立与升祔的情况,参见赵冬梅:《先帝皇后与今上生母——试论皇太后在北宋政治文化中的含义》,收入张希清、田浩、黄宽重、于建设编《10—13世纪中国文化的踫撞与融合》,上海:上海人民出版社,2006年,第391—400页。本书第四章对此有更为翔实的分析。
④ 相关研究参见池田末利:《中国古代宗教史研究——制度と思想》,东京:东海大学出版会,1989年,第602—622页。
⑤ 《礼记正义》卷一五,第1361页。
⑥ 《续汉书·礼仪志上》,收入《后汉书》,北京:中华书局,1965年,第3107页。
⑦ 《隋书》卷七《礼仪志二》,第146—147页。
⑧ 《宋史》卷一〇三《礼志六》,第2511页。
⑨ 《宋史》卷一〇三《礼志六》,第2512页。

各十二,①与大祀的规定相符。《庆历祀仪》成于庆历四年(1044),②高禖很可能是在这一时期成为大祀的。

从太祖至英宗朝,有不少传统的祭祀礼仪成为小祀。中霤是七祀之一,③七祀是经典中重要的祭祀对象。《礼记·祭法》:"王为群姓立七祀,曰司命,曰中霤,曰国门,曰国行,曰泰厉,曰户,曰灶。王自为立七祀。诸侯为国立五祀,曰司命,曰中霤,曰国门,曰国行,曰公厉。诸侯自为立五祀。大夫立三祀,曰族厉,曰门,曰行。適士立二祀,曰门,曰行。庶士、庶人立一祀,或立户,或立灶。"④《礼记·曲礼》:"天子祭天地,祭四方,祭山川,祭五祀,岁遍。诸侯方祀,祭山川,祭五祀,岁遍。大夫祭五祀,岁遍。士祭其先。"郑玄注:"五祀,户、灶、中霤、门、行也。"⑤两者的说法显然很不一样,郑玄对此的解释是,从天子到大夫都实行的"户、灶、中霤、门、行"五祀是殷商的制度,"《祭法》曰天子立七祀,诸侯立五祀,大夫立三祀,士立二祀,谓周制也"。⑥ 在唐代,七祀是太庙时享的一部分,"司命、户以春,灶以夏,中霤以季夏土王日,门、厉以秋,行以冬"。⑦ 季冬腊享和禘祫大祭时,七祀同时举行,当太庙四时享祭时,其他六神"各因时享祭之,惟中霤季夏别祭"。⑧ 在唐代,七祀皆在三祀制之外,到了北宋,独立性较强的中霤率先成为小祀。

司寒在刘宋时期即已有常祀制度:"季冬之月,冰壮之时,凌室长率山虞及舆隶取冰于深山穷谷涸阴沍寒之处,以纳于凌阴。务令周密,无泄其

---

① 《太常因革礼》卷七九《春分祀高禖》,第 565 页。
② 《续资治通鉴长编》卷一四六庆历四年正月辛卯条,第 3533 页。
③ 晁时杰(Robert L. Chard)对整个中国古代的七祀进行了通盘研究,参见 Robert L. Chard, "The Imperial Household Cults," in Joseph P. McDermott, ed., *State and Court Ritual in China*, Cambridge: Cambridge University Press, 1999, pp. 237-266. 关于唐代的七祀,参见西冈市祐:《〈大唐开元礼〉の七祀について》,《国学院杂志》第 97 卷第 11 号,1996 年,第 88—100 页。
④ 《礼记正义》卷四六,第 1590 页。
⑤ 《礼记正义》卷五,第 1268 页。
⑥ 《礼记正义》卷五,第 1268 页。
⑦ 《大唐开元礼》卷三七《皇帝时享于太庙》,第 212 页;卷三八《时享于太庙有司摄事》,第 219 页。
⑧ 《大唐开元礼》卷三七《皇帝时享于太庙》,第 212 页;卷三八《时享于太庙有司摄事》,第 219 页。

气。先以黑牡秬黍祭司寒于凌室之北。仲春之月,春分之日,以黑羔秬黍祭司寒。启冰室,先荐寝庙。"①隋代的制度与刘宋相似:"季冬藏冰,仲春开冰,并用黑牡秬黍,于冰室祭司寒神。"②唐代武德、贞观年间延续了这一制度:"季冬藏冰,仲春开冰,并用黑牡、秬黍,祭司寒之神于冰室。"③在《开元礼》中,司寒正祭改在孟冬进行,仲春开冰和季冬藏冰时,虽然仍行祭祀司寒之礼,但是其正祭地位被取消。④ 司寒在唐代没有进入三祀制。⑤ 孟冬进行司寒正祭的做法在五代和北宋的大部分时期都被遵行。例如,后周显德元年(955),有诏令提到:"据《月令》,孟冬祭司寒于北郊,其司寒一祠,一旦准《月令》施行。藏冰开冰,祭司寒之神,事属别祭。"⑥孟冬的司寒常祀在北宋成为小祀,这体现了三祀制向外扩展的状态。

寿星祭祀出现于秦代,司马贞《史记索隐》:"寿星,盖南极老人星也,见则天下理安,故祠之以祈福寿。"张守节《史记正义》:"角、亢在辰为寿星。三月之时,万物始生建,于春气布养,各尽其性,不罹灾夭,故寿。"⑦在此后的国家祭祀中,寿星祭祀时有时无。开元二十四年(736),因为有人奏请,玄宗下敕:"宜令所司特置寿星坛,常以千秋节日修其祀典。"不久,玄宗"敕寿星坛宜祭老人星及角亢七宿,著之常式"。⑧ 北宋的寿星常祀确立于景德三年(1006),知枢密院事王钦若上奏:"寿星之祀,肇自开元,伏以陛下光阐鸿猷,并秩群祀,而萧芗之祭独略此祠,搢绅之谈皆谓阙典。加以周伯星出,实居角宿之间,天既垂休,礼冈不答。伏望特诏礼官,俾崇祀事。"真宗下令礼官详议,最后确定"以秋分日享寿星及角、亢七宿,为坛

---

① 《宋书》卷一五《礼志二》,第411页。
② 《隋书》卷七《礼仪志二》,第148页。
③ 《旧唐书》卷二四《礼仪志四》,第911页。
④ 《大唐开元礼》卷五一《孟冬祭司寒》,第288页。
⑤ 据《新唐书》卷一一《礼乐志一》,司寒是小祀(第310页),但是其他史书没有这样的记载。从唐代建立到《大唐郊祀录》成书,其间司寒常祀一直不是小祀。《新唐志》记载的三祀制也不可能是《大唐郊祀录》成书后的情形。唐后期,九宫贵神一直处于三祀制之中,风师和雨师都是中祀,而《新唐志》的三祀制中没有九宫贵神,风师和雨师是小祀。《新唐志》三祀制的记载相当可疑,不能作为判断的依据。
⑥ 《册府元龟》卷五九六《掌礼部·谬妄》,第6862页。
⑦ 《史记》卷二八《封禅书》,第1376页。
⑧ 《唐会要》卷二二《祀风师雨师雷师及寿星等》,第427页。

南郊，其礼例悉准灵星"。① 此时的寿星常祀尚且只是按照小祀的规格进行，后来正式成为小祀。

诸马祭在北宋时期从军礼改属吉礼，并成为小祀。隋唐时期，马祖、先牧、马社、马步祭祀一直属于军礼，分别在每季仲月举行。战马在冷兵器时代威力巨大，因此马政很受重视，诸马祭也成为军礼的一部分。军礼主要包括皇帝、将帅出征前的各种临时祭祀，以及讲武、田猎等非祭祀性军事礼仪。诸马祭在军礼中比较特别，有固定的祭祀时间和地点，性质反而与吉礼接近，因而统治者在制定祭仪时，时常将其与吉礼放在一起。唐代"马祖、马社、先牧、马步，笾、豆各八"，②其笾、豆数与小祀一致。诸马祭的情况与司寒类似，虽然在《新唐书·礼乐志》中是小祀，③但是这一记载不可信，从其他史书中无法得到佐证。到了北宋，诸马祭才从军礼转到吉礼，并成为小祀。在《太常因革礼》中，虽然诸马祭的篇章佚失，但是在目录中，诸马祭仍属于军礼。因此，诸马祭进入吉礼并成为小祀的时间，应该是在《太常因革礼》完成与英宗去世之间，即治平二年（1065）至四年。诸马祭退出军礼之列，转而归属吉礼，这体现了宋代礼制建构的合理化倾向。

除了上面这些传统礼仪外，一些新创祭祀也成为三祀制的一部分。周六庙即后周太庙，后周政权成立后，建立了太庙，供奉信祖、僖祖、义祖和庆祖。太祖和世宗去世后，也祔于此。宋太祖甫一登基，即下诏："矧惟眇躬，逮事周室。讴歌狱讼，虽归新造之邦；庙貌园陵，岂忘旧君之礼？其周朝嵩、庆二陵及六庙，宜令有司以时差官朝拜祭飨，永为定式。仍命周宗正卿郭玘行礼。"④在中国古代，一个政权建立后，常常通过二王三恪等制度，与前朝政权的后裔结成宾主关系。宋太祖如此重视前朝的陵庙祭祀，是很少见的。然而，这终究是一时之举，用以显示政权转移的合法性。随着政权的巩固，宋人与后周的关系愈加隔膜，这一制度在北宋后期的衰

---

① 《续资治通鉴长编》卷六三景德三年八月辛未条，第1415页。
② 《唐六典》卷一五太官令丞条，第445页。
③ 《新唐书》卷一一《礼乐志一》，第310页。
④ 《宋史》卷一一九《礼志二二》，第2796页。

落和消失也就不可避免了。

在进入三祀制的新创祭仪中,还有景灵宫和十神太一祭祀,两者都具有浓厚的道教性质。景灵宫建立于真宗时期。大中祥符五年(1012),"圣祖临降,为宫以奉之"。① 圣祖即黄帝,是宋朝追认的远祖。九年,景灵宫建成,"礼仪院言正月天书降,用上元日朝拜玉清昭应宫,十月圣祖降,请以下元日朝拜景灵宫,著为定式"。② 天禧二年(1018),"景灵宫判官、知制诰刘筠请令礼仪院、宗正寺约唐朝《太清祠令》撰集《景灵宫祠令》,付本司遵守,从之"。③ 景灵宫的祭祀程序参照唐代的太清宫祭祀而成,其道教色彩由此可见一斑。与唐代的太清宫祭祀一样,景灵宫祭祀建立后,与圜丘昊天上帝祭祀、太庙祭祀构成了皇帝亲祭的"三大礼",我们将在下一章对此进行详细的探究。天圣元年(1023)以后,景灵宫中陆续增添了殿宇,以奉安帝后的御容,供奉、祭祀帝后御容逐渐成为景灵宫的重心所在。到了元丰五年(1082),更是将开封佛寺、道观中的帝后御容迎入景灵宫,与原先宫中的帝后御容一并祭祀,并且"诏自今朝献孟春用十一日,孟夏择日,孟秋用中元日,孟冬用下元日,天子常服行事"。所以,此后的景灵宫祭祀大多由皇帝亲自主持,时而采取"每岁四孟月,天子遍诣诸殿朝献"的形式,时而实行"四孟分献,一岁而遍"的做法。④ 吾妻重二的研究表明,从仁宗朝开始,国家在景灵宫祭祀中加入了不少儒教祭祀因素,但是这一祭祀的道教性质依然十分鲜明。⑤

五福太一宫供奉十神太一,同样具有浓重的道教性质。十神太一包括五福太一、君基太一、大游太一、四神太一、臣基太一、直符太一、民基太

---

① 《宋史》卷一〇九《礼志一二》,第 2621 页。
② 《续资治通鉴长编》卷八八大中祥符九年十月壬申条,第 2021 页。
③ 《续资治通鉴长编》卷九一天禧二年三月丁巳条,第 2106 页。
④ 《宋史》卷一〇九《礼志一二》,第 2622—2623 页。
⑤ 吾妻重二:《宋代の景灵宫について——道教祭祀と儒教祭祀の交差》,收入小林正美编《道教の斋法仪礼の思想史研究》,东京:知泉书馆,2006 年,第 283—333 页。另外,山内弘一对景灵宫的道教性质也有细致的论述,参见氏著《北宋时代の神御殿と景灵宫》,《东方学》第 70 号,1985 年,第 46—60 页;Yamauchi Kōichi, "State Sacrifices and Daoism during the Northern Song," *Memoirs of the Research Department of the Toyo Bunko*, 58(2000), pp. 12‑16.

一、小游太一、天一太一、地一太一。五福太一在十神太一中居首,因此常用来指代十神太一,史书中就有"五福十太一"之称。① "方士言:'五福太一,天之贵神也。行度所至之国,民受其福,以数推之,当在吴越分。'故令筑宫以祀之",太平兴国六年(981),苏州太一宫建成。② 八年,司天官楚芝兰上言:"京师帝王之都,百神所集。今城之东南,一舍而近,有地名苏村,若于此为五福太一作宫,则万乘可以亲谒,有司便于祀事。何为远趋江水以苏台为吴分乎?"太宗听从了他的建议,下令在苏村修建太一宫,并由楚芝兰与枢密直学士张齐贤制定祭祀礼仪。③ 同年,五福太一宫落成。除五行思想外,十神太一的祭祀还有明显的道教痕迹,例如,太宗同意在京城修建五福太一宫后,"仍令同定本宫四时祭祀仪及醮法"。④ 通过移宫法和太一神的冠服,也可以看出十神太一祭祀道教性质之浓厚。⑤

太祖至英宗时期,退出三祀制的有太清宫和众星。太清宫是唐代官方的道教祭祀中心,老子被唐代统治者视作远祖。宋代皇室姓赵,他们与老子的关系已较唐代疏远。宋代的景灵宫既供奉赵宋祖先,又是道教祭祀场所,正好取代了太清宫的作用。宋代统治者不再举行太清宫常祀,只行时日不定的特祀。众星只是昊天上帝祭祀的从祀神,没有独立的常祀,退出三祀制是合情合理的。

从太祖至英宗统治时期,三祀制下的祭祀对象在原有基础上又有增减。从总体上看,唐代以来三祀制在祭祀对象方面的演进趋势得到了延续。一些传统的吉礼仪式进入了这一制度,多数都是小祀,这说明了国家对那些处于吉礼体系边缘的祭祀礼仪的进一步整合。与此同时,通过进入其中的新建祭仪可以看到,道教对国家吉礼制度的影响在逐步增大。

---

① 《续资治通鉴长编》卷三四六元丰七年六月乙酉条,第8313页。标点本在"五福"和"十太一"之间点断,误。
② 《续资治通鉴长编》卷二二太平兴国六年十月甲午条,第503—504页。
③ 《续资治通鉴长编》卷二四太平兴国八年五月丁巳条,第545页。
④ 《宋史》卷四六一《楚芝兰传》,第13501页。
⑤ 坂出祥伸:《中国古代の占法——技术と呪术の周边》,东京:研文出版,1991年,第200—203页。吴丽娱对十神太一的道教性质也有深入探讨,见氏著:《论九宫祭祀与道教崇拜》,第304—308页。

四、神宗时期

神宗时期以制度改革著称,礼制变革是其中的一部分。三祀制祭祀对象的变化集中发生了两次。熙宁四年(1071),神宗下诏:"以诸寺监祠事隶太常,以肃奉神之礼。"①太常主簿杨杰编修了《熙宁太常祠祭总要》,他在序言中如是说:

> 国朝岁祖天地、五方帝、神州、宗庙、大明、夜明、太社、太稷、太一、九宫、腊蜡为大祀,文宣、武成、风师、雨师、先农、先蚕、五龙为中祀,寿星、灵星、中霤、马祭、司寒、司中、司命、司民、司禄为小祀。②

我们再来看《宋史·礼志》:

> 凡祀典皆领于太常。岁之大祀三十:正月上辛祈谷,孟夏雩祀,季秋大享明堂,冬至圜丘祭昊天上帝,正月上辛又祀感生帝,四立及土王日祀五方帝,春分朝日,秋分夕月,东西太一,腊日大蜡祭百神,夏至祭皇地祇,孟冬祭神州地祇,四孟、季冬荐享太庙、后庙,春秋二仲及腊日祭太社、太稷,二仲九宫贵神。中祀九:仲春祭五龙,立春后丑日祀风师、亥日享先农,季春巳日享先蚕,立夏后申日祀雨师,春秋二仲上丁释奠文宣王、上戊释奠武成王。小祀九:仲春祀马祖,仲夏享先牧,仲秋祭马社,仲冬祭马步,季夏土王日祀中霤,立秋后辰日祀灵星,秋分享寿星,立冬后亥日祠司中、司命、司人、司禄,孟冬祭

---

① 《玉海》卷一〇二《熙宁太常祠祭总要》,南京·上海:江苏古籍出版社·上海书店,1987年,第1879页。
② 杨杰:《无为集》卷八《熙宁太常祠祭总要序》,《宋集珍本丛刊》第15册,北京:线装书局,2004年,第307页。

司寒。①

这段史料没有明确的时间,但是若将其与杨杰的序文对比的话,可以发现两者完全吻合。"凡祀典皆领于太常"也体现了《熙宁太常祠祭总要》的精神。因此,《宋史·礼志》这一记载源自《熙宁太常祠祭总要》。接在这段引文之后的是:"其诸州奉祀,则五郊迎气日祭岳、镇、海、渎,春秋二仲享先代帝王及周六庙,并如中祀。州县祭社稷,奠文宣王,祀风雨,并如小祀。"②这一举措与以往有所不同,朝廷以祭祀的执行机构为界,将太常举行的常祀列入三祀制的范围,地方政府举行的常祀只是参照中祀和小祀的标准进行。

不久后,高禖回到了大祀的行列,醋神也成为大祀。③醋神被认为可以使人畜免受螟蝗之害,"历代书史,悉无祭醋仪式",其常祀建立于庆历年间。④在《政和五礼新仪》中,醋神不在三祀制中,也不见祭祀内容。

神宗统治后期又一次出现了三祀制下祭祀对象的变化。《宋史·礼志》:

> 神宗诏改定大祀:太一,东以春,西以秋,中以夏冬;增大蜡为四,东西蜡主日配月;太庙月祭朔。而中祀:四望,南北蜡。小祀:以四立祭司命、户、灶、中霤、门、厉、行,以藏冰、出冰祭司寒,及月荐新太庙。⑤

蜡祭一分为四是在元丰六年(1083)出现的。这年正月,详定礼文所上奏:"祭之有蜡,所以报万物之成功,然岁之丰荒有异,四方之顺成不等,则报功之礼亦不得一。故记曰:'八蜡以祀四方。四方年不顺成,八蜡不通。'

---

① 《宋史》卷九八《礼志一》,第 2425 页。
② 《宋史》卷九八《礼志一》,第 2425 页。
③ 《宋史》卷九八《礼志一》,第 2425 页。
④ 《宋史》卷一〇三《礼志六》,第 2523 页。
⑤ 《宋史》卷九八《礼志一》,第 2425—2426 页。

历代蜡祭,独在南郊为一坛。伏请蜡祭四郊各为一坛,以祀其方之神,前期,司农关有不顺成之方,不报。其息民祭仍在蜡祭之后。"这一建议得到了批准。① 据此可以推断,神宗是元丰六年下诏更改三祀制祭祀对象的。

元丰年间三祀制祭祀对象的变化,主要是原有祭祀的回归和扩大。蜡祭分为东、西、南、北四蜡,就是如此。朔日祭太庙和月荐新太庙,是太庙祭祀范围的延伸。岳镇海渎的中祀地位恢复。神宗统治时期,除了既有的东太一宫和西太一宫外,还新建了中太一宫,故而后者的常祀也是大祀。②

也正是在这一时期,孟冬的司寒正祭取消,季冬藏冰和仲春出冰重新成为正祭,并取得了小祀地位。元丰四年(1081),详定礼文所上言:"古者享司寒,惟以藏冰、启冰之日。《熙宁祀仪》孟冬选吉日祭司寒,宜寝罢。其季冬藏冰,则享司寒于冰井务,牲用黑羊,谷用秬黍;仲春开冰,则但用羔而已。"③正如前文所述,《开元礼》制定以前,司寒常祀是季冬藏冰和仲春开冰时举行的祭祀礼仪,孟冬司寒祭祀的正祭地位始于《开元礼》,在此之后长期实行。直到熙宁十年(1077)《熙宁祀仪》颁布时,司寒常祀仍在孟冬举行,详定礼文所主张恢复古制,故而恢复了藏冰和开冰时的司寒正祭地位。

继中雷后,七祀中的其他六神也进入了三祀制。在唐代,此六神的祭祀分别随太庙时享而举行。太庙腊享和禘祫大享时,七祀同时举行。④ 北宋后期,七祀出现了独立化倾向。元丰四年(1081),详定礼文所上言:"伏请立春祭户于庙室户外之西,祭司命于庙门之西,制脾于俎;立夏祭灶于

---

① 《续资治通鉴长编》卷三三二元丰六年正月癸未条,第 7997 页。
② 西太一宫建于天圣六年(1028),司天监上奏:"五福太一在黄室宫吴、越分,凡四十五年,今当自黄室宫趋黄庭宫梁、蜀分。"因此,仁宗于该年三月下诏在顺天门外八角镇兴建西太一宫,九月竣工(《续资治通鉴长编》卷一〇六天圣六年三月壬戌条,第 2469 页;天圣六年九月辛丑条,第 2481 页)。中太一宫建于熙宁四年(1071),司天中官正周琮上奏:"窃详五福太一,自国朝雍熙元年甲申岁,入东南巽宫时,修东太一宫。天圣七年己巳岁,五福太一入西南坤位,修西太一宫。请稽详故事,崇建祠宇,迎之京师。"于是,神宗下诏在集禧观建中太一宫(《宋史》卷一〇三《礼志六》,第 2508 页)。
③ 《续资治通鉴长编》卷三一七元丰四年十月甲子条,第 7672 页。
④ 《大唐开元礼》卷三九《皇帝祫享于太庙》,第 228 页;卷四〇《祫享于太庙有司摄事》,第 236 页;卷四一《皇帝禘享于太庙》,第 245 页;卷四二《禘享于太庙有司摄事》,第251 页。

庙门之东，制肺于俎；季夏土王日祭中霤于庙廷之中，制心于俎；立秋祭门及厉于庙门外之西，制肝于俎；立冬祭行于庙门外之西，制肾于俎。皆用特牲，更不随时享分祭。有司摄事，以太庙令摄礼官，服必玄冕，献必荐熟。其亲祠及腊享，即依旧礼遍祭。"神宗批准了这一奏请。① 太庙时享只规定了祭祀的月份，具体时间须通过卜日来确定。从元丰四年开始，七祀有了确定的祭祀时间，不再分别与太庙时享挂钩。在腊享和皇帝亲祀太庙时，七祀还是一起举行。七祀具备了很大的独立性，这是其进入三祀制的重要因素。

五、徽宗时期

以《政和五礼新仪》为标志，北宋礼制在徽宗朝完成了定型。《宋史·礼志》："政和中，定《五礼新仪》，以荧惑、阳德观、帝鼐、坊州朝献圣祖、应天府祀大火为大祀；雷神、历代帝王、宝鼎、牡鼎、苍鼎、冈鼎、彤鼎、阜鼎、晶鼎、魁鼎、会应庙、庆成军祭后土为中祀；山林川泽之属，州县祭社稷、祀风伯雨师雷神为小祀。余悉如故。"② 山林川泽和历代帝王是重新回归三祀制，会应庙是从五龙祠发展而来的。③ 其他进入三祀制的常祀中，有不少为宋代新创，并且多与道教有关联，这与神宗时期三祀制祭祀对象的演化有很大的不同。传统礼制以外的力量作用于三祀制的进程，在北宋末年进入了高潮。④

根据五行理论，宋代占据火德，火运说对宋代礼制有着深刻的影响，这在北宋后期及南宋表现得尤为明显。⑤ 大火星和荧惑星祭祀的兴起，就

---

① 《续资治通鉴长编》卷三一八元丰四年十月辛未条，第 7685 页。
② 《宋史》卷九八《礼志一》，第 2426 页。
③ 小岛毅：《宋代の国家祭祀——〈政和五礼新仪〉の特征》，收入池田温编《中国礼法と日本律令制》，东京：东方书店，1992 年，第 467 页。
④ 有关徽宗时期的道教崇拜，参见宫川尚志：《宋の徽宗と道教》，《东海大学文学部纪要》第 23 辑，1975 年，第 1—10 页；羊华荣：《宋徽宗与道教》，《世界宗教研究》1985 年第 3 期，第 70—79 页。
⑤ 刘复生：《宋朝"火运"论略——兼谈"五德转移"政治学说的终结》，《历史研究》1997 年第 3 期，第 92—106 页。

是火运说在礼制上的反映。

　　大火星祭祀出现较早。康定元年（1040）十月，太常博士、集贤校理胡宿奏请在南京应天府（旧为宋州，治所在商丘）建立火祀，并以阏伯配祭。他指出，商丘既是上古时代火正阏伯的始封地，也是宋太祖受命之地，故而太祖"以宋建号，以火纪德"。可是，现实中的商丘阏伯祠"祠屋制度狭小，又不领于天子之祠官，岁时府吏飨祀而已，甚非报本尊始、崇秩祀之意也"。况且大火星象征农祥，"若因旧立古祠，除洁坛地，临遣近臣，对祭阏伯，不惟讲修火正，亦足以祈求年丰"。太常礼院的礼官赞成他的意见："国家有天下之号，实本于宋，五运之次，又感火德，窃谓宜因兴王之地，商邱之旧，作为坛兆，秩祀大火，以阏伯配之。每建辰、戌出纳之月，内降祝版，诏留司长吏奉祭行事，笾豆、牲币得视中祠。"该年十二月，太常礼院制定了这一祭祀的仪注，"器准中祠，岁以三月、九月择日，令南京长吏及以次官分三献摄祠"，大火星祭祀由此建立。① 所谓"器准中祠"，说明大火星祭祀还不是中祀。后来胡宿路过应天府时，看到"今来祠祭，别立坛场，在商邱之东南百余步，制度草创，坛墙低下"，于是上奏请求："宜增修新置坛场及商邱祠宇四面廊庑，小令完具。"② 可见，此时的大火星祭祀并不是很受重视。到了徽宗统治时期，大火星祭祀的地位明显上升，在《政和五礼新仪》中明确为大祀。

　　建中靖国元年（1101），朝廷建造阳德观，作为荧惑的祭祀场所。那时荧惑祭祀并不经常举行，更没有进入国家祀典。崇宁三年（1104），太常博士罗畸上言："国家乘火德之运，以王天下。臣谨按，五行之精，在天为阳星，而荧惑者，至阳之精，天之使也。朝廷比者就国之阳，特开琳馆，以妥其灵，固宜仿太一宫，遣官荐献，或立坛于南郊，如祀灵星、寿星之仪，著之礼典，以时举之，庶上称陛下严奉真灵之意。"③次年，"既又建荧惑坛于南郊赤帝坛墙外，令有司以时致祭，增用圭璧，火德、荧惑以阏伯配，俱南

————————
① 《宋会要辑稿》礼一九之九至一二，第757—758页。
② 《宋会要辑稿》礼一九之一二，第758页。
③ 《宋会要辑稿》礼一九之一四，第759页。

向"。① 按时致祭的制度由此建立起来,荧惑常祀成为国家祀典的一部分。大观四年(1110),议礼局上奏:"圣朝以火德王天下,寅奉荧惑,外立坛壝,内建阎宇,秩视大祠,道迎景贶,以福天下,德至厚也。"②从"秩视大祠"判断,荧惑仍未成为大祀,只是祭祀规格参照大祀。随着《政和五礼新仪》的颁布,荧惑常祀成为大祀。

阳德观除了一度是荧惑临时祭祀的场所外,还用来举行火德星君祭祀,即阳德观祭祀。火德星君是祝融的道教化形象,以阏伯相配。崇宁三年(1104),"翰林学士张康国奏,乞应天下崇宁观并修火德真君殿,依阳德观殿,以离明为名"。张康国的奏请被徽宗认可。③ 次年,礼部上言:"离明殿增阏伯位。按《春秋》昭公《传》曰:五行之官,封为上公,祀为贵神。祝融,高辛氏之火正也;阏伯,陶唐氏之火正也。祝融既为上公,则阏伯亦当服上公衮冕九章之服。"④阳德观祭祀是崇宁三年后逐步健全的,在《政和五礼新仪》中列为大祀。

比起阳德观祭祀,北宋末年道教对吉礼的影响在坊州圣祖祭祀上体现的更明显。为了克服澶渊之盟带来的政治危机,真宗频繁制造道教灵异事件,来佐证其统治合法性,圣祖崇拜就是其中的一部分。大中祥符五年(1012)十月,真宗向臣下讲述了夜梦圣祖降临之事,天尊告知真宗:"吾人皇九人中一人也,是赵之始祖,再降,乃轩辕皇帝,凡世所知少典之子,非也。母感电梦天人,生于寿邱。后唐时,七月一日下降,总治下方,主赵氏之族,今已百年。皇帝善为抚育苍生,无怠前志。"⑤天尊即赵宋始祖,降临人间成为黄帝。真宗通过种种举措来提高圣祖的地位,例如,同年闰十月,上天尊的尊号为圣祖上灵高道九天司命保生天尊大帝,圣祖母的尊号为元天大圣后。⑥ 与此同时,地方上也纷纷建立供奉圣祖的宫观。坊州是黄帝的故乡,大中祥符七年,礼仪院建议,参照唐玄宗的皋陶祭祀,坊州轩

---

① 《宋史》卷一〇三《礼志六》,第 2514 页。
② 《宋会要辑稿》礼一九之一四,第 759 页。
③ 《宋会要辑稿》礼一八之三八,第 751 页。
④ 《宋会要辑稿》礼一九之一三,第 759 页。
⑤ 《续资治通鉴长编》卷七九大中祥符五年十月戊午条,第 1798 页。
⑥ 《宋史》卷一〇四《礼志七》,第 2542 页。

辕庙祭祀黄帝的祝文格式采用"嗣皇帝臣名谨遣摄某官敢昭告于圣祖上灵高道九天司命保生天尊大帝"的形式,而且"其礼料不用荤血"。这一建议被批准。① 坊州圣祖祭祀在真宗朝没有进入三祀制。在《政和五礼新仪》中,坊州朝献圣祖是大祀,并有了明确的祭祀程序:"仲春、仲秋,朝献圣祖天尊大帝于坊州,以有熊氏、相风后、后土、力牧配享。"②其道教性质不改,祭祀用青词祝版。③

九鼎的铸造是徽宗在礼乐制度上的重大举措。④ 崇宁初年,"朝廷方协考钟律",方士魏汉津"得召见,献乐议,言得黄帝、夏禹声为律、身为度之说,谓人主禀赋与众异,请以帝指三节三寸为度,定黄钟之律"。⑤ 崇宁三年(1104),"用方士魏汉津之说,备百物之象,铸鼎九",次年告成,"于中太一宫南为殿奉安之,各周以垣,上施塯埄,墁如方色,外筑垣环之,曰九成宫"。九鼎在九成宫中如此分布、祭祀:"中央曰帝鼐,其色黄,祭以土王日,为大祠,币用黄,乐用宫架。北方曰宝鼎,其色黑,祭以冬至,币用皂。东北方曰牡鼎,其色青,祭以立春,币用皂。东方曰苍鼎,其色碧,祭以春分,币用青。东南曰冈鼎,其色绿,祭以立夏,币用绯。南方曰彤鼎,其色紫,祭以夏至,币用绯。西南曰阜鼎,其色黑,祭以立秋,币用白。西方曰晶鼎,其色赤,祭以秋分,币用白。西北曰魁鼎,其色白,祭以立冬,币用皂。八鼎皆为中祠,乐用登歌,享用素馔。"⑥它们的祭祀等级在《政和五礼新仪》得到了确认。在九鼎祭祀的创立过程中,道教的影响不可忽视。魏汉津本人就是道士,九鼎的祭祀地点也带有很强的道教色彩。《宋史·礼志》:

---

① 《宋会要辑稿》礼一四之一七,第595页。
② 《政和五礼新仪》卷三《序例三》,第143页。
③ 《政和五礼新仪》卷一一五《坊州朝献圣祖仪》,第604页。
④ 关于徽宗时期的乐制改革,参见松本浩一:《宋代の道教と民间信仰》,东京:汲古书院,2006年,第276—291页;Joseph S. C. Lam, "Huizong's Dashengyue, a Musical Performance of Emperorship and Officialdom," in Patricia Buckley Ebrey and Maggie Bickford, eds., *Emperor Huizong and Late Northern Song China: The Politics of Culture and the Culture of Politics*, Cambridge, Mass.: Harvard University Asia Center, 2006, pp. 395-452;胡劲茵:《北宋徽宗朝大晟乐制作与颁行考议》,《中山大学学报》2010年第2期,第100—112页。
⑤ 《宋史》卷四六二《魏汉津传》,第13526页。
⑥ 《宋史》卷一○四《礼志七》,第2544页。

郑居中言:"亳州太清宫道士王与之进《黄帝崇天祀鼎仪诀》,皆本于天元玉册、九宫太一,合于汉津所授上帝锡夏禹隐文。同修为《祭鼎仪范》,修成《鼎书》十七卷、《祭鼎仪范》六卷。"先是,诏曰:"九鼎以奠九州,以御神奸,其用有法,后失其传。阅王与之所上《祀仪》,推鼎之意,施于有用,盖非今人所能作。去古绵邈,文字杂糅,可择其当理合经,修为定制,班付有司。"至是书成,并以每岁祀鼎常典,付有司行之。①

国家的九鼎祭仪出自道士之手,可见道教对吉礼的影响力度。

北宋末年,方术对国家吉礼也有不小的影响,集中表现为后土祭祀。后土祭祀起源很早,曾经是主要的官方祭地仪式,因为浓厚的方术色彩,在西汉末年被北郊祭祀取代。② 汾阴后土祭祀在后代只是偶尔为之,没有固定的时间和程序。例如,唐玄宗分别在开元十一年(723)和二十年前往汾阴祭祀后土,尤其是后面一次俨然是开元年间的礼仪盛事:"大赦天下,左降官量移近处。内外文武官加一阶,开元勋臣尽假紫及绯。大酺三日。"③尽管如此,开元二十年颁布的《开元礼》也没有将这一礼仪收入其中。到了北宋,情况有所改变。太平兴国四年(979),"诏重修后土庙,命河中府岁时致祭,下太常礼院定其仪。礼院请依先代帝王用中祠礼"。④后土祭祀参照先代帝王祭祀,使用中祀的仪节。英宗时期,后土祭祀分别在仲春和仲秋举行,但是仍然不在三祀制中。⑤ 庆成军祭后土在《政和五礼新仪》中是中祀。

在新进入三祀制的祭祀中,雷神常祀较少受到传统礼制之外的因素影响。天宝五载(746),唐玄宗下诏:"发生振蛰,雷为其始,画卦陈象,威物效灵。气实本于阴阳,功乃施于动植。今雨师风伯,久列常祠,唯此震

---

① 《宋史》卷一〇四《礼志七》,第2544—2545页。
② 金子修一:《古代中国と皇帝祭祀》,东京:汲古书院,2001年,第86—94页。
③ 《旧唐书》卷八《玄宗纪上》,第185、198—199页。
④ 《宋会要辑稿》礼二八之四〇,第1039页。
⑤ 《宋会要辑稿》礼一四之二,第587页。

雷,未登群望,其已后每祀雨师,宜以雷神同祭。"①雷神进入了国家祀典,成为吉礼,但是还附属于雨师祭祀,实行同坛共祭。在宋代,雷神常祀依然与雨师同时举行,但是雷神已经有了独立的祭坛,与雨师坛同墙。《宋史·礼志》:"雨师坛、雷师坛高三尺,方一丈九尺。皇祐定周六步。"②可见,雨师坛和雷师坛在皇祐之前就已经分开。因为雷神祭祀有了相当的独立性,在徽宗的礼制改革中,将其列为中祀。从祭仪来看,雷神祭祀没有背离儒家的礼仪范畴。

州县社稷、风师、雨师和雷神的常祀也成为小祀。在唐代,州县社稷、风师、雨师等常祀就已在吉礼体系中了,《开元礼》规定:"州县社稷、释奠及诸神祠并同小祀。"③如前所述,在神宗熙宁年间,这些地方祭祀的等级也是"如小祀",直到《政和五礼新仪》,才确立了州县社稷、风师、雨师和雷神的小祀地位。

徽宗时期三祀制祭祀对象的变化,仍然主要表现为传统祭仪的充实,以及带有其他意识形态色彩的新建祭仪的进入。一方面,雷神、州县社稷、风师、雨师和雷神的常祀成为小祀,说明国家对儒家性质的传统礼仪的整合仍在延续,并进入了尾声。与此同时,大量建立于宋代的非儒家礼仪进入了三祀制,而且多数都是大祀。由此可以看到,北宋末年道教、五行思想、方术等因素对国家礼制的影响之大。

以上我们探讨了唐至北宋时期三祀制下祭祀对象的变化。这一时期,各种祭祀有进有出,进入的祭祀远远多过退出的,原因各有不同。吉礼内部的调整演化和以道教为首的意识形态力量对礼仪领域的影响,是两个主要因素。在三祀制的祭祀对象中,有核心,也有边缘。核心是那些在三祀制中长期占据位置的神祇,天地郊祀和太庙是最典型的代表。边缘是那些在三祀制中停留时间较短的神灵,它们更能体现出吉礼和三祀制的时代特性。三祀制的边界作用与祀典类似。祀典主要用来确定国家

---

① 《册府元龟》卷三三《帝王部·崇祭祀二》,第345页。
② 《宋史》卷一〇三《礼志六》,第2517页。
③ 《大唐开元礼》卷一《序例上》,第12页。

礼仪、淫祀及其中间地带的界限。① 三祀制则主要用来体现祀典内诸多祭祀的重要程度，确定祭祀程序，这是国家礼仪制度规范化的一种体现。雷闻指出，在唐宋时期，随着祀典的开放，地方祠祀逐步被纳入其中，尤其是北宋后期赐额赐号的普遍化和制度化，中央政府实现了对地方祠祀的直接控制，从而建立起一个皇权支配的新的神明体系。② 这种建立新的神明体系的努力，不仅体现在地方祠祀层面，在整个吉礼体系内都存在。在唐至北宋时期，进入三祀制的祭祀主要包括两类，一类是新出现的祭祀，另一类是早就在祀典内却还没有进入三祀制的那些祭祀。朝廷将更多的神灵置于三祀制下，制定其祭祀等级，以显示这些祭祀的重要程度，从中可以看到唐至北宋神明体系演变和定型的过程。同时，随着三祀制下祭祀内容的增多，吉礼体系的规范化程度也大为改观了。

第四节 小　　结

唐宋社会变迁是中国历史研究中的重要话题，自从内藤湖南提出唐宋变革论以来，相关的研究不计其数。③ 从总体来看，尽管对程度的估计和对过程的解释颇有差异，但是学者们大多认为，经过唐宋时期的一系列变化，政治上由贵族政治转向皇帝独裁政治，经济上取得了极大的发展，思想上儒家在国家政治生活中取得了全面胜利，社会上地方精英兴起。在这样宏大的历史背景下，礼制发生了什么样的变化是值得关注的话题。

---

① 关于祀典和淫祠问题，参见雷闻：《郊庙之外：隋唐国家祭祀与宗教》，第 220—276 页；蔡宗宪：《淫祀、淫祠与祠典——汉唐间几个祠祀概念的历史考察》，《唐研究》第 13 卷，第 203—232 页。
② 雷闻：《郊庙之外：隋唐国家祭祀与宗教》，第 255—276 页。
③ 关于唐宋变革论的学术史探讨，参见包弼德：《唐宋转型的反思——以思想的变化为主》，《中国学术》第 3 辑，2000 年，第 63—87 页；罗祎楠：《模式及其变迁——史学史视野中的唐宋变革问题》，《中国文化研究》2003 年秋之卷，第 18—31 页；张广达：《内藤湖南的唐宋变革论及其影响》，《唐研究》第 11 卷，2005 年，第 5—71 页；柳立言：《何谓"唐宋变革"》，《中华文史论丛》第 81 辑，2006 年，第 125—171 页；妹尾达彦：《世界史的时期区分と唐宋变革论》，《中央大学文学部史学纪要》第 52 号，2007 年，第 19—68 页。

唐宋时期礼制变化比较剧烈，作为五礼之首，吉礼的变化更是引人注目。我们选择了作为吉礼体系纵向结构的大祀、中祀和小祀制度为研究对象，从这一角度来探讨唐至北宋时期吉礼的变迁。

三祀制出现于隋初，是《周礼》中的祭祀等级观念制度化的产物，主要用来表现吉礼内诸祭祀的重要程度。在隋代，这一新建的制度还很不成熟，主要表现在两个方面。首先，在祭祀等级性方面，三祀制缺乏外在的体现。大、中、小祀分别是朝廷对诸多常祀重要程度的认定，但是在隋代，只有个别的祭祀环节表现出不同等级常祀之间的差别。换言之，虽然三祀制已成为国家制度的一部分，但仍是更多地停留在观念层面，在操作层面还很不充分。其次，在祭祀对象上，三祀制所包含的常祀相对有限，为数不少的国家常祀还不在其中。唐至北宋时期，三祀制在这两方面都有了比较明显的变化。

唐至北宋时期，祭祀等级制逐步落实。我们从斋戒、祭品和祭祀人员三个方面进行了考察。从唐前期开始，朝廷从操作层面加强了大、中、小祀之间的级差，祭祀的等级性在仪式的一些环节中得到了体现，并在北宋进一步展开。受制于传统，三祀制的层次过少，只有大祀、中祀和小祀三个级别，不足以完全准确地反映各种常祀重要性的差别。尽管这样，这一时期祭祀等级制的演进还是卓有成效的，三祀制在操作层面得到了相当程度的落实，吉礼体系因此而更为秩序化。

唐至北宋时期，尽管有进有出，三祀制中的祭祀对象还是明显增多。从唐前期开始，朝廷就为一些已在祀典内但尚未进入三祀制的传统礼仪制定等级，使之成为三祀制的一部分。这一进程到了北宋仍在持续。这样，吉礼内部有更多的常祀进入三祀制，朝廷藉以确认这些常祀的重要程度，并努力使其祭祀规格与已在其中的祭祀平齐，从而实现祭祀的规范化。诸马祭从军礼转向吉礼的例子说明，这一进程也包含了军礼和吉礼之间界限的调整，这有助于五礼体系的完善。从唐玄宗时期开始，大量与传统礼制迥异的祭祀出现，并在三祀制中得到了相应的级别，道教在其中起了关键作用，北宋末年，这股浪潮达到了顶峰。有了以上这些力量，并结合朝廷控制地方祭祀的努力，一个新的国家神灵体系由此而成立。

第三章 郊祀礼仪

在中国的帝制时代，郊祀礼仪和太庙祭祀一直都是最重要的国家礼仪。自秦汉以来，君主兼有"天子"和"皇帝"两种身份，[1]国家礼仪是体现君主双重身份的重要舞台。在祭祀天地系统的神祇时，君主使用"天子"的自称；在祭祀祖先和其他人格神时，使用"皇帝"的自称。[2] 因而，郊祀礼仪和太庙祭祀在君主构建其"天子"和"皇帝"身份中的作用，也就可以想见了。与太庙祭祀相比，郊祀礼仪的地位更为突出。例如，在西汉末年的郊祀改革中，丞相匡衡、御史大夫张谭说："帝王之事莫大乎承天之序，承天之序莫重于郊祀，故圣王尽心极虑以建其制。"[3]唐玄宗颁布的南郊赦文也宣称："盖春秋之大事，莫先乎祀；王者之盛礼，莫重于郊。"[4]作为吉礼之中最重要的一种礼仪形式，郊祀礼仪的研究是无法回避的，因此，在这一章，我们将对唐至北宋时期郊祀礼仪的变迁展开细致深入的探讨。

---

[1] 西嶋定生：《皇帝支配の成立》，收入《岩波讲座世界历史》第4卷《东アジア世界の形成 I》，东京：岩波书店，1970年，第244—255页；小岛毅：《天子と皇帝——中华帝国の祭祀体系》，收入松原正毅编《王权の位相》，东京：弘文堂，1991年，第334—338页；渡边信一郎：《中国古代の王权と天下秩序——日中比较史の视点から》，东京：校仓书房，2004年，第183—188页。
[2] 尾形勇：《中国古代の"家"と国家——皇帝支配下の秩序构造》，东京：岩波书店，1979年，第129—134页；金子修一：《中国古代皇帝祭祀の研究》，东京：岩波书店，2006年，第4—8页。
[3] 《汉书》卷二五下《郊祀志下》，北京：中华书局，1962年，第1253—1254页。
[4] 张九龄著，熊飞校注：《张九龄集校注》卷六《南郊赦书》，北京：中华书局，2008年，第423—424页。

第一节 从郊丘之争到天地分合之争

因为郊祀礼仪的极端重要意义,也因为君臣对儒家经典的不同理解,以及礼仪传统与历史情境之间的复杂关系,围绕郊祀礼仪的争论几乎没有间断过,郊祀制度也因此而不断得以调整和重塑。纵观整个帝制时代,郊祀礼仪的论争主要围绕两个主题展开:一、郊丘是否合一,即祭天礼仪是否应该分别在圜丘和南郊举行,祭地礼仪是否应该分别在方丘和北郊举行;二、天地究竟应该合起来祭祀还是分开祭祀。究其实质,争论都集中于郊祀的主神是什么。两个论争主题并非决然的前后承继关系,两者发生的时段有重叠之处,但是总体看来,郊丘之争主要存在于魏晋南北朝隋唐时期,天地分合之争发生于宋明时期,唐至北宋时期正好见证了郊祀礼仪论争焦点的转移。学者们对唐代的郊丘之争、北宋的天地分合之争分别有过较为深入的研究,[1]但是尚留有继续探讨的空间,有些被广泛接受的说法也需要重新检讨和修正。例如,在如何看待郑玄礼学和王肃礼学对唐代郊祀制度的影响上,过去的研究成果只注意到了主神,没有考虑祭祀之数,所以与事实存在一些偏差。更为重要的是,两个论争主题之间尚缺少历时性的探讨和有效的衔接。郊丘之争如何结束,天地分合之争如何出现,以及这些争论如何影响唐至北宋时期郊祀制度的运作,都是需

---

[1] 关于郊丘之争的研究,参见 Howard J. Wechsler, *Offerings of Jade and Silk: Ritual and Symbol in the Legitimation of the T'ang Dynasty*, New Haven: Yale University Press, 1985, pp. 44-49;金子修一:《古代中国と皇帝祭祀》,东京:汲古书院,2001年,第47—48页。北宋天地分祭与合祭的研究,参见山内弘一:《北宋时代の郊祀》,《史学杂志》第 92 编第 1 号,1985 年,第 47—53 页;小岛毅:《郊祀制度の变迁》,《东洋文化研究所纪要》第 108 册,1989 年,第 176—194 页。明代天地分合之争的研究,参见小岛毅:《郊祀制度の变迁》,第 194—206 页;小岛毅:《嘉靖の礼制改革について》,《东洋文化研究所纪要》第 117 册,1992 年,第 389—392 页;胡吉勋:《明嘉靖中天地分祀、明堂配享争议关系之考察》,《中国文化研究所学报》第 44 期,2004 年,第 114—129 页;张琏:《天地分合:明代嘉靖朝郊祀礼仪论之考察》,《汉学研究》第 23 卷第 2 期,2005年,第 169—189 页;赵克生:《明朝嘉靖时期国家祭礼改制》,北京:社会科学文献出版社,2006 年,第 84—105 页。

要厘清的问题。有鉴于此,我们将针对以上诸问题进行探讨,以期从一个侧面来展现唐至北宋时期郊祀制度的变迁。

一、郊丘之争与郊祀礼仪的演进

(一) 唐初郊祀制度的建立

在传统的史书写作中,唐代的礼仪制度被认为奠定于太宗时期,高祖朝则是礼制上无所作为的时期。《旧唐书·礼仪志》:"神尧受禅,未遑制作,郊庙宴享,悉用隋代旧仪。太宗皇帝践祚之初,悉兴文教,乃诏中书令房玄龄、秘书监魏徵等礼官学士,修改旧礼,定著《吉礼》六十一篇,《宾礼》四篇,《军礼》二十篇,《嘉礼》四十二篇,《凶礼》六篇,《国恤》五篇,总一百三十八篇,分为一百卷。"①《新唐书·礼乐志》也有类似的表述:"唐初,即用隋礼,至太宗时,中书令房玄龄、秘书监魏徵,与礼官、学士等因隋之礼,增以天子上陵、朝庙、养老、大射、讲武、读时令、纳皇后、皇太子入学、太常行陵、合朔、陈兵太社等,为《吉礼》六十一篇,《宾礼》四篇,《军礼》二十篇,《嘉礼》四十二篇,《凶礼》十一篇,是为《贞观礼》。"②然而,就郊祀制度而言,这些论述并不妥当。与高祖时期的制度相比,太宗只是作了一些调整,如配侑帝的调整,雩祀的主神由昊天上帝变为五方上帝等。③反倒是高祖时期的郊祀礼仪与隋制有着不小的差别,唐代的郊祀制度实则确立于武德时期。

高祖统治时期,由于新王朝的建立,配侑帝换成了唐代的先祖,感生帝因为五行相生的关系,由赤帝赤熛怒变为黄帝含枢纽,这些都是王朝更

---

① 《旧唐书》卷二一《礼仪志一》,北京:中华书局,1975年,第816页。
② 《新唐书》卷一一《礼乐志一》,北京:中华书局,1975年,第308页。
③ 《旧唐书》卷二一《礼仪志一》,第821页;《大唐开元礼》卷一《序例上》,东京:古典研究会,1972年,第14页。高明士也认为,对比隋代,武德时期在天神地祇的祭祀上变动较多,《贞观礼》反而变化较少。见氏著:《论武德到贞观礼的成立——唐代立国政策的研究之一》,收入中国唐代学会编《第二届国际唐代学术会议论文集》,台北:文津出版社,1993年,第1185页。

替过程中的正常现象。此外,还有一些变化值得关注。

祭天之数是中古时代争论不休的话题。① 隋代和唐代武德、贞观时期都奉行郑玄学说,在祭天次数上却有不同。郑学主张,天神有六,祭数为九,孔颖达对此有解释:

> 其天有六,祭之一岁有九:昊天上帝冬至祭之,一也;苍帝灵威仰立春之日祭之于东郊,二也;赤帝赤熛怒立夏之日祭之于南郊,三也;黄帝含枢纽季夏六月土王之日亦祭之于南郊,四也;白帝白招拒立秋之日祭之于西郊,五也;黑帝汁光纪立冬之日祭之于北郊,六也;王者各禀五帝之精气而王天下,于夏正之月祭于南郊,七也;四月龙星见而雩,总祭五帝于南郊,八也;季秋大享五帝于明堂,九也。②

可见,郑玄所说的九祭是冬至祭祀昊天上帝,立春、立夏、季夏土王日、立秋、立冬分别祭祀五帝——苍帝、赤帝、黄帝、白帝和黑帝,夏正之月祭祀感生帝,四月雩祀五帝,季秋明堂大享五帝。隋代有这九种礼仪,祭天之数却显得模糊。从《隋书·礼仪志》的记叙方式来看,圜丘祭祀昊天上帝与南郊祭祀感生帝是一起记载的,而其他七种礼仪相隔较远,甚至还有分卷记载的情况,故难以判断是否在祭天礼仪之列。武德时期,祭天礼仪明确为冬至圜丘祭祀昊天上帝、孟春辛日南郊祈谷祭祀感生帝、孟夏圜丘雩祀昊天上帝、季秋明堂大享五方上帝。尽管以后在具体环节上还有变动,但是一年四祭的方式在制度上确立了。一年四祭实际上是郑玄一年九祭理论的变形,在唐代,五帝单独常祀的重要性略低,属于"神祇大享之外"的祭祀礼仪,③故不在祭天之数内。

郑玄认为,地祇有二,祭地之数为二,孔颖达对其有解释:"地神有二,岁有二祭:夏至之日祭昆仑之神于方泽,一也;夏正之月祭神州地祇于北

---

① 黎正甫:《古代郊祀之礼》,《大陆杂志》第33卷第7期,1966年,第12—13页。
② 《礼记正义》卷五,《十三经注疏》本,北京:中华书局,1980年,第1268页。
③ 《旧唐书》卷二四《礼仪志四》,第909页。

郊,二也。"①武德、贞观时期的祭地礼仪延续了隋代旧制,方丘祭祀皇地祇,北郊祭祀神州地祇,这符合郑玄的学说。不过,自武德时期开始,唐代方丘的布局就与隋代截然不同。在隋代的方丘上,除了皇地祇和配帝之外,山川、林泽、丘陵、坟衍、原隰等从祀地祇的位次,都是按照神州、迎州、冀州、戎州、拾州、柱州、营州、咸州、阳州的方位来排列的。虽然隋代的版图上有冀州和营州,但是此九州并非实有的地理行政单位,而是存在于古人头脑中的地理空间,是大九州观念演化的产物。自古以来,《尚书·禹贡》的九州说深入人心。大九州观念出现较晚,由战国时期齐国的邹衍创立。他认为神州之外尚有八州,之间有"裨海"环绕,九州之外又有"大瀛海"与其他地方隔开:"中国名曰赤县神州。赤县神州内自有九州,禹之序九州是也,不得为州数。中国外如赤县神州者九,乃所谓九州也。于是有裨海环之,人民禽兽莫能相通者,如一区中者,乃为一州。如此者九,乃有大瀛海环其外,天地之际焉。"②尽管没有成为正统,但是这一观念在后代仍有相当的影响力。《淮南子》接受了大九州观念,并且有了九州的具体名称:"何谓九州? 东南神州曰农土,正南次州曰沃土,西南戎州曰滔土,正西弇州曰并土,正中冀州曰中土,西北台州曰肥土,正北济州曰成土,东北薄州曰隐土,正东阳州曰申土。"③徐坚在《初学记》中指出,上面《淮南子》中的九州"即大九州也,非《禹贡》赤县小九州也"。④ 大九州观念的演进在纬书中也有体现,《河图括地象》:"天有九道,地有九州。天有九部八纪,地有九州八柱。昆仑之墟,下洞含右。赤县之州,是为中则。东南曰神州,正南曰迎州,西南曰戎州,正西曰拾州,中央曰冀州,西北曰柱州,正

---

① 《礼记正义》卷五,第1268页。
② 《史记》卷七四《孟子荀卿列传》,北京:中华书局,1959年,第2344页。王充对邹衍大九州学说的叙述与此基本相同:"邹衍之书,言天下有九州,《禹贡》之上,所谓九州也,《禹贡》九州,所谓一州也,若《禹贡》以上者九焉。《禹贡》九州,方今天下九州也,在东南隅,名曰赤县神州。复更有八州。每一州者四海环之,名曰裨海。九州之外,更有瀛海。"见王充著,刘盼遂集解:《论衡集解》卷一一《谈天篇》,北京:古籍出版社,1957年,第217页。
③ 刘安著,张双棣校释:《淮南子校释》卷四《地形训》,北京:北京大学出版社,1997年,第417页。
④ 《初学记》卷五《地理上》,北京:中华书局,1980年,第87页。

北曰玄州,东北曰咸州,正东曰阳州。天下九州,内效中域,以尽地化。"①《河图括地象》与隋代方丘中的九州名称非常接近,可见隋代主要是参照纬书《河图括地象》来安排方丘神位的。自从武德时期开始,唐代放弃了这一做法,重新将岳镇海渎、山林川泽等地祇按照东西南北中五个方位排列,方丘神位又回到了传统布局。②

唐代在郊祀的时间间隔上也有调整。东晋南朝实行两年一祭的原则,北齐的圜丘和方丘三年一祭,隋代的圜丘和方丘两年一祭。③ 自从武德时期开始,昊天上帝和皇地祇正祭每年都举行。在北朝和隋代,南郊、北郊祭祀的时间间隔较为模糊,到唐初明确定为每年一祭。这些举措使郊祀频率大为提高,也为唐宋之际皇帝亲祀与有司摄事在神位上的逐渐分叉埋下了伏笔。

(二) 高宗至睿宗朝郊祀制度的变化

高宗武后朝礼仪争论频繁,制度变动剧烈。高宗即位后,一度延续了武德、贞观时期的郊祀制度。在《显庆礼》颁布前后,朝廷内掀起了郊祀礼仪的争论,郊丘关系因此经历了曲折反复的变化。

这一时期郊祀礼仪之争的核心,在于如何看待五方上帝和感生帝。五方上帝和感生帝的学说与纬书有着密切的关系。《周礼·春官·小宗伯》:"兆五帝于四郊。"郑玄注:"五帝,苍曰灵威仰,太昊食焉;赤曰赤熛

---

① 《初学记》卷八《州郡部》,第 163 页。安居香山认为,《河图括地象》提到的包括神州在内的九州是小九州,组合在一起成为大九州之一。参见安居香山、中村璋八:《纬书の基础的研究》,东京:汉魏文化研究会,1966 年,第 206—210 页。这一看法恐有问题。在《周礼·夏官·职方氏》中,贾公彦疏:"自神农已上有大九州,柱州、迎州、神州之等,至黄帝以来,德不及远,惟于神州之内分为九州,故《括地象》云'昆仑东南万五千里名曰神州是也'。"见《周礼注疏》卷三三,《十三经注疏》本,北京:中华书局,1980 年,第 863 页。可见,神州是大九州中的一个。
② 《旧唐书》卷二一《礼仪志一》,第 820 页。同卷记载,在制定《贞观礼》时,房玄龄等人说:"神州者国之所托,余八州则义不相及。近代通祭九州,今除八州等八座,唯祭皇地祇及神州,以正祀典。"第 817 页。但是,方丘"通祭九州"的原则在武德时期已被废除,高明士对房玄龄等人的说法也持疑惑态度。见氏著:《论武德到贞观礼的成立——唐代立国政策的研究之一》,第 1183 页。
③ 金子修一:《中国古代皇帝祭祀の研究》,第 41—57 页。

怒,炎帝食焉;黄曰含枢纽,黄帝食焉;白曰白招拒,少昊食焉;黑曰汁光纪,颛顼食焉。黄帝亦于南郊。"①郑玄的解释得自于《春秋文耀钩》:"太微宫,有五帝座星,苍帝其名曰灵威仰,赤帝其名曰赤熛怒,白帝其名曰白招拒,黑帝其名曰汁光纪,黄帝曰含枢纽。"②郑玄用纬书的太微五帝观念来解释《周礼》中的五帝,并据此认为天神有六。王肃驳斥了郑玄的言论,指出昊天上帝不是星辰,而是苍穹,强调了昊天上帝的至高无上。感生帝的传说也早已存在,商、周、秦、汉始祖的降生传说就是例子,这一说法在纬书中又有发展,并与五德终始说结合。③ 郑玄吸收了纬书的感生帝学说,王肃对此持否定态度,这成为两人之间的重要分歧。④ 在祭地礼仪上,郑玄与王肃的观点也不同,前者认为地祇有二,后者肯定地祇唯一。天地性质的认定,与郊丘关系是互为表里的。郑玄认为,天有六,地有二,所以要在不同的场所祭祀天地;王肃主张天地各一,于是只需在同一地点进行祭祀。在中古时代,郑学和王学各有拥趸。到了高宗武后时期,士大夫或赞成郑学,或援引王学来攻错,礼仪之争由此而起。

显庆二年(657)七月,礼部尚书许敬宗等人上书皇帝,批判郑学:

> 据祠令及新礼,并用郑玄六天之议,圆丘祀昊天上帝,南郊祭太微感帝,明堂祭太微五帝。谨按郑玄此义,唯据纬书,所说六天,皆谓星象,而昊天上帝,不属穹苍。故注《月令》及《周官》,皆谓圆丘所祭昊天上帝为北辰星曜魄宝。又说《孝经》"郊祀后稷以配天"及明堂严父配天,皆为太微五帝。考其所说,舛谬特深。⑤

---

① 《周礼注疏》卷一九,第 766 页。
② 安居香山、中村璋八编:《重修纬书集成》卷四上,东京:明德出版社,1988 年,第 101 页。
③ 安居香山:《纬书の成立とその展开》,东京:国书刊行会,1979 年,第 413—445 页。
④ 杨晋龙:《神统与圣统——郑玄王肃"感生说"异解探义》,《中国文哲研究集刊》第 3 期,1993 年,第 508—521 页。
⑤ 《旧唐书》卷二一《礼仪志一》,第 823 页。

此时行用的令是永徽二年(651)颁布的《永徽令》,①《显庆礼》到显庆三年才颁布,所以上文中的"祠令"是《永徽祠令》,"新礼"是《贞观礼》,它们尚且都奉行郑玄的六天说。许敬宗等人通过《周易》《毛诗》《周礼》《孝经》《史记·天官书》等文献来证明昊天上帝不是北辰星,太微宫的五帝星座也不能被称为"天","且检吏部式,惟有南郊陪位,更不别载圜丘。式文既遵王肃,祠令仍行郑义,令、式相乖,理宜改革"。②《旧唐书·刑法志》:"凡式三十有三篇,亦以尚书省列曹及秘书、太常、司农、光禄、太仆、太府、少府及监门、宿卫、计帐名其篇目,为二十卷。《永徽式》十四卷,《垂拱》、《神龙》、《开元式》并二十卷,其删定格令同。"③上文的"吏部式"即属于《永徽式》,已经不再将圜丘和南郊分开。这一时期郊丘关系的改变首先体现于式,于是许敬宗等人要求改变令和礼典,以适应这一变化。④ 此外,许敬宗等人还质疑了明堂祭祀五帝以及祭祀感生帝以祈谷的制度:"明堂所祀,正在配天,而以为但祭星官,反违明义。……启蛰郊天,自以祈谷,谓为感帝之祭,事甚不经。"⑤

许敬宗等人提出的解决方案是:

> 四郊迎气,存太微五帝之祀;南郊明堂,废纬书六天之义。其方丘祭地之外,别有神州,谓之北郊,分地为二,既无典据,理又不通,亦请合为一祀,以符古义。仍并条附式令,永垂后则。⑥

这一建议得到了批准,并被吸收进《显庆礼》中。⑦ 这里没有提及雩祀主神

---

① 关于唐代修令的概况,参见仁井田陞:《唐令拾遗》,东京:东京大学出版会,1964年,第12—37页。
② 《旧唐书》卷二一《礼仪志一》,第824页。
③ 《旧唐书》卷五〇《刑法志》,第2138页。
④ 史睿通过考察《显庆礼》与律令格式的关系,指出唐初礼典与法典不统一的问题在显庆年间得以初步解决。参见氏著:《〈显庆礼〉所见唐代礼典与法典的关系》,收入高田时雄编《唐代宗教文化与制度》,京都:京都大学人文科学研究所,2007年,第115—132页。
⑤ 《旧唐书》卷二一《礼仪志一》,第824页。
⑥ 《旧唐书》卷二一《礼仪志一》,第824—825页。
⑦ 《大唐开元礼》卷一《序例上》,第14、16页。

的变化,据《开元礼》记载:"大唐后礼,雩祀昊天上帝于圜丘。"①"大唐后礼"即《显庆礼》。这样,在《显庆礼》中,一年四次的祭天礼仪都以昊天上帝为主神,祭地礼仪合二为一,主神为皇地祇,神州地祇从祀。可见,王学占据了明显的优势,但是祭天之数仍然为四,郑学还是在其中留下了痕迹。

"增损旧礼,并与令式参会改定"而成的《显庆礼》并未得到很高的评价,《旧唐书·礼仪志》:"时许敬宗、李义府用事,其所损益,多涉希旨,行用已后,学者纷议,以为不及贞观。上元三年三月,下诏令依贞观年礼为定。仪凤二年,又诏显庆新修礼多有事不师古,其五礼并依周礼行事。自是礼司益无凭准,每有大事,皆参会古今礼文,临时撰定。"②可见,自从上元三年(676)以后,《显庆礼》基本上无法发挥其指导国家礼制的作用。实际上,《显庆礼》规定的郊祀制度在上元三年以前就已经遇到了挑战。乾封元年(666),"高宗东封回,又诏依旧祀感帝及神州",③正月的感生帝祭祀和孟冬的神州地祇祭祀得到了恢复。同年,在司礼少常伯郝处俊等人的请求下,"又下诏依郑玄义祭五天帝,其雩及明堂,并准敕祭祀",④在孟夏的雩祀和季秋的明堂大享中也恢复了五帝的主神地位。乾封二年,高宗下诏:"仍总祭昊天上帝及五帝于明堂。"⑤可见,除了明堂外,其他的郊祀礼仪大体延续了乾封元年的制度,回到了《贞观礼》的立场。

乾封以后,以郑学为依据的《贞观礼》在郊祀制度上占据了上风,但是王学依然具有影响力,尤其是在祭天方面。永昌元年(689),朝廷下诏:

> 天无二称,帝是通名,承前诸儒,互生同异,乃以五方之帝,亦谓之为天。假有经传互文,终是名实未当,称号不别,尊卑相混。自今郊之礼,唯昊天上帝称天,自余五帝皆称帝。⑥

---

① 《大唐开元礼》卷一《序例上》,第14页。
② 《旧唐书》卷二一《礼仪志一》,第818页。
③ 《旧唐书》卷二一《礼仪志一》,第825页。
④ 《旧唐书》卷二一《礼仪志一》,第826页。
⑤ 《唐大诏令集》卷六七《祭圆丘明堂并以高祖太宗配诏》,北京:商务印书馆,1959年,第376页。
⑥ 《唐大诏令集》卷六七《郊礼唯昊天称天五帝只称帝制》,第376页。

昊天上帝与五帝之间的性质差别得到了官方的确认，这为《开元礼》中昊天上帝全面成为郊天礼仪的主神提供了理论基础。在稍后的实际运作中，我们也可以看到这一迹象。太极元年(712)正月，睿宗在南郊祭祀昊天上帝，五月在北郊祭祀皇地祇，后者是唐朝皇帝唯一一次亲祭北郊。①正如前文所述，在《贞观礼》中，圜丘昊天上帝祭祀的时间是冬至，正月上辛祭祀感生帝；在《显庆礼》中，一年四次的南郊祭祀都以昊天上帝为主神。太极元年的南郊亲祭符合《显庆礼》的规定，与《贞观礼》不同。通过这一变化可以看到，在郊天制度的神位方面，《显庆礼》重新抬头。《开元礼》颁布后，昊天上帝再次成为四项郊天礼仪唯一的主神。

(三)《开元礼》的颁布及其影响

经过反复拉锯，郊丘之争随着开元二十年(732)《开元礼》的颁布而告终。这部礼典是玄宗营造盛世气象的精神产品之一。②《开元礼》规定："祀天一岁有四，祀地有二。"③祭地礼仪遵循乾封以来的成例，夏至在方丘祭祀皇地祇，孟冬在北郊祭祀神州地祇。祭天礼仪变化较大，与冬至的昊天上帝正祭一样，祈谷、雩祀和明堂大享都在圜丘举行，都以昊天上帝为主神，昊天上帝的神圣性进一步凸显了。从此以后，"南郊"与"圜丘"二词在礼制意义上可以互相替换。不少学者认为，在《开元礼》规定的郊祀礼仪中，王学占据了优势。④ 我们以为，若只关注主神，而不将祭祀之数作为考察的另一维度，可能会过高估计王学的影响。王肃认为天神唯一，一年两祭，分别是孟春祈谷和冬至报天。《开元礼》祭天之数为四的规定，并不符合王学的原则，而是郑学祭天之数为九的变形。祭地礼仪仍然实行皇

---

① 关于睿宗此次两郊亲祭的政治意义，金子修一已有申说，参见氏著：《中国古代皇帝祭祀の研究》，第338—343页。
② 吴丽娱：《营造盛世：〈大唐开元礼〉的撰作缘起》，《中国史研究》2005年第3期，第73—94页。
③ 《旧唐书》卷二一《礼仪志一》，第833页。
④ Howard J. Wechsler, *Offerings of Jade and Silk: Ritual and Symbol in the Legitimaion of the T'ang Dynasty*, p. 48；杨华：《论〈开元礼〉对郑玄和王肃礼学的择从》，《中国史研究》2003年第1期，第56—57页；金子修一：《中国古代皇帝祭祀の研究》，第79—81页。

地祇和神州地祇分祭的方式,这也符合郑学的宗旨。

在编修《开元礼》的过程中,起居舍人王仲丘建议,在祈谷、雩祀和明堂祭祀中,将五方帝作为从祀神。他认定祈谷礼仪的主神是昊天上帝:"祈谷之文,传于历代,上帝之号,允属昊天。"尽管"祀感帝之意,本非祈谷",但是他还是本着《礼记》"有其举之,莫可废也"的原则,他奏请"于祈谷之坛,遍祭五方帝",使《贞观礼》和《显庆礼》"二礼并行,六神咸祀"。王仲丘认为,雩祀也是以昊天上帝为主神,不过他还是建议:"雩祀五帝既久,亦请二礼并行,以成大雩帝之义。"他对明堂祭祀的态度也是类似:"禘享上帝,有合经义。而五方皆祀,行之已久,有其举之,难于即废。亦请二礼并行,以成《月令》大享帝之义。"①这一建议在《开元礼》中也得到了体现。② 可见,郑学对《开元礼》的影响仍然很大。

《开元礼》影响深远,晚唐五代的郊祀制度也是以此为根据的。《大唐郊祀录》记载的8世纪末郊祀制度与《开元礼》一致。③ 出身沙陀的后唐统治者以李唐后裔自居,奉行"本朝旧仪",实行"南郊坛每年四祠祭"。④ "本朝旧仪"即《开元礼》确立的制度。通过天福七年(942)太常礼院的奏议,可以看到后晋的郊祀制度也是以《开元礼》为准则的。⑤ 后汉乾祐元年(948),太常礼院的奏议提到:"正月上辛祈谷,四月孟夏雩祭及夏至,九月季秋大享明堂,十一月冬至,皆祀昊天上帝。夏至祀皇地祇,十月孟冬神州地祇。"⑥引文中的"及夏至"是衍文。后文会谈到,尽管中晚唐至五代皇帝的亲郊礼仪往往超出了制度规定,但是在有司摄事的场合,《开元礼》的规定还是行之有效的,郊丘关系再没有发生变化。

根据北宋初年的制度,在有司摄事的情况下,冬至圜丘、正月上辛祈谷、孟夏雩祀和季秋大享明堂,皆以昊天上帝为主神,夏至在方丘祭祀皇

---

① 《旧唐书》卷二一《礼仪志一》,第835—836页。
② 《大唐开元礼》卷一《序例上》,第14页。
③ 《大唐郊祀录》卷四,东京:古典研究会,1972年,第754—763页;卷五,第763—766页;卷八,第781—784页。
④ 《旧五代史》卷一四三《礼志下》,北京:中华书局,1976年,第1914页。
⑤ 《册府元龟》卷三一《帝王部·奉先四》,南京:凤凰出版社,2006年,第319—320页。
⑥ 《册府元龟》卷五九四《掌礼部·奏议二二》,第6820页。

地祇,孟冬在北郊祭祀神州地祇;在皇帝亲祀的场合,合祭昊天上帝和皇地祇。① 乾德元年(963)十二月,国子博士聂崇义上奏:"皇家以火德上承正统,膺五行之王气,纂三元之命历,恭寻旧制,存于祀典。伏请奉赤帝为感生帝,每岁正月,别尊而祭之。"②感生帝祭祀重新成为国家礼仪的一部分,这是赵宋占据火德的观念在礼制上的最早反映。③ 尽管皇帝亲祭明确实行天地合祀,感生帝祭祀也在宋初复活,但是郊丘关系再也没有引起争论。感生帝没有重新成为孟春祈谷的主神,其祭坛也不在圜丘,而是在南郊另建的。直到元丰以前,朝廷除了在配帝问题上有过不同意见以外,在郊祀礼仪的其他方面没有出现大的争论。

二、天地合祭的出现及其制度化

宋朝建立后,皇帝亲祭与有司摄事在神位上明确区分开来,有司摄事采取天地分祭的形式,皇帝亲祭实行天地合祭。郊祀制度的分叉在北宋后期引发了礼仪之争,辩论围绕着皇帝亲郊究竟应该实行天地合祭还是分祭而展开。我们先来看一下天地合祭是如何出现的。

儒家经典是主张天地分开祭祀的,例如《礼记·祭法》:"燔柴于泰坛,祭天也。瘗埋于泰折,祭地也。"④西汉末年的郊祀改革废黜了方术色彩浓厚的雍五畤、甘泉太一和汾阴后土祭祀,建立起儒家性质的南北郊祀制度,南郊祀天,北郊祭地。⑤ 因为没有成例可循,改革几经反复,旧的祭祀礼仪多次复活。元始五年(5),王莽又一次恢复了南北郊祀制度,并作了改变,除了有司冬至南郊祀天、夏至北郊祭地外,皇帝于正月上辛或上丁

---

① 《续资治通鉴长编》卷四乾德元年八月庚辰条,北京:中华书局,1979年,第101页。
② 《续资治通鉴长编》卷四乾德元年十二月乙亥条,第113页。
③ 关于火德观念与宋代礼制的关系,参见小岛毅:《宋代的国家祭祀——〈政和五礼新仪〉の特征》,收入池田温编《中国礼法と日本律令》,东京:东方书店,1992年,第476—480页;刘复生:《宋代"火运"论略——兼谈"五德转移"政治学说的终结》,《历史研究》1997年第3期,第92—102页。
④ 《礼记正义》卷四六,第1588页。
⑤ 金子修一:《古代中国と皇帝祭祀》,第86—94页;甘怀真:《皇权、礼仪与经典诠释:中国古代政治史研究》,台北:喜马拉雅研究发展基金会,2003年,第66—72页。

在南郊合祭天地:"天坠位皆南,同席,坠在东,共牢而食。"冬至祀天"高帝配而望群阳",夏至祭地"高后配而望群阴",举行天地合祭时,"高帝、高后配于坛上,西乡,后在北,亦同席共牢"。王莽的依据是:"天坠合精,夫妇判合。祭天南郊,则以坠配,一体之谊也。"①这是历史上第一次出现天地合祭制度。东汉建国后,在洛阳南郊建立祭坛,实行天地合祭。② 中元二年(57),北郊建立,天神和地祇转而分祀。③ 两汉之际,天地郊祀一直处于频繁变动之中,这表明朝廷内部还没有就改革方向达成共识,在光武帝统治末期,最终确立了天地分祭的制度。此后,天地分祭长期占据主流位置。其中,天地合祭作为权宜之计,曾经在东晋短暂地存在过。司马氏政权南渡后,仓促间未及建立北郊坛,故在南郊实行天地合祭。随着咸和八年(333)北郊的建立,又回到了天地分祭的格局。④

到了唐代,天地合祭仪式开始经常出现。为了给武周政权制造合法性依据,也为了给自己增添神圣的光环,武则天在礼制上有不少新的举措,天地合祭就是其中之一。天册万岁元年(695),她在南郊举行了天地祭祀仪式,追封周武王为始祖,与武士彟同为配侑帝,她给自己也加上了天册金轮圣神皇帝的徽号。长安二年(702),武则天再次在南郊合祀天地之神,依旧以周武王和武士彟同配。⑤

在政局动荡的七、八世纪之交,天地合祀迅速受到重视,并成为政治斗争的延伸。在景龙三年(707)的南郊天地亲祭中,韦后担任亚献。治史者都把这一事件看作是韦后势力膨胀的体现。在我们看来,正是天地合祭的形式给了韦后机会,使她得以昭显自己的力量。国子祭酒祝钦明等人采用了各种手段,来制造皇后可以参与天地祭祀的证据。例如,祝钦明在奏文中说:"《汉书·郊祀志》云:'天地合祭,先祖配天,先妣配地。天地合精,夫妇判合。祭天南郊,则以地配,一体之义也。'据此诸文,即知皇后

---

① 《汉书》卷二五下《郊祀志下》,第1266页。
② 《续汉书·祭祀志上》,收入《后汉书》,北京:中华书局,1965年,第3159页。
③ 《后汉书》卷一下《光武帝纪下》,第84页。
④ 《晋书》卷一九《礼志上》,北京:中华书局,1974年,第584页。
⑤ 《旧唐书》卷六《则天皇后纪》,第124、131页;卷二一《礼仪志一》,第830页。

合助祭,望请别修助祭仪注同进。"①王莽将天地合祭比作夫妇一体的说法,给了祝钦明进一步引申发挥的可能。尽管多遭反对,但是皇后亚献的建议最终被接受,韦后借此伸张了自己的势力。太极元年(712)正月,睿宗举行南郊祭祀,主神为昊天上帝,不设皇地祇的神位。谏议大夫贾曾上奏,要求设立皇地祇与从祀地祇之位,"时又将亲享北郊,竟寝曾之表"。②同年五月,睿宗在北郊亲祭皇地祇。景云元年(710)睿宗再次登基后,没有在位的皇后,而是追册已故的刘皇后、窦德妃为肃明皇后、昭成皇后。不过,睿宗亲自分行天地祭祀,恐怕还是有杜绝今后皇后助祭的意图。天地合祀成为韦后显示政治野心的舞台,睿宗反其道而行之,分别亲祀天神和地祇,表明了皇帝对郊祀礼仪的垄断性,这或许可以解释唐代唯一的北郊亲祭何以发生在此时。

  天地分祭的做法在玄宗统治前期仍然实行。开元十一年(723)十一月,玄宗举行了开元年间唯一一次南郊亲祭,祭祀对象只有以昊天上帝为首的众天神。到了玄宗统治后期,天地合祭仪式重新举行。天宝元年(742),玄宗下诏:"凡所祭享,必在躬亲。朕不亲祭,礼将有阙。其皇地祇宜就南郊乾坤合祭。"③魏晋南北朝以来,皇地祇亲祭的受重视程度远不及昊天上帝亲祭,④唐代皇帝更是疏于方丘祭祀。玄宗认为,若不亲祭皇地祇,则"礼将有阙",但是他并没有选择前往北郊祭祀皇地祇,而是在南郊亲祭的场合实行天地合祭,以实现天子祭祀父天母地的职能。天宝六载和十载,玄宗又在南郊举行了天地合祭仪式。清代学者秦蕙田说,天宝元

---

① 《旧唐书》卷一八九下《祝钦明传》,第4966—4967页。
② 《旧唐书》卷二一《礼仪志一》,第833页。《新唐书》卷一三《礼乐志三》的记载与此类似(第336—337页)。然而,在《旧唐书》卷一九〇中《贾曾传》中,有不同的说法:"明年,有事于南郊,有司立议,唯祭昊天上帝,而不设皇地祇之位。曾奏议:'请于南郊方丘,设皇地祇及从祀等坐,则礼惟稽古,义得缘情。'睿宗令宰相及礼官详议,竟依曾所奏。"第5029页。《新唐书》卷一一九《贾曾传》的记载也是如此(第4298页)。但是,太极元年的南郊祭祀确实没有设立皇地祇的神位。《通典》卷四三《礼三》注文的说法与《旧唐书·礼仪志》一致(北京:中华书局,1988年,第1198页)。在《唐会要》卷九上《杂郊议上》补辑者所加的按语中,对这些不同的记载有辨析,并得出了结论:"据此是贾传误。"北京:中华书局,1955年,第163页。
③ 《册府元龟》卷三三《帝王部·崇祭祀二》,第344页。
④ 魏晋南北朝皇帝亲郊的研究,参见金子修一:《古代中国と皇帝祭祀》,第140—171页。

年后,天地合祭在制度上取代了天地分祭。① 这一看法失之于笼统,没有具体的论证过程。且不说有司摄事仍采取天地分祭的形式,虽然天宝元年玄宗下诏在南郊实行天地合祭,但是这一诏书并不具有长久的法律效力。景龙三年(707),朝廷规定:"其制敕不言自今以后永为常式者,不得攀引为例。"②制敕即诏敕,也就是王言之制:"旧制,册书诏敕,总名曰诏。天授元年,避讳改诏曰制。"③在天宝元年的诏书中,没有"自今以后永为常式"之类的规定,因而天地合祭没有从此成为一项长久的制度。

  在唐代皇帝亲郊方面资料最详细的《册府元龟》中,天宝年间的三次亲郊都明确记为天地合祭,但是在记载唐后期的皇帝亲郊时,都只提到了昊天上帝。④ 其他史书也是如此。若透过蛛丝马迹还是可以看到,皇帝亲郊时常采取天地合祭形式。元和二年(807)正月,宪宗举行南郊亲祭后颁布的赦文中有"故二仪合祭,知上天所子之仁"的表述。⑤ "二仪"即天地。大和三年(829)十一月,文宗亲祭南郊后颁布的赦文也提到:"今因南至,有事圜丘,荐诚敬于二仪,申感慕于九庙。"⑥在其他史书中,只提到这两次祭祀的主神是昊天上帝。⑦ 这两个例子可以说明天地合祭在晚唐皇帝亲郊时较为常见,但是,若以此推断唐后期的南郊亲祭都实行天地合祭,恐怕还不够充分,我们不能排除有时皇帝亲祭只及天神的可能性。

  五代时期一共举行了四次南郊亲祭。史书在记述后梁开平三年(909)正月的皇帝亲郊时,只提到了昊天上帝;⑧没有提到后周显德元年(954)南郊亲祭的主神情况。后唐的两次南郊亲祭都实行天地合祭。同

---

① 秦蕙田:《五礼通考》卷一〇,《景印文渊阁四库全书》第135册,台北:台湾商务印书馆,1983年,第331页。
② 《唐会要》卷三九《定格令》,第705页。
③ 《唐会要》卷五四《中书省》,第926页。
④ 《册府元龟》卷三三《帝王部·崇祭祀二》,第344—347页;卷三四《帝王部·崇祭祀三》,第350—353页。
⑤ 《唐大诏令集》卷七〇《元和二年南郊赦》,第391页。
⑥ 《唐大诏令集》卷七一《大和三年南郊赦》,第397页。
⑦ 《旧唐书》卷一四《宪宗纪上》,第420页;《册府元龟》卷三四《帝王部·崇祭祀三》,第352页。
⑧ 《旧五代史》卷四《后梁太祖纪四》,第67页。

光二年(924)正月,礼仪使奏:"南郊朝飨太庙,合祭天地于圜丘。"①据《旧五代史·后唐明宗纪》,长兴元年(930)二月乙巳,中书奏:"皇帝朝献太微宫、太庙,祭天地于圜丘,准礼例亲王为亚献行事,受誓戒。"这一奏请得到批准,"乙卯,祀昊天上帝于圜丘"。②后一次祭祀的记载方式与元和二年(807)、太和三年(829)的情形很相似,不过我们还是认为,不能据此推断所有的南郊亲祭都是天地合祭。更何况,无论在晚唐五代的礼书中,还是具有法律效力的朝廷公文中,都没有天地合祭的制度规定,因此,即便确实都采取了天地合祭,也只是惯例而已。

皇帝南郊天地合祀的制度化是在北宋实现的。李焘在《续资治通鉴长编》中说:"郊天之礼,唐制每岁冬至圜丘,正月上辛祈谷,孟夏雩祀,季秋大享,凡四祭昊天上帝。亲祀,则并设皇地祇位。国朝因之。"③天地合祭的亲祭形式,在唐代还没有上升到制度层面,"唐制"的说法实有夸大之嫌。宋人对前代郊祀制度的认识多有不确和片面之处,④李焘的看法也是如此。南郊亲祀采取天地合祀的形式,确实是到了宋代才变成一项制度的。开宝六年(973)颁布的《开宝通礼》也规定,在冬至的正祭、正月上辛的祈谷和孟夏的雩祀时,若皇帝亲祭,则合祭天地,若有司摄事,则只祭祀天神。⑤ 在元丰之前的礼仪运作中,如果皇帝亲自主持冬至的南郊正祭、正月祈谷和孟夏雩祀,皆实行天地合祀。明堂亲享的情况较为复杂。《太

---

① 《五代会要》卷二《杂录》,上海:上海古籍出版社,1978年,第25页。
② 《旧五代史》卷四一《后唐明宗纪七》,第560页。
③ 《续资治通鉴长编》卷四乾德元年八月庚辰条,第101页。
④ 例如,在北宋后期的郊祀争论中,反对天地合祭的判太常寺王存说:"至元始间,王莽建议,乃合祀天地于南郊,以比夫妇同牢而食。后汉至唐,因仍不革。"见《续资治通鉴长编》卷三〇四元丰三年五月甲子条,第7399页。支持天地合祭的翰林学士兼侍读顾临和翰林侍讲学士范祖禹也说:"窃以天地特祭,经有明文,然自汉以来,不行之千有余年矣。"见《续资治通鉴长编》卷四七七元祐七年九月戊子条,第11360页。这些不符历史的说法恐怕不能看成是一种辩论策略,实则反映了宋人对前代礼制认识的不足,即便是礼官王存和史家范祖禹也不例外。
⑤ 《太常因革礼》卷一《总例一》,《续修四库全书》第821册,上海:上海古籍出版社,1995年,第363—364页。另外,各种史书对《开宝通礼》的编修情况说法不一,具体的考证参见楼劲:《关于〈开宝通礼〉若干问题的考察》,《中国社会科学院历史研究所学刊》第4集,2007年,第411—420页。

常因革礼》所引《开宝通礼》只有"季秋祀天帝于明堂"的记载,①无法确定有无皇帝亲祭时神位的规定。北宋皇帝第一次明堂亲享直到皇祐二年(1050)九月才举行,"大飨天地于明堂,以太祖、太宗、真宗配"。② 嘉祐七年(1062)九月,仁宗再次亲享明堂,在此之前,太常礼院奏请:"皇祐参用南郊百神之位,不应祀法。宜如隋、唐旧制,设昊天上帝、五方帝位,以真宗配,而五人帝,五官神从祀,余皆罢。"他们建议此次明堂大享改以真宗单独配享的理由,也与废除天地合祭有关:"前者祖宗并侑,今用典礼独配,前者地祇、神州并飨,今以配天而亦罢。"③仁宗接受了这一请求,不设皇地祇的神位。

唐宋时期,郊祀制度的结构发生了重大变化。郊祀仪式是国家最重要的常规性典礼,皇帝理应参加,但是自从这一制度建立后,很多时候都是由朝臣代替完成的。从唐代起,实行一年四次祭天、两次祭地的制度,如此频繁的祭祀礼仪,使得皇帝亲祭更不可能彻底执行。于是,在制度上有了皇帝亲祭和有司摄事两种形式。起初,皇帝亲祀与有司摄事之间的区别,主要体现在准备时间、祭官等细节上,④在神位上没有任何差别。自从7世纪末开始,在皇帝南郊亲祭的场合,逐渐出现了天地合祭的形式。这一变化起初与政治斗争有关,后来因为能够方便天子行使祭祀天地的义务,变得较为常见。因为与有司摄事时的神位不同,南郊亲祭的地位也愈加突出。到了宋代,随着天地合祭的制度化,皇帝亲祭与有司摄事的差别更为明确。尽管这种做法与儒家经典不符,在前朝前代的礼制运作中也较为少见,在赵宋王朝建立后的一个世纪里,朝廷内外却几乎没有什么异议。只是到了仁宗统治末年,朝廷在明堂亲享上放弃了天地合祭的形式,但是冬至的南郊亲祭依然如旧,直到元丰年间才有改变。嘉祐七年(1062)明堂亲享神位的变化,表明天地合祭的亲郊仪式并非没有反对意见,只是受制于特定的历史情境而未能形成大的风潮。下面我们将把目

---

① 《太常因革礼》卷三四《大享明堂上》,第479页。
② 《续资治通鉴长编》卷一六九皇祐二年九月辛亥条,第4060页。
③ 《续资治通鉴长编》卷一九七嘉祐七年七月壬子条,第4768页。
④ 金子修一:《中国古代皇帝祭祀の研究》,第107—126页。

光移向北宋后期,考察这一时期的郊祀礼仪之争何以成为可能,这些意见对郊祀制度及其运作又产生了怎样的影响。

三、北宋后期的天地分合之争

(一) 天地分祭与元丰礼制改革

治平四年(1067)正月,神宗登基,次年改年号为熙宁。即位之后,神宗任用并支持王安石进行改革,王安石去职后,他又走到了主持变法的前台。虽然有过间断,神宗与他的两个儿子哲宗和徽宗领导的改革运动,在时间跨度上超过半个世纪,并极大地改变了宋代政治和社会的面貌。神宗重视典章制度,这方面的变革在元丰年间尤为集中,礼制改革是重要的组成部分。朝廷内既有支持改革的力量,也存在反对改革的势力,围绕礼制改革而展开的斗争,贯穿北宋后期始终。

在北宋后期的礼制改革中,郊庙制度首当其冲。元丰元年(1078)正月,

> 判太常寺、枢密直学士陈襄、崇政殿说书、同修起居注、太子中允、集贤校理黄履,太常博士、集贤校理李清臣、秘书丞、集贤校理王存,详定郊庙奉祀礼文;太常寺主簿、秘书丞杨完、御史台主簿、著作佐郎何洵直,国子监直讲、密县令孙谔充检讨官。先是,手诏:"讲求郊庙奉祀礼文讹舛,宜令太常寺置局,仍差定礼官数员,及许辟除官属,讨论历代沿革,以考得失。"故命襄等。[①]

详定郊庙礼文所通常被称为详定礼文所,神宗对郊庙制度不满意,于是集结了陈襄、黄履等人来检讨修订。其中,神宗对天地合祭的皇帝亲郊制度尤为在意,这触发了详定礼文所的建立,《宋史·黄履传》对此事有记载:

[①] 《续资治通鉴长编》卷二八七元丰元年正月戊午条,第 7012 页。

神宗尝询天地合祭是非，对曰："国朝之制，冬至祭天圜丘，夏至祭地方泽，每岁行之，皆合于古。犹以有司摄事未足以尽，于是三岁一郊而亲行之，所谓因时制宜者也，虽施之方今，为不可易。惟合祭之非，在所当正。然今日礼文之失，非独此也，愿敕有司正群祀，为一代损益之制。"诏置局详定，命履董之，北郊之议遂定。①

北宋后期，方丘的皇地祇祭祀时常被称为北郊。自从宋朝建立以来，皇帝南郊亲祭一直采取天地合祭的形式，神宗"尝询天地合祭是非"，表明他对此已经心存疑惑甚至不满。士大夫也并非全都赞同天地合祭这一变礼，只是缺少表达意见的时机，当锐意改革的神宗询问起此事时，回归传统的声音随之响起。黄履除了对皇帝南郊亲祭实行天地合祭表示不满外，还指出其他礼制也需要厘定，因此，神宗建立了详定礼文所，来检讨现行的礼制。详定礼文所的职责并不限于郊庙礼仪，苏颂指出："前岁诏命近臣详定礼文，自郊庙至于群臣朝会，与夫燕享器服之名数，舞乐之形容。考古撰今，审定至当。"②但是，厘正郊祀制度无疑是其主要任务。

详定礼文所的建立，是元丰礼制改革的关键步骤。元丰三年（1080）之前，北宋实行寄禄官制度，礼部和太常寺基本不管礼仪事务，"凡礼仪之事，悉归于太常礼院"。③ 太常寺与太常礼院的关系有些微妙："别置太常礼院，虽隶本寺，其实专达。有判院、同知院四人，寺与礼院事不相兼。"④可以看到，太常礼院隶属于太常寺，却是相当独立。⑤ 太常寺偶尔也有参与礼仪事务的行为，⑥但是礼仪事务还是由太常礼院主导。仁宗年间，判

---

① 《宋史》卷三二八《黄履传》，北京：中华书局，1977年，第10572页。
② 苏颂：《苏魏公文集》卷一八《请重修纂国朝所行五礼》，北京：中华书局，1988年，第245页。
③ 《文献通考》卷五二《职官考六》，北京：中华书局，1986年，第479页。
④ 《宋史》卷一六四《职官志四》，第3883页。
⑤ 太常礼院的建置始于唐后期，从那时起，它与太常寺之间就呈现既隶属又相对独立的关系，参见吴丽娱：《唐代的礼仪使与大礼使》，《中国社会科学院历史研究所学刊》第5集，2008年，第141—142页。
⑥ 例如，景德二年（1005）九月，太常寺奏请，常祀时节由太祝巡行四郊祭坛，见《续资治通鉴长编》卷六一景德二年九月辛酉条，第1366页。

太常礼院谢绛上奏："太常寺本礼乐之司,今寺事皆本院行之,于礼非便。请改判院为判寺,兼礼仪事。其同知院凡事先申判寺,然后施行,其关报及奏请检状,即与判寺通签。"到了康定元年(1040),朝廷接受了他的建议,以判太常寺、翰林侍读学士兼龙图阁学士李仲容兼礼仪事判太常礼院,知制诰吴育、天章阁待制宋祁并同判太常寺兼礼仪事。① 这一举措提高了判院的地位,使其差遣改称为判寺兼礼仪事,同时也使太常寺可以兼管太常礼院,两者的业务在制度上有了交叉。不过,礼仪事务仍然主要由太常礼院承担。熙宁七年(1074)十一月,因为同判太常寺常秩的奏请,神宗下诏:"判太常寺官自今可不赴礼院,如有议论,礼院官赴寺商量。"②从这一诏书中不难推断,此前判太常寺官须赴太常礼院商讨,太常礼院在礼仪事务上的枢纽地位可见一斑。常秩的奏请显然是为了加强太常寺在礼仪事务上的话语权,神宗的诏书对太常礼院的地位确实有所削弱,但是制定仪注的职责仍然由太常礼院把持。详定礼文所建立后,就部分接管了太常礼院制定仪注的职能。《宋史·舆服志》:"宋自神宗以降,锐意稽古,礼文之事,招延儒士,折衷同异。元丰有详定礼文所,徽宗大观间有议礼局,政和又有礼制局。"③可见,详定礼文所的设立与神宗恢复古礼的努力有关。

元丰年间郊祀制度的改革,主要是参照《周礼》进行的。形式上美轮美奂的《周礼》并非西周典章制度的如实记载,而是代表了儒家理想化的国家制度。因而,在后代的政治改革中,《周礼》时常成为一种感召力量和前进方向。例如西汉末年,王莽托古改制,利用《周礼》来推行其理想的人间秩序,这一时期的官僚制度和经济制度带有很深的《周礼》烙印。④ 拓跋氏入主中原后,在各项制度建设中也是积极取鉴《周礼》。⑤ 在西魏、北周

---

① 《续资治通鉴长编》卷一二九康定元年十一月乙丑条,第3056页。
② 《续资治通鉴长编》卷二五八熙宁七年十一月己酉条,第6292页。
③ 《宋史》卷一四九《舆服志一》,第3479页。
④ 斋木哲郎:《秦汉儒教の研究》,东京:汲古书院,2004年,第570—597页。
⑤ 川本芳昭:《魏晋南北朝时代の民族问题》,东京:汲古书院,1998年,第375—386页;楼劲:《〈周礼〉与北魏开国建制》,《唐研究》第13卷,2007年,第89—104页。

时期,《周礼》更是成为弱势的关陇集团互相认同、抗衡外敌的重要精神武器。① 唐玄宗统治时期修撰的《唐六典》也是仿照《周礼》而成的。

北宋熙宁年间主持变法的王安石极其看重《周礼》的价值:"惟道之在政事,其贵贱有位,其后先有序,其多寡有数,其迟数有时。制而用之存乎法,推而行之存乎人。其人足以任官,其官足以行法,莫盛乎成周之时;其法可施于后世,其文有见于载籍,莫具乎《周官》之书。"他将《周礼》看作治理国家的理论依据,故而撰写了《周官新义》,以期将先王之道"训而发之"、"追而复之"。②《周官新义》在北宋后期的政治和文化领域产生了深远的影响。③ 元丰官制改革就是以《唐六典》为模板的。《周礼》对礼制的影响更是卓著。在三"礼"中,《周礼》最为晚出,却后来居上,到了魏晋南北朝,已跃居为礼经,《仪礼》和《礼记》反而为传。④ 因此,在这一历史环境下,以《周礼》为依据来改革郊祀制度是顺理成章的。

详定礼文所建立后,开始检讨既有的郊祀制度,元丰元年(1078)二月,上奏:"古者祀天于地上之圜丘,在国之南,祭地于泽中之方丘,在国之北,其牲币礼乐亦皆不同,所以顺阴阳、因高下而事之以其类也。由汉以来,乃有夫妇共牢,合祭天地之说,殆非所谓求神以类之意。本朝亲祀上帝,即设皇地祇位,稽之典礼,有所未合。"神宗"遂诏详定更改以闻"。⑤ 于是陈襄、李清臣、王存、陆佃等人纷纷上奏。在奏文中,陈襄先论述了祭祀以类的原则:

> 谨案《周礼·大司乐》,以圜钟为宫,冬日至,于地上之圜丘奏之,六变以祀天神;以函钟为宫,夏日至,于泽中之方丘奏之,八变以祭地

---

① 陈寅恪:《隋唐制度渊源略论稿》,第90—92页。
② 王安石:《临川先生文集》卷八四《周礼义序》,上海:中华书局上海编辑所,1959年,第878页。
③ 刘成国:《论〈周官新义〉与宋代学术之演进》,《国学研究》第11卷,2003年,第147—162页。
④ 梁满仓:《魏晋南北朝五礼制度考论》,第67—72页。
⑤ 《宋史》卷一〇〇《礼志三》,第2450页。

祇。夫祀天必以冬日至者,以其阳气来复于上,天之始也。故宫用夹钟于震之宫,以其帝出乎震也。而谓之圜钟者,取其形以象天也。三一之变,合阳奇之数也。祭地必以夏日至者,以其阴气潜萌于下,地之始也。故宫用林钟于坤之宫,以其万物致养于坤也。而谓之函钟者,取其容以象地也。四二之变,合阴偶之数也。又《大宗伯》,以禋祀、实柴、槱燎,祀其在天者,而以苍璧礼之;以血祭、狸沈、疈辜,祭其在地者,而以黄琮礼之。皆所以顺其阴阳,辨其时位,仿其形色,而以气类求之。此二礼之不得不异也。故求诸天,而天神降;求诸地,而地祇出。得以通精诚,以迓福釐,以生烝民,以阜万物,此百王不易之礼也。①

他指出,在上古礼制中,祀天神与祭地祇在祭祀的时间、地点、音律、礼器、献祭方式等方面都不相同,与阳性、阴性严格对应,这样才能感通神灵,造福生民。可是这一原则在帝制时代经常遭到背弃,王莽合祭天地,亵渎了先王"求神以类"的原则,后世的皇帝也很少前往北郊亲祀皇地祇,"垂之本朝,未遑釐正"。他希望神宗"恢五圣之述作,举百王之废坠",罢合祭之礼,于亲祭之岁,夏至在方丘祭祀皇地祇,冬至在圜丘祭祀昊天上帝。虽然有不少人认为,因为"斋居远、仪卫繁、用度广、赐予多"等问题,先王之礼已不具备操作性,于是提出了种种简化方丘亲祭的方案,但是陈襄均不认可。他说:"彼议者徒知苟简之便而不睹尊奉之严也。伏惟陛下鉴先王已行之明效,举旷世不讲之大仪,约诸司之仪卫,损大农无名之费,使臣得以讲求故事,参究礼经,取太常仪注之文,以正其讹谬,稽大驾卤簿之式,以裁其繁冗。惟以至恭之意,对越天祇,以迎至和,以格纯嘏,庶成一代之典,以示万世。"②与详定礼文所的奏议相比,陈襄此番言论基调相同,内容更为具体,前者很有可能也是出自他的手。他除了通过儒家经典来论证天地分祭的正统性外,还花了不少

---

① 《续资治通鉴长编》卷三〇四元丰三年五月甲子条,第 7396—7397 页。
② 《续资治通鉴长编》卷三〇四元丰三年五月甲子条,第 7397—7398 页。

篇幅,来说明皇帝亲赴北郊祭祀皇地祇是可以实现的。之所以这样做,是仪卫卤簿、费用开销等外在因素已成为北宋郊祀礼仪中的突出问题,①由此可以看到,北郊亲祭是否具有可操作性,正逐渐成为这一时期郊祀礼仪的争论焦点。

除了提议皇帝分祀天地,陈襄还促成了皇地祇祭官等级的提高。元丰二年(1079)八月,详定礼文所上奏:"昊天上帝、太庙,以中书大臣及宗室亲王使相摄事,皇地祇则以两省大臣,在轻重先后之序有所未安。盖王者父天母地,其礼一也,亲祠与使人代祭,其诚亦一也。伏请祭皇地祇太尉用中书摄,并乞下将作监修展斋厅。"此项建议得到了批准。②这一奏议的起草人是陈襄。③ 北宋建国以来,历来重视南郊祭祀,尤其是皇帝亲祭,皇地祇和神州地祇祭祀相对受忽视,这在主祭官员的级别上就有体现。景祐元年(1034)十月,仁宗下诏:"太常礼院祭皇地祇、神州地祇,旧皆常参官摄事,非所以尊神也。自今命大两省以上官奉祀之。"④可见,即使是两省大臣祭祀皇地祇的制度,也是到了景祐元年才确立的,此前祭官级别更低,由常参官充任。宋敏求说:"唐有职事者,谓之常参。今隶外朝不厘务者,谓之常参。"⑤宋代常参官的含义与唐代大不相同,地位也低了许多。陈襄的举措提高了皇地祇祭祀摄事有司的级别,体现了朝廷对皇地祇祭祀的重视程度,这与天地分祭理念的倡导是分不开的。

我们再来看其他礼官的意见。李清臣主张,皇帝举行南郊亲祭前,分

---

① 梅原郁:《皇帝・祭祀・国都》,收入中村贤二郎编《历史のなかの都市——续都市の社会史》,京都:ミネルヴア书房,1986年,第297—306页;杨倩描:《宋代郊祀制度初探》,《世界宗教研究》1988年第4期,第78—80页。
② 《续资治通鉴长编》卷二九九元丰二年八月庚戌条,第7284页。
③ 陈襄:《古灵先生文集》卷一九《祭皇地祇太尉用中书摄》,《宋集珍本丛刊》第9册,北京:线装书局,2004年,第7页。此文与详定礼文所的奏议几乎完全一致,可以认定这份奏议是由陈襄起草的。两者唯一的不同在于,奏议中的"两省大臣",在《祭皇地祇太尉用中书摄》中则是"两制、大两省"。《古灵先生文集》收录的应该是初稿,详定礼文所的奏议是在此基础上修订的。按照景祐元年(1034)以来的制度,皇地祇常祀是由两省大臣摄行的。
④ 《续资治通鉴长编》卷一一五景祐元年十月乙酉条,第2705页。
⑤ 宋敏求:《春明退朝录》卷中,北京:中华书局,1980年,第27页。

别去太庙和北郊的方丘举行告祭:"七日戒,后三日宿之。时宿太庙以告,宿北郊以祭,宿南郊以祀。所以先太庙者,告祖为配也。所以先北郊者,先卑后尊也。"王存认为:"国家用冬、夏至遣官摄事于二郊,盖用《周礼》,未尝废也。其三年一有事于南郊,同汉制。若间有事北郊,则不失恭事天地之意。"在他看来,太宗、真宗、仁宗曾经举行过雩祀、祈谷、明堂、籍田、祫享、恭谢等礼仪,以替代冬至南郊亲祭,因此,偶尔以北郊亲祭作为三年一大礼的方式,不失为一种解决问题的办法。陆佃被认为是改革阵营中的一员,但是他不赞成废除天地合祭:"地缘祀天,以故特祠,则虽祠地祇,亦事天而已。"详定礼文所内部争执不下。①

元丰三年(1080)五月,详定礼文所张璪的主张得到了神宗的认可。他坚持《周礼》"求神以类"的原则:"先王于是顺阴阳之义,以冬至日祀天于地上之圜丘,夏至日祭地于泽中之方丘,以至牲币、器服、诗歌、乐舞、形色、度数,莫不仿其象类,故天地神祇可得而礼。"基于这一理念,他认定:"夏日至祭地于方丘,而天子亲莅之,此万世不可易之理也。"面对有人提出的"万乘仪卫加倍于古,方盛夏之时,不可以躬行"的看法,他认为:"不惟无所据依,又失所以事地顺阴之义。"不过,他也提出了一种变通的办法:"郊祀之岁,于夏至之日,盛礼容,具乐舞,遣冢宰摄事。虽未能皆当于礼,庶几先王之遗意犹存焉。"南郊祭祀仍由皇帝亲行。②"冢宰"在宋代指中书。③ 实际上,张璪吸收了陈襄提出的中书门下大臣摄行皇地祇常祀的做法,并通过"盛礼容,具乐舞"增强仪式的表现力度,以此作为解决皇帝无法亲祀皇地祇的办法。

张璪的建议贯彻了天地分祭的原则,但也排除了皇帝亲祭方丘的职责,这引起了同知礼院曾肇的质疑。他认为,《周礼》在天地祭仪上"非有

---

① 《续资治通鉴长编》卷三〇四元丰三年五月甲子条,第7398—7401页。在元丰和元祐时期,针对皇帝亲郊礼仪的实行方式,朝廷内部有不少争论,小岛毅已经对这些意见进行了细致的分析和比较,参见小岛毅:《郊祀制度的变迁》,第176—194页。我们在这里和后文都不拟详述这些具体的争论意见,只是选择一些有代表性的看法,概述总体上的趋向,重点将放在礼仪论争与制度变化之关系的论述上。
② 《续资治通鉴长编》卷三〇四元丰三年五月甲子条,第7395页。
③ 《续资治通鉴长编》卷一五一庆历四年八月辛卯条,第3673页。

隆杀之殊","天神、地祇,其体实均,王者奉承,不宜有异",如果采取张璪的方案,则"于父天母地之义,若有隆杀"。他希望神宗在亲祠之岁躬行皇地祇祭祀,"以存事地之义,以合先王之制,而为万世不易之法"。至于那些礼仪实行过程中"方今万乘仪卫,加倍于古,暑暍之时,势有未便"的困难,他指出:"古今虽殊,寒暑之于冬夏,其为天时一也。恶寒惮暑,其人情亦一也。先王能以五月举事,而后世乃以仪卫之暴露为疑,然则损仪卫之虚文,以就躬事地祇之实,施之于今,宜无不可。"元丰四年(1081)四月,神宗接受了这一意见,下诏:"亲祠北郊并依南郊仪,如不亲祠,即上公摄事。仍别修定摄事仪制。"① 尽管仍有变通的余地,北郊亲祠还是在仪注中得到了体现。元丰六年五月,太常寺修成了夏至亲祀和有司摄事的仪注,"亲祠北郊仪尽如南郊,其上公摄事,惟改乐舞名及不备官,其俎豆、乐县、圭币之数,史官奉祝册,尽如亲祠"。② 该年是亲祠之岁,因为仪注完成于夏至后,神宗未能亲祭皇地祇,冬至在南郊亲祭昊天上帝,"始罢合祭,不设皇地祇位"。③

通过上文的分析可以看到,在神宗时期的郊祀制度改革中,君臣对皇地祇祭祀的态度有了明显的改善,这与《周礼》的导向作用是分不开的。长期以来,朝廷不重视皇地祇的祭祀,皇帝不亲往方丘祭祀皇地祇,只是在南郊亲祭的场合放置皇地祇的神位,在有司摄行皇地祇祭祀时,也只是派级别较低的官员前往。到了元丰年间,尽管礼官们的具体建议有所不同,但是大都基于种种外部因素的考虑,内心大多认为皇地祇祭祀应向昊天上帝祭祀看齐,以合乎《周礼》的记载。在争论和决策的过程中,先王之制的意义被放大了,并推动神宗放弃后世变礼。到了哲宗和徽宗朝,先王之制与先帝之制结合起来,成为支持天地分祭论的重要精神力量。

---

① 《续资治通鉴长编》卷三一二元丰四年四月己巳条,第7564—7565页。
② 《续资治通鉴长编》卷三三五元丰六年五月甲申条,第8065页。
③ 《宋史》卷一〇〇《礼志三》,第2451页。

表一　北宋大礼一览表

皇帝	年　　月	内　容	史料来源(卷数/页码)
太祖	乾德元年(963)十一月	冬至南郊正祭	《长编》4/108
太祖	开宝元年(968)十一月	冬至南郊正祭	《长编》9/212
太祖	开宝四年(971)十一月	冬至南郊正祭	《长编》12/274
太祖	开宝九年(976)四月	孟夏南郊雩祀	《长编》17/368
太宗	太平兴国三年(978)十一月	冬至南郊正祭	《长编》19/437
太宗	太平兴国六年(981)十一月	冬至南郊正祭	《长编》22/505
太宗	雍熙元年(984)十一月	冬至南郊正祭	《长编》25/589
太宗	端拱元年(988)正月	籍田	《长编》29/646
太宗	淳化四年(993)正月	正月南郊祈谷	《长编》34/745
太宗	至道二年(996)正月	正月南郊祈谷	《长编》39/828
真宗	咸平二年(999)十一月	冬至南郊正祭	《长编》45/968
真宗	咸平五年(1002)十一月	冬至南郊正祭	《长编》53/1162
真宗	景德二年(1005)十一月	冬至南郊正祭	《长编》61/1373
真宗	大中祥符元年(1008)十月	泰山封禅	《长编》70/1571—1572
真宗	大中祥符四年(1011)二月	汾阴祭祀后土	《长编》75/1171
真宗	大中祥符七年(1014)二月	恭谢天地	《长编》82/1865
真宗	天禧元年(1017)正月	正月南郊祈谷	《长编》89/2036
真宗	天禧三年(1019)十一月	冬至南郊正祭	《长编》94/2171
仁宗	天圣二年(1024)十一月	冬至南郊正祭	《长编》102/2369
仁宗	天圣五年(1027)十一月	冬至南郊正祭	《长编》105/2456
仁宗	天圣八年(1030)十一月	冬至南郊正祭	《长编》109/2548
仁宗	明道二年(1032)二月	籍田	《长编》112/2605
仁宗	景祐二年(1035)十一月	冬至南郊正祭	《长编》117/2762
仁宗	宝元元年(1038)十一月	冬至南郊正祭	《长编》122/2886
仁宗	庆历元年(1041)十一月	冬至南郊正祭	《长编》134/3198
仁宗	庆历四年(1044)十一月	冬至南郊正祭	《长编》153/3721

（续表）

皇帝	年　　月	内　容	史料来源（卷数/页码）
仁宗	庆历七年(1047)十一月	冬至南郊正祭	《长编》161/3890
仁宗	皇祐二年(1050)九月	季秋明堂大享	《长编》169/4060
仁宗	皇祐五年(1053)十一月	冬至南郊正祭	《长编》175/4238
仁宗	嘉祐元年(1056)九月	恭谢天地	《长编》184/4447
仁宗	嘉祐四年(1059)十月	太庙祫祭	《长编》190/4595
仁宗	嘉祐七年(1062)九月	季秋明堂大享	《长编》197/4778
英宗	治平二年(1065)十一月	冬至南郊正祭	《长编》206/5007
神宗	熙宁元年(1068)十一月	冬至南郊正祭	《宋史》14/269
神宗	熙宁四年(1071)九月	季秋明堂大享	《长编》226/5512
神宗	熙宁七年(1074)十一月	冬至南郊正祭	《长编》258/6292
神宗	熙宁十年(1077)十一月	冬至南郊正祭	《长编》285/6991
神宗	元丰三年(1080)九月	季秋明堂大享	《长编》308/7486
神宗	元丰六年(1083)十一月	冬至南郊正祭	《长编》341/8195
哲宗	元祐元年(1086)九月	季秋明堂大享	《长编》387/9418
哲宗	元祐四年(1089)九月	季秋明堂大享	《长编》433/10442
哲宗	元祐七年(1092)十一月	冬至南郊正祭	《长编》478/11394
哲宗	绍圣二年(1095)九月	季秋明堂大享	《宋史》18/343
哲宗	元符元年(1098)十一月	冬至南郊正祭	《长编》504/12002
徽宗	建中靖国元年(1101)十一月	冬至南郊正祭	《九朝编年备要》26/703
徽宗	崇宁三年(1104)十一月	冬至南郊正祭	《宋史》19/370
徽宗	大观元年(1107)九月	季秋明堂大享	《宋史》20/379
徽宗	大观四年(1110)十一月	冬至南郊正祭	《宋史》20/385
徽宗	政和三年(1113)十一月	冬至南郊正祭	《宋史》21/392
徽宗	政和四年(1114)五月	夏至方丘祭祀	《宋史》21/393
徽宗	政和六年(1116)十一月	冬至南郊正祭	《宋史》21/397
徽宗	政和七年(1117)五月	夏至方丘祭祀	《宋史》21/398

(续表)

皇帝	年　　月	内　容	史料来源(卷数/页码)
徽宗	政和七年(1117)九月	季秋明堂大享	《宋史》21/398
徽宗	重和元年(1118)九月	季秋明堂大享	《宋史》21/400
徽宗	宣和元年(1119)九月	季秋明堂大享	《宋史》22/404
徽宗	宣和元年(1119)十一月	冬至南郊正祭	《宋史》22/405
徽宗	宣和二年(1120)五月	夏至方丘祭祀	《宋史》22/406
徽宗	宣和二年(1120)九月	季秋明堂大享	《宋史》22/406
徽宗	宣和三年(1121)九月	季秋明堂大享	《宋史》22/408
徽宗	宣和四年(1122)九月	季秋明堂大享	《宋史》22/409
徽宗	宣和四年(1122)十一月	冬至南郊正祭	《宋史》22/411
徽宗	宣和五年(1123)五月	夏至方丘祭祀	《宋史》22/412
徽宗	宣和五年(1123)九月	季秋明堂大享	《宋史》22/413
徽宗	宣和六年(1124)九月	季秋明堂大享	《宋史》22/414
徽宗	宣和七年(1125)九月	季秋明堂大享	《宋史》22/416
徽宗	宣和七年(1125)十一月	冬至南郊正祭	《宋史》22/416

(二) 哲宗朝天地合祭与分祭的转换

元丰八年(1085)，神宗去世。哲宗登基后，实权落到了祖母宣仁太皇太后的手里，新法多遭废除，但是朝廷没有取消天地分祭的亲郊制度。当哲宗在元祐元年(1086)和四年亲享明堂时，仍然不设皇地祇的神位。一部分士大夫开始对此不满，要求重新实行天地合祭。

元祐五年(1090)，在受命于夏至日代表皇帝去方丘祭祀皇地祇后，尚书右丞许将上奏，表达了对天子不亲祭皇地祇的不满："王者父天母地，并为大神，自古制祀虽有异同，然未有偏止而不躬行者也。且三岁冬至，天子亲祀，遍享宗庙，祀天圜丘，而其岁夏至方泽之祭，乃止遣上公，则是皇地祇遂永不在亲祀之典，此大阙礼也。"因此，他请求宣仁太皇太后"博诏儒臣，请求典故，斟酌其宜，明正祀典，以作万世法"。宣仁以哲宗的名义下诏礼部、太常寺共同商讨此事。① 不久之后,礼部、太常寺因为事关重大,"乞与尚书、侍郎、两省及侍从官以上同议",奏请得到了准许。② 这次讨论认可了元丰六年(1083)修订的仪注:"如遇亲祀之岁,亲祠于方丘及摄事,并合典礼之正,自系朝廷临时指挥。"③根据这一意见,方丘祭祀可以由皇帝亲行,也可以由皇帝委派臣僚代行,天地分祭的皇帝南郊、明堂亲祭制度由此得到了维护。

元祐七年(1092),礼部郎中崔公度建议,南郊或明堂亲祭依旧采取天地合祭。他认为合祭与分祭皆符合经典:"《周颂》合祭,礼之情也;《周礼》特祀,礼之文也。文必有情,情必有文。然则祭天地或合或分,特系于时君,而礼则一也。"不管是采取合祭还是分祭,祭祀天地的职责都应该履行,眼下既然方丘亲祭难以落实,理应实行天地合祭。④

我们通过许将、崔公度的言论可以清楚地看到,他们并不反对天地分祭,只是因为皇地祇亲祀如同空文,便转而主张天地合祭,这也是元祐年间合祭论者的主流态度。到了北宋后期,即使是合祭论者,也是极其看重皇帝亲祭皇地祇的意义。前文已经说过,此前的皇帝亲郊采取天地合祭的方式,主要是因为能够方便皇帝,使其不必亲往方丘,就可以实现祭祀皇地祇的职责。与此同时,皇地祇本身并没有得到足够的重视。元丰以来,郊祀制度改革的展开、《周礼》精神的倡导,确实极大地改变了君臣的皇地祇礼仪观。

按照三年一大礼的原则,元祐七年(1092)是皇帝举行大礼的年份,所以,哲宗"诏侍从官及六曹长贰、给舍、台谏、礼官集议郊祀典礼"。⑤ 分祭论者用先王之制和先帝之制来捍卫自己的观点,反对在南郊亲祭的场合一并祭祀皇地祇。例如,吏部侍郎彭汝砺说:"先王之郊于神明也,既祭之以礼,又求之以一类,其时日、牲币、器服、声音、颜色,无或非其类者。或非其类,谓之非礼,非礼之祭,鬼神不飨。"他请求哲宗"务求至当,以称先

---

① 《续资治通鉴长编》卷四四二元祐五年五月壬午条,第10637页。
② 《续资治通鉴长编》卷四四三元祐五年六月甲辰条,第10663页。
③ 《续资治通鉴长编》卷四七一元祐七年三月辛丑条,第11252页。
④ 《续资治通鉴长编》卷四七一元祐七年三月辛丑条,第11252页。
⑤ 《续资治通鉴长编》卷四七七元祐七年九月戊子条,第11359页。

帝所以尊奉神灵之意"。① 礼部侍郎曾肇依然坚持天地分祭的原则:"圣人之于祭祀,求之于茫昧不可知之中,故必因其方、顺其时而用其类以致之。是以因高而事天,因下以事地。"对于各种祭祀,先王"或燔,或瘗,或沈,或埋,以至圭币、牲牷、坎坛、乐舞,各从其类",这样才能使神灵感应,天地合祭则是"事之非其方,致之非其类,又违其时"。他一针见血地指出,因为皇帝在夏至亲行方丘祭祀有困难,就采取冬至合祭天地的方式,是"苟从人事之便"。他劝勉哲宗:"惟陛下留神省察,远惟先帝复古之心,持以至诚不倦之意,无从苟简自便之说,以伸躬事地祇之实。"②面对皇地祇亲祭一直没有举行的指责,吏部侍郎范纯礼等人在奏议中表示,有司代行其事并不违背《周礼》"王不与祭祀则摄位"的意思,而且"斟酌时宜,省繁文末节,则亲祠之礼无不可为"。③

朝廷内有合祭与分祭两派的交锋,实际上双方在观念层面并没有太大的分歧。即使是合祭论者,大多也承认天地合祭与《周礼》的精神相左,但是他们认为,皇帝亲赴北郊祭祀皇地祇,不具备操作的可能。翰林学士兼侍读顾临、翰林侍讲学士范祖禹等人对神宗建立天地分祭的皇帝亲郊制度进行了高度的肯定:"朝廷审能以夏日至,盛礼备物,躬祀北郊,举千余年之坠典,此则三王之盛,复见于今矣,其谁敢以为不然。"可是,皇帝从来没有前往方丘祭祀过皇地祇,形同虚设,即便要举行,也面临很大困难,"夏至之日未易行也",两难境地因此出现:"欲循祖宗之旧,则礼不经见;欲如元丰之制,则虑北郊或未可行。"他们主张,暂且回到天地合祭的祖宗旧制,等将来条件具备,再实行天地分祭。④ 尚书左仆射兼门下侍郎吕大防的态度类似:"南郊不设皇地祇位,惟祭昊天上帝,不为无据,但于祖宗权宜之制,未见其可。"若依然采取神宗改定的制度,皇地祇无法得到祭祀,因此,他说:"今日宜为国事勉行权制,候将来议定北郊制度及太庙享

---

① 《续资治通鉴长编》卷四七七元祐七年九月戊子条,第 11362—11363 页。
② 《续资治通鉴长编》卷四七七元祐七年九月戊子条,第 11364 页。
③ 《续资治通鉴长编》卷四七七元祐七年九月戊子条,第 11361 页。
④ 《续资治通鉴长编》卷四七七元祐七年九月戊子条,第 11360—11361 页。

礼,行之未晚。"①支持暂行天地合祭之礼的苏颂也主张:"俟将来遇郊礼,再下有司,举行先帝诏旨,详议南北郊祭,亦未为晚。"②合祭论者承认天地分祭的正统性,但是因为实际运作中的困难,也就是仪卫、费用等问题,选择了天地合祭这一权宜之制。通过上面这些争论意见可以看到,皇帝夏至亲行方丘祭祀是否具有可操作性,已成为北宋后期郊祀论争的焦点,礼学上的讨论反而退居其次。前面我们在分析元丰年间的郊祀制度改革时,已经看到陈襄、张璪等主张天地分祭的礼官在应对这些问题了。北宋后期,分祭论者与合祭论者观点上的区别主要在于这些困难是否可以克服。

天地合祭的论点得到了宣仁太皇太后的支持,于是元祐七年(1092)的南郊亲祀采取天地合祭的方式,哲宗下诏:"今兹禋礼,奠币上帝,祼鬯庙室,而地祇大神,久未亲祠。矧朕方修郊见天地之始,其冬至日南郊,宜依熙宁十年故事,设皇地祇位,以严并贶之报。"同时在诏书中也向分祭论者做出了让步:"厥后躬行方泽之祀,则修元丰六年五月之制,俟郊礼毕,依前降指挥,集官详议亲祠北郊事及郊祀之岁庙享典礼以闻。"③

在主张天地合祭的士人中,苏轼走得更远,他对《周礼》中的郊祀制度提出了质疑。元祐八年(1093)二月,时任端明殿学士兼翰林侍读学士、礼部尚书的苏轼,针对前一年九月哲宗诏书中"俟郊礼毕,集官详议祠皇地祇事及郊祀之岁庙享典礼闻奏者"的内容上奏,目的是为了避免"议者各伸其意,不相诘难,则是非可否终莫之决"的情况出现。他指出,反对天地合祭的人持论的主要依据无非是:"冬至祀天于南郊,阳时阳位也;夏至祀地于北郊,阴时阴位也。以类求神,则阳时阳位不可以求阴也。"他认为,经典并不支持阳时阳位、阴时阴位的说法,汉唐也长期实行天地合祭。苏轼同样强调了仪物等外在因素对皇帝亲郊的制约:"自秦、汉以来,天子仪物日以滋多,有加无损,以至于今,非复如古之简易也。"上古帝王遍祭各类神祇的做法到了宋代已然行不通,所以三年一郊、天地合祭是最理想的

---

① 《续资治通鉴长编》卷四七七元祐七年九月壬辰条,第 11365—11366 页。
② 《续资治通鉴长编》卷四七七元祐七年九月壬辰条,第 11366 页。
③ 《续资治通鉴长编》卷四七七元祐七年九月戊戌条,第 11373 页。

选择。① 他的言论在这场争论中起了关键作用。同年四月,哲宗下诏:"前诏有司载加集议,犹欲咨度诸儒之论,稽参六艺之文。然礼既不疑,则事无可议,断自朕志,协于佥言,祇率旧章,永为成式。今后南郊合祭天地,依元祐七年例施行,仍罢礼部集官详议。"②朝廷不再把方丘亲祭作为讨论的议题了。南宋士人洪迈对此评论道:"逮苏轼之论出,于是群议尽废。"③

元祐八年(1093),宣仁太皇太后去世,哲宗亲政,并将年号改为绍圣。此举有绍述神宗旧志之意。④ 他秉承神宗的治国理念,招回了神宗的旧臣,继续进行制度变革。绍圣元年(1094)五月,右正言张商英率先发难,指出天地分祭是经典明确记载、不容置疑的,"经训坦明而故违之,此在先王之法谓之乱名改作,谏而不赦者也"。他用严厉的口吻谴责元祐末年的改制违反先王之法和先帝遗制:"元祐之臣乃率其私意,划荡前美。"⑤御史中丞黄履也说:"南郊合祭,自古无有,止因王莽谄事元后,遂跻地位,同席共牢。逮于先帝,始厘正之。陛下初郊,大臣以宣仁同政,复用王莽私意,合而祀之,渎乱典礼。"⑥新党将元祐年间天地合祭的实行看作政治阴谋,这说明礼制的变化与政治斗争的关系变得更紧密了。山内弘一认为,哲宗即位后,新旧党人在郊祀制度上进行了激烈的斗争,新党支持天地分祭,旧党支持合祭。⑦ 小岛毅指出,天地分祭或合祭的立场与党派分野之间没有对应关系。⑧ 我们看到,虽然时人对郊祀问题的看法与其所属派系并不严格对应,但是礼仪之争背后的党派斗争色彩还是相当浓厚的。

从绍圣二年(1095)正月开始,朝廷内就郊祀礼仪进行了讨论,主要内容是面对操作中的各种问题,能否实施北郊亲祭。在此次争论中,众人很少从经典出发,进行观点的论证,而是着眼于礼仪的可操作性。例

---

① 《续资治通鉴长编》卷四八一元祐八年二月壬申条,第11451—11459页。
② 《续资治通鉴长编》卷四八三元祐八年四月丁巳条,第11481页。
③ 洪迈:《容斋随笔》四笔卷一五《北郊议论》,上海:上海古籍出版社,1978年,第787页。
④ 李华瑞:《宋代建元与政治》,《中国史研究》1996年第4期,第66页。
⑤ 《宋会要辑稿》礼三之二〇,北京:中华书局,1957年,第449页。
⑥ 《宋会要辑稿》礼三之二一,第450页。
⑦ 山内弘一:《北宋时代の郊祀》,第49—52页。
⑧ 小岛毅:《宋学の形成と展开》,东京:创文社,1999年,第36—38页。

如,主张实行天地分祭的太常博士傅楫指出:"古者齐庄虔肃,以事天地,苟可致恭,不敢少怠,岂以暑暍,遂废大礼? 又况往返于将旦,展案于未明,而暑暍非患也。愿陛下果断力行之。"倾向于保留天地合祭的权户部侍郎李琮说:"祭地之礼,若能削去浮费,敦正古典,追复三代,诚为尽美。若以乘舆出郊,而暑雨不常,理难预度,六军仪卫,百官车服,三代典礼,或难全复,则合祭权宜亦难轻罢。"态度介于两可之间的翰林学士钱勰、刑部侍郎范纯礼认为:"先帝亲祠之诏,所宜遵守,但当斟酌时宜,省去繁文末节,以行亲祠之礼,无不可为。若谓盛夏之月,天子必不可出郊,即姑从权变礼,以循祖宗故事。"此外,还有人提出了其他的变通方案。① 这说明这些人在理论上已有共识,君主亲祀应当实践经典的观念支配了朝廷,并再次印证了北宋后期郊祀论争的焦点在于皇帝分祭天地之可行性的事实。

最终,户部尚书蔡京、礼部尚书林希、翰林学士蔡卞、御史中丞黄履等人的意见占据了上风:"盖地示,大祀也。而夏至之日,先王之所当行,迄魏周隋唐之君,亦有能行之者,奚独至今而疑之? 请罢合祭天地。自后间因大礼岁,以夏至之日亲祠北郊,其亲祠北郊岁,更不亲祠南郊。"绍圣三年(1096)正月,哲宗采用了蔡京等人的奏请,下诏废除合祭制度:

> 先王之祀天地,其时物器数,各以其象类求之。故以阳求天,祀于冬至之日;以阴求地,祭于泽中之丘。载于典经,其义明甚。而合祭之论,特起于腐儒之臆说,历世袭行,未之有改。先皇帝以天纵大智,缉熙王度,是正百礼,以交神明,遂定北郊亲祠之仪,将举千载已坠之典,虽甚威德,无以复加。乃者有司不原本指,尚或因陋。肆予冲人,嗣有令绪,仰惟先志,其敢忽忘? 宜罢合祭,自今间因大礼之岁,以夏至之日,躬祭地祇于北郊。应缘祀事仪物及坛壝、道路、帷宫等,宜令有司参酌,详具以闻。②

---

① 《宋会要辑稿》礼三之二四至二五,第451—452页。
② 《宋会要辑稿》礼三之二六,第452页。

在诏书中,哲宗以先王和先帝为楷模,志在恢复经典中记载的天地分祭,贯彻求神以类的原则。最后,为了使北郊亲祭落到实处,他不忘让有司来斟酌处理与祭祀有关的各种具体事务。

天地分祭的原则确定后,有关部门开始采取措施,以求皇帝亲祭的实现。绍圣三年(1096),在瑞圣园建北郊斋宫,元符元年(1098)落成后,哲宗还前往参观。绍圣四年,礼官制定了皇帝亲祀北郊的仪注。① 舆服制度也有所调整,权礼部尚书黄裳考虑到"南郊朝祭服,皆以罗绫为之。今北郊盛暑之月,难用袷服"的实际困难,建议:"天圣《衣服令》,群臣朝服亦用绛纱单衣、白纱中单之制,即将来北郊朝祭服,宜用纱为单衣。"朝廷决定,朝祭服并用单纱。②

北郊祭祀在此时还跃居为大礼。元符元年(1098),"户部言,准令大礼谓南郊、明堂、袷飨,欲于令文增入北郊。从之"。③ 关于大礼所指,另有一个说法。元丰五年(1082),详定编修诸司敕式所在奏言中提到:"国家大礼,曰南郊,曰明堂,曰袷飨,曰恭谢,曰籍田,曰上庙号。"④恭谢和籍田在北宋确实都是国家大礼。例如,雍熙四年(987)太宗下御札预告籍田礼仪后,对宰相李昉说:"籍田大礼,尔为之使,俾礼典详而乐章备,百职举而千亩修。"⑤至和二年(1055)的恭谢礼仪前,赵抃上奏:"伏睹御札下御史台,恭谢大礼并依南郊体例施行。"⑥上庙号是否算国家大礼呢?情况似乎不明,但是详定编修诸司敕式所的说法应该有其道理。尽管没有提到籍田和恭谢,元符元年户部的说法也不能说是错的,毕竟南郊、明堂和太庙袷享的地位更为突出,堪称大礼的主要代表。

上述这些祭仪要被称为大礼,还得满足一个条件,就是皇帝亲祭。陈

---

① 《玉海》卷九四《绍圣北郊》,南京・上海:江苏古籍出版社・上海书店,1987年,第1721页。
② 《宋会要辑稿》礼二之三八,第436页。
③ 《续资治通鉴长编》卷四九四元符元年二月戊子条,第11748页。
④ 《续资治通鉴长编》卷三二三元丰五年二月己巳条,第7787页。
⑤ 田锡:《咸平集》卷二一《籍田颂》,《宋集珍本丛刊》第1册,北京:线装书局,2004年,第358页。
⑥ 赵抃:《赵清献公文集》卷九《奏状论恭谢礼毕恩赦转官制度》,《宋集珍本丛刊》第6册,北京:线装书局,2004年,第794页。

襄"三遇大礼,不奏子弟以官,欲其自立也"。① 苏洵说:"一经大礼,费以万亿。赋敛之不轻,民之不聊生。"②在有司摄事的场合,是不可能给臣下奏授子弟官衔机会,也不可能有如此大的花费的。苏轼说:"天地、宗庙之祭,皆当岁遍,今不能岁遍,是故遍于三年当郊之岁。又不能于一岁之中再举大礼,是故遍于三日。"③可以看到,大礼确实是指皇帝亲祭的场合。因为天地分祭原则重新确立,与皇帝北郊亲祭有关的事务也逐步展开,到了元符元年(1098),北郊祭祀成为大礼,天地分祭进一步制度化。朝廷还为之编修令式,元符二年,"详定重修大礼敕令所言,编修《北郊令式》,请以详定编修大礼敕令所为名。从之"。④ 这一举措意味着天地分祭的运作进入了新的阶段。

与神宗一样,在制定天地分祭的亲郊制度后不久,哲宗去世,"北郊亲祠,终帝世未克举"。⑤ 到了徽宗朝,最终实现了北郊亲祭,天地分祭的皇帝亲郊得以在事实上成立。

(三)北宋末年北郊亲祭的实现

徽宗即位后,尽管在郊祀制度上一度有所摇摆,最终还是延续了天地分祭的做法。元符三年(1100)六月,宋徽宗下诏:"乃者奉若猷训,宪章古昔,罢合祭之渎,修特禋之典。将以夏至之日,祗款皇祇之灵。比览有司之陈,欲寝前期之告。朕惟朝献于原庙,祼将于太室,讵容旷岁之久,不及恭祠之奉,岂独异事天之礼?……将来亲祠北郊,前二日,躬诣景灵宫朝献、太庙朝飨,并依南郊仪制。"⑥徽宗还是希望继续天地分祭的制度,并且实现北郊亲祭,他对北郊亲祭的规划与南郊亲祭同等规格,在亲郊礼仪前

---

① 《古灵先生文集》卷末《先生行状》,第74页。
② 苏洵著,曾枣庄、金成礼笺注:《嘉祐集笺注》卷一〇《上皇帝书》,上海:上海古籍出版社,1993年,第290页。
③ 《续资治通鉴长编》卷四八一元祐八年二月壬申条,第11457页。
④ 《续资治通鉴长编》卷五一二元符二年七月己酉条,第12188页。
⑤ 《宋会要辑稿》礼三之二六,第452页。
⑥ 《宋大诏令集》卷一二三《北郊前诣景灵宫朝献太庙朝飨诏》,北京:中华书局,1962年,第422页。

的两天分别朝献景灵宫、朝享太庙。不过,建中靖国元年(1101),徽宗没有亲祭北郊,"诏以郊见天地之始,冬祀权合祭圜丘"。此举引来了争议,起居郎周常上奏:"陛下方欲继述神宗,要当一正旧典,以为子孙长守之制。乞下群臣更议。"这一意见得到了宰相曾布和御史彭汝霖的支持。尽管宰相韩忠彦等人反对,徽宗最后还是下诏罢合祭,①先帝之制的权威性再次得到肯定。

尽管徽宗统治初期在合祭与分祭之间有过摇摆,但是从实际运作的角度看,一直贯彻了天地分祭的原则。政和四年(1114)之前,徽宗亲祭南郊和亲享明堂时,都不以地祇为祭祀对象,皇地祇祭祀一直由有司摄行,后来徽宗在诏书中回忆了这一时期的亲郊情形:"率时昭考,既革合祭之非;牵狃故常,尚稽夏至之礼。"②政和三年四月,由议礼局制定的《政和五礼新仪》颁布。根据规定,皇帝亲祭圜丘,"前期降御札,以今年冬日至祀天于圆坛,太常寺具时日散告";③亲祭方丘,"前期降御札,以来年夏日至祭地于方坛,太常寺具时日散告"。④ 也就是说,方丘亲祭在圜丘亲祭的次年举行。北宋末年的皇帝亲郊实践正是依照这一原则进行的。同年九月,徽宗下诏:"自今每遇冬祀大礼后,祭地方泽。其仪物仗卫应奉事,悉从减省。从祭臣僚,与随驾卫士,量与支赐。简而易行,无偏而不与之失,以称朕意。可令礼制局裁定以闻。"⑤《政和五礼新仪》颁布后,议礼局随即被撤销,⑥因此由主掌宫室、车服、器用等沿革的礼制局负责具体事项。我们可以看到,此前徽宗没有亲祀皇地祇,还是因为仪卫、费用等问题,他将方丘亲祭改在南郊亲祭的次年举行,也是出于同样的考虑,并且制定了简

---

① 陈均:《皇朝编年纲目备要》卷二六,北京:中华书局,2006年,第656—657页。《宋史》卷一九《徽宗纪一》有不同的说法:"〔建中靖国元年十一月〕庚辰,祀天地于圜丘。"第363页。我们再来看其他史料。《宋史》卷一〇〇《礼志三》就有建中靖国元年徽宗罢合祭的记载(第2453页)。《宋会要辑稿》礼二八之一三也提到,该年八月徽宗下诏罢合祭(第1025页)。据此可以认定,建中靖国元年的南郊亲祭不设地位。
② 《宋大诏令集》卷一二三《祭地方泽御笔手诏》,第422页。
③ 《政和五礼新仪》卷二五《皇帝祀昊天上帝仪一》,《景印文渊阁四库全书》第647册,台北:台湾商务印书馆,1983年,第231页。
④ 《政和五礼新仪》卷八〇《皇帝祭皇地祇仪一》,第471页。
⑤ 《宋大诏令集》卷一二三《祭地方泽御笔手诏》,第422页。
⑥ 《宋史》卷一六一《职官志一》,第3793页。

省的原则。

政和四年(1114)五月,徽宗亲祭方丘。徽宗还撰写了《夏祭礼成神应记》来纪念此事。徽宗首先指出了天地分祭的正统性,"古之圣人知幽明之故,体天地之撰,求诸天地,必以象类",这一原则"虽圣人兴,不能易也"。在他看来,后世帝王破坏了这一原则,"逮德下衰,礼废乐坏,无复大全,因时苟简,名存实废。合天地于圜丘,黩神害义,违礼失正。历世之王,狃习故常,因陋就寡,曾莫之革"。徽宗的父亲神宗和兄长哲宗都致力于恢复先王旧典,但是因为过早去世而没能身体力行,于是徽宗自己"奋于百世之下,断而行之,迄用有成。凡厥万事,其视于兹,因笔以诏天下后世"。[①] 徽宗高度评价了恢复天地分祭的意义,尽管不乏自我吹嘘、赞颂的成分,但是这也反映了各种外在条件约束下皇帝亲行天地分祭的不易,以及神宗、哲宗和徽宗父子三人的使命感。随着皇帝亲自参加方丘祭祀,天地分祭在皇帝亲祭的场合下得以完全落实。此后皇地祇亲祭的时间分别是政和七年、宣和二年(1120)和五年的夏至,都是在南郊亲祭的次年举行的,而且南郊亲祭和次年的方丘亲祭,都是在同一份御札中宣布的,在每份御札的最后都会说:"朕以今年冬日至祀天于圜坛,来年夏日至祀地于方泽,咨尔攸司,各扬乃职,相予肆祀,罔敢不恭。"宣和七年,他仍然在御札中宣布将冬至祀天,来年夏至祭地。[②] 不过,他只实现了冬至祀天的计划,同年年底就禅位给钦宗,钦宗在位期间没有举行过郊祀礼仪。因此,北宋历史上的方丘亲祭只有以上四次。

第二节 皇帝亲郊礼仪

唐至北宋时期经历了帝制时代郊祀礼仪争论两大话题的历史性转移,从郊丘之争走向天地分合之争,我们在前文已经进行了分析。这一转

---

① 《宋会要辑稿》礼二八之五九至六一,第 1048—1049 页。
② 《宋会要辑稿》礼二八之一八至二一,第 1028—1029 页。

变透露出哪些重要信息呢？从祭祀的执行者看，郊祀礼仪分为皇帝亲郊与有司摄事两种形式，若遇皇帝不能亲行郊祀礼仪，就由有司代行其事。对比郊丘之争和天地分合之争，我们发现，郊丘是否合一的争论涵盖了整个郊祀制度，并不针对皇帝亲郊和有司摄事而有所不同，天地应该分开祭祀还是可以合起来祭祀的争论只针对皇帝亲郊，有司摄事并不涉及。因此，从郊丘之争到天地分合之争的转变，意味着唐至北宋时期郊祀礼仪的焦点完全集中到了皇帝亲郊上。我们不禁要追问，皇帝亲郊礼仪在这一时期究竟发生了什么变化？这些变化有什么意义？

近二十年来，唐至北宋时期皇帝亲郊礼仪的研究已经有了一些阶段性成果：金子修一深入研究了唐代南郊亲祭的实施及其与政治局势的关联；吴丽娱对晚唐南郊亲祭与皇权盛衰的关系进行了探讨；杨倩描分析了北宋皇帝亲郊难行的原因及其性质的转变。① 这些论著从不同角度增进了学界对唐至北宋皇帝亲郊的认识，但是我们的那些疑问还不能从中得到完整的回答。因此，这一时期皇帝亲郊的整体变迁很有研究的必要。

金子修一的研究表明，唐前期皇帝亲祭与有司摄事的差别主要在于规模、费用和参与者等方面。② 我们注意到，从中晚唐至北宋，皇帝亲祭与有司摄事的不同已不止这些，在仪式上也呈现出相当的差异。如果说两者在神位方面还时分时合的话，那么其他环节的差别就显得格外醒目了。在唐代，除了太极元年(712)睿宗在方丘亲祭过皇地祇外，其他历次皇帝亲郊都是在圜丘祭祀昊天上帝。在开元二十年(732)颁布的《开元礼》中，皇帝亲郊有斋戒、陈设、省牲器、銮驾出宫、奠玉币、进熟和銮驾还宫七个环节，③有司摄事有斋戒、陈设、省牲器、奠玉币和进熟五个环节，④两者在仪式上的差异只是銮驾出宫和还宫的有无。这很容易理

---

① 金子修一：《古代中国と皇帝祭祀》，第172—195页；金子修一：《中国古代皇帝祭祀の研究》，第309—430页；吴丽娱：《礼制变革与中晚唐社会政治》，收入黄正建编《中晚唐社会与政治研究》，第112—121页；杨倩描：《宋代郊祀制度初探》，第75—81页。
② 金子修一：《中国古代皇帝祭祀の研究》，第107—116页。
③ 《大唐开元礼》卷四《皇帝冬至祀圜丘》，第35—44页。
④ 《大唐开元礼》卷五《冬至祀圜丘有司摄事》，第44—49页。

解，既然是皇帝亲郊，那么多出銮驾出宫和銮驾还宫的仪节，是理所当然的事情。北宋后期的皇帝亲郊有南郊祭天、北郊祭地和明堂大享三种形式。在政和三年（1113）修成的《政和五礼新仪》中，冬至的南郊亲祭有时日、斋戒、奏告、陈设、车驾自太庙诣青城、省牲器、奠玉币、进熟、望燎、端诚殿受贺、车驾还内和宣德门肆赦十二个事项，①有司摄事少了车驾自太庙诣青城、端诚殿受贺、车驾还内和宣德门肆赦。② 北郊和明堂的情况也是类似，只是具体的行礼地点与南郊不同而已。③ 就有司摄事而言，两部礼典中的仪轨相差不大，都有斋戒、陈设、省牲器、奠玉币和进熟的环节，《政和五礼新仪》中看似多了时日、奏告和望燎，实际上，《开元礼》中有时日和奏告的规定，④望燎则被包含在进熟环节里。⑤ 相形之下，两部礼典中皇帝亲郊的差别、《政和五礼新仪》中皇帝亲郊与有司摄事的差别就大得多，这些差别直指皇帝亲郊的本质。因此，我们将从皇帝亲郊与有司摄事之间差异的扩大入手，来探讨这一时期皇帝亲郊的变迁。

一、三大礼的形成及其争议

皇帝亲郊在天宝年间发生了很大变化，并且奠定了宋代亲郊礼仪的基本面貌。一方面，唐玄宗举行南郊亲祭时，将皇地祇的神位置于其中一并祭祀。尽管天地合祭以前就曾有过，但是这种形式从天宝年间开始逐渐变得常见，并且在宋初制度化。另一方面，太清宫、太庙和南郊为顺序的皇帝亲祭成立。北宋以景灵宫、太庙和南郊为顺序的皇帝亲祭即源于此，神宗时期的礼官李清臣指出："唐因祠南郊，即祠太清宫及太庙，谓之

---

① 《政和五礼新仪》卷二五至二八《皇帝祀昊天上帝仪》，第231—249页。
② 《政和五礼新仪》卷二九《祀昊天上帝仪(有司行事)》，第249—256页。
③ 《政和五礼新仪》卷三〇至三三《皇帝宗祀上帝仪》，第257—272页；卷三四《宗祀上帝仪(有司行事)》，第272—278页；卷八〇至八三《皇帝祭皇地祇仪》，第470—487页；卷八四《祭皇地祇仪(有司行事)》，第487—494页。
④ 《大唐开元礼》卷一《序例上》，第12—13页；卷四《皇帝冬至祀圜丘》，第36页。
⑤ 《大唐开元礼》卷五《冬至祀圜丘有司摄事》，第49页。

三大礼。本朝三岁郊祠,必先及景灵宫及太庙,盖因前制。"①"三大礼"的说法出现于天宝年间。例如天宝十载(751),杜甫向玄宗献上《朝献太清宫赋》、《朝享太庙赋》和《有事于南郊赋》,同时上《进三大礼赋表》。② 三大礼最早出现在天宝元年,但是没有固定下来。天宝六载南郊亲祭前,只有太庙告享,没有太清宫告献。③ 天宝十载,出现了皇帝一连三天分别祭祀太清宫、太庙和南郊的形式,并形成了惯例,一直持续到唐末。安史之乱后,皇帝通常是在继位的第二年举行三大礼。④ 想象中的远祖、真实的祖先和天地神祇的连续祭祀,较之以往分开举行的三种礼仪,显然具有更强的表现统治合法性的力度,这对处于国力衰落、政治动荡中的晚唐皇帝尤其重要。晚唐皇帝的实际权力与盛唐相去甚远,但是通过礼制来强化皇权的企图却是一脉相承。

天宝九载(750)十一月,玄宗下制:"承前有事宗庙,皆称告享,兹乃临下之辞,颇亏尊上之义,静言斯称,殊为未允。自今已后,每亲告献太清宫、太微宫改为朝献,有司行事为荐献;亲告享宗庙为朝享,有司行事为荐享。"⑤于是,朝献和朝享分别成为此后皇帝南郊亲祭前太清宫和太庙告祭的规范名称。三大礼出现后,皇帝几乎不再亲行太庙和太清宫的正祭,而是借助朝享和朝献来履行祭祀太庙和太清宫的职责,作为受命于祖先和想象中之远祖的仪式化展现。因此,朝享和朝献的性质不同于一般的告祭仪式,马端临对此有准确的判断:"以为告祭,则其礼太过;以为正祭,则其礼无名。"⑥

到了五代,三大礼时断时续。中原政权一共举行了四次南郊亲祭。以继承唐朝正统自居的后唐实行了三大礼,庄宗和明宗分别在同光二年(924)和长兴元年(930)亲祭南郊,他们都在南郊祭祀前的两天分别朝献

---

① 《续资治通鉴长编》卷三〇四元丰三年五月甲子条,第7399页。
② 杜甫著,仇兆鳌注:《杜诗详注》卷二四,北京:中华书局,1985年,第2103—2157页。
③ 《旧唐书》卷九《玄宗纪下》,第221页。
④ 金子修一:《中国古代皇帝祭祀の研究》,第362—403页。
⑤ 《唐大诏令集》卷七五《太清宫行事改为荐献制》,第423页。
⑥ 《文献通考》卷七一《郊社考四》,第646页。

太微宫、朝享太庙。① 后唐定都洛阳,此地的老子庙名曰太微宫。另外两次南郊亲祭,分别是在后梁开平三年(909)和后周显德元年(954)举行,但是南郊祭祀前只有太庙朝享。②

北宋的皇帝亲郊比唐和五代频繁许多。《宋史·礼志》:"故事,三岁一亲郊,不郊辄代以他礼。"③由前文表一可知,这一说法不是完全准确,有时两次大礼之间的时间间隔长于或短于三年,不过总体说来,三年一大礼的说法大致不差。外敌的环伺和内部分裂的可能,使宋初面临着深刻的合法性危机,礼制的建立是确立赵宋王朝权力来源正当性的重要一环。④在这些礼仪制度中,以皇帝亲郊最为重要。北宋建立后很长一段时间内,皇帝亲郊前都只举行太庙朝享。⑤ 景灵宫于大中祥符九年(1016)落成,天禧三年(1019),真宗在南郊亲祭前的两天分别前往景灵宫和太庙祭祀,北宋的三大礼从此确立。景灵宫的兴建与真宗时期的圣祖崇拜密切相关。⑥为了解决澶渊之盟造成的统治危机,真宗举行了一系列盛大礼仪庆典,如供奉天书、泰山封禅、汾阴祭后土等,来给自己的统治带上神圣的光环。⑦真宗追认黄帝为圣祖,建立供奉圣祖的景灵宫,也是其中一项重要举措。真宗通过圣祖的虚构来强化宋朝的统治合法性,并使景灵宫带上了鲜明

---

① 《旧五代史》卷三一《后唐庄宗纪五》,第 428 页;卷四一《后唐明宗纪七》,第 560 页。
② 《旧五代史》卷四《后梁太祖纪四》,第 67 页;卷一一三《后周太祖纪四》,第 1500 页。
③ 《宋史》卷九八《礼志一》,第 2427 页。皇祐二年(1050)至大观元年(1107),若皇帝未亲行南郊正祭,主要用明堂亲享来代替,明堂亲享前同样有景灵宫朝献和太庙朝享。从政和四年(1114)开始,徽宗开始亲行北郊祭祀,时间是在南郊亲祭后的次年夏至。政和七年至宣和七年(1125),徽宗每年都举行季秋明堂大享。政和以后的北郊亲祭和明堂亲享前都没有景灵宫朝献、太庙朝享。
④ 葛兆光:《理学诞生前夜的中国》,《中国史研究》2001 年第 1 期,第 66—67 页。
⑤ 《续资治通鉴长编》卷四乾德元年十一月癸亥条,第 108 页;卷九开宝元年十一月壬寅条,第 212 页;卷一二开宝四年十一月戊午条,第 274 页;卷一九太平兴国三年十一月乙未条,第 437 页;卷二二太平兴国六年十一月庚戌条,第 505 页;卷二五雍熙元年十一月丙寅条,第 589 页;卷三四淳化四年正月庚寅条,第 745 页;卷三九至道二年正月己酉条,第 828 页;卷四五咸平二年十一月乙酉条,第 968 页;卷五三咸平五年十一月辛丑条,第 1162 页;卷六一景德二年十一月丙辰条,第 1373 页。
⑥ 吾妻重二:《宋代の景灵宫について——道教祭祀と儒家祭祀の交差》,收入小林正美编《道教の斎法仪礼の思想史的研究》,东京:知泉书馆,2006 年,第 286—293 页。
⑦ Suzanne C. Cahill, "Taoism at the Sung Court: The Heavenly Text Affair of 1008," *Bulletin of Sung Yuan Studies*, 16(1980), pp. 23-44.

的赵宋色彩,与太清宫之于李唐王朝的意义相似,所以,景灵宫朝献成为皇帝亲郊之前的一个固定仪式,用于加强统治合法性的展现,就在情理之中了。

三大礼在仁宗时期出现了新的变化。景祐二年(1035)以后,仁宗在亲郊的前一天朝享太庙和奉慈庙。① 奉慈庙建于明道二年(1033),性质为别庙。该年五月,钱惟演奏请庄献明肃皇后和庄懿皇后的神主升祔太庙真宗室,前者是仁宗即位后临朝称制的皇太后,后者为仁宗的生母。八月,经过礼官、学士等人的讨论,朝廷决定在太庙之外为二后建立奉慈庙,十月完成升祔。② 出于对二后的感情,仁宗在亲郊前也朝享奉慈庙。景祐三年十一月,仁宗的乳母庄惠皇太后去世,仁宗将其神主祔于奉慈庙。③ 庆历四年(1044),这些皇后谥号中的"庄"改为"章"。④ 五年,仁宗下令有司商议章献明肃、章懿和章惠太后升祔太庙之事。贾昌朝提议:"章献皇后母仪天下,章懿皇后诞育圣躬,宜如祥符升祔元德皇后故事,配食真宗庙室,以称陛下追孝之意。章惠皇后于陛下有慈保之恩,义须别祠,伏请享奉慈庙如故。"这一建议得到了批准,仁宗下令贾昌朝摄太尉之职将章献明肃、章懿的神主升祔至太庙。⑤ 尽管奉慈庙中只剩下章惠,仁宗仍然在亲郊前朝享奉慈庙。庆历七年,仁宗"诏将来南郊,享奉慈庙,朕亲行之",⑥在行动上也确实是如此。庆历七年、皇祐五年(1053),仁宗在南郊亲祭前的一天都前往太庙、奉慈庙朝享。⑦

仁宗的儿子都早亡,继承仁宗帝位的英宗是其养子,英宗与章惠皇后

---

① 《续资治通鉴长编》卷一一七景祐二年十一月甲午条,第 2762 页;卷一二二宝元元年十一月己酉条,第 2886 页;卷一三四庆历元年十一月乙丑条,第 3198 页;卷一五三庆历四年十一月辛巳条,第 3721 页;卷一六一庆历七年十一月丁酉条,第 3890 页;卷一七五皇祐五年十一月戊辰条,第 4238 页。
② 《玉海》卷九七《明道奉慈庙》,第 1772 页。
③ 《续资治通鉴长编》卷一一九景祐三年十一月戊寅条,第 2811 页。
④ 《续资治通鉴长编》卷一五三庆历四年十一月己卯条,第 3720 页。
⑤ 王珪:《华阳集》卷五六《贾昌朝墓志铭》,《景印文渊阁四库全书》第 1093 册,台北:台湾商务印书馆,1983 年,第 412 页。
⑥ 《玉海》卷九七《明道奉慈庙》,第 1772 页。
⑦ 《续资治通鉴长编》卷一六一庆历七年十一月丁酉条,第 3890 页;卷一七五皇祐五年十一月戊辰条,第 4238 页。

的感情疏远了很多,在亲郊前不再朝享奉慈庙了。奉慈庙的废置问题也被提上了议事日程,治平元年(1064),同判太常寺吕公著上言:"按《丧服小记》:'慈母不世祭。'章惠太后,仁宗尝以母称,故加保庆之号。盖生有慈保之勤,故没有庙享之报。今于陛下恩有所止,礼难承祀,其奉慈庙,乞依礼废罢。"①不少人反对废除奉慈庙,例如,刘敞认为:"章惠太后之于仁宗皇帝,虽非真庙命以为母,然仁宗皇帝一以如母之礼事之。生则安养,号比长乐;殁则大葬,谥配真庙;祭称皇妣,祝云嗣子。其诚礼如此之重也。今议者疑于毁其庙,瘞其主,如此,岂惟震骇士大夫之情,亦甚违先帝之意。"他主张保留奉慈庙,制定相关仪注,"令两制,台谏重加详定"。② 但是大势不可阻挡,熙宁二年(1069),神宗下令废奉慈庙。③

在北宋,三大礼逐渐遭到了质疑,其中一个原因是斋戒制度遭到了破坏。我们在前一章对斋戒制度已经有所探讨。斋戒分为散斋和致斋,后者更重要,执行起来也更严格。在唐代,大祀之前散斋四日,致斋三日,北宋长期沿用这一制度,直到大观四年(1110),才将大祀的散斋改为七日。《开元礼》对皇帝南郊亲祭前的斋戒日期、地点有规定:"皇帝散斋四日于别殿,致斋三日,其二日于太极殿,一日于行宫。"④无论是三大礼,还是五代和北宋一度实行的皇帝亲郊前只朝享太庙的做法,都使这一斋戒制度无法真正执行。⑤ 这一现象在宋代引起了士人的不满。元丰六年(1083),太常丞吕升卿上奏,指出在郊祀致斋期内,皇帝不应赴景灵宫和太庙祭祀。他说:"郊丘之祀,国之大事,有天下者莫重乎飨帝。臣历考载籍,不闻为祀天致斋乃于其间先享宗庙者也。"唐代天宝年间以后三大礼的做法对先前的斋戒制度造成了很大的破坏,"终唐之世,奉而行之,莫知其非"。

---

① 《宋史》卷一〇九《礼志一二》,第2619页。
② 刘敞:《公是集》卷三三《论奉慈庙》,《儒藏精华编》第217册,北京:北京大学出版社,2016年,第567页。
③ 《皇朝编年纲目备要》卷一八,第467页。
④ 《大唐开元礼》卷四《皇帝冬至祀圜丘》,第35页。
⑤ 例如,《册府元龟》卷三四《帝王部・崇祭祀三》,第352页:"〔贞元九年十一月〕癸未,帝朝献太清宫,毕事,宿斋于太庙行宫,甲申,朝于太庙,毕事,斋于南郊行宫。乙酉,日南至,帝郊祀。"我们可以看到,太庙朝享和南郊亲祭之前的斋戒时间均不足一个整日。

吕升卿严正地指出:"今陛下致斋三日,其一日于大庆殿,而用其二日内行礼焉。古之大祀,未有不斋三日而敢与神明交者。……今陛下行礼于天兴殿,才斋一日尔。其之太庙与郊宫也,前祀之一日皆尝用之矣,谓之一日之斋,尚非全也。夫用一日之斋,以修大祀,未见其可,况非全日乎!"天兴殿是景灵宫的主殿,用来供奉圣祖。皇帝在朝献景灵宫前仅仅致斋一天,太庙和南郊祭祀前的致斋时间更是不足一个整日,这些都与斋戒制度及其精神不符,所以吕升卿认为:"于以奉宗庙,则斋之日不足;于以事上帝,则斋之义不专。"①吕升卿的意见没有得到皇帝的重视,三大礼的运行依然如故。《政和五礼新仪》的斋戒制度也认可了此前的实际运作情形,并将之吸收进来:"冬祀夏祭,一日于大庆殿,一日于太庙,一日于行宫。"②

在北宋,朝廷官员之所以质疑三大礼,除了斋戒制度遭到破坏外,还因为皇帝亲郊前的景灵宫朝献和太庙朝享不符礼制传统。天圣五年(1027),南郊礼仪司刘筠上言:"天圣二年南郊,朝享玉清昭应宫、景灵宫,又宿斋于太庙。一日之内,陟降为劳。请罢朝享玉清昭应宫,俟郊祀毕,行恭谢之礼。"这一建议得到了批准。③结果,该年仁宗完成南郊亲祭后数日,去玉清昭应宫行恭谢之礼。④玉清昭应宫始建于大中祥符元年(1008),主要用来供奉天书,焚毁于天圣七年。⑤天圣二年皇帝在南郊亲祭前朝献玉清昭应宫,成为北宋仅有的一次。到了宝元元年(1039),司封员外郎、直集贤院兼天章阁侍讲贾昌朝对皇帝亲郊前朝献景灵宫的行为提出了异议:"伏睹南郊前一日,皇帝谒景灵宫,荐享讫,仍斋于太庙;次日朝享讫,斋于南郊。以臣所见,凡郊禋前,唯朝庙之礼,本告以配天享侑之意,合于旧典,所宜奉行。其景灵宫朝谒,盖沿唐世太清宫故事,有违经典,有可改革。欲望将来朝庙前未行此礼,俟郊祀礼毕,驾幸诸寺观日,前诣景灵宫谢成,如下元朝谒之仪。所冀尊祖事天,礼简诚至。"仁宗将贾昌

---

① 《续资治通鉴长编》卷三四〇元丰六年十月庚辰条,第8181—8182页。
② 《政和五礼新仪》卷五《序例五》,第149页。
③ 《续资治通鉴长编》卷一〇五天圣五年七月丙寅条,第2444页。
④ 《续资治通鉴长编》卷一〇五天圣五年十一月丁巳条,第2456页。
⑤ 关于玉清昭应宫的历史,参见吴羽:《北宋玉清昭应宫与道教艺术》,《艺术史研究》第7辑,2005年,第139—146页。

朝的建议交给礼仪使和太常礼院讨论,结果被否决。礼官们认为:"今若俟南郊礼毕,依下元朝拜,则太为简略。如别择日,备仗卫,宿斋亲谒,又成烦并。况尊祖之地,务极严祗,欲望且依旧例。"①所谓"下元朝谒"之仪,即景灵宫常祀之礼节,景灵宫的正祭在下元日(十月十五日)举行。尽管朝献并非景灵宫的正祭,但是因为皇帝亲临,比正祭隆重的多。根据礼官们的看法,皇帝若依下元朝谒的规格到景灵宫谢成,会显得太过简略、寒酸,若另择时间前往景灵宫举行盛大典礼,则更显大费周章,因此他们坚决主张实行三大礼。南宋士人杨复指出:"夫贾昌朝之说,即刘筠之说也。然刘筠之议婉而明,不若贾昌朝之言严而正。"②然而,景灵宫朝献能够强化皇帝亲郊的统治合法性表达力度,加上北宋的崇道氛围,这一仪式注定不可能被排除出三大礼。

　　三大礼对太庙时享的冲击同样引起了人们的疑虑。元丰六年(1083),吕升卿在指出三大礼违背了斋戒制度的同时,还严厉批判了太庙朝享的合理性。他认为:"人主于宗庙之飨,自当岁时躬修其事,其不亲享者,盖后世之失礼也。今日必因郊祀以行之,则义尤不可。夫'因'者,不致专之谓也。七世圣神俨在宗庙,朝廷不特讲岁时亲行之礼,而'因'以飨之,此非臣之所闻也。"前文说过,三大礼建立后,皇帝一般不再亲临太庙正祭,亲祭太庙的职责通过太庙朝享来实现。吕升卿指出,太庙朝享不是正祭,无法以此弥补失礼的缺憾。他主张罢黜景灵宫朝献和太庙朝享,皇帝在南郊亲祭前,"致斋于大庆殿二日,径赴行宫"。如果皇帝非要前往太庙,那就只告于郊祀的配帝太祖一室,"以伸侑神作主之意",并且撤去乐舞,"以尽尊天致斋之义"。他还建议:"继今日已往,别修太庙躬祀之制。岁五大享,乘舆亲临其一焉。仍望自今岁腊享为首,于明年行春祠之礼;禴与烝尝,自次年以叙终之。每遇行庙享之时,则罢景灵宫一孟朝谒之礼,庙享致斋,乞于内殿,车驾出入如常仪。如此,则祀天、飨亲,两得其当。"③吕升卿的言论没有得到神宗的认可,但是,皇帝借太庙朝享来履行

---

① 《太常因革礼》卷三二《冬至祀昊天上帝于圜丘四》,第473页。
② 《文献通考》卷七一《郊社考四》,第645页。
③ 《续资治通鉴长编》卷三四〇元丰六年十月庚辰条,第8182页。

祭祀祖先的职责，确实影响到了太庙正祭的地位，从而引起了一些士大夫的不满和忧虑。

直到南宋，吕升卿的看法仍然有一定的影响力，例如，楼钥非常赞同吕升卿的意见，认为这一奏议"事理甚明，虽不见于施用，而史臣载其全文，有以知时论必以为是，特未见于用尔"，因此大段引用了他的奏文来说明三大礼对斋戒制度的破坏、对太庙时享制度的冲击。楼钥的意见与吕升卿颇有相似之处："凡曰大祀，致斋三日，惟祀事得行，其余悉禁，盖专致敬于所祭也。而郊庙明堂大礼，致斋三日之内，銮舆再动，百官相祀陪祠，骏奔惟谨，上下俱不得尽致斋之义。"他建议："每遇大礼，用故事停景灵冬季孟享，而于孟享之日行朝享天兴之礼。太庙岁五大飨，止于当郊之岁，或烝或尝，亲行其一。祝词仍以郊天先告。二者致斋并于内殿，车驾之出，止如常仪。专用三日之斋，以事上帝。陛下得以斋心养性，对越上天。君臣无并日之劳，有司省供亿之重。考古验今，于礼为称。"①根据楼钥的设想，皇帝应该在亲郊之岁的孟冬前往景灵宫天兴殿祭祀，在太庙五享中择一亲祭，这与吕升卿要求皇帝每年主持一次太庙时享、废除南郊亲祭前的景灵宫朝献的主张有所不同，但是这些差别只是表现在细节上，其内在精神是相通的。马端临评论道："盖近代以来，天子亲祠，其礼文繁，其仪卫盛，其赏赍厚，故必三岁始能行之。而郊祀所及者，天地百神与所配之祖而已，于宗庙无预，故必假告祭之说，就行亲祀宗庙之礼焉，于事则简便矣，谓之合礼则未也。"②实际上，皇帝亲郊前的太庙朝享之所以无法废除，不仅仅是因为它确实方便了皇帝，更重要的是强化皇权神圣性的需要压倒了礼制传统。

二、大礼五使的出现及其展开

唐朝建立后，主管国家祭祀的机构主要有礼部和太常寺。其中，礼部

---

① 楼钥：《攻媿先生文集》卷二一《论郊庙之礼》，《儒藏精华编》第 235 册，北京：北京大学出版社，2017 年，第 459 页。
② 《文献通考》卷七一《郊社考四》，第 646 页。

是政务机关,太常寺是事务机关。① 根据《开元礼》的规定,南郊祭天的具体事务主要由太常寺承担,如太乐令摆放宫悬钟磬,郊社令省牲器,廪牺令荐牺牲,奉礼郎排放君臣版位、赞导跪拜仪节,太祝执行各项细琐事务。皇帝亲郊时,由太常卿引导皇帝行礼。其他机构也负担一部分事务,如光禄寺的太官令供应牲馔,又如皇帝亲郊时,殿中省的尚舍局负责斋宫帷幄、郊坛行宫和大次的设置。② 南郊祭天有众多高级官员出席和参与,但是他们并不掌管这一礼仪的运作。《唐律疏议》提到大祀"或车驾自行,或三公行事",③这不是说三公负责仪式的实行,而是指大祀有皇帝亲祭和有司摄事两种形式。在皇帝亲祭的场合,"太尉亚献,司徒奉俎,司空扫除",④皇帝不能出席大祀时,由太尉代替皇帝初献。⑤ 可见三公并不掌管郊祀礼仪的全盘实施,而且三公在唐代是荣誉性的官衔,经常空缺,但是在祭祀中不可或缺,所以由其他官员摄理,《旧唐书·职官志》说:"武德初,太宗为之,其后亲王拜三公,皆不视事,祭祀则摄者行也。"⑥

开元时期情况有所变化,出现了礼仪使负责皇帝亲郊实施的现象。开元十一年(723)玄宗南郊亲祭,宰相张说担任礼仪使。礼仪使的出现,意味着使职差遣制波及到了礼制领域,也说明皇帝亲郊的意义开始凸显,与有司摄事的落差有所扩大。不过,在安史之乱以前,礼仪使只见于开元十一年的皇帝亲郊,在后来的《开元礼》中,也丝毫不见礼仪使的踪影,礼仪使掌管皇帝亲郊在这段时间大概还不常见。

安史之乱以后,大礼使取代了礼仪使,负责皇帝亲郊的具体运作。例如贞元元年(785),御史大夫崔纵担任南郊大礼使,"属兵旱之后,赋入尚少,纵裁定文物,俭而中礼";⑦龙纪元年(889),宰相孔纬担任大礼使,负责操办

---

① 严耕望:《论唐代尚书省之职权与地位》,《史语所集刊》第 24 本,1953 年,第 28—45 页。
② 《大唐开元礼》卷四《皇帝冬至祀圜丘》,第 35—44 页;卷五《冬至祀圜丘有司摄事》,第 44—49 页。
③ 《唐律疏议》卷九《职制律》"大祀不预申期及不如法"条,北京:中华书局,1983 年,第 187 页。
④ 《旧唐书》卷四三《职官志二》,第 1815 页。
⑤ 《唐六典》卷四祠部郎中员外郎条,北京:中华书局,1992 年,第 124 页。
⑥ 《旧唐书》卷四三《职官志二》,第 1815 页。
⑦ 《旧唐书》卷一○八《崔纵传》,第 3281 页。

昭宗的南郊亲祭。① 礼仪使依然存在,如贞元年间以礼学知识闻名的辛秘,"山陵及郊丘二礼仪使皆署为判官",②可以看到南郊亲祭不但有礼仪使,而且礼仪使之下还有判官。唐代的皇帝亲祭规模巨大,事务繁重,需要较长的准备期,南郊使职的出现顺应了形势发展的需要。不过,南郊使职的发展比较缓慢,日后南郊五使中的仪仗使、卤簿使和桥道顿递使此时都还没有出现。

南郊使职的发展主要实现于五代。在后唐天成四年(929)的南郊亲祭中,"以宰臣冯道为南郊大礼使,兵部尚书卢质为礼仪使,御史中丞许光义为仪仗使,兵部侍郎姚顗为卤簿使,河南尹从荣为桥道顿递使,客省使、卫尉卿张遵诲为修装法物使"。③ 后周广顺三年(953),太祖举行南郊亲祭时,"以中书令冯道为南郊大礼使,以开封尹、晋王荣为顿递使,权兵部尚书王易为卤簿使,御史中丞张煦为仪仗使,权判太常卿田敏为礼仪使"。④ 比起后唐,后周少了修装法物使,南郊五使最终形成。在晚唐的皇帝丧葬礼仪中,一般由宰相任山陵使,太常卿任礼仪使,下设仪仗、卤簿、桥道顿递等使职,所以国恤使职比南郊使职更为成熟,五代时期形成的大礼五使便脱胎于此。⑤

在北宋,大礼五使制度迅速发展起来。根据《国朝会要》的记载,"自建隆以来,承唐五代近制,以宰相为大礼使,太常卿为礼仪使,御史中丞为仪仗使,兵部尚书为卤簿使,开封尹为桥道顿递使。太常卿、御史中丞或阙,则以学士及他尚书丞郎为之"。⑥ 实际情况要比这一概括复杂许多,⑦ 不过大礼使几乎一直由宰相担任,而且五使之间形成了比较明确的分工。叶梦得将北宋南郊五使的职能概括为:"大礼掌赞相,卤簿掌仪卫,桥道掌顿递,礼仪掌礼物,仪仗无正所治事,但督察百司不如礼者而已。"⑧他们还

---

① 《册府元龟》卷三一七《宰辅部·正直二》,第3594页。
② 《旧唐书》卷一五七《辛秘传》,第4150页。
③ 《旧五代史》卷四〇《后唐明宗纪六》,第553页。
④ 《旧五代史》卷一一三《后周太祖纪四》,第1499页。
⑤ 吴丽娱:《唐代的礼仪使与大礼使》,《中国社会科学院历史研究所学刊》第5集,2008年,第131—135页。
⑥ 《太常因革礼》卷三《总例三》,第369页。
⑦ 关于宋代历次大礼五使的名录,参见郭声波:《宋大礼五使系年》,《宋代文化研究》第3辑,1993年,第34—61页。
⑧ 《文献通考》卷七一《郊社考四》,第643页。

有了独立的印章。北宋初建,"南郊五使皆权用他司印",雍熙元年(984),"始令铸印给之"。① 南郊五使都是临时性的差遣,从任命到撤销只有数月时间,他们各有本司,其下属也是如此,例如礼仪使、仪仗使和卤簿使的下属,分别来自礼院、御史台和兵部。② 这个非常设的机构拥有铜印,足见朝廷对南郊大礼的重视。③

在北宋,皇帝大致每三年举行一次大礼,若不南郊亲祭,则用其他礼仪来代替,其中明堂亲享最为常见。马端临对南宋的明堂五使有如下描述:"大礼使总一行大礼事务,行事日,复从皇帝行礼。礼仪使行事日前导奏请皇帝行礼。仪仗使总辖提振一行仪仗,仪仗用四千一百八十九人,自太庙排列至丽正门。卤簿使,依《礼经》,卤者,大盾也,总一部仪仗,前连后从,谓之卤簿。桥道顿递使提振修整车驾经由道路、顿宿斋殿等。"④北宋的情况类例。明堂五使与南郊五使相比,只是仪仗使的职责稍有不同,不担负监察的职责。明堂仪仗使很少由御史台官员担任的事实,⑤也说明了这一使职的职权范围。

在大礼五使之中,卤簿使和桥道顿递使的出现特别值得留意。我们先来了解一下卤簿的含义。蔡邕说:"天子出,车驾次第谓之卤簿,有大驾,有小驾,有法驾。"⑥在东汉,"行祠天郊以法驾"。⑦ 蔡邕对法驾的解释是:"法驾,公卿不在卤簿中,唯河南尹、执金吾、洛阳令奉引,侍中参乘,奉

---

① 《续资治通鉴长编》卷二五雍熙元年七月癸丑条,第582页。
② 《续资治通鉴长编》卷一〇二天圣二年七月庚子条,第2362页。
③ 片冈一忠的宋代官印研究,并未涉及南郊五使的官印问题。关于宋代官印制度的整体面相,可以参见氏著:《中国官印制度研究》,东京:东方书店,2008年,第106—152页。
④ 《文献通考》卷七五《郊社考八》,第689页。
⑤ 最典型的例子是元祐四年(1089)的明堂亲享,在短短几个月内,五使人选迭经变化,但是仪仗使的担任者都不是御史台的宪官。三月,以知枢密院事安焘为仪仗使;六月,以门下侍郎孙固为仪仗使;七月,以中书侍郎刘挚为仪仗使;八月,以同知枢密院事赵瞻为仪仗使。分见《续资治通鉴长编》卷四二〇元祐四年三月乙未条,第10254页;卷四二九元祐四年六月辛亥条,第10371页;卷四三〇元祐四年七月庚辰条,第10387页;卷四三二元祐四年八月己未条,第10426页。
⑥ 蔡邕:《蔡中郎集》外集卷四,《儒藏精华编》第202册,北京:北京大学出版社,2019年,第354页。三国以后,官吏的仪卫导从也开始被称为卤簿,参见刘增贵:《汉隋之间的车驾制度》,《史语所集刊》第63本第2分,1993年,第400—403页。
⑦ 《续汉书·舆服志上》,第3650页。

车郎御,属车三十六乘。"①在唐代,卤簿由太常寺所辖的鼓吹署掌管,②南郊亲祭使用大驾,③人数约一万五千人。④

北宋统治者对皇帝亲郊的外在形式更加注重。《宋史·范质传》:"乾德初,帝将有事圜丘,以质为大礼使。质与卤簿使张昭、仪仗使刘温叟讨论旧典,定《南郊行礼图》上之。帝尤嘉奖。由是礼文始备,质自为序。"⑤范质等人在后唐天成年间《南郊卤簿字图》的基础上进行了修正,《南郊行礼图》由此而成。⑥ 此后,南郊卤簿图又有修订。景德二年(1005),卤簿使王钦若奏上《卤簿记》三卷;因为这一版本相当粗疏,天圣六年(1028),翰林学士宋绶上《天圣卤簿记》十卷;宝元元年(1038),宋绶奏上《景祐南郊卤簿图记》十卷。⑦ 李焘指出,《景祐南郊卤簿图记》是在《天圣卤簿记》的基础上增饰而成的。⑧ 仁宗时期的《卤簿图记》,"凡仪卫之物,既图绘其形,又稽其制作之所自而叙于后,一代之威容文物,备载于此矣",故而长期行用。直到徽宗政和年间重订卤簿图时,兵部尚书蒋猷还说:"臣伏见尚书兵部见行《大礼卤簿图记》,实天圣间侍臣宋绶等所撰集。"⑨

北宋皇帝亲郊的卤簿规模比唐代更大。至道二年(996)正月,太宗前往南郊祭祀天地,史书记载:

> 上顾左右,瞻具车驾,自庙出郊,仗卫周列,千官奉引,旌旗车辂,相望无际,郊祀之盛仪,京邑之壮观,因诏有司画图以献。凡为三幅,外幅列仪卫,中幅车辂及导驾官人物,皆长寸余,又图画圜坛、祭器、

---

① 《蔡中郎集》外集卷四,第354页。
② 《旧唐书》卷四四《职官志三》,第1875页。
③ 《大唐开元礼》卷四《皇帝冬至祀圜丘》,第38页;卷六《皇帝正月上辛祈谷于圜丘》,第52页。
④ 马冬:《唐代大驾卤簿服饰研究》,《文史》第87辑,2009年,第111页。关于大驾卤簿的构成,参见《大唐开元礼》卷二《大驾卤簿》,第20—23页。
⑤ 《宋史》卷二四九《范质传》,第8795页。
⑥ 《续资治通鉴长编》卷四乾德元年十一月甲子条,第108页。
⑦ 《玉海》卷八〇,第1480—1481页。
⑧ 《续资治通鉴长编》卷一二二宝元元年十一月乙巳条,第2885—2886页。
⑨ 《续资治通鉴长编纪事本末》卷一三四《礼制局》,北京:北京图书馆出版社,2003年,第4213—4214页。

乐架、警场。青城别为图,以纪一时之盛,令内臣裴愈、石承庆于朝元殿,集翰林画工绘之。仍命翰林学士承旨宋白监总,再期而毕。①

此次皇帝亲郊,"凡仗内自行事官、排列职掌并捧日、奉宸、散手天武外,步骑一万九千一百九十八人"。仁宗颁布《天圣卤簿记》后,南郊亲祭的卤簿达到了 20 061 人。② 这一规定得到了长期执行,绍圣元年(1094),权礼部侍郎黄裳提到的南郊卤簿仍是 20 061 人。③ 明堂卤簿用法驾,规模略小。皇祐二年(1050),确定了明堂卤簿的字图,共 11 088 人。④ 在北宋,每当皇帝亲郊,卤簿主要由卤簿使掌管,明堂亲享时,仪仗使也负一部分的责任。

与唐代相比,北宋皇帝亲郊的卤簿仪仗给民众带来的视觉效果更加强烈。除了卤簿仪仗规模的扩大外,都城礼仪空间结构的变化也是重要原因。根据《开元礼》的规定,每当皇帝南郊亲祭,盛大的礼仪队伍的起点是位于长安中轴线上的太极殿。⑤ 他们经过承天门街和朱雀门街,到达圜丘。不过,在实际操作中,随着越来越多的皇帝居住于偏东北的大明宫,南郊亲祭多数时候以含元殿为起点,从太极殿出发的例子相对较少。三大礼形成后,礼仪队伍还前往皇城内的太庙和位于大宁坊的太清宫,长安的礼仪重心向东偏移。⑥ 北宋的情况有所不同,宫城居于都城的中心,景灵宫就在都城南北向的主街边。⑦ 根据孟元老对北宋末年东京城市布局的记载,"御街大内前南去,左则景灵东宫,右则西宫"。⑧ 景灵西宫建于元

---

① 《玉海》卷九三《至道南郊图》,第 1704 页。
② 《宋史》卷一四五《仪卫志三》,第 3401 页。
③ 《文献通考》卷七六《郊社考九》,第 699 页。
④ 《宋史》卷一四五《仪卫志三》,第 3404 页。关于宋代卤簿仪仗序列的研究,参见梅原郁:《皇帝・祭祀・国都》,第 297—303 页;Patricia B. Ebrey, "Taking out the Grand Carriage: Imperial Spectacle and the Visual Culture of Northern Song Kaifeng," *Asia Major*, 3rd series, 12: 1(1999), pp. 43 - 52.
⑤ 《大唐开元礼》卷四《皇帝冬至祀圜丘》,第 38—39 页。
⑥ 妹尾达彦:《唐长安城の仪礼空间——皇帝仪礼の舞台を中心に》,《东洋文化》第 72 号,1992 年,第 22—24 页。
⑦ 张驭寰:《北宋东京城建筑复原研究》,杭州:浙江工商大学出版社,2011 年,第 9 页。
⑧ 孟元老著,邓之诚注:《东京梦华录注》卷二《宣德楼前省府宫宇》,北京:中华书局,1982 年,第 52 页。

符三年(1100),原因是景灵宫的空间不够:"神宗未有馆御,而居英宗之后殿。及哲宗崩,又无以处之。"因此,蔡京上奏:"若谓宫东迫民居难展,宜即其西对御道立西宫,首奉神宗馆御,而哲宗次之。"尽管右正言李瑾反对蔡京的这一提案,并且列出了五点理由,徽宗还是下令由户部尚书李南公负责景灵西宫的营建。① 所以,景灵宫有了东宫和西宫之分。比起唐代,太庙和南郊在都城中的相对空间位置没有什么变化,但是东京的商业突破了东市、西市的限制,②景灵宫和太庙周围也是商业娱乐场所林立。③这样的城市空间格局增强了国家礼仪的世俗色彩,也使得北宋的民众能够更直接地感受景灵宫、太庙和南郊三大礼的气氛。例如,三大礼举行前的两个月,就要举行卤簿的预演彩排,"诸戚里宗室贵族之家,勾呼就私第观看,赠之银彩无虚日。御街游人嬉集,观者如织,卖扑土木粉捏小象儿,并纸画看人,携归以为献遗"。④ 南郊礼毕后,礼仪队伍"入南薰门,御路数十里之间,起居幕次,贵家看棚,华彩鳞砌,略无空闲去处"。⑤

我们再来看桥道顿递使。《资治通鉴》记载,中和元年(881)五月,"李克用牒河东,称奉诏将兵五万讨黄巢,令具顿递"。胡三省注:"缘道设酒食以供军为顿,置邮驿为递。"⑥在皇帝亲郊的场合,因为庞大的礼仪队伍和相当长的移动距离,整修道路、供应食宿等事务变得更加重要,桥道顿递使由此而起。天圣二年(1024),"南郊桥道顿递使王臻请车驾自太庙还,西过景灵宫、朱雀门赴郊宫,如景德之制。从之"。⑦ 除了具体人选之外,其他有关桥道顿递使的史料非常少,这是为数不多的一份记载,由此可以看到桥道顿递使不但负责道路、食宿的保障,还参与行进路线的设计。

---

① 《皇朝编年纲目备要》卷二五,第630页。
② 加藤繁:《支那经济史考证》上卷,东京:东洋文库,1952年,第299—346页;梅原郁:《宋代の开封と都市制度》,《鹰陵史学》第3、4号,1977年,第47—74页。
③ 《东京梦华录注》卷二《潘楼东街巷》,第70页;卷二《酒楼》,第72页;卷三《寺东门街巷》,第102页。
④ 《东京梦华录注》卷一〇《大礼预教车象》,第235页。
⑤ 《东京梦华录注》卷一〇《郊毕驾回》,第246页。
⑥ 《资治通鉴》卷二五四中和元年五月乙未条,第8251页。
⑦ 《续资治通鉴长编》卷一〇二天圣二年八月辛未条,第2365页。

在南郊五使中,大礼使负责亲郊大礼的全面统筹,礼仪使掌管祭祀器物,仪仗使承担督察之责,而卤簿使、桥道顿递使与祭祀过程的关系相对疏远。明堂五使的情况也有类似之处。卤簿使和桥道顿递使的设置,意味着皇帝亲郊的外在形式变得越来越重要,吸引了统治者更多的注意力。治平二年(1065),宋英宗与龙图阁直学士吕公著之间有一番对话,英宗问:"今之郊何如?"吕公著答曰:"古之郊也贵诚而尚质,今之郊也盛仪卫而已。"①此番言论可谓一针见血。正因为这样,卤簿仪卫对郊祀礼仪的形态构成了强大的制约作用。在北宋后期,恢复经典记载的天地分祭的提议得到了神宗、哲宗和徽宗三朝皇帝的支持,但是作为争论的焦点,北郊亲祭屡屡无法举行,卤簿仪卫及其带来的费用问题是一个重要的制约因素。这就使天地分祭的皇帝亲郊制度无法真正落到实处,也使天地合祭的旧制一直保持了相当大的号召力。北郊亲祭一直到徽宗统治后期才实现,到了南宋,天地合祭的皇帝亲郊制度又被恢复。

三、皇帝亲郊与国家秩序

郊祀礼仪是君主沟通天神地祇的途径,并且以此来体现其"天子"的身份。到了唐宋时期,皇帝亲郊在这一功能之外,还用来调整人与人的关系,更多的世俗因素融入进来,使其成为塑造国家秩序的重要舞台。中央与地方、君主与臣民的权力秩序,在这一时期的皇帝亲郊中得到了充分的反映。我们将从地方官府助祭、皇帝大赦天下、臣民向皇帝进贺等方面入手,对此展开论述。

(一) 地方官府的助祭

在上古时代,每逢君主举行祭祀,诸侯都会前来助祭,《孝经·圣治章》说:"昔者周公郊祀后稷以配天,宗祀文王于明堂,以配上帝。是以四

---

① 《续资治通鉴长编》卷二〇六治平二年十一月壬申条,第 5007 页。

海之内,各以其职来祭。"①"国之大事,在祀与戎"的说法也表明,为君主助祭和出兵征讨是先秦时代诸侯最重要的两项义务。② 到了汉代,诸侯也有助祭的义务,最典型的形式就是"酎金"。《史记·平准书》:"至酎,少府省金,而列侯坐酎金失侯者百余人。"裴骃《史记集解》引如淳曰:"《汉仪注》,王子为侯,侯岁以户口酎黄金于汉庙,皇帝临受献金以助祭。大祀日饮酎,饮酎受金。金少不如斤两,色恶,王削县,侯免国。"③在两汉之际的某些礼仪盛典上,仍然可以看到诸侯助祭的事例。例如元始五年(5),"祫祭明堂。诸侯王二十八人,列侯百二十人,宗室子九百余人征助祭"。④ 建武中元元年(56),光武帝封禅泰山,"诸王、王者后二公、孔子后褒成君,皆助祭位事也"。⑤ 这种助祭行为的主体是诸侯,而地方官助祭的记载几乎看不到,他们很可能是没有这一义务的。汉代以后到唐前期,依然很少看到地方官为国家祭祀承担部分费用、人力的记载,只有封禅等场合例外。⑥

唐前期,在礼仪方面起到沟通中央与地方关系的是朝集使。朝集使主要由刺史或上佐担任,他们的基本礼仪职能是参加京师的元会礼仪,上陈土贡的环节实践儒家经典中"任土作贡"的原则,对帝国秩序的展现尤为重要。⑦ 在京逗留期间,如遇皇帝南郊亲祭,朝集使也要出席,⑧但这只是他们的附属职能。安史之乱后,随着地方行政体制由州县二级制向道

---

① 《孝经注疏》卷五,《十三经注疏》本,北京:中华书局,1980年,第2553页。
② 《春秋左传正义》卷二七,《十三经注疏》本,北京:中华书局,1980年,第1911页。
③ 《史记》卷三〇《平准书》,第1439—1440页。
④ 《汉书》卷一二《平帝纪》,第358页。
⑤ 《续汉书·祭祀志上》,第3169页。
⑥ 在唐前期的封禅大典中,可以看到地方官甚至蕃客出席。例如《旧唐书》卷一八三《武承嗣传》,第4728页:"乾封年,惟良与弟淄州刺史怀运,以岳牧例集于泰山之下。"《旧唐书》卷八四《刘仁轨传》,第2795页:"麟德二年,封泰山,仁轨领新罗及百济、耽罗、倭四国酋长赴会。"
⑦ 渡边信一郎:《天空の玉座——中国古代帝国の朝政と仪礼》,东京:柏书房,1996年,第237—247页。
⑧ 《大唐开元礼》卷四《皇帝冬至祀圜丘》,第36—37页;卷六《皇帝正月上辛祈谷于圜丘》,第50—51页。

州县三级制的转化,朝集使制度逐渐消亡,贺正使代表藩镇参加元会礼仪。① 元会礼仪中的上陈土贡仪节一度消失,建中二年(781)正旦,德宗"御含元殿受朝贺,四方贡赋珍宝,列为庭实,复旧制也",②这一仪节得以恢复。

与此同时,藩镇也为南郊亲祭进奉财货。例如太和三年(829),"故郓州乌重胤男从弘奏请进助南郊绢一万匹,生马一百匹,请降中使交领"。③《太和三年南郊赦》:"王者祗见宗庙,情极于孝思;肃事郊丘,义崇于严配。诸侯骏奔于助祭,百灵肸蠁而降祥,感达神祇,斯为茂范。"④由此可以看到,前来进奉的藩镇为数不少。安史之乱后,朝廷的力量遭到了严重削弱,掌握的财力有限,皇帝南郊亲祭的费用成为一项沉重的负担。在这种情况下,地方官府的助祭成为纾缓朝廷财政窘境的一种方式,并借此体现中央与地方的权力关系。不过,与五代和北宋相比,晚唐皇帝亲郊时地方政府进奉行为的记载还不是太多。

五代皇帝举行南郊大礼时,朝廷均会收取藩镇的助礼钱,有时朝廷也会主动索取。⑤ 另一方面,朝廷发布诏书,对这一现象进行规范。例如,后周广顺三年(953),"诏以来年正月一日有事于南郊,诸道州府不得以进奉南郊为名,辄有率敛"。⑥ 这份诏书的意思有两层:一是要求诸道州府以助祭南郊为名,进奉朝廷;二是进奉财物的数量应该有所节制,不得借此率意科敛。那些以进奉南郊为名义横征暴敛的行为会遭到朝廷的制裁,如单州刺史赵凤"尝抑夺人之妻女,又以进奉南郊为名,率敛部民财货,为人所讼。广顺三年十二月,诏削夺凤在身官爵,寻令赐死"。⑦

到了北宋,每逢皇帝亲郊,地方州府一般都向朝廷进奉财货。活跃于

---

① 雷闻:《隋唐朝集制度研究——兼论其与两汉上计制之异同》,《唐研究》第 7 卷,2001年,第 301—302 页。
② 《册府元龟》卷一〇七《帝王部·朝会一》,第 1168 页。
③ 《册府元龟》卷一六九《帝王部·纳贡献》,第 1877 页。
④ 《唐大诏令集》卷七一,第 397 页。
⑤ 杜文玉:《五代十国制度研究》,北京:人民出版社,2006 年,第 533—535 页。
⑥ 《旧五代史》卷一一三《后周太祖纪四》,第 1499 页。
⑦ 《旧五代史》卷一二九《赵凤传》,第 1705 页。

太宗和真宗朝的杨亿和田锡任地方长官时,都曾向中央进奉。杨亿《进奉南郊礼物状》:"进奉贺南郊大礼绢一千匹。伏以衮冕祀天,百神述职,玉帛助祭,万国骏奔,合陈任土之宜,式备充庭之实。前件绢,实惟方物,出自地征,敢致贡于有司,庶获归于长府,岂足称于厥篚,盖用表于献芹,干冒宸严,伏增战汗。谨差摄司马应霸押领上进。"①田锡的《进贺南郊》说:"右臣伏以圣君纂嗣,谅阴之制,爰除景运升平,郊祀之仪遂展,凡居率土,咸贡明庭。前件绢,邦民乐输,公帑所积,用庆禋宗之礼,冀伸贽币之诚。谨差某乙奉状上进,干冒宸严。"②北宋后期,进奉之风同样盛行。熙宁四年(1071),神宗在南郊亲祭天地,襄州知州曾巩向朝廷进献银,并称:"祀而严配,王国之上仪;助者骏奔,人臣之常奉。前件物,实之用篚,旅以造庭。阻就列以陪祠,庶将心于拱极。载循僭冒,伏积震惶。"③哲宗亲享明堂时,渭州知州刘昌祚进奉五十匹马,为此苏颂替皇帝写了诏敕:"省所进奉助明堂马五十匹事,具悉。宗祀配天,国家之大事;职来助祭,臣子之至诚。乃眷守藩之良,勤修任土之式。载观厥贡,深谅尔衷。"④除了正州,羁縻州也不时有进奉之举。蒋州是西南地区绍庆府所辖的四十九个羁縻州之一。⑤ 在皇帝南郊亲祭时,知蒋州田元宗曾向朝廷进奉货物,王安石起草了给田元宗的敕书:"附绥种落,葆卫疆陲,能来献琛,以赞厘事,忠勤之意,良有可嘉。"⑥在皇帝举行亲郊礼仪时,蕃使通常也会出席。庆历元年(1041),"诏免诸蕃太庙陪位,其宣德门景灵宫门外及南郊坛立班如故",⑦由此可以推测,在皇帝亲郊的场合,蕃客一般都会前来参加,想必他们是不会空手而来的。

---

① 杨亿:《武夷新集》卷一五,《宋集珍本丛刊》第 2 册,北京:线装书局,2004 年,第343 页。
② 田锡:《咸平集》卷二六,第 400 页。
③ 《曾巩集》卷三三《进奉熙宁四年南郊绢状》,北京:中华书局,1984 年,第 478 页。
④ 《苏魏公文集》卷二四《赐知渭州刘昌祚等进奉助明堂马诏敕书》,第 321 页。《宋史》卷三四九《刘昌祚传》,第 11055 页:"哲宗立,进步军都虞候、雄州团练使、知渭州,历马军殿前都虞候。"据此可以判断,此文写于哲宗统治时期。
⑤ 《宋史》卷八九《地理志五》,第 2226 页。
⑥ 《临川先生文集》卷四八《赐溪洞知蒋州田元宗等进奉助南郊并贺冬贺正敕书》,第 504 页。
⑦ 《续资治通鉴长编》卷一三四庆历元年十一月辛酉条,第 3197 页。

北宋的皇帝亲郊开销巨大，所以，除了收取地方官府进奉的财货，朝廷还不时反过来派遣使者在地方划发钱帛。早在景德二年（1005）时，真宗就在诏书中说："向来每因郊祀，于京畿近州配率供亿。"①治平元年（1064），蔡襄上奏："庆历年中，因郊礼，遣朝臣于江南等路划发钱帛。后来或有阙用，时亦遣使。嘉祐七年明堂，为计校左藏所管钱帛数事，已差官诸路取拨。……以此连年划发，江淮诸路岁计别无宽剩。将来南郊难更遣使出外取索。"②神宗即位后，王安石在奏议中指出："至遇军国郊祀之大费，则遣使划刷，殆无余藏。"③遣使划发钱帛既部分地解决了皇帝亲郊的支出问题，又达到了压缩地方财政空间的目的。

对于北宋皇帝亲郊时的地方官府助祭问题，我们有必要联系一下这一时期的元会礼仪。宋代依然有元会礼仪，④但是实施状况与唐代有很大的不同。北宋的元会礼仪不是每年都举行的，在160多年内只举行了29次，举行的年份分别是建隆二年（961）、乾德四年（966）、五年、六年、开宝九年（976）、太平兴国五年（980）、六年、八年、雍熙三年（986）、淳化元年（990）、二年、咸平五年（1002）、景德元年（1004）、四年、大中祥符六年（1013）、天圣五年（1027）、庆历元年（1041）、三年、七年、皇祐五年（1053）、嘉祐三年（1058）、七年、熙宁五年（1072）、元丰六年（1083）、元祐五年（1090）、绍圣三年（1096）、大观二年（1108）、政和八年（1118）、宣和六年（1124）。⑤在元会礼仪中，上陈贡物的环节不能说完全没有，例如大中祥符五年（1012），真宗"诏自今诸州土贡物至京，令户部牒合属库、务，先次受纳，来人遣回，候正旦朝贺排仗，别差人齎擎陈列"。⑥此前的元会礼仪很可能没有陈列土贡的部分，所以需要下诏纠正。在此之后，元会礼仪

---

① 《宋大诏令集》卷一一八《景德二年有事南郊诏》，第401页。
② 蔡襄：《蔡忠惠集》卷二六《乞封桩钱帛准备南郊支赐札子》，收入《蔡襄集》，上海：上海古籍出版社，1983年，第454页。
③ 《临川先生文集》卷七〇《乞制置三司条例》，第745页。
④ 金子由纪：《宋代の大朝会仪礼》，《上智史学》第47号，2002年，第49—85页；《南宋の大朝会仪礼——高宗绍兴15年の元会を中心として》，《纪尾井史学》第23号，2003年，第25—36页。
⑤ 《玉海》卷七一，第1342页。
⑥ 《续资治通鉴长编》卷七九大中祥符五年十二月庚寅条，第1810—1811页。

中陈列土贡的事例恐怕也不多,所以到了元丰三年(1080),详定朝会仪注所上奏:"唐尚书户部主贡物,大朝会则陈之。国朝旧仪,元正朝贺所陈贡物,仅存其名,盖有司之阙。谨稽案图志,推原州郡物产之所宜,轻重多寡,稍为条次。"①在北宋,地方依然要向中央入贡,②但是已经不怎么在元会礼仪中表现了。此后,详定朝会仪注所制定了《朝会仪》,恢复了上呈诸州贡物的环节:"中书令、门下侍郎升诣御坐前,各奏诸方镇表及祥瑞讫,户部尚书就承制位俛伏跪奏诸州贡物,请付所司。礼部尚书奏诸蕃贡物如之。"③因为史料所限,无法断定这一规定是否得到了认真地执行。

北宋时期,在礼仪制度中表现帝国秩序的需要逐渐转移到了皇帝亲郊上。与唐代的元会礼仪不同,自从晚唐开始,特别是到了北宋,皇帝亲郊主要收取地方进奉的银绢,有时还有马匹这样的军事物资,当地土产反而很少见。值得注意的是,诸道州府为皇帝亲郊进奉银绢等物品的行为,也带上了土贡的标签,前面引用的公文中就有"任土之宜"、"任土之式"、"凡居率土,咸贡明庭"等措辞,这正说明"任土作贡"的帝国秩序在皇帝亲郊中得到了展现。皇帝每次下御札宣布即将亲郊的时候,都申明诸道州府不得以助祭为名率行科敛。④ 这既是禁止诸道州府借此横征暴敛,同时也是肯定和鼓励他们的进奉行为。地方政府的助祭既是朝廷控制更多财源的需要,同时也是双方权力关系在礼制上的重要表现,在皇帝亲郊的场合,中央对地方的控制正是通过经济和礼仪双管齐下。

(二) 亲郊大赦

权力关系是双向的,皇帝亲郊并非只有地方政府单方面的上贡,朝廷也借此广施恩惠于臣民,这集中体现在大赦上,这是帝国秩序的

---

① 《续资治通鉴长编》卷三〇二元丰三年二月丙午条,第 7353 页。
② 《宋会要辑稿》食货四一之三六至四一,第 5554—5557 页。
③ 《宋史》卷一一六《礼志一九》,第 2747 页。
④ 《宋大诏令集》卷一一八,第 400—404 页。

另一面。

　　在中国古代，皇帝往往在即位、改元、册后、立太子、亲郊等重要礼仪后，宣布大赦天下。① 在北齐，"赦日，则武库令设金鸡及鼓于闾阖门外之右。勒集囚徒于阙前，挝鼓千声，释枷锁焉"，②因为史料所限，我们无法断定，宣赦书在北齐或更早以前是否已经成为国家礼仪的一部分。到了唐代，这一点变得非常明确。宣赦书属于嘉礼，《开元礼》规定了宣赦书的整个流程，整个仪式没有皇帝在场，是以中书令为中心的。③ 这说明，皇帝是不必亲临现场并颁布赦书的。

　　从实际的运作情况来看，从武后开始，皇帝参加赦文颁布仪式的例子大为增加，但是这通常发生在即位、改元等场合，④在安史之乱前，皇帝一直没有亲临过南郊赦文的颁布仪式。安史之乱以后，皇帝南郊祭毕，通常登上丹凤门或承天门，颁布赦书。表二是综合吴丽娱和禹成旼的研究成果而制成的，囊括了安史之乱后所有南郊亲祭的情形。⑤ 几乎每次南郊亲祭后，皇帝都会登上承天门或丹凤门，参加颁宣赦文的仪式。⑥ 丹凤门是大明宫的正南门，一度改名为明凤门，⑦承天门是太极宫的正南门，都极其雄伟。

---

① 关于大赦之于中国古代专制国家的意义，参见根本诚：《唐代の大赦に就いて》，《早稻田大学大学院文学研究科纪要》第 6 辑，1960 年，第 241—259 页。
② 《隋书》卷二五《刑法志》，北京：中华书局，1973 年，第 706 页。
③ 《大唐开元礼》卷一二九《宣赦书》，第 609 页。
④ 禹成旼：《唐代赦文颁布的演变》，《唐史论丛》第 8 辑，2006 年，第 114—132 页。
⑤ 吴丽娱：《礼制改革与中晚唐社会政治》，第 125—141 页；禹成旼：《唐代赦文颁布的演变》，第 122—125 页。
⑥ 有学者认为，唐代的皇帝南郊亲祭以銮驾还宫落幕，不像宋代皇帝那样有宣赦书的仪节。参见梅原郁：《皇帝·祭祀·国都》，第 297 页。事实上，安史之乱前后的情况有很大的不同，安史之乱后，皇帝在亲郊后通常都会登上城楼颁宣赦文。这说明，唐后期的亲郊礼仪运作超出了《开元礼》的规定。关于《开元礼》在唐和五代的行用问题，参见吴丽娱：《礼用之辨：〈大唐开元礼〉的行用释疑》，《文史》第 71 辑，2005 年，第 97—130 页；刘安志：《关于〈大唐开元礼〉的性质及行用问题》，《中国史研究》2005 年第 3 期，第 105—117 页。
⑦ 《唐会要》卷八六《城郭》，第 1584 页。关于丹凤门的考古发掘报告，参见中国社会科学院考古研究所西安唐城队：《西安市唐长安城大明宫丹凤门遗址的发掘》，《考古》2006 年第 7 期，第 39—49 页。

表二　唐后期皇帝南郊亲祭颁赦地点一览

时　　间	在位皇帝	颁赦地点
上元二年(761)十二月	肃　宗	不　详
广德二年(764)二月	代　宗	明凤门
建中元年(780)正月	德　宗	丹凤门
贞元元年(785)十一月	德　宗	丹凤门
贞元六年(790)十一月	德　宗	丹凤门
贞元九年(793)十一月	德　宗	丹凤门
元和二年(807)正月	宪　宗	丹凤门
长庆元年(821)正月	穆　宗	丹凤门
宝历元年(825)正月	敬　宗	丹凤门
大和三年(829)十一月	文　宗	丹凤门
会昌元年(841)正月	武　宗	承天门
会昌五年(845)正月	武　宗	丹凤门
大中元年(847)正月	宣　宗	承天门
咸通元年(860)十一月	懿　宗	丹凤门
咸通四年(863)正月	懿　宗	丹凤门
乾符二年(875)正月	僖　宗	丹凤门
龙纪元年(889)十一月	昭　宗	承天门

皇帝南郊亲祭后登临宫城正南门颁赦的做法，在五代得到了延续。后梁开平三年(909)，太祖在洛阳举行南郊大礼，"礼毕，御五凤楼，宣制大赦天下"。① 后唐共有两次南郊亲祭，皇帝也都是在五凤楼宣布大赦的。② 作为宫城的正南门，五凤楼是唐末朱温令魏博节度使罗绍威重建的，《旧五代史·罗绍威传》："车驾将入洛，奉诏重修五凤楼、朝元殿，巨木良匠非

---

① 《旧五代史》卷四《后梁太祖纪四》，第 67 页。
② 《册府元龟》卷九二《帝王部·赦宥一一》，第 1015 页；卷九三《帝王部·赦宥一二》，第 1023 页。

当时所有,倢架于地,沂流西立于旧址之上,张设绨绣,皆有副焉。"①从后晋到北宋,都是定都开封。显德元年(954)后周太祖南郊亲祀后,宣赦的地点是明德楼。② 在北宋,明德门是宫城的正南门,③后周时期也当是如此。

虽然根据《开宝通礼》,"皇帝亲祀毕,还宫,无御楼宣赦之仪",④但是在实际操作中,北宋的皇帝在亲郊仪式后,依然登临城楼颁宣赦书。根据《太祖实录》的记载,"建隆四年(按:即乾德元年),南郊礼毕,上御明德门楼降制,左右金吾诸军仗卫陈列,填街如式"。⑤ 在此之后,开宝九年(976)太祖在洛阳的五凤楼,太平兴国三年(978)太宗在丹凤楼,熙宁四年(1071)、元丰三年(1080)和元丰六年神宗在宣德门,都出席了颁宣大赦文的仪式。⑥ 丹凤门、宣德门也就是原来的明德门。⑦ 可见,这几次宣赦的地点一直在宫城的正南门。

通过《续资治通鉴长编》和《宋史》等史书,可以看到北宋时期皇帝完成南郊祭祀后,都会大赦天下,但是除了上文提到的几次,其他时候都没有提供宣赦的地点,因此我们无法像唐后期那样将亲郊大赦的地点一一列出。不过种种迹象表明,那些宣赦仪式仍然在宣德门举行。例如,王珪《宣德门肆赦文武百僚宰臣已下称贺批答》:"有制:朕躬临禘时,既交盼盔之灵,还御端闱,遂肆庞鸿之泽,上仪不就,百福来绥。"⑧此文当是写于熙

---

① 《旧五代史》卷一四《罗绍威传》,第 190 页。
② 《旧五代史》卷一一三《后周太祖纪四》,第 1500 页。
③ 《玉海》卷一七〇《建隆明德门》,第 3119 页。
④ 《太常因革礼》卷一六《总例一六》,第 411 页。
⑤ 《太常因革礼》卷一六《总例一六》,第 411 页。
⑥ 《续资治通鉴长编》卷四乾德元年十一月甲子条,第 108 页;卷一七开宝九年四月庚寅条,第 368 页;卷一九太平兴国三年十一月丙申条,第 437 页;卷二二六熙宁四年九月辛卯条,第 5512 页;卷三〇八元丰三年九月辛巳条,第 7486 页;卷三四一元丰六年十一月丙午条,第 8195 页。其中开宝九年的南郊亲祭在洛阳举行,是太祖迁都计划的一部分,这与他防止太宗对帝位的觊觎有关,参见久保田和男:《宋代开封的研究》,东京:汲古书院,2007 年,第 43—48 页。
⑦ 太平兴国三年(978)七月,明德门改名为丹凤门;九年七月,改名为乾元门。大中祥符八年(1015)六月,改名为正阳门。景祐元年(1034)正月,改名为宣德门。参见《玉海》卷一七〇,第 3119 页。
⑧ 《华阳集》卷二六,第 184 页。

宁三年（1070）前。① 文中的"泰畤"是西汉末年郊祀改革之前的祭天之处，这里代指南郊。熙宁三年前近二十年内亲郊大赦的地点在史书中没有明确记载，通过王珪的制文可以看到，此次大赦地点仍是宣德门。王安石写于熙宁元年的《宣答文武百僚称贺宣德门肆赦》内容类似："有制：朕升烟泰畤，登就吉仪。驻跸端门，布宣惠泽。臣邻协豫，黎庶交欣。赖天之休，与卿等内外同庆。"②可见，北宋皇帝亲郊后，一般都登上宫城的正南门颁布赦文。宣德门气势恢弘，非常壮观："大内正门宣德楼列五门，门皆金钉朱漆，壁皆砖石间甃镌镂龙凤飞云之状，莫非雕甍画栋，峻桷层榱，覆以琉璃瓦，曲尺朵楼，朱栏彩槛，下列两阙亭相对，悉用朱红杈子。"③这显然更能体现大赦仪式的隆重气氛。

前文提到，《开宝通礼》中没有皇帝亲郊完毕御楼宣赦的仪注，但是随着皇帝亲郊与颁赦仪式的高度结合，后者的制度化变成顺理成章的事情。乾德六年（968），太常礼院制定了皇帝亲郊后御楼肆赦的仪注，④这是北宋对亲郊大赦仪式最早的制度规定。庆历五年（1045），由王洙编修的《国朝会要》完成，内容的起讫时间是建隆元年（960）至庆历四年，⑤《国朝会要》已经佚失，根据《太常因革礼》的记载，此书有皇帝御楼宣赦的仪注：

> 皇帝登楼即御坐，枢密使、副使、宣徽使分侍立，仗卫如仪。通事舍人引群臣横行再拜讫，复位。侍臣宣曰："承旨。"通事舍人诣楼前，侍臣宣敕立金鸡。通事舍人退诣班而宣付所司讫，太常击鼓集囚。少府监立金鸡竿于楼东南隅，竿木伎人四面缘绳争上，取鸡口所衔绛幡，获者即与之。楼上以朱丝绳贯木鹤，仙人乘之捧制书循绳而下，

---

① 自仁宗朝开始，王珪长期担任学士，"神宗即位，迁学士承旨。珪典内外制十八年，最为久次，尝因展事斋宫，赋诗有所感，帝见而怜之。熙宁三年，拜参知政事"（《宋史》卷三一二《王珪传》，第10242页）。在宋代，内制的起草由学士执掌，批答属于内制，故该文写于熙宁三年之前。
② 《临川先生文集》卷四八，第506页。关于此文的写作时间，参见王安石著，李之亮笺注：《王荆公文集笺注》，成都：巴蜀书社，2005年，第382页。
③ 《东京梦华录注》卷一《大内》，第30页。
④ 《太常因革礼》卷一六《总例一六》，第411页。
⑤ 《皇朝编年纲目备要》卷一三，第295页。

至地以画台承鹤,有司取制书置案上。阁门使承旨引制案宣付中书门下,转授通事舍人,北面宣云:"有制。"群官再拜。宣赦讫,还授中书门下,转付刑部郎中,承制释囚。群官称贺,阁门使进诣楼前,承旨宣答讫,百官再拜,又再拜,蹈舞而退。①

北宋后期,皇帝应当分别前往南北郊祭祀昊天上帝和皇地祇的呼声,在朝廷内引起了很大反响,北郊亲祭一次次提上议事日程。绍圣三年(1096),权礼部侍郎黄裳在讨论北郊亲祭时提到:"元丰所定《北郊亲祀仪》称,如遇车驾赴景灵宫、太庙,即依大礼仪注施行。其宣德门肆赦,亦有已定仪注,并系朝廷临时指挥。"②北郊亲祭直到政和四年(1114)才实现,但是在当时的人看来,跟南郊亲祭一样,皇帝亲祭北郊之后,也应该有宣德门肆赦的环节。在《政和五礼新仪》中,宣德门肆赦礼典化,成为整个皇帝亲郊仪式的有机组成部分。③ 政和三年后,皇帝南郊亲祭之后依然大赦天下,④北郊亲祭只是"降德音于天下"或者"降德音于诸路"。⑤ 德音的规格比大赦略低,《宋史·刑法志》:"恩宥之制,凡大赦及天下,释杂犯死罪以下,甚则常赦所不原罪,皆除之。凡曲赦,惟一路或一州,或别京,或畿内。凡德音,则死及流罪降等,余罪释之,间亦释流罪。"⑥

我们再来分析亲郊赦文的内容。推恩一直是大赦制度最主要的职能。《册府元龟》的编者认为:"帝王以为死者不可复生,刑者不可复续,故开仁恕之道,行旷荡之恩,所以释既往之辜,示自新之路也。汉晋而下,历代相承。"⑦大赦的最初目的是为了让罪犯悔过自新,因此释囚成为每个朝

---

① 《太常因革礼》卷一六《总例一六》,第411—412页。
② 《宋会要辑稿》礼二八之五六,第1047页。
③ 《政和五礼新仪》卷二八《皇帝祀昊天上帝仪四》,第247—249页;卷三三《皇帝宗祀上帝仪四》,第270—272页;卷八三《皇帝祭皇地祇仪四》,第485—487页。
④ 《宋史》卷二一《徽宗纪三》,第392、397页;卷二二《徽宗纪四》,第405、412页。
⑤ 《宋史》卷二一《徽宗纪三》,第393、398页;卷二二《徽宗纪四》,第406页。
⑥ 《宋史》卷二〇一《刑法志》,第5026页。
⑦ 《册府元龟》卷八二《帝王部·赦宥一》,第893页。

代大赦必不可少的内容。① 在大赦制度的发展过程中,官爵和财物的恩赐、赋税的减免等内容逐渐加入进来,推恩的形式更加多样。从唐高宗和武后时期开始,除了赦免恩赐等事项外,大赦诏中还出现了不少涉及具体政务和法律制度的内容,赦文开始成为一种重要的立法方式。② 在唐后期,赦文与立法的关系更加密切。③ 赦文的内容变得前所未有的丰富,尤以南郊赦文最为突出。例如,《乾符二年正月七日南郊赦》"内容从犯罪赦免、京兆府和三司各类钱物的条流放免、财物勘检、漕粮脚价、军粮征运、羡余进献、武器制作、兵士阙额、文牒影占、赋税逼征,乃至于刺史上任、礼部注拟,事无巨细,皆有铺陈"。④ 皇帝的南郊亲祭在实现人与神祇沟通的同时,也成为施惠百姓、布政更始的契机。

魏斌认为,朝廷通过大赦发布政策法令的现象只存在于唐代。⑤ 这一看法不妥。例如,后唐同光二年(924)的南郊大赦规定:"丧葬之典,合式具言,使贫者足以备其仪,富者不得逾其制。顷自淳风渐散,薄俗相承,不守等威,竞为僭侈,生则不能尽其养,没则广费饰其终。自今后仰所司举名条制,勿令逾越,若故违犯,严加责罚。"这份赦文涉及申禁的内容,还包括废除苛捐杂税、整顿力役的分派、加强对地方官的选拔和监察等。⑥ 长兴元年(930)的南郊赦文也有这方面的内容:"应天下府州合征秋夏苗税。土地节气,各有早晚,访闻州县官于省限前预先征促,致百姓主持送纳博买供输,既不利其生民,今特议其改革,已令所司更展期限。"⑦显德元年(954)的南郊赦文,规定了后周对前代及其帝王的政策:"梁室受命,奄有中原,当历数之有归,亦神器之所在。潞王践阼,承绍唐基,累年司牧于生

---

① 关于唐代的录囚与释囚制度,参见陈俊强:《唐代录囚制试释》,收入高明士编《东亚传统教育与法制研究(一)——教育与政治社会》,台北:台湾大学出版中心,2005年,第265—295页。
② 禹成旼:《试论唐代赦文的变化及其意义》,《北京理工大学学报》2004年第3期,第84—87页。
③ 魏斌:《"伏准赦文"与晚唐行政运作》,《中国史研究》2006年第1期,第95—106页;《唐代赦书内容的扩展与大赦职能的变化》,《历史研究》2006年第4期,第26—28页。
④ 吴丽娱:《礼制变革与中晚唐社会政治》,第149页。
⑤ 魏斌:《唐代赦书内容的扩展与大赦职能的变化》,第34—35页。
⑥ 《册府元龟》卷九二《帝王部·赦宥一一》,第1015—1017页。
⑦ 《册府元龟》卷九三《帝王部·赦宥一二》,第1023页。

灵,诸夏奉承于正朔。庄宗克复,以朱氏为伪朝,晋祖统临,以清泰为伪号。所宜追正,庶协通规。今后不得名梁朝为伪朝,潞王为伪主。前代帝王陵庙及名臣坟墓无后者,所在官吏检校,勿令樵采耕犁。"①可以看到,在五代时期的南郊大赦中,依然有不少涉及行政事务和法规制度的内容。

到了北宋,亲郊赦文中还是有与政策法令相关的内容。例如,张方平在讨论南郊赦书的条目时说:"比来朝廷虽降责王逵、王隅等,以惩聚敛之吏。而近见奏报,郡县犹以助军为名,因缘为奸。谓宜因赦书,特与戒励,使天下知诛求之暴,本非朝廷之意。"②赵抃在其奏状中说:"臣伏睹明堂赦书节文,今后应系选差职任,令主判官审择人才,参校履历,不得以公私轻过便隔选差,如须合立定选格,即仰本院别行详定闻奏。"③可见,在北宋时期皇帝亲郊的赦文中,确实经常有行政事务和法令条规方面的内容。

然而,从总体上来看,在北宋的亲郊大赦中,推恩的内容还是占据了绝对的主导地位。这与宋代的统治政策有关,天水一朝推行怀柔政策,通过各种恩赐政策,来换取臣民的效忠,这在亲郊大赦中有充分的表现。开宝四年(971),右补阙梁周翰上疏曰:"陛下再郊上帝,必覃赦宥。臣以天下至大,其间有庆泽所未及,节文所未该者,宜推而广之。方今赋入至多,加以可科变之物,名品非一,调发供输,不无重困。且西蜀、淮南、荆、潭、桂、广之地,皆以为王土。陛下诚能以三方所得之利,减诸道租赋之入,则庶乎德泽均而民力宽矣。"④太平兴国六年(981),太宗举行南郊亲祭前,"有秦再思者,上书愿勿再赦,且引诸葛亮佐蜀数十年不赦事。上颇疑之,以问赵普,普曰:'国家开创以来,具存彝制,三岁一赦,所谓其仁如天,尧、舜之道。刘备区区一方,用心何足师法。'上然其对,赦宥之文遂定"。⑤ 可见,用亲郊大赦来显示国家的权威及其对臣民的仁慈,是宋初即已贯彻的统治政策。后来仍然有人反对亲郊大赦,例如景祐元年(1034),侍御

---

① 《册府元龟》卷九六《帝王部·赦宥一五》,第1050页。
② 张方平:《乐全先生文集》卷二〇《郊禋赦书事目》,《宋集珍本丛刊》第5册,北京:线装书局,2004年,第485页。
③ 《赵清献公文集》卷六《奏状论三路选差》,第763页。
④ 《续资治通鉴长编》卷一二开宝四年十月甲申条,第271—272页。
⑤ 《续资治通鉴长编》卷二二太平兴国六年十一月辛亥条,第505页。

史庞籍上书仁宗,要求不再举行南郊大赦。他指出:"礼行于郊,而劝赏、赐赦者,古之人无有也。"在他看来,皇帝亲郊礼仪后实行天下大赦和各种赏赐,是晚唐五代以来形成的弊病,"必大赏,所以劳卫兵也;必大赦,所以荡乱狱也",这也是造成宋朝只能实行三年一大礼的重要因素。庞籍将大赦看成是"政教之大患",理由是:"有罪者宥之,未必自新也;被苦者抑之,未必无怨也。"大赦的赦免范围非常广泛:"除十恶、斗杀、劫杀、谋杀并为已杀人者,及放火、官典犯正枉法赃至死,不赦外,其余罪咸赦除之。"这样会给不法之徒造成觊觎的心理,"复将有事于南郊之岁,必告布天下。民以是知国将郊禋,郊必宥罪,乃先其时节,用肆其凶暴。虽约束之预降,终瑕衅之悉荡"。因此,他要求仁宗"布发睿旨,昭示天下,今后郊禋之日,除赏赐之外,更不行赦,使无敢为虐,则善懦者怀惠,凶顽者知禁"。① 但是,这一奏请没有取得任何效果,亲郊大赦在北宋不曾中断过。

郭东旭指出,宋代的赦文内容主要有加恩百官、恩及子孙、优宽诸军、特恩赦百官、蠲免逋欠及私债等。② 这一概括比较准确,南郊亲祭后的大赦内容也大抵如此,宋人田锡在《贺大赦表》中说:"以一阳来,复有事于南郊,肆赦遂行,宣令于北阙。夕遍天下,先阳春而布和;风行域中,与品物而更始。释放刑禁,矜宽过尤,蠲复租征,招怀违叛,勋劳先赏,遗滞旁求,惠孚惸嫠,恩加存没。"③然而,如此多的恩赦内容带来了不少问题。例如,钱物赏赐的支出给国家财政带来了巨大的困难。④ 又如,在宋代的各种荫补方式中,通过南郊大赦入仕的人数最多,冗官问题在很大程度上由此造成。限制荫补一直是北宋政治生活中的重要话题,朝廷也采取了很多措施,尤其是在仁宗和神宗朝,但是效果极其有限。⑤

赦文时常有涉及地方事务的内容,因此需要向地方官民宣行。《隋

---

① 《宋朝诸臣奏议》卷一〇〇《上仁宗乞郊禋更不行赦》,上海:上海古籍出版社,1999年,第1073页。
② 郭东旭:《宋朝法律史论》,保定:河北大学出版社,2001年,第380—384页。
③ 《咸平集》卷二五,第389页。
④ 曹福铉:《宋代对官员的郊祀赏赐》,《宋史研究论丛》第6辑,2005年,第66—83页。
⑤ 游彪:《宋代荫补制度研究》,北京:中国社会科学出版社,2001年,第1—77页。

书·田式传》:"每赦书到州,式未暇读,先召狱卒,杀重囚,然后宣示百姓。其刻暴如此。由是为上所谴,除名为百姓。"①可以看到,在隋代,向官民宣赦书是地方官应尽的职责。到了唐代,宣行赦书在礼典中得到了反映。在《开元礼》的嘉礼部分,有使臣到诸州宣赦书的礼仪。地点在州城门,由刺史招集文武官参加,这一礼仪最核心的部分是:"持案者进使者前,使者取赦书,持案者退复位,使者称有赦,刺史以下皆再拜。宣赦讫,又再拜、舞蹈,又再拜。本司释囚,行参军引刺史进使者前,北面受赦书,退复位。"②当南郊赦书下达诸州时,应当按照此仪注宣赦。长兴元年(930)二月,后唐明宗南郊亲祭后,针对过去赦书宣布不广的问题,宣布:"夫施令覃恩,比期及物,苟有壅滞,曷浣焦劳? 如闻近年赦书所在不广宣布,为人臣者岂若是乎? 其在辅弼公卿藩侯郡守各输忠力,副朕忧勤,共致治平,永跻仁寿。仍令御史台严加访察,无纵稽留。赦书日行五百里,告谕天下,咸使闻知。"③

在北宋,向州县官民宣赦变得更为重要。至道二年(996)正月,太宗在南郊亲祭天地,时任知滁州郡事的王禹偁写了《贺南郊大赦表》,提到:"今月二十日降到赦书一道,南郊礼毕大赦天下者,臣当时集军州官吏、百姓、僧道宣读施行讫。"④曾巩《贺熙宁四年明堂礼毕大赦表》:"今月十三日,枢密院递到赦书一道,以宗祀明堂礼毕,大赦天下,臣已即时集军州官吏将校等宣布讫。"⑤熙宁十年(1077),神宗举行了南郊亲祭,并将赦文颁布天下,曾巩又写了《贺熙宁十年南郊礼毕大赦表》:"今月初七日,递到赦书一道,以十一月二十七日南郊礼毕,大赦天下者,臣已集军府官吏将校军民等宣读讫。"⑥在贺表中,除了禀报朝廷已向官吏百姓宣读赦文外,还

---

① 《隋书》卷七四《田式传》,第1694页。
② 《大唐开元礼》卷一三〇《皇帝遣使诣诸州宣赦书》,第613页。
③ 《册府元龟》卷九三《帝王部·赦宥一二》,第1024页。关于赦书"日行五百里"的问题,参见中村裕一:《唐代制敕研究》,东京:汲古书院,1991年,第910—925页。
④ 王禹偁:《王黄州小畜集》卷二二,《宋集珍本丛刊》第1册,北京:线装书局,2004年,第681页。此文的定年,参见徐规:《王禹偁事迹著作编年》,北京:中国社会科学出版社,1982年,第128页。
⑤ 《曾巩集》卷二七,第418页。
⑥ 《曾巩集》卷二七,第418页。

有大量赞美颂扬的语句。这样的例子不止以上所举三例,格式也大体相同。① 这些事实表明,赦书下达地方,向百姓宣布赦文的内容,并由地方长官撰写贺表,将此事告知朝廷,已经成为亲郊大赦的基本程式。宣赦书是中央政府与地方社会沟通的一种有效手段,包括释因在内的整个仪式,意在使民众直观地感觉到朝廷的存在与天子的恩威,从而建立稳定的统治秩序。

(三) 贺礼

在皇帝亲郊的场合,除了地方政府的助祭和皇帝的大赦天下外,君臣还要在祭祀完成后进行进贺与受贺的礼仪,这也是权力秩序的一种体现。在唐前期,地方长官和在外京官在皇帝亲郊前后,需要通过礼部上奏贺表。例如《开元礼》规定:"凡践阼、加元服、册皇后、皇太子及元日,并巡狩、亲征、封禅、郊祀及诸大礼,诸州刺史、都督及京官五品以上在外者,并拜表疏贺,礼部为奏。"②此时,群臣进贺还没有成为皇帝亲祭南郊的一个礼仪环节。

到了唐后期,那些没有参与南郊亲祭的官员,依然会在祭祀前后以上表的方式向皇帝进贺。例如,令狐楚《贺南郊表》:"伏奉圣旨,以来年正月五日朝献太清宫,飨太庙,七日有事于南郊,宜令所司准式者。……臣谬贞师律,叨守戎藩,不得捧豆笾于清庙之中,执玉帛于泰坛之下,仰观盛礼。伏贺鸿休,耸踊辕门,无任恋结,屏营之至,谨遣某官某奉表陈贺以闻。"③这是令狐楚在南郊亲祭前上的贺表。根据令狐楚的生平以及文中透露的南郊亲祭时间,此文作于长庆四年(824),他时任检校礼部尚书、汴

---

① 相关的例子,参见宋祁:《景文集》卷三六《贺南郊礼毕表》,《景印文渊阁四库全书》第1088册,台北:台湾商务印书馆,1983年,第314页;卷三六《定州贺南郊礼毕表》,第314—315页;余靖:《武溪集》卷一六《贺南郊赦表》,《宋集珍本丛刊》第3册,北京:线装书局,2004年,第293页;文同:《新刻石室先生丹渊集》卷二七《贺明堂礼毕表》,《宋集珍本丛刊》第9册,北京:线装书局,2004年,第251页;刘挚:《忠肃集》卷二《贺南郊礼成表》,北京:中华书局,2002年,第33页。
② 《大唐开元礼》卷三《序例下》,第33页。
③ 《文苑英华》卷五五三,北京:中华书局,1982年,第2827页。

州刺史、宣武军节度、汴宋亳观察等使。① 他另有《为桂府王珙中丞贺南郊表》一文："伏奉十一月十日制书,南郊大礼毕,大赦天下者。……臣蒙被恩泽,获齿生类,会守远郡,阻窥盛礼,徘徊天外,目与心断,无任抃跃,恋结之心,谨遣突将王清朝等奉表陈贺以闻。"②此文写于贞元九年(793)十一月南郊大礼之后。"王珙"应为王拱。贞元七年,令狐楚进士及第,一度被桂管观察使王拱辟署,因此替他写下了向皇帝进贺南郊礼成的文表。

更重要的是,在唐后期的皇帝亲郊中,群臣进贺成为其中的一个礼仪环节。《旧唐书·礼仪志》:"〔长庆元年〕正月,南郊礼毕,有司不设御榻,上立受群臣庆贺。及御楼仗退,百僚复不于楼前贺,乃受贺于兴庆宫。二者阙礼,有司之过也。"③关于这一事件,《册府元龟》有不同的说法:

> 长庆元年正月辛丑,郊社礼毕,大赦天下。宣赦毕,宰臣率百僚称贺于楼前。仗退,帝朝太后于兴庆宫。先是,南郊礼毕,不设御榻,帝立受群臣称贺,及御楼仗退,百僚复不贺于兴庆宫。举大典而有二阙,皆有司之过也。④

在这里,所谓"有司之过",是指在皇帝接受群臣贺礼时不设御榻,以及官僚不在兴庆宫庆贺。《册府元龟》和《旧唐志》对前一过失的说法相同,后一过失则正好相反。《旧唐书·穆宗纪》记载:"礼毕,群臣于楼前称贺。仗退,上朝太后于兴庆宫。"⑤由此看来,在前面的两种说法之中,当以《册府元龟》的说法为是。通过上面的史料辨析可以看到,在唐后期的皇帝南郊亲祭中,大致有三个受贺礼仪:首先,皇帝完成南郊亲祭后,在郊宫接受群臣的进贺;其次,皇帝御楼肆赦后,群臣称贺;最后,銮驾回宫后,另有一个太后在场的庆贺仪式,皇帝和群臣都出席。兴庆宫建立于开元二年

---

① 《旧唐书》卷一七二《令狐楚传》,第4461页。
② 《文苑英华》卷五五三,第2827—2828页。
③ 《旧唐书》卷二一《礼仪志一》,第845页。
④ 《册府元龟》卷五九六《掌礼部·谬妄》,第6861页。
⑤ 《旧唐书》卷一六《穆宗纪》,第484页。

(714),被称为南内,与西内太极宫、东内大明宫并称三大内。① 元和十五年(820)正月,宪宗驾崩,穆宗即位,懿安皇后郭氏被尊为皇太后。同年六月,太后移居兴庆宫。② 可见,回宫后的庆贺仪式是在太后所居住的宫中举行。

五代时期有关南郊庆贺的记载相当少,不过,后唐长兴元年(930)和后周显德元年(954)南郊亲祭后的郊宫受贺都有记载。《旧五代史·后唐明宗纪》:"〔长兴元年二月〕乙卯,祀昊天上帝于圜丘,柴燎礼毕,郊宫受贺。"③《旧五代史·后周太祖纪》的记载类似:"显德元年春正月丙子朔,帝亲祀圜丘,礼毕,诣郊宫受贺。"④

我们通过长庆元年(821)的例子,概括出唐后期皇帝南郊亲祭的一系列受贺礼仪,接下来我们来看一下宋代是否也是如此。《太常因革礼》在记载开宝元年(968)的皇帝亲祭时,提到:"《通礼》郊毕无行宫称贺仪。是岁仪注,皇帝还青城行宫,受文武百僚贺,皇帝升坐,文武百僚俱横行,起居再拜。中书门下班首少前,跪贺讫,复位。典仪曰再拜,在位官皆再拜,舞蹈,三称万岁,又再拜。宣徽使进诣御坐前,承旨退西,称有制。典仪曰再拜,在位官皆再拜。宣答讫,典仪曰再拜,在位官皆再拜,舞蹈,三称万岁,又再拜讫,分班序立,皇帝降坐,文武百僚相次退,所司转仗于还途,如来仪。"⑤开宝六年颁布的《开宝通礼》没有吸收行宫称贺的仪注,但是这一仪式在北宋的礼仪实践中长期实行。景德二年(1005),"是岁仪注,南郊礼仪使奏,自乾德六年(按:即开宝元年)以来,行宫称贺,横行再拜,遂奏圣躬万福,于礼未备。今欲横行再拜,搢笏,舞蹈,又再拜,而后圣躬万福,又再拜,余称贺如旧。诏可"。⑥ 从这里可以看到两点:一是自从开宝元

---

① 兴庆宫的历史,参见 Victor Cunrui Xiong, *Sui-Tang Chang'an: A Study in the Urban History of Medieval China*, Ann Arbor: Center for Chinese Studies, University of Michigan, 2000, pp. 97 - 104.
② 《旧唐书》卷一六《穆宗纪》,第 479 页。
③ 《旧五代史》卷四一《后唐明宗纪七》,第 560 页。
④ 《旧五代史》卷一一三《后周太祖纪四》,第 1500 页。
⑤ 《太常因革礼》卷二九《冬至祀昊天上帝于圜丘》,第 462 页。
⑥ 《太常因革礼》卷三〇《冬至祀昊天上帝于圜丘二》,第 467 页。

年至景德二年，每逢皇帝南郊亲祭都有行宫受贺礼仪；二是皇帝的权威在景德二年的仪注中得到进一步展现。

自熙宁七年（1074）始，南郊青城的殿宇和宫门有了确定的名称。《宋史·礼志》："先是，每郊撰进，至是始定名，前门曰泰禋，东偏门曰迎禧，正东门曰祥曦，正西门曰景曜，后三门曰拱极，内东侧门曰夤明，西侧门曰肃成，殿曰端诚，殿前东、西门曰左右嘉德，便殿曰熙成，后园门曰宝华，著为定式。"① 青城的中心端诚殿成为皇帝南郊受贺的地点。例如元丰六年（1083），神宗祭毕昊天上帝，"百官称贺于端诚殿"。② 在《政和五礼新仪》中，端诚殿受贺依然是皇帝南郊亲祭的重要组成部分，内容与开宝元年的仪注相近。

我们再来看明堂亲享。皇帝亲享明堂是从皇祐二年（1050）开始的，此前的明堂大享都由有司摄事。在北宋，明堂长期没有建立，直到政和五年（1115）才开始动工兴建，两年后落成。在明堂建立以前，有司摄行明堂大享，都是寓于南郊。皇帝的明堂亲享都是在宫城正殿大庆殿举行的。在确定明堂亲享的地点时，仁宗说："明堂者，布政之宫，朝诸侯之位，天子之路寝，乃今之大庆殿也。况明道初合祀天地于此，今之亲祀，不当因循，尚于郊墠寓祭也。其以大庆殿为明堂，分五室于内。"于是，"礼院请依《周礼》，设五室于大庆殿"。③ 在古人的礼制理想中，明堂是天子布政之宫。《白虎通》谓："天子立明堂者，所以通神灵，感天地，正四时，出教化，宗有德，重有道，显有能，褒有行者也。明堂上圆下方，八窗四闼，布政之宫，在国之阳。"④ 虽然明堂没有建立，大庆殿毕竟是大内的正殿，故以此为皇帝亲行明堂大享的场所。仁宗完成明堂亲享后，"御紫宸殿，百官称贺"。⑤ 紫宸殿旧名崇德殿，明道元年（1032）改名紫宸殿，"即视朝之前殿"。⑥ 皇祐二年后，明堂亲享礼毕，皇帝都是在紫宸殿受贺，在《政和五礼新仪》中

---

① 《宋史》卷九九《礼志二》，第2433页。
② 《宋史》卷九九《礼志二》，第2444页。
③ 《宋史》卷一〇一《礼志四》，第2465页。
④ 班固著，陈立疏证：《白虎通疏证》卷六《辟雍》，北京：中华书局，1994年，第265页。
⑤ 《宋史》卷一〇一《礼志四》，第2467页。
⑥ 《玉海》卷一六〇《明道紫宸殿》，第2945页。

亦是如此。① 结合前面的分析可以看到，北宋时期亲郊完毕，立即有群臣向皇帝进贺，这也是皇帝一系列受贺礼仪中最重要的一个。在《政和五礼新仪》规定的皇帝亲郊礼仪中，有这一单独的环节，这足以显示其重要性。

与唐后期一样，亲郊大赦后，群臣在城楼之下向皇帝进贺。例如元丰六年（1083），神宗完成南郊亲祭回宫后，"常服，乘舆御宣德门，肆赦，群臣称贺如常仪"。② 明堂也是如此，皇祐二年（1050），仁宗祭毕明堂、在紫宸殿接受百官祝贺后，"乃常服，御宣德门肆赦，文武内外官递进官有差。宣制毕，宰臣百僚贺于楼下"。③ 在《政和五礼新仪》中，群臣的楼下进贺礼仪被列入"宣德门肆赦"的环节。

在北宋的礼制实践中，朝臣一般不出席皇帝亲郊礼毕在太后宫中举行的庆贺仪式，只是奉表称贺。这一庆贺礼仪主要发生在皇帝与太后之间，唯一的例外发生在在天圣五年（1027），群臣贺章献皇太后于其居住的会庆殿。④ 元祐四年（1089），哲宗亲享明堂，"三省以章献皇后故事，将俟礼毕，百官班贺于会庆殿"。宣仁太皇太后宣谕："今有司因天圣之故事，修会庆之盛礼，将俾文武称贺于庭。吾自临决万机，日怀祗畏，岂以菲薄之德，自比章献之明。矧复皇帝致贺于禁中，群臣奉表于闺左，礼文既具，夫又何求？前朝旧议，吾不敢受，将来明堂礼毕，更不受贺。百官并内东门拜表，故兹诏示，想宜知悉。"⑤ 看来在北宋，太后宫中的郊毕贺礼是一个封闭性的礼仪，在以《政和五礼新仪》为代表的官方礼典中，不见这一礼仪的仪注，也就可以想见了。

与唐代一样，在北宋，那些无法出席皇帝亲郊仪式的官员往往会向皇帝进呈贺表。例如熙宁十年（1077），苏辙在南京应天府任职，当时的知府是张方平。该年冬至，神宗在南郊亲祭天地，苏辙写了《代张公贺南郊表》《代南京留守贺南郊表》和《代南京百官贺南郊表》，上奏

---

① 《政和五礼新仪》卷三三《皇帝宗祀上帝仪四》，第269—270页。
② 《宋史》卷九九《礼志二》，第2444页。
③ 《宋史》卷一〇一《礼志四》，第2467页。
④ 《续资治通鉴长编》卷一〇五天圣五年十一月癸丑条，第2456页。
⑤ 苏辙：《龙川略志》卷六《享祀明堂礼毕更不受贺》，北京：中华书局，1982年，第32页。

朝廷。① 被贬斥岭南期间，苏辙也有向皇帝亲郊表示祝贺的奏表。建中靖国元年(1101)，徽宗举行南郊亲祭，苏辙上表："臣顷斥居荒服，岂意生还？今密迩邦畿，亟闻敷命。造庭称庆，虽绝望于余生；鼓腹载歌，窃有幸于今日。"②他借此表明虽然遭到了贬逐却忠于朝廷与皇帝的心迹，权力关系正是通过类似这样的方式得到了表达。

第三节 小　　结

唐宋王朝都极为重视礼仪制度，将其作为表述国家意识形态的重要途径。在各项吉礼仪式中，与意识形态表达关系最为密切的无疑是郊祀礼仪，它象征着君主受命于天、统治万民的合法性。魏侯玮（Howard J. Wechsler）指出，在唐前期，为了适应不断膨胀的皇权，并为之提供宇宙观念的解释，昊天上帝在国家礼仪体系中的地位更加突出。它将这一现象看作唐代礼制演进的一个重要特征。③ 相较于有司摄事，皇帝亲郊表征统治合法性的意义得到了更多的重视。

就皇帝亲郊礼仪而言，最重要的转变发生于盛唐天宝年间。一方面，从天宝年间开始，皇帝的南郊亲祭时常采取天地合祭的形式。这一举措使皇帝不必前往方丘祭祀皇地祇，就可以履行祭祀天地的职责。曾肇对这一变礼的评价就是"屈神而从己"、"苟从人事之便"。④ 与一直贯彻天地分祭的有司摄事相比，此举还突出了皇帝亲郊高于有司摄事的理念。天地合祭的皇帝亲郊在晚唐五代至多属于惯例，到了北宋初年得以制度化，并且引起了北宋后期皇帝亲郊究竟应该采取天地合祭还是天地分祭的争

---

① 苏辙：《栾城集》卷四九，收入《苏辙集》，北京：中华书局，1990年，第848—850页。关于这三篇奏表的写作时间，参见曾枣庄：《苏辙年谱》，西安：陕西人民出版社，1986年，第73—74页。
② 苏辙：《栾城后集》卷一八《南郊贺表》，收入《苏辙集》，第1082页。
③ Howard J. Wechsler, *Offerings of Jade and Silk: Ritual and Symbol in the Legitimation of the T'ang Dynasty*, pp. 107‑122, 234.
④ 《续资治通鉴长编》卷四七七元祐七年九月戊子条，第11364页。

论。唐至北宋时期，实则见证了帝制时代郊祀礼仪的争论焦点从郊丘之争到天地分合之争的转移。另一方面，皇帝在南郊亲祭前的两天分别前往太清宫和太庙举行祭祀，三大礼由此建立。以想象中的远祖、真实的祖先和天神地祇为顺序的祭祀，比起这些神灵的单独祭祀，无疑使统治合法性得到了更加有力的展示。盛唐时代过去之后，面对着内忧外患带来的秩序危机，朝廷不但通过政治、经济等方式来强化自身、压制地方，还借助象征性的仪式来树立权威，三大礼是其中最重要的礼仪措施。晚唐的皇帝通常在继位后的第二年举行亲郊仪式，以体现自己的合法地位。宋初一度只在皇帝亲郊前安排太庙朝享的礼仪，随着景灵宫祭祀的建立，新的三大礼——景灵宫朝献、太庙朝享和南郊亲祭——在宋真宗统治末年建立。就性质而言，皇帝亲郊前的这两项礼仪均非正祭，被视为不符合礼制传统之举，却一直得到了贯彻，显然强化皇权的现实需要压倒了一切。从天宝年间一直到北宋末年，这两个问题彼此缠绕，交互影响，使这一时期皇帝亲郊礼仪的面貌和性质发生了深刻的变化。

若对比郊丘之争和天地分合之争，我们可以看到，尽管都是事关郊祀礼仪的主神，但是侧重点有很大的不同。郊丘之争是由于经典的模糊性而引发的，不同的儒生对经典中的同一记载有不同的诠释。郑玄援引纬书，主张天神有六，一年九祭，地祇有二，一年两祭。王肃对其予以驳斥，坚持天神和地祇都是唯一，一年之中只有两次祭天礼仪、一次祭地礼仪。郊丘合一还是分立的争论因此而起。魏晋南北朝时期，郑玄和王肃的学说彼此竞争，北朝、隋代的郊祀制度采取郊丘分立的形式，两晋南朝则实行郊丘合一。随着国家的统一和文化融合的加剧，郊祀礼仪势必要在郑玄和王肃的学说之间进行一番取舍或调和。唐初的郊祀制度主要继承了北朝传统，郑玄礼学占据了主导地位，同时朝廷有选择地吸纳了南朝的制度因素。高宗武后时期，王肃礼学对礼制的影响逐渐增大，郑学与王学的较量持续到了《开元礼》颁布为止。《开元礼》中的郊祀制度是以郑学为基础框架、再取王学因素而形成的。在此过程中，有皇权强化的背景，有不同学术观点互相竞争的因素，但是都没有超出原有的框架，政权只是在两种学说之间进行了择取与调和。

天地分合之争的起因是晚唐至北宋的皇帝亲郊礼仪逐渐背弃了儒家经典中天地分祭的原则，因此在北宋后期的礼制改革中遭到了反对。通过对各位参与了天地分合之争的官僚士大夫的言论进行分析，我们清楚地看到，除了苏轼等极个别人外，绝大多数朝臣都同意天地分祭符合经典记载，天地合祭有违经典记载，只是对两者的可执行性有不同的看法。主张天地分祭的人有一个共识，就是将废除天地合祭的皇帝亲郊制度看作第一要务。至于皇帝是否要去方丘亲祭皇地祇，他们的看法并不一致：有的力陈通过减省方丘亲祭的仪卫、花销、赐予等事项来实现方丘亲祭；有的主张重臣代表皇帝在亲郊之年的夏至前往方丘祭祀皇地祇，并且提高这一礼仪的规格；有的建议采取其他替代性的礼仪。神宗、哲宗、徽宗都支持天地分祭，但是在废除天地合祭后皇帝如何履行祭祀皇地祇职责的问题上，经历了政策上的摇摆。

正是因为废除天地合祭后，皇帝只是去南郊祭祀昊天上帝，并未去方丘祭祀皇地祇，所以天地合祭的祖宗旧制一直有不少人力挺。他们没有回避天地合祭并不符合经典记载的事实，但是，他们认为，"斋居远、仪卫繁、用度广、赐予多"之类的问题阻碍了皇帝在南郊亲祭之外再实行方丘亲祭的可能，因而建言暂且采取天地合祭这一权宜之计，等到将来条件具备时，再实行天地分祭的皇帝亲郊制度。方丘亲祭久不实行，更是坚定了他们的判断，他们的建议得到了宣仁太皇太后的支持，元祐七年（1092）的南郊亲祭重新实行天地合祭。总体看来，天地分祭的观点因为得到了三朝皇帝的支持，从而占据了一定的优势，在元丰六年（1083）后的历次皇帝亲郊中，除了元祐七年外，都坚持了天地分祭的形式。另一方面，方丘亲祭却是屡屡无法实施，这里有神宗、哲宗不及亲行方丘祭祀即去世的因素，更重要的是外在条件对皇帝亲郊形式的强大制约，这充分说明了合祭天地的现实需要性，也为主张天地合祭的人提供了极好的借口，直到徽宗统治中期，方丘亲祭才开始实施。到了南宋，朝廷再次恢复天地合祭的亲郊制度，也就在情理之中了。

郊丘之争到天地分合之争的转变，意味着卤簿仪卫、支赐开销等外在因素压倒了礼学内部不同观点的竞争，成为影响郊祀制度的首要因素。

方丘亲祭难以实施，也是受到了这些因素的制约。这些问题之所以难以克服，与唐至北宋时期郊祀礼仪的变化密不可分。

安史之乱后，皇帝亲郊后都会有御楼肆赦的仪式。虽然皇帝亲郊后大赦天下的现象在唐以前也很常见，但是，以中书令为中心的宣赦书礼仪直到唐前期才形成，到了安史之乱后，御楼肆赦仪式与皇帝亲郊高度结合，成为皇帝亲郊礼仪不可或缺的一部分。就赦文内容而言，除了给予臣民形式多样的赦免、数量巨大的恩赐外，各种规章制度和行政事务的调整也时常被包含在内。亲郊之后臣下向皇帝的进贺也在唐后期仪式化了，并融入整个亲郊礼仪中。

天宝年间三大礼的形成，极大地增强了统治合法性的表现力度。京城内的民众乃至大多数官员都无缘参加太清宫朝献、太庙朝享和南郊亲祭，对他们来说，主要就是通过卤簿仪卫等非祭祀性因素感受皇权的神圣威严。因此，这些祭祀之外的因素受到了空前的重视，这在大礼五使的建立和构成上有充分的反映。因为需要有朝廷官员协调各种繁琐的事务，临时性的礼仪使职在中晚唐应运而生，并在 10 世纪中叶形成了大礼五使。大礼五使是大礼使、礼仪使、仪仗使、卤簿使和桥道顿递使，其中卤簿使和桥道顿递使与祭祀过程无关，专门处理非祭祀性的环节。五使之中有两个不涉及祭祀仪式的使职，说明皇帝亲郊的外在形式得到了前所未有的重视，卤簿、仪仗等原先的辅助性事务变得越来越重要。卤簿的规模越来越大，十分惊人。在北宋，南郊亲祭的卤簿人数两万有余，明堂亲享的卤簿人数也超过了一万人。皇帝亲郊之前还会在街上举行卤簿的彩排，亲郊那天盛大的仪仗队伍更是给人以强烈的视觉冲击。以上这些，都有助于民众近距离感触皇权的外在表现。

京城以外的臣民主要是通过地方官府助祭和皇帝大赦天下的方式，来参与皇帝亲郊的过程。每当皇帝亲郊，地方官府、蕃夷专程派员前来助祭，进奉财货，并与文武朝官一起出席皇帝亲郊仪式。朝廷在接受地方的进奉外，还会以大赦的方式进行回馈。赦文下颁地方后，地方官召集民众，进行宣读，并且通过上奏贺表的方式，向朝廷告知赦文已经公布于民，进而向朝廷表示恭敬、忠诚。

因此，皇帝亲郊并不仅仅局限在仪式过程中，仪式结束后还有延伸的环节；皇帝亲郊也不仅仅体现为礼仪进程，还是帝国秩序的一种反映。皇帝亲郊礼仪成为君臣之间、中央与地方之间双向权力关系的展示窗口，这些仪式虽然是表演性的，但是表现的内容却是实实在在的。原来，郊祀礼仪侧重于表现天子与天神地祇的关系，太庙礼仪用来表现皇帝与祖先的关系，表现人间权力关系的主要是元会礼仪。从晚唐开始，特别是进入宋代后，元会礼仪表征帝国秩序的意义大不如前，而三大礼除了展示人神关系外，还增加了表现中央与地方、君主与臣下权力关系的内容。唐至北宋时期的皇帝亲郊礼仪，除了像以前一样确认天子与神灵的关系以显示受命于天的意义外，还成为宣扬国家权力秩序和调整统治措施的舞台，世俗性与神圣性在此同时得到了有力的体现。另一方面，随着皇帝亲郊承负了越来越多的功能，皇帝亲郊的时间间隔不得不被限制为三年左右，皇帝亲郊的形式也因此受到了制约，北宋后期天地分合之争的持续进行、皇帝方丘亲祭的不断落空即根源于此。

第四章　太庙祭祀

祖先崇拜是人类社会普遍存在的一种信仰方式，中国也不例外，早在上古时代，祭祖礼仪就已经出现了。① 在中国传统社会，宗庙祭祀是祖先崇拜极为重要的一种表现形式。古人在宗庙中供奉和祭祀祖先，表达他们对祖先的感情，并希望得到祖先的庇护眷顾，这也是宣扬孝道的一种方式。然而，宗庙的功能不仅在于人神之间的精神交流，还与人间秩序的建立和维持密切相关。

在先秦时代，宗庙是宗法制度的直观体现。丁山指出："宗法之起，不始周公制礼，盖兴于宗庙制度。……宗法者，辨先祖宗庙昭穆亲疏之法也。"② 在儒家的礼制理想中，宗庙为权贵阶层独有，是封建宗法制的一种外在表现形式，并且呈现出明显的等级性。例如，《礼记·王制》："天子七庙，三昭三穆，与太祖之庙而七。诸侯五庙，二昭二穆，与太祖之庙而五。大夫三庙，一昭一穆，与太祖之庙而三。士一庙。庶人祭于寝。"③《礼记·礼器》："礼有以多为贵者。天子七庙，诸侯五，大夫三，士一。"④

到了帝制时代，天子、诸侯、大夫、士的封建等级制转变为皇帝制度下的身份等级制，但是宗庙祭祀依然在国家礼仪制度中占据了重要位置。与上古诸侯、大夫、士的宗庙对应的是各级官僚的家庙，不过家庙在帝制

---

① 陈戍国：《先秦礼制研究》，长沙：湖南教育出版社，1991年，第129—145、198—205、286—291页；张鹤泉：《周代祭祀研究》，台北：文津出版社，1993年，第129—190页；张荣明：《中国的国教——从上古到东汉》，北京：中国社会科学出版社，2001年，第122—146页；刘源：《商周祭祖礼研究》，北京：商务印书馆，2004年。
② 丁山：《宗法考源》，《史语所集刊》第4本第4分，1934年，第415页。
③ 《礼记正义》卷一二，《十三经注疏》本，北京：中华书局，1980年，第1335页。
④ 《礼记正义》卷二三，第1431页。

时代时有时无,例如嘉祐二年(1057)文彦博建立家庙后,司马光在碑记上对家庙制度的演变进行了准确的叙述:

> 先王之制,自天子至于官师皆有庙。君子将营宫室,宗庙为先,居室为后。及秦非笑圣人,荡灭典礼,务尊君卑臣,于是天子之外,无敢营宗庙者。汉世公卿贵人多建祠堂于墓所,在都邑则鲜焉。魏晋以降,渐复庙制。其后遂著于令,以官品为所祀世数之差。唐侍中王珪不立私庙,为执法所纠。太宗命有司为之营构以耻之,是以唐世贵臣皆有庙。及五代荡析,士民求生有所未遑,礼颓教侈,庙制遂绝。宋兴,夷乱苏疲,久而未讲。仁宗皇帝闵群臣贵极公相而祖祢食于寝,侪于庶人。庆历元年,因郊祀赦,听文武官依旧式立家庙。①

相比之下,皇帝宗庙祭祀则贯穿于整个帝制时代始终。而且对统治者来说,其意义是百官家庙无法比拟的,它象征着最高统治权在一个家族内传递的合法性。

在中国古代,郊祀礼仪与太庙祭祀是吉礼的两大柱石,分别象征着皇权受命于天和受命于祖。《礼记·曲礼下》:"践阼,临祭祀,内事曰'孝王某',外事曰'嗣王某'。"郑玄注:"皆祝辞也。唯宗庙称孝,天地社稷祭之郊内,而曰嗣王,不敢同外内。"孔颖达疏:"内事曰'孝王某'者,内事宗庙,是事亲,事亲宜言孝,故升阼阶,祭庙则祝辞云'孝王某某',为天子名也。外事曰'嗣王某'者,外事郊社也。天地尊远,不敢同亲云孝,故云'嗣王某',言此王继嗣前王而立也。"②宗庙祭祀和郊祀礼仪分别被看作"内事"和"外事"的代表。到了帝制时代,君主举行郊祀礼仪和太庙祭祀时,祝文

---

① 司马光:《温国文正公文集》卷七九《文潞公家庙碑》,《儒藏精华编》第 210 册,北京:北京大学出版社,2011 年,第 1092—1093 页。有关唐宋家庙制度的研究,参见甘怀真:《唐代家庙礼制研究》,台北:台湾商务印书馆,1991 年;吾妻重二:《宋代の家庙と祖先祭祀》,收入小南一郎编《中国の礼制と礼学》,京都:朋友书店,2001 年,第 509—520 页;赵旭:《唐宋时期私家祖考祭祀礼制考论》,《中国史研究》2008 年第 3 期,第 18—28 页。
② 《礼记正义》卷四,第 1260 页。

中的自称有"天子臣某"和"皇帝臣某"的分别,就是从古礼中的"嗣王某"和"孝王某"沿袭而来。① 郊祀礼仪和太庙祭祀成为君主展示其"天子"和"皇帝"双重身份最重要的礼仪舞台。

与郊祀礼仪类似,太庙祭祀在两汉之际也经历了儒家化的改革。② 这场改革取得了一系列的成果:从庙数看,天子七庙制导入帝国礼制中,毁庙与不毁庙的制度也随之确立;就构造形式而言,同殿异室的太庙形式逐步形成;在祭祀时节上,不但在四孟月和腊月实行时祭制度,还建立了三年一祫、五年一禘的殷祭制度。与后世相比,这些环节尚显粗糙,但是儒家性质的太庙祭祀制度的轮廓已经形成,后世的太庙礼仪就是在此基础上展开和推进的。同时也要看到,太庙祭祀的争议远远没有解决,随着传统礼学的发展,加之各王朝政治状况的错综复杂,太庙祭祀伴随这些争议而不断呈现新的面貌,唐宋时期就是如此。

近年来,唐宋时期的太庙祭祀得到了学者们的重视,出现了一些重要的研究成果。户崎哲彦从庙数的变化出发,对唐代的太庙制度作了分期。③ 他另有一文分析了8世纪后期的禘祫之争及其背后的社会思想变迁。④ 江川式部对唐代太庙祭祀中的祼礼有深入研究,揭示了祼礼与郁鬯背后的礼制秩序。⑤ 高明士从礼制和法制的角度,探讨了中古时代太庙祭祀对专制皇权的意义,重点放在了唐代。⑥ 通过金子修一的研究,可以看

---

① 尾形勇:《中国古代の"家"と国家——皇帝支配下の秩序构造》,东京:岩波书店,1979年,第179—180页。
② 伊藤德男:《前汉の宗庙制——七庙制の成立を中心にして》,《东北学院大学论集·历史学地理学》第13号,1983年,第43—67页;藤川正数:《汉代における礼学の研究》,东京:风间书房,1985年,第91—138页;金子修一:《古代中国と皇帝祭祀》,东京:汲古书院,2001年,第103—111页。
③ 户崎哲彦:《唐代における太庙制度の变迁》,《彦根论丛》第262、263号,1989年,第371—390页。
④ 户崎哲彦:《唐代における禘祫论争とその意义》,《东方学》第80号,1990年,第82—96页。
⑤ 江川式部:《唐の庙享と祼礼》,《明治大学人文科学研究所纪要》第55册,2004年,第174—200页。
⑥ 高明士:《礼法意义下的宗庙——以中国中古为主》,收入高明士编《东亚传统家礼、教育与国法(一):家族、家礼与教育》,台北:台湾大学出版中心,2005年,第23—86页。

到统治者如何运用太庙祭祀与郊祀礼仪来为现实政治服务。① 郭善兵对唐代太庙的庙数变化、禘祫制度的变革都有论述。② 吴丽娱对唐代的太庙祭品问题有过深入研究,尤其值得注意的是,陵寝荐食对太庙祭祀的影响及其意涵得到了充分讨论。③ 山内弘一探究了北宋太庙的构造、祭祀制度诸环节、皇帝位次的变迁以及后妃祠庙等问题。④ 张焕君研讨了发生于熙宁五年(1072)至绍熙五年(1194)间的宋朝太庙东向之位的争论。⑤ 这些论著从不同侧面丰富了我们对唐宋太庙祭祀的认识,也成为研究再出发的起点。

第一节 太庙庙数的变迁

与郊祀礼仪一样,太庙祭祀的争议在帝制时代几乎一直没有间断过,尤其是因为太庙祭祀与现实情境的纠葛比郊祀礼仪更为复杂,所以引发的争论也就更多。其中,争议最多的是太庙的庙数问题。儒家虽然非常重视祭祀礼仪,但是并不主张过度的祭祀,而是讲求适中,《礼记·祭义》说:"祭不欲数,数则烦,烦则不敬。祭不欲疏,疏则怠,怠则忘。"⑥因此,宗庙中无法容纳所有的祖先,只能制定一个规则,以确定太庙供奉祖先的数量,这就是所谓的庙数,然后根据功绩大小和血缘亲疏选择相应的祖先进行祭祀。事实上,"天子七庙"的观念固然深入人心,但是因为经典的模糊性,"天子七庙"的构成有很大的解释空间,特别是当其应用到太庙礼制上时,更是波折不断:庙数变化时,太庙中供奉的祖先数量、人选自然要面临

---

① 金子修一:《中国古代皇帝祭祀の研究》,东京:岩波书店,2006年,第309—430页。
② 郭善兵:《中国古代帝王宗庙礼制研究》,北京:人民出版社,2007年,第372—439页。
③ 吴丽娱:《唐宋之际的礼仪新秩序——以唐代的公卿巡陵和陵庙荐食为中心》,《唐研究》第11卷,2005年,第233—258页。
④ 山内弘一:《北宋时代の太庙》,《上智史学》第35号,1990年,第91—119页。
⑤ 张焕君:《宋代太庙中的始祖之争——以绍熙五年为中心》,《中国文化研究》2006年夏之卷,第48—56页。
⑥ 《礼记正义》卷四七,第1592页。

调整；即使庙数不变，选择哪些祖先进行祭祀，也是极富争议的问题。因此，庙数问题是左右太庙祭祀制度变化的关键。

一、"天子七庙"观念及其争议

"天子七庙"是人们普遍接受的观念，除了上文所引《礼记·王制》和《礼记·礼器》外，在其他儒家典籍中也有"天子七庙"的说法。如《穀梁传》僖公十五年："天子至于士皆有庙。天子七庙，诸侯五，大夫三，士二。故德厚者流光，德薄者流卑。是以贵始，德之本也。始封必为祖。"[1]《荀子·礼论》："有天下者事七世。"[2]

然而，关于七庙的构成，却是众说纷纭。在帝制时代，这一分歧主要表现为四亲庙、六亲庙两种解释的对立。争论最早发生在西汉末年的宗庙改革运动中。元帝曾经两次下诏，前一次诏书说："盖闻明王制礼，立亲庙四，祖宗之庙，万世不毁，所以明尊祖敬宗，著亲亲也。"后一次诏书则指出："盖闻王者祖有功而宗有德，尊尊之大义也；存亲庙四，亲亲之至恩也。"韦玄成等人更是明确表示："立亲庙四，亲亲也。亲尽而迭毁，亲疏之杀，示有终也。周之所以七庙者，以后稷始封，文王、武王受命而王，是以三庙不毁，与亲庙四而七。非有后稷始封，文、武受命之功者，皆当亲尽而毁。"[3]很显然，元帝和韦玄成等人都主张实行四亲庙的制度。韦玄成等人把话说得非常清楚，周代的天子七庙供奉的是太祖后稷、受命的文王和武王以及在位天子的四世祖先。不过，如果没有类似文王、武王这样受命而王、功绩卓著的祖先，天子七庙实际上只有太祖庙和四亲庙，一共五庙。到了哀帝统治时期，刘歆等人对此表达了不同的看法：

---

[1] 《春秋穀梁传注疏》卷八，《十三经注疏》本，北京：中华书局，1980年，第2397页。此处"士"二庙与前引《礼记·王制》、《礼记·礼器》中"士一庙"的记载不同，郑玄在给《礼记·王制》"士一庙"作注时指出："谓诸侯之中士、下士，名曰官师者。上士二庙。"见《礼记正义》卷一二，第1335页。
[2] 荀子著，王先谦集解：《荀子集解》卷一三，北京：中华书局，1988年，第351页。
[3] 《汉书》卷七三《韦玄成传》，北京：中华书局，1962年，第3118、3120页。

《礼记·王制》及《春秋穀梁传》，天子七庙，诸侯五，大夫三，士二。天子七日而殡，七月而葬；诸侯五日而殡，五月而葬。此丧事尊卑之序也，与庙数相应。其文曰："天子三昭三穆，与太祖之庙而七；诸侯二昭二穆，与太祖之庙而五。"故德厚者流光，德薄者流卑。《春秋左氏传》曰："名位不同，礼亦异数。"自上以下，降杀以两，礼也。七者，其正法数，可常数者也。宗不在此数中。宗，变也，苟有功德则宗之，不可预为设数。①

在他看来，天子七庙，诸侯五庙，这是为了区分天子与诸侯的功德和名位。天子七庙应该是太祖庙加上三昭三穆的六亲庙，如果太祖之外还有其他功勋特别卓著、亲尽不毁的祖先，则作为变数而存在，不在"七"这个常数中，也不必预先设定变数的数值。

到了中古时代，郑玄、王肃分别对韦玄成、刘歆的观点作了进一步发展。郑玄援引纬书《礼纬稽命征》"唐虞五庙，亲庙四，始祖庙一。夏四庙，至子孙五。殷五庙，至子孙六"和《孝经钩命决》"唐尧五庙，亲庙四，与始祖五。禹四庙，至子孙五。殷五庙，至子孙六。周六庙，至子孙七"的记载，对《礼记·王制》中的天子七庙进行了解释："此周制。七者，太祖及文王、武王之祧，与亲庙四。太祖，后稷。殷则六庙，契及汤与二昭二穆。夏则五庙，无太祖，禹与二昭二穆而已。"②根据他的理解，天子七庙是在周代才出现的，七庙分别是太祖庙、二祧庙和四亲庙，其中太祖庙和供奉文王、武王的二祧庙万世不祧，二昭二穆的四亲庙亲尽则毁。在《圣证论》中，王肃表述了与郑玄针锋相对的观点。他认为，天子七庙不是周代才有的，而是历来都是如此。其中，二祧庙供奉在位天子的高祖之父和高祖之祖，性质也是亲庙，亲尽即毁，所以在七庙之中，除了太祖庙，其余的六庙三昭三穆，文王和武王的不迁之庙是"权礼所施，非常庙之数"。③ 我们可以看到，郑玄与王肃论点的主要差别，同样在于亲庙数是四还是六。

---

① 《汉书》卷七三《韦玄成传》，第3126—3127页。
② 《礼记正义》卷一二，第1335页。
③ 《礼记正义》卷一二，第1335页。

郑玄、王肃两种学说互相竞争，对中古时代的太庙礼制产生了非常深远的影响。晋朝建立后，武帝"追祭征西将军、豫章府君、颍川府君、京兆府君，与宣皇帝、景皇帝、文皇帝为三昭三穆。是时宣皇未升，太祖虚位，所以祠六世，与景帝为七庙，其礼则据王肃说也"。① 晋朝以宣皇帝司马懿为太祖，但是太祖之上尚有昭穆，所以在太庙中暂虚东向之位，只供奉六世祖先，也就是说太庙不满额；等到康帝去世、穆帝即位后，太祖之上不再有祖先的神主供奉于太庙，太祖的地位才真正落实，七庙变为太祖庙加上六亲庙的形式。南朝也是采取了王肃的学说，实行六亲庙的制度，《隋书·礼仪志》对此有记载："晋江左以后，乃至宋、齐，相承始受命之主，皆立六庙，虚太祖之位。……〔梁〕始自皇祖太中府君、皇祖淮阴府君、皇高祖济阴府君、皇曾祖中从事史府君、皇祖特进府君，并皇考，以为三昭三穆，凡六庙。……陈制，立七庙，一岁五祠。"②

北朝则主要奉行郑玄的理论。作为孝文帝汉化政策的一项成果，北魏自从太和十五年（491）起，将太庙改为太祖庙、二祧庙和四亲庙的形式。③ 北齐建立之初看似实行六亲庙制度，④但是梁满仓指出，文宣帝"献武已下不毁，已上则递毁"的规定，是为了使自己死后与太祖、世宗一起成为不毁之主，虽然后来北齐颇为混乱的皇位更替对太庙中的神位也有影响，但是并未打破太祖、二祧加四亲庙的形式。⑤ 北周"置太祖之庙，并高祖已下二昭二穆，凡五"。隋文帝从北周篡夺政权后，依然采取四亲庙的制度："自高祖已下，置四亲庙，同殿异室而已。一曰皇高祖太原府君庙，二曰皇曾祖康王庙，三曰皇祖献王庙，四曰皇考太祖武元皇帝庙。拟祖迁

---

① 《晋书》卷一九《礼志上》，北京：中华书局，1974年，第603页。
② 《隋书》卷七《礼仪志二》，北京：中华书局，1973年，第130、131、134页。
③ 梁满仓：《魏晋南北朝五礼制度考论》，北京：社会科学文献出版社，2009年，第254—257页。
④ 《隋书》卷七《礼仪志二》，第135页："文宣帝受禅，置六庙：曰皇祖司空公庙、皇祖吏部尚书庙、皇祖秦州使君庙、皇祖文穆皇帝庙、太祖献武皇帝庙、世宗文襄皇帝庙，为六庙。献武已下不毁，已上则递毁。"从这一记载来看，北齐建立后，文宣帝高洋追尊兄文襄皇帝高澄、父献武皇帝高欢、祖文穆皇帝高树、高祖秦州使君高湖、五世祖吏部尚书高泰、六世祖司空公高庆，曾祖高谧不在其中。
⑤ 梁满仓：《魏晋南北朝五礼制度考论》，第257—258页。

于上,而太祖之庙不毁。"①

唐太宗时期的谏议大夫朱子奢对"天子七庙"之争的由来和影响作了这样的概括:"汉丞相韦玄成奏立五庙,诸侯亦同五。刘子骏议开七祖,邦君降二。郑司农踵玄成之辙,王子雍扬国师之波,分涂并驱,各相师祖,咸玩其所习,好同恶异。遂令历代祧祀,多少参差,优劣去取,曾无画一。"②然而,不管是哪种学说,太庙的庙数都是有限的,皇帝死后进入太庙,就得有亲尽的帝后神主迁出去。因此,庙制的选择与转换、具体神主的祔庙与祧迁一直是上层政治的敏感话题。唐宋时期太庙庙数的变化非常频繁,学者们对此已经有所探讨。前文提到的户崎哲彦、山内弘一、高明士和郭善兵等人的研究成果,使我们对唐宋太庙的庙数问题有了一定程度的了解,但是都还有继续深化的必要和余地,更重要的是,唐至北宋时期太庙庙数的整体变化态势及其意义尚没有得到足够的关注。

二、唐初至宋英宗朝太庙庙数的变化

(一) 唐代

唐初继承了北朝的传统,以郑玄学说为理论依据,太庙实行四亲庙的建制。武德元年(618),朝廷追谥高祖的父亲李昞为元皇帝,庙号世祖;祖父李虎为景皇帝,庙号太祖;曾祖父李天锡为懿王;高祖父李熙为宣简公:并将他们的神主祔于太庙。③ 按照魏晋以来的传统,因为太祖之上昭穆未尽,太祖的神主置于亲庙之中,虚太祖之室。

不过,四亲庙的制度并没有持续很长的时间。贞观九年(635),高祖去世,谏议大夫朱子奢奏请改用六亲庙的制度:"宜依七庙,用崇大礼。若亲尽之外,有王业之所基者,如殷之玄王、周之后稷,尊为始祖。倘无其

---

① 《隋书》卷七《礼仪志》,第 135、136 页。
② 《旧唐书》卷二五《礼仪志五》,北京:中华书局,1975 年,第 941—942 页。
③ 上元元年(674),追尊宣简公为宣皇帝,庙号献祖;追尊懿王为光皇帝,庙号懿祖。见《唐会要》卷一《帝号上》,北京:中华书局,1955 年,第 1 页。

例,请三昭三穆,各置神主,太祖一室,考而虚位。"尚书八座赞成这一建议:"请依晋、宋故事,立亲庙六,其祖宗之制,式遵旧典。"于是,朝廷改亲庙之数为六,祔高祖以及李熙之父弘农府君李重耳的神主于太庙,太祖之位仍然虚置。① 这一变化意味着唐朝在太庙庙数上转向了王肃的学说。② 之所以有这样的转变,是因为比起郑玄模式来,王肃模式的天子七庙更加符合帝制国家伸张皇权的需要。朱子奢指出:"诸侯立高祖以下,并太祖五庙,一国之贵也。天子立高祖以上,并太祖七庙,四海之尊也。降杀以两,礼之正焉。"在尚书八座看来,由于实行四亲庙的制度,"天子之礼,下侪于人臣,诸侯之制,上僭于王者,非所谓尊卑有序,名位不同者也"。③ 另外,王肃模式的太庙确实能够供奉更多的神主,这与后世皇帝倾向于在太庙中保留尽可能多的祖先神主的心理契合,用尚书八座的话说就是:"数尽四庙,非贵多之道;祀逮七世,得加隆之心。"④在此后的半个世纪里,六亲庙的形式得到了维持。贞观二十三年太宗去世后,他的神主进入太庙,弘农府君的神主藏于西夹室。文明元年(684),高宗去世后升祔太庙,宣简公的神主亦迁入西夹室。⑤

从李唐建国到武后称帝之前,无论是采取四亲庙还是六亲庙,因为太祖仍然处于昭穆之中,所以太庙并未满额,太祖庙呈虚置状态。神龙元年(705)李唐复兴后,在太祖未正东向的情况下,太庙供奉的神主却达到了七世。

在朝廷讨论太庙的庙数问题时,太常博士张齐贤认为:"景皇帝始封唐公,实为太祖。中间代数既近,列在三昭三穆之内,故皇家太庙,唯有六

---

① 《旧唐书》卷二五《礼仪志五》,第942、943页。
② 贞观九年(635),王肃的六亲庙说在制度上得以实行,但是郑玄的四亲庙说在学理上依然占据了优势,最突出的表现是此后颁布的《礼记正义》在这两种"天子七庙"的解释之间明显偏向了郑玄。岛一认为,礼制与礼学的分裂暴露了当时人们对礼的不同看法:一方以魏徵、岑文本等人为代表,主张礼表达人的主观感情;另一方以孔颖达为代表,认为礼出自天道,有客观的依据。参见岛一:《贞观年间の礼の修定と〈礼记正义〉》(上),《学林》第26号,1997年,第27—49页;《贞观年间の礼の修定と〈礼记正义〉》(下),《立命馆文学》第549号,1997年,第37—70页。
③ 《旧唐书》卷二五《礼仪志五》,第942、943页。
④ 《旧唐书》卷二五《礼仪志五》,第943页。
⑤ 《旧唐书》卷二五《礼仪志五》,第944页。

室。"但是当他面对中宗在太庙中另尊始祖以备七世祖先的要求时,他用"加太庙为七室,享宣皇帝以备七代,其始祖不合别有尊崇"的办法来妥协。① 另两位太常博士刘承庆、尹知章反对张齐贤将宣皇帝的神主奉还太庙以凑成七庙的提议,坚持供奉六世祖先的做法:

> 开基之主,受命之君,王迹有浅深,太祖有远近。汤、文祚基稷、契,太祖代远,出乎昭穆之上,故七庙可全。……及魏、晋经图,周、隋拨乱,皆勋隆近代,祖业非远,受命始封之主,不离昭穆之亲,故肇立宗祊,罕闻全制。夫太祖以功建,昭穆以亲崇,有功百代而不迁,亲尽七叶而当毁。或以太祖代浅,庙数非备,更于昭穆之上,远立合迁之君,曲从七庙之文,深乖迭毁之制。皇家千龄启旦,百叶重光。景皇帝濬德基唐,代数犹近,号虽崇于太祖,亲尚列于昭穆,且临六室之位,未申七代之尊。是知太庙当六,未合有七。②

刘承庆和尹知章的意见得到了中宗的认可。

但是没过多久,中宗又以高宗之子李弘为义宗,升祔太庙。③ 李弘是武则天的长子,曾立为太子,上元二年(675)薨。李弘的身后待遇颇为优渥,高宗下制确定其谥号为孝敬皇帝,"葬于缑氏县景山之恭陵,制度一准天子之礼,百官从权制三十六日降服。高宗亲为制《睿德纪》,并自书之于石,树于陵侧"。④ 仪凤二年(677),高宗下敕:"孝敬皇帝神主,再期之后,宜祔于太庙之夹室,迁祔之日,神主遍朝六庙,仍令礼官等考核前经,发挥故实,具为仪制,副朕意焉。"⑤李弘未曾即位,可是其神主却供奉在太庙夹室中,高宗对他的优待相当不一般。至神龙元年(705),李弘的神主更是祔于太庙正室,与此同时,懿祖的神主也没有祧迁,因此在太祖尚未脱离

---

① 《旧唐书》卷二五《礼仪志五》,第 946、947 页。
② 《旧唐书》卷二五《礼仪志五》,第 948—949 页。
③ 《旧唐书》卷二五《礼仪志五》,第 949 页。
④ 《旧唐书》卷八六《孝敬皇帝李弘传》,第 2830 页。
⑤ 《唐会要》卷一九《孝敬皇帝庙》,第 377 页。

昭穆序列的情况下,太庙就已经供奉了七世皇帝的神主。义宗的祔庙在官僚中并没有得到真正的认可,景云元年(710)中宗祔庙之前,中书令姚崇和吏部尚书宋璟上奏:"伏以义宗未登大位,崩后追尊,神龙之初,乃特令迁祔。《春秋》之义,国君即位未逾年者,不合列叙昭穆。"①义宗的神主从太庙中撤出,置于夹室中,并且在东都另建义宗庙。② 此次庙室的升祔和迁毁发生在义宗与中宗之间,其他各室没有发生变化。

进入8世纪后,太庙的庙数发生了急剧的变化,起初是太祖尚未东向时,太庙就已有七世祖先,到了玄宗统治时期,太庙更是供奉了九个祖先的神主。因为种种原因,从中宗以后,唐代的皇位继承没有严格实行父死子继的原则,兄终弟及的现象不时出现,甚至还有叔继侄位的例子。这使得皇帝神主的迁祔成为异常敏感的话题,七庙制的实行面临着严峻考验。开元四年(716),睿宗去世,为了给睿宗腾出位置,朝廷根据晋代礼官贺循对"兄弟不相为后"的解释,将中宗与和思皇后的神位迁出,在太庙以西另立中宗庙,大祫之时,中宗合食太庙。③ 中宗庙也称为"西庙",《旧唐书·玄宗纪》:"〔开元十四年〕十一月丁亥,徙中宗神主于西庙。"④这一举动引

---

① 《旧唐书》卷二五《礼仪志五》,第949—950页。
② 《旧唐书》卷八六《孝敬皇帝李弘传》,第2830—2831页。在此之后,义宗的地位一路走低。开元六年(718),义宗的庙号被取消,"以本谥孝敬为庙称"。十八年,玄宗下敕,每逢袷享,孝敬不再合食太庙,"当庙自为享祭"。天宝以后,孝敬庙"祠享久绝"。大历十四年(779),太庙夹室中的孝敬神主被瘗埋。见《唐会要》卷一九《孝敬皇帝庙》,第378页。
③ 《旧唐书》卷二五《礼仪志五》,第950页。贺循"兄弟不相为后"的言论,是针对东晋初年太庙神主祧迁而发的。东晋建立后,将惠帝之弟怀帝的神主升祔太庙,同时祧迁颍川府君,"位虽七室,其实五世,盖从刁协以兄弟为世数故也"(《晋书》卷一九《礼志上》,第603页)。贺循反对这一做法:"礼,兄弟不相为后,不得以承代为世。"他认为,惠帝、怀帝与在位的元帝同为一世,早先在西晋怀帝时期,就不该为了惠帝祔庙而祧迁在位皇帝的六世祖先豫章府君,在怀帝升祔的同时,更不该祧迁在位皇帝的五世祖先颍川府君,因此他说:"今七庙之义,出于王氏。从祢以上至于高祖,亲庙四世,高祖以上复有五世六世无服之祖,故为三昭三穆并太祖而七也。故世祖郊定庙礼,京兆、颍川曾、高之亲,豫章五世,征西六世,以应此义。今至尊继统,亦宜有五六世之祖,豫章六世,颍川五世,俱不应毁。今既云豫章先毁,又当重毁颍川,此为庙中之亲惟从高祖已下,无复高祖以上二世之祖,于王氏之义,三昭三穆废阙其二,甚非宗庙之本所据承,又违世祖祭征西、豫章之意,于一王定礼所阙不少。"见《晋书》卷六八《贺循传》,第1828—1830页。
④ 《旧唐书》卷八《玄宗纪》,第176页。

来了不少反对意见,河南府人孙平子上疏:"中宗孝和皇帝既承大统,不合迁于别庙。"孙平子因此而遭受了不公平待遇,但是"议者深以其言为是"。玄宗不得不在开元十年下制:"今中宗神主,犹居别处,详求故实,当宁不安,移就正庙,用章大典。仍创立九室,宜令所司择日启告移迁。"次年,九庙建成,中宗和献祖的神主回到了太庙中。① 此时太祖尚处于昭穆序列中,但是太庙已经供奉了九个祖先,无论是郑玄模式的七庙制,还是王肃模式的七庙制,都已经被大大突破了。这与玄宗"王者乘时以设教,因事以制礼,沿革以从宜为本,取舍以适会为先"的基调是一致的。②

安史之乱后,太庙逐渐恢复了七庙制。宝应二年(763),前一年去世的玄宗和肃宗先后祔庙,献祖和懿祖的神主祧迁,庙数依然为九,太祖始正东向,其余八庙四昭四穆。太祖的东向为太庙制度的重新整理提供了可能。大历十四年(779),代宗去世,世祖被祧迁以便代宗升祔。礼仪使颜真卿建议:"太宗文皇帝,七代之祖;高祖神尧皇帝,国朝首祚,万叶所承;太祖景皇帝,受命于天,始封于唐,元本皆在不毁之典。……请依三昭三穆之义,永为通典。"③他的建议得到了实施,除了太祖,高祖和太宗也成为不迁之主。尽管太庙仍然供奉了九个皇帝的神主,但是已经与王肃对天子七庙的解释一致,即太祖庙、另两个不迁之主庙和六亲庙,唐代的太庙重新回到了七庙制的轨道上。

随着高祖和太宗不祧地位的确立,亲庙重新变为三昭三穆,但是依然采取兄弟昭穆异位的形式。开元十一年(723)中宗重新祔于太庙后,与睿宗昭穆异位,正因为这样,元和元年(806)顺宗祔庙时,太常博士王泾建议:"今顺宗升祔,中宗在三昭三穆之外,谓之亲尽,迁于太庙夹室,礼则然矣。"礼仪使杜黄裳也上奏:"顺宗皇帝神主已升祔太庙,告祧之后,即合递迁中宗皇帝神主。今在三昭三穆之外,准礼合迁于太庙从西第一夹室,每至禘祫之日,合食如常。"④睿宗的神主得以保留。敬宗、文宗和武宗是同

---

① 《旧唐书》卷二五《礼仪志五》,第952—954页。
② 《旧唐书》卷二五《礼仪志五》,第953页。
③ 《旧唐书》卷二五《礼仪志五》,第954—955页。
④ 《旧唐书》卷二五《礼仪志五》,第956、957页。

父异母的兄弟,开成五年(840)文宗祔庙后,敬宗和文宗也是昭穆异位。兄弟昭穆异位有一个问题,就是亲庙中无法供奉六世祖先的神主。如在顺宗时期,亲庙中只有五世祖,没有六世祖,在武宗朝,亲庙中最高只供奉了四世祖德宗的神主。这一现象在会昌六年(846)武宗祔庙后有了改变。当时,礼官上奏:"上请复代宗神主于太庙,以存高曾之亲。下以敬宗、文宗、武宗同为一代,于太庙东间添置两室,定为九代十一室之制,以全臣子恩敬之义,庶协大顺之宜,得变礼之正。"①所谓"存高曾之亲",就是为了更严格地遵循王肃六世亲庙的理论。宣宗批准了这一建议,敬宗、文宗和武宗的神主在太庙中昭穆同位,为了填补六亲庙的空缺,代宗重新祔庙。此后,唐朝的太庙一直是十一室,因为兄弟昭穆同位,所以并没有违背七庙制的原则。

通过上面的分析,我们可以看到唐代太庙庙数的变化非常复杂,但是在大部分时间里,还是符合郑玄或王肃对七庙制的理解,8世纪一度出现过与礼制传统不符的现象,最后还是回归七庙制。②

(二) 五代

除了后唐,五代的其他四个朝代建立后,太庙皆采取了四亲庙的形式,这主要是因为帝室世系模糊。开平元年(907),后梁太祖"立四庙于西京,从近古之制也"。③"近古之制"就是像隋唐一样,开国时期立四亲庙,虚太祖之室。后晋也建立了四亲庙,以供奉靖祖、肃祖、睿祖和宪祖的神主。④ 后周广顺元年(951),中书门下奏:"太常礼院议,合立太庙室数。若

---

① 《旧唐书》卷二五《礼仪志五》,第961页。
② 户崎哲彦将唐代太庙的历史分为五庙四主时代(618—635)、七庙六主时代(635—691)、七庙七主时代(705—722)、九庙九主时代(723—846)和十一庙时代(846—907),参见氏著:《唐代における太庙制度の変遷》,第377—388页。通过我们的分析可以看到,大历十四年(779)至会昌六年(846)虽然供奉了九世祖先,由于高祖和太宗取得了不祧地位,故而与王肃倡导的七庙制吻合;会昌六年以后供奉了十一位祖先,但是因为采用了兄弟昭穆同位的形式,总计九世,仍然符合王肃对七庙制的理解。所以说,大历十四年后,太庙一直实行七庙制,而非九庙和十一庙。如果要对唐代的太庙进行分期的话,前三个阶段没有问题,后面两个阶段应以大历十四年为界。
③ 《五代会要》卷二《庙仪》,上海:上海古籍出版社,1978年,第26页。
④ 《旧五代史》卷七五《后晋高祖纪一》,北京:中华书局,1976年,第977—978页。

守文继体,则魏、晋有七庙之文;若创业开基,则隋、唐有四庙之议。圣朝请依近礼,追谥四庙。伏恐所议未同,请下百官集议。"最后决定建立四亲庙的制度,供奉四世祖先。① 后汉稍微有些特殊,在四亲庙之外,还远追汉高祖和光武帝为祖宗,共计六庙。②

在后晋和后周,开国皇帝去世后,神主升祔太庙,与之前的四位祖先并存。天福七年(942),太常礼院上奏:"国朝见飨四庙:靖祖、肃祖、睿祖、宪祖。今大行皇帝将行升祔,按《会要》:唐武德元年,立四庙于长安;贞观九年,高祖神尧皇帝崩,命有司详议庙制,议以高祖神主并旧四室祔庙。今先帝神主,请同唐高祖升祔。"③前文提到过,贞观九年(635)高祖祔庙时,并未祧迁其祖先的神主,太庙中除了原有的四世祖先,还增加了弘农府君,从而形成了六亲庙的制度,这与后晋的做法显然不同,太常礼院的说法有违事实。不管如何,高祖祔庙后,后晋的太庙供奉了五世祖先。后周太祖去世后,也是与四世祖先并置于太庙中,致使庙室满额,正是因为这样,显德六年(959)世宗祔庙前,礼官需要讨论如何将夹室改为庙室,以增加太庙的容量。最后,采用了国子司业兼太常博士聂崇义"庙殿见虚东西二夹室,况未有祧迁之主,欲请不拆庙殿,更添间数,即便将夹室重安排六室位次"的建议,在不拆建庙殿的前提下,太庙庙室实现了扩容。④ 太庙增加庙室的事实也说明,世宗祔庙时,仍然没有祧迁其他祖先。

后梁末帝即位后,"葬神武元圣孝皇帝于宣陵,庙号太祖",⑤后汉也有"奉高祖神主于西京太庙"的记载,⑥不见此时有其他神主迁出的记载。所以,这两朝很有可能与后晋、后周一样,当开国皇帝祔庙时,不祧迁他的祖先。这些神主祔庙后,四亲庙的制度也就瓦解了,后梁、后晋和后汉的亲

---

① 《旧五代史》卷一四二《礼志上》,第1903页。
② 《旧五代史》卷一四二《礼志上》,第1902—1903页。
③ 《旧五代史》卷一四二《礼志上》,第1902页。
④ 《旧五代史》卷一四二《礼志上》,第1905—1906页。
⑤ 《资治通鉴》卷二六八乾化二年十一月甲寅条,北京:中华书局,1956年,第8764页。
⑥ 《旧五代史》卷一〇一《后汉隐帝纪上》,第1352页。

庙数变为五,后周的亲庙后来更是呈现三昭三穆的形式。①

后唐的太庙相当特殊。沙陀贵族朱耶氏以李唐的后裔和政治继承人自居,来壮大声势和显示自己的正统色彩。庄宗建国后,太庙中除了直系祖先懿祖、献祖和太祖外,还有唐高祖、太宗、懿宗和昭宗,也就是后来太子少傅卢质说的"追三祖于先远,复四室于本朝"。② 在后唐,每次神主祧迁,都不涉及唐代的四个皇帝。天成元年(926)庄宗祔庙前,祧迁懿祖。③ 清泰元年(934),献祖毁庙,明宗的神主进入太庙。④ 闵帝为末帝所害,所以也就没有进入太庙。

(三) 宋太祖至英宗统治时期

与后梁、后晋和后周一样,北宋建立后,也实行四亲庙的制度。在宋太祖的要求下,百官讨论了太庙的建置问题。兵部尚书张昭等人建议采取二昭二穆的四亲庙,"稽古之道,斯为折衷。伏请追尊高、曾四代,崇建庙室"。于是,朝廷追尊高祖赵朓曰文献皇帝,庙号僖祖;曾祖赵珽曰惠元皇帝,庙号顺祖;祖父赵敬曰简恭皇帝,庙号翼祖;父亲赵殷曰昭武皇帝,庙号宣祖。他们的神主占据了四亲庙,太祖庙暂时虚位。⑤

开宝九年(976),赵匡胤去世,庙号确定为太祖。次年,太祖升祔太庙,僖祖的神主却没有迁至夹室,也就是说,在太祖仍处于昭穆序列时,太庙已经供奉了五世祖先的神主。⑥ 在五代时期,除了后唐,其他四个朝代最初都是设立了四亲庙,开国皇帝祔庙时,不祧迁其他神主,从而形成了五亲庙的形式。可以看到,宋初太庙的建立和运作,基本上是延续了五代的做法。

---

① 在这四个朝代,只有后梁和后周的开国皇帝庙号太祖,后晋和后汉的开国皇帝庙号都是高祖,不管后者在太庙中的地位是否等同于太祖,因为四个开国皇帝都还在昭穆序列中,而且没有迁毁其他神主,所以亲庙数都超过了四。
② 《旧五代史》卷一四二《礼志上》,第1896页。
③ 《旧五代史》卷三七《后唐明宗纪三》,第507页。
④ 《旧五代史》卷四六《后唐末帝纪上》,第634页。
⑤ 《宋史》卷一〇六《礼志九》,北京:中华书局,1977年,第2565—2566页。
⑥ 《宋史》卷一〇六《礼志九》,第2566页。

至道三年(997)，太宗去世，随后祔庙。因为太宗与太祖是兄弟，所以两人究竟应该昭穆同位还是昭穆异位，在朝廷内引起了很大的争议。争论发生于咸平元年(998)，一方是太常礼院的礼官，他们主张，兄弟继统，同为一代，真宗称太祖为皇伯；另一方是尚书省的官员，他们则认为，太宗别为一代，真宗祭祀太祖，应当自称孝孙。尚书省的官员坚持《汉书》"为人后者为之子"的说法，将太祖和太宗分为二世，"以正父子之道，以定昭、穆之义"，这样也能使太宗自为世数，从而体现其百代不迁的地位。针对"为人后者为之子"的表述，太常礼院指出："弟不为兄后，子不为父孙，《春秋》之深旨。父谓之昭，子谓之穆，《礼记》之明文也。"他们还援引经典和前朝故事，来证明兄弟昭穆同位确有其事。[①] 朝廷采用了太常礼院的意见，太祖和太宗同处昭位。所以，与唐代不同，宋代兄弟昭穆同位的原则很早就确立了。因为没有祧迁僖祖，此时太庙呈现五世六室的布局。

　　尽管史书没有明确的说明，但是种种迹象表明，乾兴元年(1022)真宗祔庙后，北宋的太庙便转向了六亲庙的制度。真宗祔庙时，不见有其他神主祧迁的记载，事实上，北宋第一次太庙神主的祧迁发生在治平四年(1067)。康定元年(1040)，直秘阁赵希言建议祧迁僖祖和顺祖，留下翼祖、宣祖、太祖、太宗和真宗，以符合郑玄对七庙制度的理解。对此，同判太常寺宋祁说："郑康成谓周制立二昭二穆，与太祖、文、武共为七庙，此一家之说，未足援正。荀卿、王肃等皆云天子七庙，诸侯五，大夫三，士一，降杀以两，则国家七世之数，不用康成之说。僖祖至真宗，方及六世，不应便立祧庙。"[②]所以可以确定，自从乾兴元年后，太庙中供奉的祖先三昭三穆，太祖和太宗同占昭位，真宗处于穆位。同时我们看到，与五代的做法相似，北宋太庙制度的运作极少实行神主祧迁，更多的时候是不断往里添加神主。所以，北宋从四亲庙向六亲庙的转变，不像唐代贞观九年(635)那样有一个制度的转轨，而是经过四亲庙、五亲庙、六亲庙逐步累积起来的，接下来七亲庙的出现也就没什么好意外的了。由此可以看到整个宋代太

---

① 《宋史》卷一〇六《礼志九》，第 2566—2569 页。
② 《续资治通鉴长编》卷一二九康定元年十二月甲午条，北京：中华书局，1979 年，第 3059—3060 页。

庙庙数变化的基调,就是甚少进行神主的祧迁。程颐说过:"祭先之礼,不可得而推者,无可奈何;其可知者,无远近多少,须当尽祭之。祖又岂可不报?又岂可厌多?盖根本在彼,虽远,岂得无报?"①这不仅仅是理学家的态度,在很大程度上也是整个宋代太庙礼制运作的一个写照。

在北宋,并非没有人提议实行祧迁制度,上面提及的赵希言就是例子,后来司马光等人也是力主祧迁。嘉祐八年(1063),仁宗去世,太常礼院提议在太庙中增置一室,来安放仁宗的神主,天章阁待制兼侍读司马光、龙图阁直学士兼侍讲卢士宗表示反对:

> 自汉以来,天子或起于布衣,以受命之初,太祖尚在三昭三穆之次,故或祀四世,或祀六世,其太祖以上之主,虽属尊于太祖,亲尽则迁。故汉元帝之世,太上庙主瘗于寝园。魏明帝之世,处士庙主迁于园邑。晋武帝祔庙,迁征西府君;惠帝祔庙,迁豫州府君。自是以下,大抵过六世则迁其神主。盖以太祖未正东向之位,故止祀三昭三穆;若太祖已正东向之位,则并三昭三穆为七世矣。唐高祖初立祀四世,太宗增祀六世。及太宗祔庙,则迁弘农府君神主于夹室,高宗祔庙,又迁宣皇帝神主于夹室,皆祀六世,此前世之成法也。惟明皇立九室,祀八世,事不经见,难可依据。今若以太祖、太宗为一世,则大行祔庙之日,僖祖亲尽,当迁于西夹室,祀三昭三穆,于先王典礼及近世之制,无不符合,太庙更不须添展一室。②

这一建议的目的是在七庙制下实行神位祧迁原则。在他们看来,汉代以后,为了在建国之初充实宗庙,不得不往上追尊开国皇帝的若干祖先为帝,将其神主供奉于太庙中,无论是采取四亲庙还是六亲庙,这些神主皆是亲尽而毁。在这些神主祧迁完毕以前,太祖因为仍在亲庙之列而不能正东向之位,因此太庙不满额。在王肃模式之下,只有太祖正东向之位

---

① 《河南程氏遗书》卷一七,收入《二程集》,北京:中华书局,1981年,第180页。
② 《续资治通鉴长编》卷一九八嘉祐八年六月癸酉条,第4810页。

后,太庙才呈现太祖加三昭三穆六亲庙的形式。因此,他们认为此时没有增添庙室的必要,祧迁僖祖即可。观文殿学士孙抃等人对司马光、卢士宗等人的看法不以为然:

> 先王之礼,自王以下降杀以两,故有天下者事七世,有一国者事五世。自汉以来,诸儒传《礼》者,始有夏五庙、商六庙之说,其说出于不见伊尹之言,而承用《礼》家之误。盖自唐至周,庙制不同,而大抵皆七世。《王制》所谓"三昭三穆,与太祖之庙而七"者是也。今议者疑僖祖既非太祖,又在三昭三穆之外,以为于礼当迁。如此,则是以有天下之尊,而所事止于六世,不称先王制礼降杀以两之意。且议者言僖祖当迁者,以为在三昭三穆之外,则于三代之礼,未尝有如此而不迁者。臣等以为三代之礼,亦未尝有所立之庙出太祖之上者也。后世之礼既与三代不同,则庙制亦不得不变而从时。且自周以上,所谓太祖,亦非始受命之主,特始封之君而已。今僖祖虽非始封之君,要为立庙之始祖。方庙数未过七世之时,遂毁其庙,迁其主,考三代之礼,亦未尝有如此者也。汉、魏及唐一时之议,恐未合先王制礼之意。臣等窃以为存僖祖之室以备七世之数,合于经传事七世之明文,而亦不失先王之礼意。①

他们的看法也是颇有道理,上古时代宗庙中供奉的祖先都是太祖及其后代,自然不存在祧迁太祖以上祖先的事情,这与帝制时代太庙礼制的实际运作明显不同。因此,他们认为,在不同于上古三代的历史环境下,不必拘泥于汉魏、唐代的经典解释和制度实践,将在位皇帝的七世祖先排除在亲庙之外,而是应该在三昭三穆之外再保留一位祖先的神主。最终,孙抃等人的建议获得了认可,朝廷决定增庙室为八,僖祖仍然留在太庙中。就这样,在太祖未正东向之时,太庙形成了四昭三穆的格局。

治平四年(1067),英宗去世,太常礼院上奏:"准嘉祐诏书,定太庙七

---

① 《续资治通鉴长编》卷一九八嘉祐八年六月癸酉条,第4810—4811页。

世八室之制。今大行皇帝祔庙有日,僖祖在七世之外,礼当祧迁。将来山陵毕,请以大行皇帝神主祔第八室,僖祖、文懿皇后神主依唐故事祧藏于西夹室,以待禘祫。自仁宗而上至顺祖以次升迁。"翰林学士张方平等人赞同太常礼院的建议:"同堂八室,庙制已定,僖祖当祧,合于典礼,请依礼院所奏。"神主的迁祔按照这一方案来进行。① 司马光认为这还不够,于是旧话重提:"前代帝王于太祖未正东向之时,大率所祀不过六世。若僖祖于今日方议祧迁,则是太祖之外更有四昭三穆,与太祖之庙而八。不合先王典礼,难以施于后世。臣愚以为仁宗祔庙之时,僖祖已当迁于夹室。今大行皇帝祔庙,顺祖亦当迁于夹室。"②在他看来,倘若太祖尚在昭穆序列中,太庙应当只供奉六世祖先,否则便是违反儒家的礼仪原则,因此,他主张将僖祖和顺祖的神主迁到夹室。最后,朝廷只祧迁了僖祖,太庙中仍有七世神主。

三、宋神宗时期的始祖问题与北宋后期九庙制的出现

北宋后期,神宗、哲宗和徽宗父子三人都致力于制度的变革,在礼仪制度上也有很多大的动作。虽然此前太祖尚未东向时,宋朝的太庙就已经供奉了七世祖先,但是这种情况在唐代也曾出现过。随着太祖正东向之位,高祖和太宗取得万世不祧的地位,晚唐的太庙包括太祖庙、两个不迁之主的庙和三昭三穆的亲庙,符合王肃模式的七庙制。然而,北宋后期的太庙并没有回到王肃倡导的七庙制上来,反而离王肃模式越来越远。始祖问题的引入和九庙制的出现,使北宋后期的庙数问题变得更为复杂,并且影响到了南宋太庙制度的实行。下面我们先来讨论始祖问题。

唐宋时期,太祖与始祖的关系一直很有争议。唐人在讨论上古历史

---

① 《续资治通鉴长编》卷二〇九治平四年三月癸酉条,第5083页。
② 《温国文正公文集》卷三五《议祧迁状》,第564页。

时，常将太祖与始祖互相替换，换言之，在这些人看来，太祖与始祖是同义的。例如，晚唐的礼官王彦威说："据礼经，三代之制，始封之君，谓之太祖。太祖之外，又祖有功而宗有德，故夏后氏祖颛顼而宗禹，殷人祖契而宗汤，周人郊祀后稷，祖文王而宗武王。自东汉魏晋，渐违经意，沿革不一，子孙以推美为先，自始祖已下并有建祖之制。盖非典训，不可法也。"① 又如，韩愈说："古者殷祖玄王，周祖后稷，太祖之上，皆自为帝。又世数已远，不复祭之，故始祖得东向也。"②在王彦威和韩愈的言论中，始祖与太祖是同义的。在太祖与始祖的关系上，中宗时期太常博士张齐贤的表述最明确："伏寻礼经，始祖即是太祖，太祖之外，更无始祖。"③

尽管如此，仍然有相当数量的人认为，太祖之外，另有始祖，特别是涉及唐代先祖的时候。所以，唐前期不时有人建议，在太祖之上另尊凉武昭王李暠为始祖。贞观年间，"时议者欲立七庙，以凉武昭王为始祖，房玄龄等皆以为然，志宁独建议以为武昭远祖，非王业所因，不可为始祖"。④ 李唐王朝复兴后，又有人建议以凉武昭王为始祖，对此，太常博士尹知章指出："武昭远世，非王业所因。"⑤张齐贤除了"太祖之外，别无始祖"的观点外，还表示："凉武昭王勋业未广，后主失国，土宇不传。景皇始封，实基明命。今乃舍封唐之盛烈，崇西凉之远构，考之前古，实乖典礼。"⑥可以看到，这些反对意见主要是从功业的角度着眼的，他们认为，虽然凉武昭王是李唐皇室追认的先祖，但是他对唐朝的建立没有起到什么作用，奠定基业的是始封君李虎。正是因为功业标准的坚持，凉武昭王始终无法成为唐朝的始祖，始祖在唐代也一直没有出现。

我们再来看五代的情况。马端临说："按后唐、晋、汉，皆出于夷狄者也。庄宗、明宗既舍其祖而祖唐之祖矣，及敬塘、知远崛起而登帝位，俱欲

---

① 《旧唐书》卷一五七《王彦威传》，第 4154 页。
② 《新唐书》卷二〇〇《陈京传》，北京：中华书局，1975 年，第 5715 页。
③ 《旧唐书》卷二五《礼仪志五》，第 946 页。
④ 《旧唐书》卷七八《于志宁传》，第 2693—2694 页。
⑤ 《新唐书》卷一九九《尹知章传》，第 5671 页。
⑥ 《旧唐书》卷二五《礼仪志五》，第 947 页。

以华胄自诡,故于四亲之外,必求所谓始祖者而祖之。"①五代时期的始祖问题确实主要发生在这三个胡人建立的王朝,他们有攀附前朝帝王以自重的动机,但是实际情况很复杂,不能一概而论,尤其是后唐。正如前文所述,后唐的太庙供奉了唐高祖、太宗、懿宗和昭宗的神主,却仍然有自己的太祖。李克用没有登过帝位,但他受封于唐昭宗,奠定了后唐的基业,所以被尊为太祖。应顺元年(934),"时议以懿祖赐姓于懿宗,以支庶系大宗例,宜以懿祖为始祖,次昭宗可也,不必祖神尧而宗太宗"。②懿祖是李克用的祖父李执宜。事实上,沙陀贵族朱耶氏得姓李氏,并不是始于李执宜,而是从其子李国昌开始的:"咸通中,讨庞勋有功,入为金吾上将军,赐姓李氏。"③后唐臣僚误以为得姓李氏始自懿祖,因此欲在太祖之外立懿祖为始祖,这显然是一次事故。此次立始祖的提议主要是从宗族发展的角度考虑的,这与以始封君为太祖的标准有所不同。换言之,在这里,太祖与始祖之间有公与私的分别,这与宋神宗时期立始祖的倡议有相似之处。后来,此事不了了之。

后晋天福二年(937),朝廷欲在四亲庙之外另立始祖庙,虽然史料中没有提到确切人选,从上下文来看,应该是打算冒认某位石姓的前代名人为始祖。御史中丞张昭远表示反对:"臣读十四代史书,见二千年故事,观诸家宗庙,都无始祖之称。唯商、周二代,以稷、契为太祖。……自商、周以来,时更十代,皆于亲庙之中,以有功者为太祖,无追崇始祖之例。……请依隋、唐有国之初,创立四庙,推四世之中名位高者为太祖。"④这一意见在决策过程中至关重要,后晋高祖最终决定不设始祖庙。

后汉还是坚持设立始祖。天福十三年(948),太常博士段颙上奏:"今参详历代故事,立高、曾、祖、祢四庙,更上追远祖光武皇帝为始祖百代不迁之庙,居东向之位,共为五庙。"⑤朝廷决定,在四亲庙外,再立汉高帝庙

---

① 《文献通考》卷九三《宗庙考三》,北京:中华书局,1986年,第845页。
② 《旧五代史》卷一四二《礼志上》,第1896页。
③ 《旧五代史》卷二五《后唐武皇纪上》,第332页。
④ 《旧五代史》卷一四二《礼志上》,第1899—1901页。
⑤ 《旧五代史》卷一四二《礼志上》,第1902—1903页。

和光武帝庙,总计六庙。在后唐、后晋和后汉中,只有后汉建立了始祖庙。

神宗登基前,始祖与太祖的含义在宋代基本相同,可以相互替换。如建隆元年(960),朝廷讨论宗庙制度时,兵部尚书张昭说:"谨按尧、舜及禹皆立五庙,盖二昭二穆与其始祖也。"①乾兴元年(1022),在讨论感生帝的配侑帝时,太常丞、秘阁校理、同判礼仪院谢绛提到:"景帝厥初受封,为唐始祖。"②这里的始祖即太祖。正因为这样,始祖观念仍然是与功业联系在一起。例如,治平元年(1064),翰林学士王珪等人说:"臣谨按《易》之《豫》曰:'先王以作乐崇德,殷荐之上帝,以配祖考。'此称祖者,乃近亲之祖,非专谓有功之始祖也。"③

治平四年(1067),英宗去世,朝廷决定祧迁僖祖,以便英宗升祔。僖祖是宋太祖的高祖父赵朓,没有建立什么功业,只是"仕唐历永清、文安、幽都令"。④自从宋朝建立直到英宗统治时期,僖祖一直没有受到过特别的礼遇。建隆三年(963),朝廷讨论郊祀制度,有人提出以僖祖配天,吏部尚书张昭不同意此说:"隋、唐以前,虽追立四庙,或六、七庙,而无遍加帝号之文。梁、陈南郊祀天皇,配以皇考。北齐圜丘祀昊天,以神武升配。隋祀昊天于圜丘,以皇考配。唐贞观初以高祖配圜丘。梁太祖郊天,以皇考烈祖配。恭惟宣祖积累勋伐,肇基王业,伏请奉以配飨。"他的奏请得到了批准,宣祖配侑昊天上帝。⑤可以看到,僖祖因为没有建立勋业而无法配天。在此之后,僖祖也一直没有被重视。然而,神宗年间祧迁僖祖的决定,却在朝廷内引发了将僖祖尊为始祖的热议。

熙宁五年(1072),中书门下上奏:

> 臣等闻万物本乎天,人本乎祖,故先王庙祀之制,有疏而无绝,有远而无遗。商、周之王,断自契、稷;自稷以下者非绝喾以上而遗之,

---

① 《续资治通鉴长编》卷一建隆元年正月己巳条,第8页。
② 《续资治通鉴长编》卷九九乾兴元年十一月庚午条,第2301页。
③ 《续资治通鉴长编》卷二〇三治平元年十月壬子条,第4912页。
④ 《宋史》卷一《太祖纪一》,第1页。
⑤ 《续资治通鉴长编》卷四建隆三年十一月甲子条,第109页。

以其自有本统承之故也。若夫尊卑之位，先后之序，则子孙虽齐圣有功，不得以加其祖考，天下万世之通道也。窃以本朝自僖祖以上世次不可得而知，则僖祖有庙，与契、稷疑无以异。今毁其庙而藏其主夹室，替祖考之尊而下附。于子孙，殆非所以顺祖宗孝心、事亡如存之义，求之前载虽或有，然考合于经乃无成宪，因情制礼，实在圣时。①

中书门下要求两制讨论这一问题，并得到了神宗的同意。实际上，中书门下的奏议是由王安石起草的。②

翰林学士韩维要求两制与待制、台谏、礼官共同探讨。在王安石的要求下，参与讨论的人只限于两制，他显然是希望讨论能够在自己的掌控下进行。翰林学士元绛，知制诰王益柔、陈绎、曾布，直舍人院许将、张琥认为，与商代的契、周代的后稷一样，僖祖是王朝的始祖。他们声称："今太祖受命之初，立亲庙自僖祖始。僖祖以上世次，既不可得而知，然则僖祖之为始祖无疑矣。倘以谓僖祖不当比契、稷为始祖，是使天下之人不复知尊祖，而子孙得以有功加其祖考也。况于毁其庙，迁其主，而下祔于子孙之室，此岂所以称祖宗尊祖之意哉？"③他们看问题的立足点在于尊祖，反对从功勋的角度来认定始祖。

韩维坚持了功业标准，他认为，上古"尊始祖以其功之所起"，"后世有天下者，皆特起无所因，故遂为一代太祖，所从来久矣"。换言之，在韩维看来，后世只有太祖，没有始祖。他指出："太祖皇帝孝友仁圣，睿智神武，兵不血刃，坐清大乱，子孙遵业，万世蒙泽，功德卓然，为宋太祖，无可议者。僖祖虽为太祖高祖也，然仰迹功业，未见其有所因，上寻世系，又不知其所以始。"因此，不应尊僖祖为始祖。④ 天章阁待制孙固的态度类似："今僖祖之德不昭见于生民，不明被于后世，乃欲以齐后稷之庙，当始祖之礼，

---

① 《续资治通鉴长编》卷二三二熙宁五年四月壬子条，第5628—5629页。
② 王安石：《临川先生文集》卷四二《庙议札子》，上海：中华书局上海编辑所，1959年，第451页。
③ 《续资治通鉴长编》卷二四〇熙宁五年十一月戊辰条，第5839页。
④ 《续资治通鉴长编》卷二四〇熙宁五年十一月戊辰条，第5841页。

臣恐僖祖之神非所居而不受，上帝之灵非所配而不飨，非陛下所以尊祖事天之意也。陛下为太祖子孙，继太祖基业，据南面之尊而飨四海九州之奉者，皆太祖皇帝之所授也。则今日之所尊事，宜莫加于太祖矣。"在太祖与始祖的关系上，孙固的看法与韩维有所不同，他认为后世是有始祖与太祖的："夫开国者，其先尝有功而受封，则后之子孙有天下而推以为始祖，可矣，若夫膺受天命，特起而得天下者为太祖，亦宜矣。"①他所说的始祖、太祖实际上就是始封君、受命君，他认为，兼具始封君与受命君两种身份的宋太祖应该也是宋朝的始祖。尽管韩维与孙固在太祖、始祖问题上的看法有些差异，但是反对立僖祖为始祖的立场完全一致。

两制讨论的结果，无法令王安石感到满意。"绛等初议，安石所主也"，②但是元绛等人的看法没有占到上风。所以，他极力向神宗陈述尊祖的观念，试图确立僖祖的始祖地位。神宗希望能够倾听更多的声音，于是将这一问题下达太常礼院讨论。同判太常寺兼礼仪事张师颜、同知礼院张公裕、梁焘等人认为，太祖历来都是以功德为标准的，"不可谓为祖不因功德也"，元绛等人用契和后稷的例子来证明僖祖应当为始祖的做法是错误的："使契、稷本无功德，初不受封，引以为据，庶其或可，若其不然，臣等不得判然无疑也。"他们指出，以僖祖曾经居亲庙之首作为定其为始祖的理由，是站不住脚的，"宋之为宋，由太祖皇帝应天受命，首创洪业，建大号于天下"，"僖祖虽为圣裔之先，而有庙直由太祖，亲尽则迁，古之正义。今欲以有庙之始为说，扳而进之，以为始祖，臣等固疑其与契、稷异矣"。更何况，如果宋初不是实行四亲庙而是采取六亲庙的话，僖祖只是位居第三。③

同知太常礼院苏棁提出了两种方案，一是"于太庙之右，特立僖祖一庙，则祖考不附于子孙，此所谓有疏而无绝、有远而无遗，因情制礼而不践迹者，类于是矣"，二是仿效唐德宗贞元年间将献祖、懿祖的神主置于供奉皋陶和凉武昭王的兴圣德明庙的做法，将僖祖神主迁至供奉圣祖黄帝的

---

① 《续资治通鉴长编》卷二四〇熙宁五年十一月戊辰条，第5842、5845页。
② 《续资治通鉴长编》卷二四〇熙宁五年十一月戊辰条，第5861页。
③ 《续资治通鉴长编》卷二四〇熙宁五年十一月戊辰条，第5849—5850页。

景灵宫中,"如唐德明、兴圣之比,则不为下祔于子孙,虽不合经,而免于渎祖,亦因时制礼之道也"。①

同判太常寺兼礼仪事周孟阳、同知太常礼院宋充国、礼院检详文字杨杰等人除了阐述始祖与功绩无关,还将始祖与感生帝联系起来:"古者天子必尊始祖,配祀感生,盖以追崇统系本始,非谓推有功也。"他们认为,从《仪礼》《周礼》《礼记》和《毛诗》的经传来看,太祖之外有始祖,始祖配感生帝。他们尊僖祖为始祖的理由是:"本朝艺祖平定区夏,追立亲庙,玉牒帝系自僖祖始。僖祖而上世次既不可得而知,则僖祖之为始祖宜矣。"他们还要求僖祖配侑感生帝。同判太常寺兼礼仪事章衡的观点与周孟阳等人类似。②

周孟阳等人的建议与王安石的看法接近,所以得到了他的支持。王安石的本意是以僖祖配侑昊天上帝,因为神宗反对,转而支持僖祖配侑感生帝的意见。中书门下在王安石的授意下上奏:"窃以圣王用礼,固有因循,至于逆顺之大伦,非敢违天而变古。今或以夹室在右,谓于宗祐为尊,或以本统所承,措之别宫为当。类皆离经背理,臣等所不敢知。伏请奉僖祖神主为太庙始祖,迁顺祖神主藏之夹室,依礼不讳,孟夏祀感生帝,以僖祖配。"神宗同意了这一方案。③ 次年,神宗正式下诏,奉僖祖为始祖,神主奉还太庙,顺祖迁祔西夹室。④

在这场争论中,一方以功绩为标准,维护太祖的地位,另一方看重僖祖对于赵宋皇室的意义,强调皇帝尊奉祖先的社会示范作用。究其实质,双方的分歧在于,在太庙应该供奉哪些神主的问题上,究竟以公意还是私情为先。太庙祭祀本来就兼具公意和私情两种因素,一方面象征了帝位传承的合法性,另一方面也是皇室祭祀祖先的仪式。但是,在这场争论中,公意和私情无法达成妥协,从结果来看,私情最终占据了上风,僖祖被尊为始祖,地位跃居太祖之上,牢牢占据了东向之位,太祖只能屈居于昭

---
① 《续资治通鉴长编》卷二四〇熙宁五年十一月戊辰条,第 5854—5855 页。
② 《续资治通鉴长编》卷二四〇熙宁五年十一月戊辰条,第 5855—5860 页。
③ 《续资治通鉴长编》卷二四〇熙宁五年十一月戊辰条,第 5838 页。
④ 《续资治通鉴长编》卷二四二熙宁六年正月辛亥条,第 5891 页。

穆序列中。这一事件给宋代的太庙制度带来了极其深远的影响，一方面为南宋太庙东向之位的争论埋下了伏笔，[1]更重要的是，如同下文提到的那样，此前宋朝已经确定了太祖和另两个不迁之主太宗、真宗，始祖的出现打乱了回到王肃模式的七庙制的步点，再加上后来仁宗、神宗也成为不迁之主，太庙不得不向九庙制转化。虽然到了南宋中期，朝廷取消了僖祖的始祖地位，却已无力扭转越来越偏离七庙制的趋势。

朝廷内外对尊奉僖祖为始祖的举动褒贬不一。例如，光禄大夫范景仁对此相当不以为然，"公上言：'太祖起宋州有天下，与汉高祖同，僖祖不当复还。乞下百官议。'不报"。哲宗即位后，"公又言乞迁僖祖，正太祖东向之位。时年几八十矣"。[2] 也有人深表赞许，程颐说："太祖而上，有僖、顺、翼、宣。先尝以僖祧之矣，介甫议以为不当祧，顺以下祧可也。何者？本朝推僖祖为始，已上不可得而推也。或难以僖祖无功业，亦当祧。以是言之，则英雄以得天下自己力为之，并不得与祖德。或谓：灵芝无根，醴泉无源，物岂有无本而生者？今日天下基本，盖出于此人，安得为无功业？故朝廷复立僖祖庙为得礼。介甫所见，终是高于世俗之儒。"[3]程颐在很多问题上与王安石有不同的见解，却极为赞赏王安石的这项举措。这符合二程兄弟重视礼之人情伦理功能的立场。[4] 朱熹评论道："熹窃详颐之议论素与王安石不同，至论此事，则深服之，以为高于世俗之儒，足以见理义人心之所同，固有不约而合者。"[5]有人说："朱元晦平生议论，前无古人，独庙议以僖祖东向及社仓祖述青苗二事，与王介甫正同。"[6]

元丰八年（1085），神宗去世，翼祖和简穆皇后的神主迁于西夹室，位

---

[1] 南宋太庙东向之位的争论，参见张焕君：《宋代太庙中的始祖之争——以绍熙五年为中心》，第53—56页；朱溢：《唐宋时期太庙庙数的变迁》，《中华文史论丛》第98期，2010年，第151—156页。
[2] 《苏轼文集》卷一四《范景仁墓志铭》，北京：中华书局，1986年，第440页。
[3] 《河南程氏文集》遗文，收入《二程集》，第670页。
[4] 二程兄弟对礼仪之伦理意义的看法，参见山根三芳：《宋代礼说研究》，广岛：溪水社，1996年，第144—154页；王启发：《程颢、程颐的礼学思想述论》，《中国社会科学院历史研究所学刊》第5集，2008年，第206—215页。
[5] 朱熹：《朱子文集》卷一五《祧庙议状》，台北：德富文教基金会，2000年，第509页。
[6] 周密：《癸辛杂识》后集《朱王二事相同》，北京：中华书局，1988年，第108页。

居顺祖、惠明皇后之下。元符三年(1100),哲宗去世,在如何处置神主的升祔和祧迁的问题上,朝廷内又出现分歧。礼部、太常寺上奏:"哲宗升祔,宜如晋成帝故事,于太庙殿增一室,候祔庙日,神主祔第九室。"①"晋成帝故事"见于《晋书·礼志》:"成帝崩而康帝承统,以兄弟一世,故不迁京兆,始十一室也。"②礼部、太常寺的意思是哲宗不为一世,所以祔庙之时不祧宣祖,等将来徽宗祔庙,与哲宗共为一世,再迁宣祖。但是蔡京不赞成这一方案:"以哲宗嗣神宗大统,父子相承,自当为世。今若不祧远祖,不以哲宗为世,则三昭四穆与太祖之庙而八。宜深考载籍,迁祔如礼。"陆佃、曾肇也指出:"国朝自僖祖而下始备七庙,故英宗祔庙,则迁顺祖,神宗祔庙,则迁翼祖。今哲宗于神宗,父子也,如礼官议,则庙中当有八世。况唐文宗即位则迁肃宗,以敬宗为一世,故事不远。哲宗祔庙,当以神宗为昭,上迁宣祖,以合古三昭三穆之义。"③结果,礼部、太常寺的意见得到了徽宗的支持,不迁宣祖。

不久之后,礼部"用嘉祐故事,专置使修奉,请以夹室奉安神主"。④ 所谓"嘉祐故事",是指嘉祐八年(1063)仁宗去世后,朝廷决定不迁僖祖,在七室之外另建一室来供奉仁宗的神主。⑤ 但是,仁宗的神主并没有因为庙室需要新建而暂置于夹室中,因此礼部的奏请遭到了太常少卿孙杰的反对:"先帝神主,错之夹室,即是不得祔于正庙,与前诏增建一室之议不同。……请如太常前议,增建一室。"⑥尽管如此,徽宗还是同意了礼部的意见。然而,哲宗庙室的修建却遥遥无期,哲宗偏居东夹室的现象直到崇宁二年(1103)才改变。⑦ 在臣僚的要求下,徽宗贬责了负责营建哲宗庙室的李南公。他先是推卸了一番责任,然后宣布收回原来的命令:"朕获继

---

① 《宋史》卷一〇六《礼志九》,第 2575 页。
② 《晋书》卷一九《礼志上》,第 604 页。
③ 《宋史》卷一〇六《礼志九》,第 2575—2576 页。
④ 《宋史》卷一〇六《礼志九》,第 2576 页。
⑤ 《续资治通鉴长编》卷一九八嘉祐八年六月癸酉条,第 4809—4811 页。
⑥ 《宋史》卷一〇六《礼志九》,第 2576 页。
⑦ 《玉海》卷九七《宋朝庙制》,南京·上海:江苏古籍出版社·上海书店,1987 年,第 1775 页。

正统,祇绍泰陵,永惟托付之至恩,独致友恭之大义。始营寝邑,预筑庙宫,元徒而告以时,命使而董其事。庶先升祔,俾其缮修。而吏不奉承,心怀顾望,遂令愆素,辄请从权,安于殿隅,寓以夹室。……所有元修奉官已行点责,其元符三年六月二十二日权东夹室奉哲宗神主指挥宜改正,更不施行。"①

徽宗不但改正了权奉哲宗神主于东夹室的做法,还要求礼官商议祧迁的事宜:"哲宗实继神考,传序正统,十有六年。升祔之初,朕方恭默,乃增一室于七世之外,遂成四穆于三昭之间。考礼与书,曾靡有合。比阅近疏,特诏从臣,并与礼官,博尽众见,列奏来上,援据甚明。谓本朝自僖祖至仁宗,始备七世,当英宗祔庙,神考圣学高明,以义断恩,上祧顺祖。暨神考祔庙,又祧翼祖,则哲宗祔庙,父子相承,当为一世,祧迁之序,典礼可稽。览之惕然,敢不恭听!"对此,礼官上言:"祧迁之序,当祧宣祖昭武睿圣皇帝、昭宪皇后杜氏,神主藏于西夹室,居翼祖简恭睿德皇帝、简穆皇后刘氏石室之次。"这一建议得到了批准。② 太庙仍然采取七世八室的格局。

然而,没过多久,九庙制的讨论随即开始,原因在于不迁之主过多。景祐二年(1035),仁宗下诏:"王者奉祖宗,尚功德。故禘天祀地,则侑神作主;审禘合食,则百世不迁。恭惟太祖皇帝受天命,建大业,可谓有功矣。太宗、真宗,二圣继统,重熙累洽,可谓有德矣。其令礼官考合典礼,辨崇配之序,定二祧之位,中书门下详阅以闻。"③于是,除了太祖,太宗和真宗也成为百世不迁之主。一般来说,朝廷在确定不祧之主时非常慎重,唐朝高祖和太宗的不迁地位直到大历十四年(779)才确定。相比之下,宋代就显得随意很多,第四个皇帝仁宗亲政后不久,在他之前的三朝皇帝都获得了不迁的地位。

唐代只有太祖、高祖和太宗是不迁之主,虽有其他人获得过提名,但

---

① 《宋会要辑稿》礼一五之五六,北京:中华书局,1957年,第679页。
② 《宋会要辑稿》礼一五之五六,第679页。
③ 《续资治通鉴长编》卷一一六景祐二年五月甲申条,第2729—2730页。

是没有成为不祧之主。① 在北宋,除了太祖、太宗、真宗和僖祖,仁宗和神宗又在徽宗朝成为不迁之主。元符三年(1100),徽宗下诏:

> 盖闻有天下者事七世,则迭毁之制有常;祖有功而宗有德,则不迁之庙非一。历睹商周,下逮两汉,虽礼不相袭,而率由兹义。末予小子,获奉七鬯,常惧德不足以对越在天,增光前烈。伏以艺祖应天顺人,肇造区夏;太宗受命继代,底定寰宇;真宗以圣继圣,抚全盛之运,奉太平之业,登岱告成,文物典章,于斯大备。昔在仁祖,并尊为百世不祧之庙。恭惟仁宗皇帝躬天地之度,以仁治天下,在位四十二年,利泽之施,丕冒四海。早定大策,授英宗以神器之重,措宗社于泰山之安,功隆德厚,孰可拟议? 英宗皇帝飨祚日浅,未究施设,奄弃万国。神宗皇帝以圣神不世出之资,慨然大有为于天下,兴学校,崇经术,劝农桑,宽徭役,禁暴以武,理财以义。凡改令法度有未当于理、不便于时者,莫不革而新之。功业盛大,何可胜纪? 群臣援旧典,数上徽号,然深自谦挹,终抑而不居,规模宏远,凛凛乎三代之风矣。而庙祔之制,殊未议所以尊崇之典,阙孰甚焉,此朕夙兴夜寐之所不敢忘也。宜令礼官稽参商周两汉故事,考定仁宗、神考庙制,详议以闻。庶成一代之典,以章本朝累圣功德之盛,以副朕为人子孙显扬尊奉之意。②

徽宗在诏书中逐一对哲宗以外其他几位北宋皇帝进行了评价:功勋卓著

---

① 例如,顺宗下葬后,"有司以中宗中兴之君,当百代不祧",蒋乂说:"中宗即位,春秋已壮,而母后篡夺以移神器,赖张柬之等国祚再复,盖曰反正,不得为中兴。凡非我失之,自我复之,为中兴,汉光武、晋元是也。自我失之,因人复之,晋孝惠、孝安是也。今中宗与惠、安二帝同,不可为不迁主。"结果,中宗的神主还是被祧迁至夹室中《《新唐书》卷一三二《蒋乂传》,第 4532—4533 页)。又如,会昌元年(841),中书门下奏请宪宗为不迁之主:"宪宗摅宿愤,举昇平之典法,始命将帅,顺天行诛。元年戮琳暨辟,季年枭元济及李师道,岂有去天下之害,不享其名,致生民之安,不受其报乎? 臣等敢遵古典,请尊宪宗章武孝皇帝为百世不迁之庙。"这一建议也没有得到实行。见《唐会要》卷一六《庙议下》,第 335—336 页。
② 《宋会要辑稿》礼一五之五四,第 678 页。

的太祖、太宗和真宗已经在仁宗朝成为不祧之主,在剩下的三位皇帝中,仁宗和神宗也是功德盛大、治国有方的君主。虽然徽宗下令礼官详议仁宗、神宗的庙制,其实他的话已经说得非常明白,就是欲以仁宗和神宗为不祧之主,以显示赵宋王朝的厚德盛业,他要的只不过是百官的附和而已。臣下自然是心领神会,太常少卿盛次仲等人上奏:"如我仁宗、神考之圣君,若此之盛者也,是宜亿万斯年,奉承不怠,请如圣诏,尊崇庙祏,永祀不祧,与天无极。"这一奏请合乎徽宗的心愿,因此得到了准许。① 这样一来,在徽宗之前登基过的七个皇帝中,除了英宗和哲宗外,其他都成为不迁之主,加上僖祖,太庙中不迁的神主达到了六个。

如此多的不迁之主,给宗庙的迁祔带来了极大的不便。崇宁三年(1104),徽宗在诏书中指出:

> 郑氏谓,太祖及文武不祧之庙与亲庙四,并而为七,是不祧之宗在七庙之内。王氏谓,非太祖而不毁,不为常数,是不祧之宗在七庙之外。历选列辟,时措之宜,因革各异。惟我祖考功隆德大,万世不祧者,今已五宗,则七庙当祧者二宗而已。迁毁之礼,近及祖考,殆非先王尊祖奉先之意。礼以意起,称情为本。可令所司集官议定,详具典礼以闻。②

若采取郑玄模式的七庙制,每逢新主祔庙,当祧迁其四世祖;在王肃模式的七庙制下,新主祔庙,则当祧迁其六世祖。此时太庙中供奉着始祖、太祖、太宗、真宗、仁宗、英宗、神宗和哲宗,共有七世八室,始祖、太祖、太宗、真宗、仁宗皆已是不祧之主,神宗的百世不迁地位等到英宗亲尽而毁后即可生效,整个太庙中只有英宗和哲宗的神主可以祧迁。无论是郑玄模式的七庙制,还是王肃模式的七庙制,都已无法适应此种情形。对此,礼部提议实行九庙制度:"窃详先王之礼,庙止于七,后王以义起礼,乃有增至

---

① 《宋会要辑稿》礼一五之五五,第 678 页。
② 《宋会要辑稿》礼一五之五六,第 679 页。

九庙者,详酌典故,当自朝廷。"于是,徽宗下诏:

> 有天下者事七世,古之道也。惟我治朝,祖功宗德,圣贤之君六七作,休烈之盛,轶于古先。尊为不祧者至于五宗,迁毁之礼近及祖考。永惟景祐钦崇之诏已行而不敢逾,暨我元符尊奉之文既隆而不可杀,虽欲如古,莫可得也。博考诸儒之说,详求列辟之宜。顾守经无以见其全,而适时当必通其变。爰援众议,肇作彝伦。推恩以称情而为宜,则礼以义起而无愧。是用酌郑氏四亲之论,取王肃九庙之规,参合二家之言,著为一代之典。自我作古,垂之将来。①

因此,翼祖和宣祖的神主奉还太庙,形成了九世十室的格局。虽然此次改制号称"酌郑氏四亲之论,取王肃九庙之规",但是实际上与郑玄和王肃的理论均相差甚远。在郑玄的理论中,四亲庙是当朝天子的父、祖、曾祖和高祖,此时太庙中的"四亲"却是不迁之主以外的翼祖、宣祖、英宗和哲宗,明显不符合郑玄的原意。根据王肃的学说,天子七庙是指太祖庙加上六亲庙,在周代的太庙中,除此之外还有文王和武王的不迁之庙,供奉的祖先实际上达到了九世。此时的赵宋太庙供奉了始祖、四世不迁之主(实际上有五个,即太祖、太宗、真宗、仁宗和其上昭穆未尽的神宗)和四世不连续的亲尽即迁之主,这里的"九庙"亦非王肃的本义。崇宁三年形成的九庙制度,在南宋被称为"崇宁九庙"。②

南宋建立后,尽管中间经历过东向之位的争论,僖祖因此而被祧迁出太庙,并且在庆元二年(1196)后与顺祖、翼祖和宣祖一同迁入四祖庙,但是崇宁九庙制长期得到了实行,为期近一个世纪。③ 嘉定十七年(1224),宁宗去世后,有人主张上祧英宗,以维持崇宁九庙,太常博士戴栩上奏表示反对:"自一祖四宗功德巍巍百世不迁之外,英宗为一世,哲宗、徽宗为一世,钦宗、高宗为一世,孝宗、光宗各为一世,其与大行皇帝才六世耳。

---

① 《宋会要辑稿》礼一五之五六,第679页。
② 《宋史》卷一○七《礼志一○》,第2587页。
③ 朱溢:《唐宋时期太庙庙数的变迁》,第154—157页。

况高宗又为不祧之宗,其实为五世,于七庙之制未为溢数。"因此,他认为不必祧迁英宗。① 御史台的看法与此类似:"国朝太祖皇帝为帝者太祖之庙,太宗皇帝祔于太祖,为一世之庙,真宗、仁宗、神宗、高宗各有制书不祧,此与商周不毁庙、鲁公武公之世室名异实同,世室之祧,既不在三昭三穆之中,则固不在九庙之数。自太祖以至光宗实为五庙,今大行皇帝始为六庙,合增展一室,以祔大行皇帝。"② 他们声称,不祧迁英宗的目的是恢复王肃倡导的七庙制,除了万世不毁的太祖、太宗、真宗、仁宗、神宗和高宗外,还有五世亲庙,英宗为一世,哲宗和徽宗共为一世,孝宗为一世,光宗为一世,宁宗为一世,另外钦宗因为与不迁之主高宗是兄弟而不算作完整的一世亲庙。这显然跟王肃模式的七庙制不同,根据王肃的理解,太祖以外的不迁之主都是脱离昭穆序列后才不计世数,实际上此时神宗、高宗仍在昭穆之中。很显然,南宋是延续了崇宁三年(1104)以来的成例,不管其上是否昭穆已尽,只要被定为不迁之主,就不计世数。最终,朝廷没有祧迁英宗。按照戴栩等人的说法,包括宁宗,太庙才供奉了五世亲庙,那么再往前引申一步,理宗祔庙时,自然也就不用祧迁其他神主了。景定五年(1264),理宗去世,太庙中的庙室已经不够用了,"咸淳添置一室,奉理庙神主,通为一十四室"。③ 此时的太庙呈现十一世十四室的格局。

然而,所谓的七庙恢复后,迁毁制度依然没有实施。咸淳十年(1274)度宗去世后,"太庙自宣、僖、翼、顺四祖为祧,别于太庙西上为祧殿以奉之,与太庙诸室并同列,而各门以隔之。自太祖以下至理宗为十四室,度宗之祔,在理宗东,已无所容,乃外辟东庑以处之"。④ 按说此时已经没有不祧迁其他神主的理由或借口了,但还是没有实行毁庙,太庙已无空间可以容纳度宗的神主,添置新的庙室也已不可能,只好另辟东庑以安放之。

太庙庙数在唐宋时期经历了异常复杂的变化,尤其是熙宁五年

---

① 戴栩:《浣川集》卷四《祧庙议札子》,《景印文渊阁四库全书》第1176册,台北:台湾商务印书馆,1983年,第714页。
② 王圻:《续文献通考》卷一一一《宗庙考》,北京:现代出版社,1986年,第1688页。
③ 吴自牧:《梦粱录》卷八《太庙》,收入《东京梦华录·外四种》,上海:古典文学出版社,1956年,第194—195页。
④ 《癸辛杂识》后集《度宗祔庙无室》,第105页。

(1072)后有过很多波折,结果是离天子七庙越来越远,完全不受礼制传统的束缚。作为转折性事件的熙宁五年僖祖地位之争,使我们看到这一时期太庙祭祀中公、私两种属性之间的紧张关系,结果是血缘私情主导了此后太庙庙数的变化。这促使我们去探讨太庙祭祀中的公、私问题,尤其是私的一面。

第二节　太庙祭祀中私家因素的凸显

麦大维(David L. McMullen)在研究唐代的礼仪机构时,注意到宗正寺在开元年间取代了太常寺,成为太庙的主管机构,[①]但是未进一步阐发这一变化的意义。太庙祭祀具有双重属性,一方面象征着帝位传承的合法性,是皇帝统治国家的权力来源之一,另一方面又是皇帝和宗室追缅先祖的一种仪式。[②] 也就是说,太庙祭祀兼具公私两种性质:"公"指太庙具有国家宗庙的一面,作为国家祭祀的两大柱石之一,太庙祭祀用来表现皇帝受命于祖、统治万民的合法性;"私"指太庙又是皇帝、宗室祭祀祖先的场所,太庙祭祀是皇帝和宗室祖先崇拜的最重要方式。在帝制时代,公的一面在总体上占据上风是毋庸置疑的,宗庙与社稷一起成为国家的象征。[③] 到了唐玄宗统治时期,太庙的主管机构由负责国家礼仪的太常寺转向掌管宗室谱牒的宗正寺,这一变化可谓意味深长,推动我们去进一步思考太庙祭祀中的公、私问题及其在唐至北宋时期的演化轨迹。种种迹象表明,这一时期太庙祭祀用于皇帝和宗室祖先崇拜的一面迅速发展,并且

[①] David L. McMullen, "Bureaucrats and Cosmology: The Ritual Code of T'ang China," in David Cannadine and Simon Price, eds., *Ritual of Royalty: Power and Ceremony in Traditional Societies*, Cambridge: Cambridge University Press, 1987, p. 208.

[②] 高明士指出,太庙同时具有公私两种意义,除了有皇室家庙的属性外,又有与国家同义的存在,这是太庙与士大夫家庙最大的区别。参见氏著:《礼法意义下的宗庙——以中国中古为主》,第65—66页。

[③] 甘怀真讨论了汉唐时期太庙作为国家最高的象征而具有的公共性,参见氏著:《皇权、礼仪与经典诠释:中国古代政治史研究》,台北:喜马拉雅研究发展基金会,2003年,第244—246页。

深刻地影响了这一祭祀的面貌。

一、太庙管理机构的变动

秦汉以来,太庙一直由太常寺主管。《汉书·百官公卿表》:"奉常,秦官,掌宗庙礼仪,有丞。景帝中六年更名太常。属官有太乐、太祝、太宰、太史、太卜、太医六令丞,又均官、都水两长丞,又诸庙寝园食官令长丞,有雍太宰、太祝令丞,五畤各一尉。又博士及诸陵县皆属焉。"[1]可见,秦汉奉常的主要职责是太庙祭祀,在西汉,太庙的具体事务由其下属诸庙寝园食官令负责。两汉之后,太庙还是由太常寺主管。《晋书·职官志》:"太常,有博士、协律校尉员,又统太学诸博士、祭酒及太史、太庙、太乐、鼓吹、陵等令。"[2]刘宋时期,太常寺之下也有太庙令。[3] 萧梁的太常卿"统明堂、二庙、太史、太祝、廪牺、太乐、鼓吹、乘黄、北馆、典客馆等令丞,及陵监、国学等",[4]"二庙"是太庙和太祖太夫人庙,《隋书·礼仪志》对此有解释:"小庙,太祖太夫人庙也。非嫡,故别立庙。皇帝每祭太庙讫,乃诣小庙,亦以一太牢,如太庙礼。"[5]隋代的太常寺"统郊社、太庙、诸陵、太祝、衣冠、太乐、清商、鼓吹、太医、太卜、廪牺等署。各置令、丞"。[6] 唐前期仍然如此:"太常卿之职,掌邦国礼乐、郊庙、社稷之事,以八署分而理之:一曰郊社,二曰太庙,三曰诸陵,四曰太乐,五曰鼓吹,六曰太医,七曰太卜,八曰廪牺。总其官属,行其政令。"[7]太庙与太常寺在地理空间上极为亲近:"承天门街之东第七横街之北,从西第一太常寺,寺东安上门街,街东第一太庙、中宗庙元献皇后庙,次东太庙署。"[8]太常寺与太庙和太庙署隔着安上门街

---

[1] 《汉书》卷一九上《百官公卿表上》,第726页。
[2] 《晋书》卷二四《职官志》,第735页。
[3] 《宋书》卷三九《百官志上》,北京:中华书局,1974年,第1228页。
[4] 《隋书》卷二六《百官志上》,第724页。
[5] 《隋书》卷七《礼仪志二》,第131页。
[6] 《隋书》卷二八《百官志下》,第776页。
[7] 《旧唐书》卷四四《职官志三》,第1872页。
[8] 宋敏求:《长安志》卷七,收入《宋元方志丛刊》,北京:中华书局,1990年,第108页。

相望,这样的空间布置便于太常寺对太庙祭祀的管理。

到了开元末年,情况有了重大变化。首先是太庙署被裁撤,太庙祭祀由太常寺直辖管理。玄宗下敕:"宗庙所奉,尊敬之极,因以名署,情所未安,宜令礼官,详择所宜奏闻。"太常少卿韦绍奏曰:"谨按经典,窃寻令式,宗庙享荐,皆主奉常,别置署司,事非稽古。其太庙署望废省,本寺专奉其事。"这一建议得到了批准。① 开元二十五年(737),玄宗下敕:"宗正设官,实司属籍。而陵寝崇敬,宗庙惟严,割隶太常,殊乖本系奉先之旨,深所未委。自今已后,诸庙置并隶宗正寺。"② 于是,宗正寺接管了太庙。如果说太庙祭祀由太常寺直接管理,是出于尊崇太庙的考虑,那么宗正寺取代太常寺来管理太庙,主要是为了强化皇帝和宗室"奉先"的需要。这一举措很有可能与玄宗时期宗室政策的变化有关。玄宗登基后,对宗室采取监视和防范态度,降低他们对皇帝的威胁,最典型的例子是十王宅(后为十六王宅)和百孙院的建立,诸王集中起居,皇帝委派宦官进行管理。③ 另一方面,他又对宗室采取怀柔亲和政策,例如,在他的四个兄弟去世后,分别给予让皇帝、惠庄太子、惠文太子和惠宣太子的谥号。④ 宗正寺接管太庙,也有安抚宗室、增强凝聚力的意图。

从开元二十五年(737)至大历二年(767),太庙的主管机构在太常寺与宗正寺之间经历了几个来回:"天宝十二载五月十二日,太庙及诸陵署,依旧隶太常寺。至德二载十一月二日,陵庙并依宗正寺收管。至永泰元

---

① 《唐会要》卷一九《庙隶名额》,第 377 页。关于此事发生的时间,各种史书的记载各不相同。《唐会要》在此处将其系为开元二十一年(733),在另一处则记为开元二十四年(卷六五《太常寺》,第 1134 页)。《唐六典》卷一四太常寺卿少条的注文也提到:"开元二十四年,敕废太庙署,令少卿一人知太庙事。"(北京:中华书局,1992 年,第 394 页)。《旧唐书》卷八《玄宗纪上》将此事系年为开元二十二年(第 201 页)。根据《通典》卷二五《职官七》,此事发生在开元二十五年(北京:中华书局,1988 年,第 705 页)。对这些不同的记载,我们只能暂且存疑。
② 《通典》卷二五《职官七》,第 705 页。
③ Denis C. Twitchett, "The T'ang Imperial Family," *Asia Major*, 3rd series, 7; 2 (1994), pp. 44–46;孙英刚:《隋唐长安的王府与王宅》,《唐研究》第 9 卷,2003 年,第 193—204 页。
④ 《旧唐书》卷九五《让皇帝李宪传》,第 3013 页;《惠庄太子李㧑传》,第 3016 页;《惠文太子李范传》,第 3017 页;《惠宣太子李业传》,第 3019 页。

年二月十九日,敕诸陵庙署,并隶太常寺。至大历二年八月二十五日,敕诸陵庙,并宜依旧宗正寺检校。"①这一系列变化与当时的人事调整有关。例如天宝年间,"张垍为驸马都尉,太常卿。又以承恩太常,复奉陵庙"。②代宗时期,驸马都尉姜庆初因为受宠而担任太常卿,掌管陵庙,至大历二年,"庆初败,又以陵庙归宗正"。③可以看到,虽然主管机构不时来回变换,但是掌管太庙祭祀的都是皇亲。大历二年以后,太庙事务一直由宗正寺负责。

从帝制建立以来,宗正寺就以掌握皇室名籍为最重要的职能。例如,东汉的宗正卿"掌序录王国嫡庶之次,及诸宗室亲属远近,郡国岁因计上宗室名籍"。④西晋的宗正卿"统皇族宗人图谍,又统太医令史,又有司牧掾员"。⑤有些朝代规定,宗正卿只能由皇室成员担任,有些朝代则没有严格的限制。例如,"两汉皆以皇族为之,不以他族。魏亦然。晋兼以庶姓"。⑥唐朝建立后,常用外姓担任宗正卿。到了开元年间,宗正寺的职权范围与人事结构都有变化,朝廷多次申明宗正寺的官员全部由皇室宗亲担任。如开元二十年(732),玄宗下诏:"宗正寺官员,悉以宗子为之。"二十五年,他又下敕:"其宗正卿、丞及主簿,择宗室中才行者补授。"⑦通过郁贤皓、胡可先对唐代宗正卿少人选的收集整理,同样可以看到这一转变。⑧宗正寺变成完全由宗室掌理的机构。太庙改属宗正寺后,人事关系也朝这一方向发展。开元二十五年,玄宗"敕诸陵庙并隶宗正寺,其官员悉以宗子为之"。⑨这一变化说明了太庙与宗室的关系更趋紧密。

除了宗正寺之外,皇帝有时还将一些太庙事务交由身边的宦官来处

---

① 《唐会要》卷一九《庙隶名额》,第377页。
② 《册府元龟》卷六二一《卿监部・司宗》,南京:凤凰出版社,2006年,第7189页。
③ 《新唐书》卷九一《姜謩传附姜庆初传》,第3794页。
④ 《续汉书・百官志三》,收入《后汉书》,北京:中华书局,1965年,第3589页。
⑤ 《晋书》卷二四《职官志》,第737页。
⑥ 《通典》卷二五《职官七》,第703页。
⑦ 《唐会要》卷六五《宗正寺》,第1142页。
⑧ 郁贤皓、胡可先:《唐九卿考》,北京:中国社会科学出版社,2003年,第247—290页。
⑨ 《册府元龟》卷六二一《卿监部・司宗》,第7188页。

理。《旧唐书·韦温传》：

> 太和五年，太庙第四、第六室缺漏，上怒，罚宗正卿李锐、将作王堪，乃诏中使鸠工补葺之。温上疏曰："臣闻吏举其职，国家所以治；事归于正，朝廷所以尊。夫设制度，立官司，事存典故，国有经费，而最重者，奉宗庙也。伏以太庙当修，诏下逾月，有司弛堕，曾不加诫。宜黜慢官，以惩不恪之罪，择可任者，责以缮完之功。此则事归于正，吏举其职也。而圣思不劳，百职无旷。今慢官不恪，止于罚俸，宗庙所切，便委内臣。是许百司之官，公然废职，以宗庙之重，为陛下所私，群官有司，便同委弃。此臣窃为圣朝惜此事也。事关宗庙，皆书史策，苟非旧典，不可率然。伏乞更下诏书，得委所司营缮，则制度不紊，官业交修。"上乃止内使。①

大和五年（831），因为太庙的第四室和第六室缺漏，文宗在责罚宗正卿李锐、将作监王堪之余，下令由中使葺修。在韦温看来，太庙不只是皇帝和宗室祭祀祖先的宗庙，同时也属于整个国家，皇帝让宦官来负责太庙的维修，是将宗庙视为私有了，因此他上奏表示反对。此前宗正寺取代太常寺掌管太庙，已经使太庙在一定程度上向私家宗庙倾斜了，但是宗正寺毕竟是正式的国家机构，而让宦官来承担与太庙有关的事务，更加深了太庙的皇帝私有色彩。由于外廷官员的反对，皇帝中止了由宦官修缮太庙的计划。到了北宋，宦官还是在很长一段时间内参与了太庙祭祀的管理。

在五代，太庙事务仍然由宗正寺负责。例如后唐长兴三年（932），宗正寺上奏："今年经大雨，太庙正殿疏漏，门楼垫陷，宫墙及神门外仗舍并皆缺漏，请下所司修补。"②后晋开运二年（945），宗正卿石光赞上言："园陵宗庙，请依古义，时节荐新。"③尽管史籍对五代时期宗正寺的职能语焉不详，从上面这些事例来看，太庙仍在宗正寺的掌管之下。

---

① 《旧唐书》卷一六八《韦温传》，第 4378 页。
② 《册府元龟》卷三一《帝王部·奉先四》，第 317 页。
③ 《册府元龟》卷三一《帝王部·奉先四》，第 320 页。

在太庙祭祀的管理上，宋代延续了唐代开元以来的制度："宋初，旧置判寺事二人，以宗姓两制以上充，阙则以宗姓朝官以上知丞事。掌奉诸庙诸陵荐享之事，司皇族之籍。"①根据《两朝国史志》的记载，到了仁宗、英宗时期，依然如此："宗正寺判寺事二人，以宗姓两制以上充，阙则以宗姓朝官以上知丞事，掌奉宗庙诸陵荐享之事，司皇族之籍。"②《两朝国史志》是《两朝国史》的志书，《两朝国史》共一百二十卷，"熙宁十年诏修仁宗、英宗正史，宋敏求、苏颂、王存、黄履等编修，吴充提举。元丰五年，王珪、李清臣等上之"。③ 与唐代有所不同，北宋宗正寺的长官并不都是宗室，有不少是同为"国姓"（或称为"宗姓"）的非宗室官员。④

在北宋，太庙一直属于宗正寺的业务范围，但是就实际执行过程而言，情况更为复杂。元丰四年（1081），详定礼文所上奏："自唐开元中废局令，以太常少卿一员知太庙事，良以太常职奉宗庙故也。近世太庙职务既归宗正，每遇亲祠及有司摄事，别差官摄知庙卿，殊无义理。又宫闱令职掌宫内门阁之禁及出纳后主，今或行朔望祠事及荐新物，滋为非礼。臣等欲乞依唐初之制，置太庙局令，以宗正寺丞充，宫闱令仍不与祠事。"针对详定礼文所的奏议，朝廷的应对是："今置太庙令，可专行荐新之礼，至亲祠及祫袷、常祀及七祀功臣之礼，知庙少卿更不差摄。"⑤通过这条史料，可以看到两点重要信息。一是直到元丰四年，太庙仍由宗正寺掌管，只是临近祭祀时，朝廷时常另外差遣官员负责太庙祭祀的执行。元丰四年的做法是详定礼文所的意见和过去惯例的折中，朝廷只任命知庙卿，不再差摄少卿，宗正寺对太庙祭祀过程的掌控程度比此前有所加强。二是宫闱令在太庙祭祀中的角色引起了争议。在唐代，宫闱令是内侍省宫闱局的长吏，"凡大享太庙，帅其属诣于室，出皇后神主，置于舆而登座焉；既事，纳之"。⑥ 内侍在太庙祭祀中出纳后主，是其侍奉宫闱的职能在礼制上的延

---

① 《宋史》卷一六四《职官志四》，第 3887 页。
② 《宋会要辑稿》职官二〇之一，第 2821 页。
③ 陈振孙：《直斋书录解题》卷四《正史类》，上海：上海古籍出版社，1987 年，第 105 页。
④ 汪圣铎：《宋朝宗室制度考略》，《文史》第 33 辑，1990 年，第 171—173 页。
⑤ 《续资治通鉴长编》卷三一八元丰四年十月甲戌条，第 7690 页。
⑥ 《唐六典》卷一二宫闱令丞条，第 358 页。

伸。到了北宋咸平元年(998),"始命内侍充宫闱令,限年与代,令居庙中,与知庙官同掌宗庙祀事",①于是宫闱令开始发挥更大的作用,与知庙卿共同掌理太庙祭祀。景祐三年(1036),仁宗"诏太庙、奉慈庙、后庙每室各差内臣一员摄宫闱令,应奉行事",②所以,《两朝国史志》记载:"太庙、后庙宫闱令三人,以入内内侍充。"③《宋史·职官志》:"入内内侍省与内侍省号为前后省,而入内省尤为亲近。"④入内内侍是皇帝最亲近的宦官,他们在太庙祭祀中扮演着重要角色,使太庙祭祀为皇帝私有的色彩较之以往有所加深。元丰四年的措施把宫闱令排除在太庙祭祀之外,强调了宗正寺与太庙祭祀的关系。

元丰官制改革后,"宗正长贰不专用国姓",⑤但是这并没有改变太庙的行政归属,"元丰改制,〔宗正寺〕所掌与旧略同"。⑥ 在《职官分记》中,太庙令的条目置于宗正之下。⑦ 根据罗祎楠的研究,《职官分记》成书于哲宗元祐年间,⑧可见太庙祭祀依然由宗正寺管理。到了北宋末年,除了宗正寺,大宗正司也承担了太庙祭祀事务。此时的大宗正司下设士案、户案、仪案、兵案、刑案和公案,其中,"仪案系掌行宗室朝参,主奉祠事,陈乞入道为尼,及太庙五飨、三献、奏告等行事差官,并宗室听请、量试、赠官、南班差药院等事务"。⑨ 这些充分显示了北宋后期太庙祭祀与宗室的紧密联系。

二、宗室参与太庙祭祀程度的加深

在执行祭祀的人员中,以负责献酒的三献官最为重要。皇帝出席时,

---

① 《续资治通鉴长编》卷四三咸平元年五月壬戌条,第912页。
② 《续资治通鉴长编》卷一一九景祐三年十月乙卯条,第2809页。
③ 《宋会要辑稿》职官二〇之一,第2821页。
④ 《宋史》卷一六六《职官志六》,第3939页。
⑤ 《宋史》卷一六四《职官志四》,第3887页。
⑥ 《宋会要辑稿》职官二〇之一,第2821页。
⑦ 孙逢吉:《职官分记》卷一八,《景印文渊阁四库全书》第923册,台北:台湾商务印书馆,1983年,第436—437页。
⑧ 罗祎楠:《孙逢吉〈职官分记〉成书史事考略》,《史学月刊》2002年第9期,第42—46页。
⑨ 《宋会要辑稿》职官二〇之二〇,第2830页。

还要亲自担任初献。唐代建立后,太庙祭祀分皇帝亲祭和有司摄事两种形式,皇帝不参加,则由有司摄行其事。《唐六典》记载:"凡国有大祭祀之礼,皇帝亲祭,则太尉为亚献,光禄卿为终献;若有司摄事,则太尉为初献,太常卿为亚献,光禄卿为终献。"①作为大祀,太庙祭祀的三献也是如此安排的。太尉一般不授人,祭祀中的太尉由他官摄理,司徒和司空也是如此,《旧唐书·职官志》:"武德初,太宗为之,其后亲王拜三公,皆不视事,祭祀则摄者行也。"②

在唐代,参与太庙祭祀的高级官员与其他祭祀无异。太常卿和光禄卿自然不用说,摄三公者也不必是宗室。例如,"睿宗将祠太庙,刑部尚书裴谈摄太尉"。③ 开元十五年(727),玄宗下敕:"享宗庙,差左右丞相、尚书、嗣王、郡王摄三公行事。若人数不足,通取诸司三品以上长官。"开元二十五年,玄宗再次下敕:"太庙每至五飨之日,应摄三公,令中书门下及丞相、师傅、尚书、御史大夫、嗣王、郡王中拣择德望高者通摄,余司不在差限。"④这两份敕书旨在严格限定摄三公行事者的级别,符合规定级别的朝官和宗亲都在考虑的范围内。

玄宗曾经要求,有司摄行太庙祭祀时,三公必须具备宗亲的身份。在开元二十七年(739)的制书中,玄宗下令:"宗庙致敬,必先于如在;神人所依,无取于非族。其应太庙五享,宜于宗子及嗣王、郡王中拣择有德望者,令摄三公行事。其异姓官,更不须令摄。"⑤不过,这一政策似乎没有严格执行,至少在安史之乱后是如此。例如,颜真卿"摄祭太庙,以祭器不修言于朝,载坐以诽谤,贬硖州别驾、抚州湖州刺史"。⑥ 长庆元年(821),监察御史监祭史路群上奏:"今月九日孟秋,飨太庙。摄太尉国子祭酒韩愈,准

---

① 《唐六典》卷四祠部郎中员外郎条,第 124 页。实际上,从中晚唐开始,每当皇帝亲祀时,亲王充当亚献和终献,并逐渐形成了惯例。参见江川式部:《唐朝祭祀における三献》,《骏台史学》第 129 号,2006 年,第 34—40 页。
② 《旧唐书》卷四三《职官志二》,第 1815 页。
③ 《新唐书》卷一二八《齐澣传》,第 4468—4469 页。
④ 《唐会要》卷一七《原庙裁制上》,第 358 页。
⑤ 《唐会要》卷一七《原庙裁制上》,第 358 页。
⑥ 《旧唐书》卷一二八《颜真卿传》,第 3595 页。

式合起今月六日于太庙致斋，今于国子监宿，有违格令。"①这说明在唐后期，非宗亲的朝官依然可以主持太庙常祀。事实上，唐后期太庙祭祀运作的人事安排，反而是按照上引开元二十五年的敕书来进行的。元和四年（809），监察御史刘遵古上奏："太庙五享摄祭三公等，伏准开元二十五年七月八日敕，每至五飨之日，应摄三公，令中书门下及丞相、师傅、尚书、御史兼嗣、郡王，择德望高者通摄，诸司不在差限者。伏以太庙摄祭公卿，准敕令先差仆射、尚书及师傅等，如无此色官，亦合次差诸司三品。比来吏部因循，不守敕文，用人稍轻。伏请起今年冬季已后，敕吏部准敕差定，如仆射、尚书等阙，即差京师三品职事官充。"这一建议得到了批准。② 我们清楚地看到，刘遵古引用的是开元二十五年的敕书，而不是以开元二十七年的制书为依据。

五代时期，太庙祭祀的主事官员也是不受血缘的限制。例如开平三年（909）七月，后梁太祖"命宰臣杨涉赴西都，以孟秋享太庙"。③ "西都"是指洛阳，开平元年四月，朱温在开封称帝，"升汴州为开封府，建名东都。其东都改为西都，仍废京兆府为雍州佑国军节度使"。④ 后唐同光二年（924），祠部提到："本朝旧仪，太微宫每年五荐献，其南郊坛每年四祠祭。吏部申奏，请差中书门下摄太尉行事。其太庙及诸郊坛，并吏部差三品已上摄太尉行事。"意见通过后没多久，中书门下上奏："据太常礼院状，每年太微宫五荐献，南郊坛四祠祭，并宰臣摄太尉行事。唯太庙时祭，独遣庶寮。虽为旧规，虑成阙礼。臣等商量，自此后太庙祠祭，亦望迭差宰臣行事。"奏请得到了认可。⑤ 宰臣摄行太庙祭祀提高了这一祭祀主事官员的级别，但是这一变化并不影响外臣主持太庙祭祀。

宋朝建立后，没有宗室身份的朝官仍然可以主持太庙祭祀。淳化三年（992），中书门下上奏："昊天四祭、太庙五飨，望依旧以宰臣摄太尉行

---

① 《册府元龟》卷五二〇下《宪官部·弹劾三下》，第5911页。
② 《唐会要》卷一八《原庙裁制下》，第366—367页。
③ 《册府元龟》卷一八九《闰位部·奉先》，第2118页。
④ 《旧五代史》卷三《后梁太祖纪三》，第48页。
⑤ 《册府元龟》卷五九三《掌礼部·奏议二一》，第6805页。

事。"太宗表示同意。① 在实际运作中,太庙时享常由参知政事摄理太尉之职。例如淳化五年,没有皇室血统的参知政事赵昌言"摄祭太庙",②参知政事寇准在至道年间摄事太庙。③ 因为宰臣和执政之外的官员开始主持太庙时享,大中祥符八年(1015),中书门下上奏:"每岁祀昊天上帝及飨太庙,旧例并宰相及参知政事摄事,近岁多遣他官,虑乖严重之旨,请复举旧例。"这一建议被采纳。④ 可以看到,朝廷对太庙祭祀的主事者始终只有职级上的考虑,没有血缘上的限制。此后,那些非宗亲的朝官依然能够主持太庙祭祀。例如,景祐四年(1037),礼部侍郎、参知政事盛度"奉敕孟夏荐飨太庙,已受戒誓"后,被任命为知枢密院事,以"枢密不差摄行祠事"的故事,要求改命摄祭官,得到了准许。⑤ 盛度因故没有摄祭太庙,但是他的事例从一个侧面说明,主事太庙祭祀的资格不受血缘限制。欧阳修有一首诗,题目为《夏享太庙摄事斋宫闻莺寄原甫》,⑥"原甫"即刘敞。欧阳修担任朝廷重臣,已经是仁宗庆历年间的事情了,他摄祭太庙之事也应发生在这一时期或其后。

从神宗时期开始,太庙祭祀中的太尉都由宗室代摄。熙宁五年(1072),

> 诏自今奉祠太庙,命宗室使相已上摄事。先是,侍御史知杂事邓绾言:"伏见著令,郊庙大祀,常以宰臣摄太尉受誓致斋,动经累日,中书政事多所废滞。祭祀之礼,于古则专以宗伯治神。于唐则宰相之外,兼用尚书、嗣王、郡王,下至三品以上职事官通摄。而本朝车驾行大礼,亚献、终献亦有以亲王及宗室近亲摄事者。方陛下讲修百度,政府大臣翊赞万机,而又使之奉郊庙四时献享之礼,实恐淹废事务。欲乞明诏有司,凡四时郊庙大祀专使宗室近亲兼使相者摄上公行

---

① 《宋会要辑稿》礼一之二,第398页。
② 《续资治通鉴长编》卷三六淳化五年八月癸卯条,第793页。
③ 《宋史》卷二八一《寇准传》,第9529页。
④ 《续资治通鉴长编》卷八五大中祥符八年七月乙亥条,第1942页。
⑤ 《续资治通鉴长编》卷一二〇景祐四年四月乙丑条,第2827页。
⑥ 《欧阳修全集》卷一三,北京:中华书局,2001年,第221页。

事。"故有是诏。①

邓绾以祭祀影响政务为由，要求由使相以上的宗室取代宰臣，在郊庙常祀中充任太尉。最后神宗下诏，此后太庙常祀由使相以上的宗室摄太尉行事。我们看到，朝廷没有完全接受邓绾的建议，郊祀仍由宰臣摄太尉行事，看来政务繁忙不是导致这一变化的唯一原因。此举更重要的目的恐怕在于凝聚宗室。因为不断繁衍的宗室给国家造成了巨大的负担，宋神宗于熙宁二年开始推行宗室改革，改进宗室管理制度，裁减宗室恩泽。②在减损宗室实际利益的同时，朝廷又需要抚慰他们。我们在前文已经对熙宁五年开始的太庙应该供奉哪些神主的争论、调整作了论述，并将之归结为君臣对宗室由来的强调。太庙常祀中摄太尉者身份的变化同样发生在熙宁五年，相信这应该也是出于同样的考虑。使相以上的宗室人数有限，所以后来朝廷放宽了对摄太尉的宗室的官阶要求。熙宁十年，侍御史周尹上言："今后宗室使相已上赴太庙大祠行事者，不得临时托疾避免，如违请委大宗正司勘劾取旨。如使相已上员数不多，祠事差摄频数，即乞自节使已上相兼差摄。"这一建议得到了认可。③

到了元丰年间，宗室在皇家宗庙祭祀中的作用进一步扩大，最主要的表现是三献由宗室包办。元丰四年（1081），因为对各项祭祀礼仪的三献人选不满意，详定礼文所上奏：

> 古者神民不杂，礼刑易制，治礼之官常得以治礼，事神之官常得以事神。故《周官》王与后不亲祭事，则宗伯摄。自汉以来，官不得其职。太尉常郊祀亚献，光禄掌三献。太尉掌兵，今则为三公，光禄本掌宫殿门户，皆非祠官之任。伏请祠祭应摄太尉并以礼部尚书充，如

---

① 《续资治通鉴长编》卷二二九熙宁五年正月己亥条，第5570页。
② John W. Chaffee, *Branches of Heaven: A History of the Imperial Clan of Sung China*, Cambridge, Mass.: Harvard University Asia Center, 1999, pp. 66 - 86；王善军：《宋代宗族和宗族制度研究》，石家庄：河北教育出版社，2000年，第239—254页。
③ 《宋会要辑稿》礼一之七，第401页。

正官阙，则南北郊以中书臣僚摄，太庙以宗室摄，其余及亚献太常卿并以太常礼院主判官摄，其光禄卿并罢终献，仍以太常卿行礼。①

长期以来，皇帝亲行重大祭祀时，皇帝初献，太尉亚献，光禄卿终献；有司摄行重要祭祀时，太尉初献，太常卿亚献，光禄卿终献。在详定礼文所的礼官看来，太尉和光禄卿历史上皆与祭祀无关，因此要求取消光禄卿的终献资格，同时又小心翼翼地保留太尉，只是限定了摄太尉者的身份。针对他们的请求，神宗下诏：

> 自今南、北郊，差执政官为初献，礼部尚书、侍郎为亚献，太常卿少为终献。诸祠祭，礼部尚书、侍郎、太常卿为初献，太常少卿、礼部、祠部郎中、员外郎为亚献，太常博士为终献。宗庙，亲王、宗室使相、节度使为初献，宗室正任已上为亚献、终献。已上如阙，即递差以次官充。②

比起礼官的建议，神宗更加激进，彻底废除了原先三献由太尉、太常卿和光禄卿行使的框架，代之以新的人选。与其他祭祀不同，太庙祭祀的三献全都由宗室执行，比起熙宁五年（1072）后使相以上的宗室摄太尉行事的情形，宗室与太庙祭祀的关系又进了一步。

在元丰年间，皇后别庙的常祀也由宗室承担。元丰五年（1082），神宗下诏："自今太庙祠祭：前庙初献，差亲王、宗室使相、节度使、郡王；后庙初献，差宗室节度观察使。岁以序差，不赴，罚俸一月。"③前庙即太庙，后庙即皇后别庙。虽然这里没有提到皇后别庙的亚献和终献人选，根据引文中太庙与皇后别庙对举的情形和下文《政和五礼新仪》的记载，此时皇后别庙的三献官极可能都是宗室成员。

在政和三年（1113）颁布的《政和五礼新仪》中，太庙和皇后别庙依然

---

① 《宋会要辑稿》礼一之一〇至一一，第402—403页。
② 《宋会要辑稿》礼一之一一，第403页。
③ 《续资治通鉴长编》卷三二四元丰五年三月戊戌条，第7803页。

由宗室负责三献:"太庙、别庙,亲王、宗室使相、节度使并郡王及观察使以上为初献,宗室正(仕)〔任〕以上为亚献、终献。每岁奏告配帝室,以宗室节度使至遥郡防御使为献官。"① 在祭祀人选的安排上,太庙与其他祭祀有相当的不同,这显示了它们在性质上的微妙差别。

三、一帝一后形式的打破

除了皇帝,太庙还供奉皇后的神主,通常都是采取一帝一后的形式,即便册立过的皇后不止一人。自汉代以来,一直就是如此。② 然而,到了唐宋时期尤其是北宋,这种模式被打破,一室之中往往有数个皇后的神主。下面,我们来探讨这一历史现象是如何发生和演化的。

在唐代的太庙中,只有睿宗一室采取一帝二后的形式。文明元年(684),睿宗初次即位,立刘氏为皇后,睿宗逊位后,刘氏降为妃,窦氏成为德妃,玄宗为窦氏所生。长寿年间(692—693),刘氏和窦氏被武后杀害。景云元年(710),睿宗再次登基,分别追谥刘氏和窦氏为肃明皇后和昭成皇后。开元四年(716)睿宗去世后,"玄宗奉昭成皇后祔睿宗室,又欲肃明皇后并升焉"。③ 玄宗当然更希望生母单独配祔睿宗,并升肃明的想法恐怕只是为了避免臣下的反对。在决策过程中,太常博士陈贞节等人的意见起到了至关重要的作用:

> 礼,宗庙父昭子穆,皆有配座,每室一帝一后,礼之正仪。自夏、殷而来,无易兹典。伏惟昭成皇后,有太姒之德,已配食于睿宗;则肃明皇后,无启母之尊,自应别立一庙。谨按《周礼》云"奏夷则,歌小吕,以享先妣"者,姜嫄是也。姜嫄是帝喾之妃,后稷之母,特为立庙,

---

① 《政和五礼新仪》卷五《序例五》,《景印文渊阁四库全书》第647册,台北:台湾商务印书馆,1983年,第149页。
② 新城理惠:《唐宋期の皇后、皇太后——太庙制度と皇后》,收入野口铁郎先生古稀记念论集刊行委员会编《中华世界の历史の展开》,东京:汲古书院,2002年,第134—137页。
③ 《新唐书》卷二〇〇《陈贞节传》,第5694页。

名曰阌宫。又《礼论》云，晋伏系之议云："晋简文郑宣后既不配食，乃筑宫于外，岁时就庙享祭而已。"今肃明皇后无祔配之位，请同姜嫄、宣后，别庙而处，四时享祭如旧仪。①

太姒是周文王之妻、周武王之母，启母即夏启之母。陈贞节等人坚持一帝一后的形式，同时又将诞育了玄宗的昭成比作启母和太姒，主张只升祔昭成。虽然他们声称，肃明的神主供奉于别庙，是借鉴了姜嫄和郑宣后的成例，其实三者之间没有什么可比性。在古人的观念中，姜嫄是后稷的母亲，尽管郑玄和王肃对西周太庙的构成各有一套说法，但都是以后稷为太祖，帝喾本就在太庙之外，姜嫄庙自然是另立的。郑宣后是简文帝司马昱之母，晋元帝司马睿在世时，她的身份一直是夫人，太元十九年（394），简文帝之子孝武帝司马曜追册郑氏为简文太后，立其庙于太庙路西。② 元帝的正妻是虞皇后，与元帝一起祔庙。继承元帝皇位的是他的儿子明帝，明帝的生母王氏也没有进入太庙。在姜嫄、郑宣后和肃明皇后之间，除了在太庙之外另立庙，其他方面没有什么共同点。郑宣后和明帝生母王氏的例子反而说明，能否进入太庙不取决于其与后代皇帝的母子关系，正后身份才是关键。陈贞节等人陈述的理由虽然牵强，但是迎合了玄宗的真实想法，因而得到了批准。肃明被排除在太庙之外，供奉于仪坤庙。

当朝皇帝的生母压倒前朝皇帝的正后而配祔太庙，是颇不寻常的事情。宋代礼官吕公著认为："唐开元四年，以昭成皇后升祔睿宗庙，遂为失礼之首。"③元代史家胡三省对此也有批评："肃明皇后，睿宗之元妃也。昭成后，次妃也，以生帝升祔睿宗，而肃明后祀于别庙，非礼也。"④这一举措既是出自玄宗对生母的情感，他跟母族的关系也起了一定作用。幼年丧母后，玄宗主要由母家亲属抚养长大，他当上皇帝后，对母族多有回馈，包

---

① 《旧唐书》卷二五《礼仪志五》，第 951 页。
② 《晋书》卷三二《简文宣郑太后传》，第 980 页。
③ 《宋朝诸臣奏议》卷八八《上仁宗议四后庙飨》，上海：上海古籍出版社，1999 年，第 950 页。
④ 《资治通鉴》卷二一一开元四年七月壬辰条，第 6719—6720 页。

括后来通过丧服制度的改革提高母族亲属的地位。① 与母亲和母族的情感纽带,使玄宗选择了昭成配享睿宗。此举开启了生前不具有皇后身份的后世皇帝生母配祔太庙的序幕,在晚唐和北宋,不管太庙庙室中是一帝一后还是一帝数后,这类皇后的神主大都居于其中。

开元二十年(732)颁布的《开元礼》吸收了开元四年的变化,昭成配祔于睿宗室,②肃明依然留祀于仪坤庙(《开元礼》称之为肃明皇后庙)。③ 次年,唐玄宗下令,肃明的神主也祔于太庙,并废除了仪坤庙。这很有可能是玄宗受到了朝中压力的结果,尽管史书没有记载此事的前因后果。睿宗一室出现了一帝二后的现象,礼制传统与皇帝的个人意志以这种形式达成了妥协,太庙庙室中一帝一后的传统因此被打破。玄宗时期在国家礼仪上有很多创新,吴丽娱指出,从太宗朝开始,唐代君臣在礼制上表现出强烈的批判精神,《开元礼》的编撰更是不拘泥于古礼的原则,肯定唐朝自身的制度创造,以现实需要和皇帝意志为依归。④ 太庙庙室中一帝二后形式的出现,正是这股思想浪潮的一部分,并且成为宋代推行一帝数后制度的历史依据。

晚唐的太庙配祔有些特殊,既基本上坚持了一帝一后的形式,⑤升祔太庙的几乎又都是非正后的皇帝生母。晚唐的皇帝经常不立皇后,马端临指出:"唐自肃宗张后之后,未尝有正位长秋者。史所载皇后,皆追赠其

---

① 吴丽娱:《唐礼摭遗——中古书仪研究》,北京:商务印书馆,2002年,第496—510页。
② 《大唐开元礼》卷三七《皇帝时享于太庙》,东京:古典研究会,1972年,第211页。
③ 《大唐开元礼》卷四三《肃明皇后庙时享有司摄事》,第252—255页。
④ 吴丽娱:《营造盛世:〈大唐开元礼〉的撰作缘起》,《中国史研究》2005年第3期,第93—94页。
⑤ 《新唐书》卷七七《惠安王皇后传》,第3510页:"咸通中,册号贵妃,生普王。七年薨。十四年,王即位,是为僖宗。追尊皇太后,册上谥号,祔主懿宗庙,即其园为寿陵。"《新唐书》卷七七《恭宪王皇后传》,第3511页:"咸通中,列后廷,得幸,生寿王而卒。王立,是为昭宗,追号皇太后,上谥,祔主懿宗室,即故葬号安陵。"从《新唐书》的记载来看,僖宗、昭宗即位后,都将其生母的神主升祔太庙懿宗室。不过,这样的记载不见于其他史料,而且北宋君臣在讨论谙后并祔的历史依据时,只提到了昭成、肃明同配睿宗的例子,而未见提及惠安、恭宪的故事,因此懿宗室是不是呈一帝二后的形式,目前还无法形成定论。另外,《旧唐书》和《唐会要》对僖宗和昭宗生母的记载与《新唐书》有不同之处,陈丽萍对此进行了辨析,参见氏著:《唐懿宗的皇后》,《中国史研究》2010年第4期,第167—169页。

太后,则皆所生子为帝而奉上尊号者也。"① 这就助长了母以子贵的现象,最终祔庙的皇后大多是继任皇帝的生母。例如,张皇后虽由肃宗册立,却因为卷入肃代之际的帝位之争而遇害,代宗即位后,将生母吴氏尊为章敬皇后,并祔于肃宗室。德宗追尊在安史之乱中失踪的生母沈氏为太后,其长孙宪宗登基后,册谥沈氏为睿真皇后,并将其祔于代宗室。

唐后期的帝位继承并不都是父死子继,兄终弟及和叔继侄位的现象不时发生,这就使围绕皇后祔庙而展开的斗争格外激烈。敬宗、文宗和武宗是同父异母的兄弟,在他们的生母中,只能有一位与穆宗同祔太庙。敬宗之母王氏和文宗之母萧氏都是穆宗的妃子,敬宗和文宗即位后,分别被尊为皇太后。敬宗和文宗在位期间,王氏和萧氏尚在人世,② 无法升祔太庙。她们去世后,只能屈居别庙。而武宗即位前,其生母韦氏就已经去世,因此得以祔于穆宗室。开成五年(840),武宗即位,追谥韦氏曰宣懿太后,会昌元年(841),宣懿祔庙。③ 敬宗和文宗皆已不在,所以韦氏祔庙没有遭到什么反对意见。即使这样,因为王氏和萧氏尚未离世,武宗还是在制书中借太皇太后郭氏之口显示此举的正当性:

> 天子之孝,莫大于丕承;人伦之义,莫重于嗣续。穆宗睿圣文惠孝皇帝厌代已久,星霜屡迁。祢宫旷合食之礼,惟帝深濡露之感。宣懿皇太后长庆之际,德冠后宫,凤表沙麓之祥,实茂河洲之范。先朝恩礼之重,中壸莫偕。况诞我嗣君,缵承昌运,已协华于先帝,方延祚于后昆。思广诒谋,庶弘博爱;爰遵旧典,以慰孝思。当以宣懿皇太后祔太庙穆宗睿圣文惠孝皇帝室。率是彝训,其敬承之。④

这说明武宗对朝野的反应不无疑虑,起草制书的李德裕说得很明白:"前

---

① 《文献通考》卷二五二《帝系考三》,第1986页。
② 王氏和萧氏的去世时间分别是会昌五年(845)和大中元年(847),见《新唐书》卷七七《恭僖王太后传》,第3506页;《贞献萧太后传》,第3507页。
③ 《册府元龟》卷三一《帝王部·奉先四》,第313页。
④ 李德裕著,傅璇琮、周建国校笺:《李德裕文集校笺》卷三《宣懿皇太后祔庙制》,石家庄:河北教育出版社,2000年,第24页。

者附钦义、承庆口奏,假以太皇太后之意,即于礼至顺,人无异词。制中云:'近因庆诞太皇太后,追感先帝久旷配食之礼,便及先太后母德慈仁,合配先圣。'陛下祗承圣旨,诏臣下行之,于礼无违,可为后代之法。若舍此商量,便须出于圣意降敕。情礼至重,实难措词。"①皇后祔庙的敏感性在这里体现得相当明显。

与韦氏祔庙相比,敬宗、文宗和武宗时期的太皇太后——穆宗之母郭氏本人祔庙就不那么顺利了。郭氏是郭子仪的孙女,元和元年(806),立为贵妃。穆宗即位后,册郭氏为皇太后。大中二年(848),郭氏去世,②但是一直到咸通六年(865),其神主才祔于宪宗之室,③可以想见,郭氏祔庙遭遇了很大的阻力。《新唐书·懿安郭皇后传》:

> 太常官王皞请后合葬景陵,以主祔宪宗室,帝不悦,令宰相白敏中让之。皞曰:"后乃宪宗东宫元妃,事顺宗为妇,历五朝母天下,不容有异论。"敏中亦怒,周墀又责谓,皞终不桡,墀曰:"皞信孤直。"俄贬皞句容令。懿宗咸通中,皞还为礼官,申抗前论,乃诏后主祔于庙。④

《唐语林》对此事也有记载:

> 懿安郭太后既崩,礼院检讨王皞请祔景陵,配飨宪宗庙,宣宗大怒。宰相白敏中召皞诘其事。皞曰:"郭太后是宪宗元妃,汾阳王孙,迫事顺宗为妇。宪宗崩,事出暧昧;母天下五朝,不可以疑似之事,黜合配之礼。"敏中怒甚,皞声色益壮。宰相将会食,周墀立敏中厅门以候,敏中语墀:"正为一书生恼乱,但乞先之。"墀就敏中问其事,皞益不屈。墀以手加皞额,赏其正直。翌日,皞贬句容县令,墀亦免相。

---

① 《李德裕文集校笺》卷一〇《宣懿皇太后祔陵庙第三状》,第181—182页。
② 《唐会要》卷三《皇后》,第33页。
③ 《资治通鉴》卷二五〇咸通六年正月丁巳条,第8111页。
④ 《新唐书》卷七七《懿安郭皇后传》,第3505页。

> 大中十三年秋八月,上崩,令狐绹为山陵礼仪使,奏晔为判官。晔又论懿安合配享宪宗,始升祔焉。①

《唐语林》中"宣宗大怒"的记载更合乎情理。郭氏去世时,正值宣宗在位。宣宗与穆宗是同父异母的兄弟,宣宗之母郑氏出身卑微,宪宗未曾册其为后妃,长庆元年(821)宣宗为光王时,她成为王太妃,宣宗即位后,被尊为皇太后。宣宗自然希望将生母祔于太庙,更何况他与郭氏不和,郭氏之死也与两人之间的冲突有关。② 一旦郭氏祔庙,郑氏将没有机会进入太庙,因此,郭氏在宣宗时期一直没有祔庙。然而,郑氏直到懿宗咸通六年才去世,③宣宗只能暂时搁置这个问题。懿宗是宣宗长子,但是在礼官的压力下,还是将郭氏祔于太庙,郑氏的神主置于别庙。

从唐玄宗统治时期开始,围绕皇后的祔庙问题,朝廷内已有不少纷争。尽管这样,唐代的太庙除了睿宗一室外,其他各室仍然维持了一帝一后的形式。五代时期皇位继承方式相当混乱,但是太庙庙室中一帝一后的格局并没有破坏。北宋初期仍是如此。太祖有过三个正妻:首先是贺氏,后晋时与赵匡胤成婚,后周显德五年(958)去世,建隆三年(962)追册为皇后,乾德二年(964),谥号定为孝惠;贺氏过世后,王氏为继室,太祖登基后,立王氏为皇后,乾德元年去世,谥号为孝明;开宝元年(968),太祖纳宋氏为后,至道元年(995),宋氏去世,谥号为孝章。④ 开宝八年,太祖去世,太平兴国二年(977),神主升祔太庙。有司上奏:"合奉一后配食。按唐睿宗追谥肃明、昭成二后,至睿宗崩,独昭成以帝母之重升配,肃明止享于仪坤庙。近周世宗正惠、宣懿二后并先崩,正惠无位号,宣懿居正位,遂

---

① 王谠著,周勋初校证:《唐语林校证》卷三《方正》,北京:中华书局,1987年,第210—211页。
② 《新唐书》卷七七《懿安郭皇后传》,第3505页。
③ 《新唐书》卷七七《孝明郑皇后传》,第3505页。《旧唐书》卷五二《孝明郑皇后传》记载,郑氏是在大中末年去世的(第2198页)。这一说法有误,《资治通鉴》卷二五〇咸通七年五月条,第8114页:"葬孝明皇后于景陵之侧,主袝别庙。"若郑氏是宣宗在位时去世的,宣宗必然会将其神主祔于太庙。因此,当以《新唐书》的说法为是。
④ 《宋史》卷二四二《孝惠贺皇后传》,第8607—8608页;《孝明王皇后传》,第8608页;《孝章宋皇后传》,第8608—8609页。

以配食。今请以孝明皇后配,忌日行香废务,其孝惠皇后享于别庙。"太宗批准了这一建议,孝明配祔太祖。① 孝章去世后,与孝惠一起供奉于别庙。

太祖与太宗是兄弟,太祖室的配祔不涉及继任皇帝生母的问题,一帝一后的形式得以延续。宋代太庙中一帝数后的现象,最早出现于太宗一室,原因就在于真宗生母非太宗正后。太宗有过三个正妻:在后周,他娶滁州刺史尹廷勋之女为妻,尹氏早逝;又续娶魏王符彦卿之女,符氏于开宝八年(975)去世;开宝年间,太祖为其聘淄州刺史李处耘之女为妃,雍熙元年(984),太宗册立李妃为皇后。② 太平兴国二年(977),太宗追册尹氏和符氏为皇后,谥号淑德和懿德,并将其神主祔于别庙。至道三年(997)太宗去世后,哪位皇后与他一起祔于太庙的问题,在朝廷内引起了争议。

有司主张懿德配祔,宗正少卿赵安易表示强烈反对,认为按照先后顺序,以淑德配食:"百官论议苟且,黩渎尊卑,若序以后先,当用淑德配食。"③都官员外郎吴淑认为:

> 淑德、懿德,或佐潜跃之前,或承藩邸之际,并未尝正位中宫,母仪天下,配飨之礼,诚为未允。至若虚其祔合,无乃神理有亏,求之前古,实有同配。夫母以子贵,义存在昔,汉昭即位,追尊母赵婕妤为皇太后,此圣贤之通义也。贤妃李氏,处大任之尊,有弥月之实,诞生圣嗣,天下蒙福,而拟议不及,臣窃惑焉。唐开元四年,睿宗昭成皇后祔庙,而肃明初飨仪坤,至二十年,又迎肃明神主升于太庙,知与窦氏同配明矣,则并位兼配,于义何嫌?伏请行追崇之命,以贤妃李氏处尊极之地,升于清庙,居同配之位,其淑德、懿德,依旧飨于别庙,庶叶礼制。④

在吴淑看来,淑德和懿德都没有真正当过皇后,不具备配祔太宗的资格。

---
① 《宋史》卷一〇九《礼志一二》,第 2613—2614 页。
② 《宋史》卷二四二《淑德尹皇后传》,第 8609 页;《懿德符皇后传》,第 8609 页;《明德李皇后传》,第 8610 页。
③ 《续资治通鉴长编》卷四三咸平元年三月癸酉条,第 911 页。
④ 《续资治通鉴长编》卷八一大中祥符六年七月庚子条,第 1840 页。

他提到的李贤妃是真宗的生母,太宗在位时期,她只是夫人,至道三年真宗即位后,才被追授为贤妃。吴淑所谓"同配",就是仿效唐玄宗先将生母昭成祔于睿宗室、此后再将睿宗正后肃明升祔的做法,以"母以子贵"的李贤妃配祔太宗,等到李皇后去世后,再将其神主祔于太庙。那时,李贤妃甚至还没有被追册为皇太后,不具备配祔太宗的资格,吴淑是在刻意讨好真宗。朝廷经过百官的商议,形成了初步意见:

> 淑德皇后生无位号,没始追崇,况在初潜,早已薨谢。懿德皇后缋封大国,作配先朝,虽不及临御之期,但夙彰贤懿之美。若以二后之内,则升祔当归懿德。伏请奉懿德皇后神主升配太宗室。①

在吴淑的发言中,有一点是很有道理的,淑德和懿德的皇后称号是追册的,她们的身份不是皇后,而是元妃。若严格按照礼制传统的话,淑德和懿德不能升祔太庙,太宗室的皇后神主应该暂时空缺,等到李皇后去世后,再配祔太宗。不过,当时的百官似乎急于填补太宗室皇后神主的空缺,在淑德和懿德之间选择了懿德。对此,真宗下诏予以认可:"礼非天降地出,酌于人情,都省以懿德皇后虽未正位中宫,亦合配缋先帝,恭依所请,庶协从宜。"②站在真宗的立场上,无论是淑德还是懿德,只要有人配祔太宗,对他都是有利的,两人都不是太宗的正后,所以李皇后去世后必然是要升祔太庙的,这样每个庙室一帝一后的格局就会被打破,真宗的生母将来进入太庙就会容易许多。懿德升祔后,淑德的神主仍然在别庙中。尽管真宗没有接受吴淑的提议,但是他随即开始为其生母配祔太庙做准备了。咸平元年(998),李贤妃加号皇太后,谥号元德,神主供奉于别庙。

景德元年(1004),太宗的正宫皇后李氏去世,谥号为明德。真宗下诏有司详定升祔之礼,礼官在奏文中举例来证明二后并祔的合理性:"唐睿宗昭成、肃明二后,先天之始,唯以昭成配享,开元之末,又以肃明迁祔。

---

① 《续资治通鉴长编》卷四三咸平元年三月癸酉条,第911页。
② 《续资治通鉴长编》卷四三咸平元年三月癸酉条,第912页。

晋骠骑将军温峤有三夫人,峤薨,诏问学官陈舒,谓秦、汉之后,废一娶九女之制,妻卒更娶,无复继室,生既加礼,亡不应贬。朝旨以李氏卒于峤之微时,不霑赠典,王、何二氏并追加章绶。唐太子少傅郑余庆将立家庙,祖有二夫人,礼官韦公肃议与舒同。……晋南昌府君有荀氏、薛氏,景帝庙有夏侯氏、羊氏,鲁公颜真卿庙有夫人商氏,继夫人柳氏。略稽礼文,参诸故事,二夫人并祔,于理为宜。"他们提出了如下建议:"懿德皇后久从升祔,不可中移,明德皇后继受崇名,亦当配享。虽先后有殊,在尊亲一贯,请同祔太宗室,以先后次之。"①礼官基本上是拿元和七年(812)韦公肃用来支持郑余庆祖庙应祔二夫人而列举的事例,②来证明懿德、明德二后并祔太庙的合理性。百官家庙的例子也被当作论据来用,这是太庙祭祀中私的一面凸显的绝佳反映。真宗同意了礼官的奏请,宋代的太庙出现了二后并祔的现象。

真宗对元德祔庙之事慎之又慎,在他登基十多年后,才将元德的神主升祔太庙,毕竟在此之前,太庙已经供奉了太宗的正后和其中一位元妃,继唐玄宗统治时期后又一次出现了一帝二后的形式。大中祥符三年(1010),判宗正寺赵湘奏请元德升祔太庙,真宗下令:"此重事也,俟令礼官议之。"③此

---

① 《续资治通鉴长编》卷五八景德元年十月戊子条,第 1275 页。
② 韦公肃在奏文中列举了晋南昌府君、景帝、温峤、唐睿宗以及颜真卿之祖先颜勤礼的事例:"晋骠骑大将军温峤相继有三妻,疑并为夫人,以问太学博士陈舒,议以妻虽先殁,荣辱并随夫也。礼祔于祖姑,祖姑有三人,则各祔舅之所生,如其礼意,三人皆夫人也。秦汉以来,诸侯不复一娶九女,既生娶以正礼,殁不可贬,自后诸儒咸用舒议。……晋南昌府君庙有荀氏、薛氏,景帝有夏侯氏、羊氏,圣朝睿宗庙有昭成皇后窦氏、肃明皇后刘氏,故太师颜鲁公祖庙有夫人殷氏,继夫人柳氏,其流甚多,不可悉数。"见《唐会要》卷一九《百官家庙》,第 388—389 页。颜勤礼二夫人并祔于史有征,见《全唐文》卷三四一颜真卿《秘书省著作郎夔州都督长史上护军颜公神道碑》,北京:中华书局,1983 年,第 3455 页。在碑文中,颜勤礼的先夫人为殷氏,"殷"与"商"相通。温峤的事例其实与升祔无关,争议在于李氏、王氏和何氏能否得到夫人的身份(《晋书》卷二〇《礼志中》,第 644 页)。在韦公肃之前,晋南昌府君和景帝二后并祔的情况从未见提及。南昌府君即豫章府君司马量,他的娶妻情况不见于《晋书》。夏侯氏和羊氏是景帝司马师之妻,但是《晋书》只记载了她们共同祔葬峻平陵(卷三一《景怀夏侯皇后传》,第 949 页;《景献羊皇后传》,第 950 页),不见并祔太庙的记录。若豫章府君和景帝的庙室有二后并祔,以这一问题的敏感性,在史书中不可能没有记载。所以,韦公肃用来证明自己看法的事例并不可靠。
③ 《宋史》卷二四二《李贤妃传》,第 8611 页。

事恐怕遭遇了不小阻力，①直到大中祥符六年，中书门下才上奏："元德皇太后翊赞先朝，茂扬《内则》，诞生圣嗣，继抚中区，毓德尧门，宣功妫汭，徽音所洎，寰宇攸同。陛下顺考古经，遹追慈训，奉尊名于懿册，修时飨于闵宫，未升侑于崇祊，止奉祠于别庙，诚遵典故，尚郁孝思。"他们要求元德皇太后改徽号为元德皇后，祔其神主于太宗庙室，真宗批准了这一建议。有司还以唐代昭成和肃明皇后为例，要求将元德的位次置于明德之上。真宗表示不赞同，把元德调至明德之下。② 同年十月，右仆射、兼门下侍郎、平章事王旦主持了元德皇后祔庙礼仪，真宗在册文中表示，"婉资生之德，莫大于母仪；隆归厚之基，率由于子道"，元德皇后"辅佐先帝，诞生眇躬，鞠育之念深，顾复之恩重"，"是用展因心之孝，从有位之谋，考明规于旧章，遹合飨于清庙"。③ 完成仪式后，"百官诣阁门称贺"，真宗"作《庆升祔礼成》诗，赐近臣和"。④ 很显然，此事对真宗非常重要，所以才有大功告成的感觉。在元德皇后祔庙的整个过程中，真宗的个人情感是决定性因素，朝官的提议与附和不过是道出了真宗的心声。太庙祭祀的运作自古以来都是以名分为准则，到了唐宋时期特别是宋代，皇帝对生母的情感以及相关政治利益的考虑越来越多地渗透进来，一帝一后的形式限制也就一而再、再而三地被突破。

真宗去世后，皇后配祔问题也是相当复杂。真宗有三个正妻。他先娶了忠武军节度潘美之女，潘氏早亡，真宗登基后，追册为皇后，谥号庄

---

① 大中祥符四年（1011）三月，"礼仪使王钦若请躬谒太庙毕，亲诣元德皇太后庙。诏礼官定议，议如钦若所请，从之"（《续资治通鉴长编》卷七五大中祥符四年三月己亥条，第1717页），次月，"谒太庙。又谒元德太后庙，自门降辇步入，酌献如太庙，设登歌。两省、御史供奉官，宗室防御使以上，并班于庙内，余于庙外"（《续资治通鉴长编》卷七五大中祥符四年四月己酉条，第1718页）。王瑞来指出，此事是王钦若拍马有术，真宗通过"诏礼官定议"、"从之"的方式，顺理成章地将自己的要求变成臣下的请求。参见氏著：《宰相故事——士大夫政治下的权力场》，北京：中华书局，2010年，第165—166页。换个角度看，这很可能是真宗为元德祔庙之事向臣下施压。
② 《续资治通鉴长编》卷八一大中祥符六年七月庚子条，第1841页。
③ 《宋大诏令集》卷一三八《元德皇后升祔太宗室册文》，北京：中华书局，1962年，第494页。
④ 《续资治通鉴长编》卷八一大中祥符六年十月辛酉条，第1849页。

怀。① 他又娶了宣徽南院使郭守文之女,即位后,立郭氏为皇后。景德四年(1007),郭皇后亡故,谥号庄穆。② 真宗又立刘德妃为皇后。仁宗即位后,刘皇后根据真宗的遗诏成为皇太后,明道二年(1033),刘太后去世,谥号为庄献明肃。③ 到了庆历四年(1044),这些皇后谥号中的"庄"改为"章"。④ 乾兴元年(1022),真宗去世,在讨论哪个皇后与真宗一起祔庙时,礼仪院上奏:"庄穆皇后郭氏曾母仪天下,欲请依周世宗宣懿皇后、太祖孝明皇后例迁,祔庙配食。"这一建议在下百官集议时得到了一致的赞同,最终仁宗批准了这一建议。⑤ 这是遵循了正后祔庙的礼制传统,庄怀的神主则置于别庙。

明道二年(1033)刘太后去世后,仁宗得知自己的生母不是刘太后,而是李宸妃,于是尊李宸妃为庄懿皇太后。同年,在朝廷斗争中失势的判河南府、泰宁节度使、同平章事钱惟演上言,要求将庄献明肃和庄懿的神主祔于真宗庙室,希望以此得到仁宗的垂青:

> 母以子贵,庙以亲升,盖古今之通义也。庄懿皇太后辅佐先帝,诞育圣躬,德冠掖庭,功流宗社。陛下感深罔极,追荐尊名。既复寝园,将崇庙室。谨按唐武宗韦太后以追尊升祔穆宗之室,皇朝孝明、孝章皇后并祔太祖之室,懿德、明德、元德并祔太宗之室,今真宗一室止祔庄穆皇后,典礼未称,请俟园陵毕,以庄献、庄懿皇太后并祔真宗之室。⑥

虽然钱惟演的建议是庄献明肃和庄懿一起升祔太庙,与庄穆共同配祔真宗,但是其论说的重心显然是落在庄懿上,他用庄懿的功德和唐宋有诸后并祔的现象来佐证自己的观点。他所列举的史实有不少错误,唐穆宗庙

---

① 《宋史》卷二四二《章怀潘皇后传》,第8611页。
② 《宋史》卷二四二《章穆郭皇后传》,第8611—8612页。
③ 《宋史》卷二四二《章献明肃刘皇后传》,第8612—8614页。
④ 《续资治通鉴长编》卷一五三庆历四年十一月己卯条,第3720页。
⑤ 《宋会要辑稿》礼一五之二九,第665页。
⑥ 《续资治通鉴长编》卷一一二明道二年五月丁卯条,第2615页。

室只有韦后祔庙,宋太祖庙室也没有孝章的神主。太常礼院指出了这些史实错误,并且声称:"夏、商已来,父昭子穆,皆有配坐。每室一帝一后,礼之正仪。……今庄穆著位长秋,祔食真宗,斯为正礼。庄献母仪天下,与明德例同,若从古礼,止应祀后庙。庄懿帝母之尊,与元德例同,便从升祔,似非先帝谨重之意。"在仁宗的要求下,太常礼院与尚书都省共同商定了对策:"庄穆位崇中壸,与懿德有异,已祔真庙,自协一帝一后之文。庄献辅政十年,庄懿诞育圣躬,德莫与并,退就后庙,未厌众心。按《周礼》大司乐职,'奏夷则、歌小吕,以享先妣'。先妣者,姜嫄也,帝喾之妃,后稷之母,特立庙而祭,谓之閟宫。宜于太庙外别立新庙,奉安二后神主,同殿异室,岁时荐享,用太庙仪。别立庙名,自为乐曲,以崇世享。"①于是,在皇后别庙之外又建立了奉慈庙,以供奉庄献明肃和庄懿的神主。景祐三年(1036),真宗时期的淑妃、仁宗时期的保庆皇太后杨氏去世,谥号庄惠,神主也供奉于奉慈庙。② 在举行亲郊仪式前,仁宗都要朝享太庙和奉慈庙,即使后来奉慈庙中只剩下章惠,也是如此,③这充分体现了仁宗对奉慈庙的重视程度。

庄献明肃皇太后去世后,仁宗才实现了亲政,加之朝廷上下都不同意,庄献明肃和庄懿的神主也就没有升祔太庙。但是,仁宗升祔庄懿的意愿是很强烈的,后来生母成功升祔后,仁宗在诏书中说道:"比朕以奉慈三室,未登禘祫之位,四时之感,每怀靡宁。"④所以,这样的状况不可能维持太久,庆历五年(1045),仁宗诏中书门下曰:"朕有事太庙,格于奉慈,每怀保育之仁,僾若见乎其位。三后厌代,多历年所,肆馈合食,犹隔閟宫,有司不时讨论,使国有阙典,朕甚惧焉。其令礼官稽考故籍,议升祔之礼。"⑤

---

① 《续资治通鉴长编》卷一一二明道二年六月己未条,第2620页。
② 《宋史》卷二四二《杨淑妃传》,第8618页。
③ 《续资治通鉴长编》卷一一七景祐二年十一月甲午条,第2762页;卷一二二宝元元年十一月己酉条,第2886页;卷一三四庆历元年十一月乙丑条,第3198页;卷一五三庆历四年十一月辛巳条,第3721页;卷一六一庆历七年十一月丁酉条,第3890页;卷一七五皇祐五年十一月戊辰条,第4238页。
④ 《续资治通鉴长编》卷一五六庆历五年七月壬寅条,第3791页。
⑤ 《续资治通鉴长编》卷一五六庆历五年闰五月壬子条,第3779页。

显然，仁宗是准备将生母的神主升祔于真宗的庙室了，此时仁宗的统治已经非常稳固，朝廷内一边倒的要求升祔章献明肃和章懿的神主。例如，太常礼院上奏："宗庙之位，所以奉先烈，配祔之礼，所以严时飨，典制具在，今昔所遵。谨按唐肃明皇后本中闱之正，昭成皇后缘帝母之尊，开元中并祔睿宗之室。国朝懿德、明德、元德三后，亦同祔太宗皇帝庙。"所以他们主张，"母仪天下，辅成丕业"的章献明肃和"诞生圣躬，恩德溥大"的章懿的神主祔于太庙，"序于章穆皇后郭氏之次"，章惠的神主迁于皇后庙。①中书门下也说：

> 亲庙之尊，配食尤重，或称古者祔止一后，而语无经见之明；或谓历世祭有别园，而理非孝道之极。是使继室之祀，泥古而不通，以贵之亲，掩恩而难议，必俟元圣，肇经大猷。先帝德函天元，孝通神理，每惟开元旧典，创而未备，故断自圣虑，揭为新仪，奉升二后，并飨太宗庙室。……盖闻缘人情以制礼，则切而有实；奉先训以作古，则显而易遵。故成宪在前，文考之意也；配食一体，二慈之宜也；奉承无改，陛下之孝也。臣等不胜大愿，请如礼官及学士等所议，奉章献明肃皇太后、章懿皇太后升配真宗庙室。②

此时的朝廷舆论与明道二年（1033）相比已是迥然不同，同样面对章献明肃、章懿是否应该升祔的问题，明道二年朝廷官员将太庙庙室中一帝一后的格局看作"礼之正仪"，庆历五年的主流意见却认为，维护一帝一后形式是泥古不通的行为，尤其是有真宗将明德、元德升祔太庙的榜样，仁宗应该将章献明肃、章懿配祔真宗。无论是太常礼院，还是中书门下，他们的表态非常符合仁宗的心愿，所以，仁宗在下令升祔章献明肃、章懿的诏书中说："卿等稽众正论，奏章来上，乃曰：'缘人情以制礼，则切而有实；奉先训以作古，则显而易遵。'载味此言，实契朕志。"③

---

① 《续资治通鉴长编》卷一五六庆历五年六月壬申条，第 3785 页。
② 《续资治通鉴长编》卷一五六庆历五年七月壬寅条，第 3790—3791 页。
③ 《续资治通鉴长编》卷一五六庆历五年七月壬寅条，第 3791 页。

在讨论祔庙问题时，龙图阁直学士李昭述还主张将章懿的神主置于章穆之上，理由是："礼缘人情，孝为德本，母之贵必由于子，子之孝必极于亲，此古今之通谊也。"①这与大中祥符年间升祔太庙后元德神位应在明德之上的主张如出一辙。在北宋皇后祔庙的决策中，皇帝的个人情感起了越来越大的作用，即使皇帝的生母生前不是正后，最终也能祔庙，有些人甚至主张其在太庙中的地位应高于正后。李昭述的主张遭到了反对，章穆还是在真宗诸后中居首，正后的地位得到了维护，这体现出礼制传统与现实需要之间的平衡。

北宋时期，也不是没有人对太庙庙室中一帝数后的现象提出过批评。例如嘉祐四年（1059），同判太常寺吕公著上奏：

> 臣闻宗庙父昭子穆，皆有配坐。苟非正嫡，虽以子贵立庙，即无配祔之礼。案《周官》大司乐之职，"歌小吕，舞大濩，以享先妣"者，姜嫄也。姜嫄即帝喾之妃，后稷之母，即无所配，故特立庙而祭，谓之闷宫。晋简文宣太后既不配食，亦筑宫于外。唐开元四年，以昭成皇后升祔睿宗庙，遂为失礼之首。先朝自元德皇太后追尊之后，累有臣寮请行升祔之礼，先皇敬重礼典，皆不允从，别庙荐享凡十有七年。其后，宰臣等不深详典据，继上封奏，请从升祔，中旨勉俞。至明道中，议章献皇太后、章懿皇太后庙享，有司参酌仪典，请立新庙，二后同殿异室。每岁五享及禘祫，并就本庙，及特撰乐章，以崇世享。是为奉慈庙。载之甲令，盖合经据。其后卒用钱惟演之议，祔于真宗庙室。臣等今参议，若以懿德皇后祔于后庙，元德、章献、章懿三后祔于奉慈庙，同殿异室，每岁五享，四时荐新，朔望上食，一同太庙，庶合典礼。②

在他看来，昭成压倒肃明而升祔太庙，是皇后祔庙混乱的开始，虽然后来肃明同配睿宗，但是此举还是为宋代非正宫皇后的皇帝生母迁祔太庙提

---

① 《续资治通鉴长编》卷一五六庆历五年七月壬寅条，第3789页。
② 《宋朝诸臣奏议》卷八八《上仁宗议四后庙飨》，第950页。

供了例证，从此以后，皇后祔庙成为太庙礼仪中的敏感问题。他主张将懿德、元德、章献明肃和章懿的神主从太庙中迁出，懿德供奉于皇后别庙，另外三位供奉于奉慈庙。但是，他的建议没有激起什么反响。到了这一时期，不管生前是否被立为皇后，皇帝生母祔于太庙的做法已广为接受了。

升祔仁宗庙室的皇后没有什么争议。仁宗先后册立过两个皇后：天圣二年（1024），立平卢军节度使郭崇的孙女为皇后，明道二年（1033）废黜；景祐元年（1034），立枢密使周武惠王曹彬的孙女为皇后。曹后在英宗朝成为皇太后，在神宗朝被尊为太皇太后，元丰二年（1079）去世。次年，朝廷决定其谥号为慈圣光献，祔于太庙仁宗室。英宗的亲生父母并非仁宗和曹后，但是因为生父濮安懿王没有当过皇帝，加上英宗本人短祚，所以英宗统治时期太庙没有出现什么问题，只是在英宗对濮安懿王的称谓上有过争执，也就是所谓"濮议"。①

元丰三年（1080）慈圣光献祔庙前后，有人提议太祖之妻孝惠、孝章、太宗之妻淑德和真宗之妻章怀升祔太庙。礼官杨杰"请孝惠贺后、淑德尹后、章怀潘后皆祖宗首纳之后，孝章宋后尝母仪天下，升祔之礼，久而未讲，宜因慈圣光献崇配之日，升四后神主祔于祖宗祐室，断天下之大疑，正宗庙之大法"。② 他用懿德皇后的例子说明，只要是皇帝的正妻，即使生前没有被册立为皇后，一样可以祔于太庙，更何况孝章在太祖朝继孝明之后成为皇后。③ 尽管没有立即在朝廷内引起强烈的响应，杨杰的建议最终还是变成了现实。元丰六年（1083）三月，详定礼文所上奏，要求升祔四皇后，理由是：

> 自汉以来，凡不祔、不配者，皆援姜嫄以为比，或以其微，或以其

---

① "濮议"的经过及其历史意涵，参见 Carney T. Fisher, "The Ritual Dispute of Sung Ying-tsung," *Papers on Far Eastern History*, 35 (1987), pp. 109-138；小林义广：《欧阳修：その生涯と宗族》，东京：创文社，2000年，第192—226页；福岛正：《濮议と兴献议》，收入小南一郎编《中国の礼制と礼学》，京都：朋友书店，2001年，第578—597页。
② 《宋史》卷四四三《杨杰传》，第13102页。
③ 杨杰：《无为集》卷一五《奏请四皇后庙升祔状》，《宋集珍本丛刊》第15册，北京：线装书局，2004年，第355页。

继而已。盖其间有天下者，起于侧微，而其后不及正位中宫；或已尝正位矣，有不幸则当立继，以奉宗庙。故《礼》有"祖姑三人则祔于亲者"之说，则立继之礼，其来尚矣。始微终显，皆嫡也；前娶后继，皆嫡也。后世乃以始微后继置之别庙，不得伸同几之义，则非礼之意。夫妇，天地之大义，故圣王重嫡，所以重宗庙，非始微终显、前娶后继所当异也。①

神宗下令升祔四后于太庙。七月，她们的神主进入太庙，"孝惠、孝明、孝章、淑德、懿德、明德、元德、章怀、章穆、章献明肃、章懿各以配继先后为次"。②

随着四后的升祔，太庙配祔的皇后数量更为惊人，太祖、太宗和真宗三室一共供奉了十一位皇后的神主。从这些皇后的身份来看，有正后，有皇帝即位前亡故的元妃，还有未被立为皇后的后世皇帝生母。正后具有无可比拟的名位优势，皇帝生母有在位皇帝的强烈意志，所以元丰六年（1083）之前配祔的皇后，除了懿德外，都是这两类皇后。元丰六年配祔的四位皇后，除了孝章是立继的正后外，都是早亡的元妃，杨杰要求她们升祔的关键理由就是，懿德在太宗登基前就去世了，却能够配祔于太宗庙室。升祔四后的举措，实际上是通过容纳更多的皇后神主来平息有关祔庙的争议，使此前混乱无序的皇后配祔变得相对有序，以配继先后顺序来安排皇后位次的做法，也淡化了她们生前身份的差异，尽管代价是距离礼制传统越来越远。赵冬梅认为，这一举措使得继室配祔的问题得到了圆满的解决，但是今上生母的配享问题在制度上依然悬而未决。③ 在我们看来，四后祔庙的意义在于，朝廷实际上认可了具有上述三种身份的皇后皆可升祔于太庙，事实也正是如此，我们可以用后面的历史加以印证。绍圣元年（1094）英宗的正后宣仁圣烈和政和三年（1113）哲宗的正后昭怀升祔

---

① 《续资治通鉴长编》卷三三四元丰六年三月庚子条，第 8040 页。
② 《续资治通鉴长编》卷三三七元丰六年七月乙卯条，第 8117 页。
③ 赵冬梅：《先帝皇后与今上生母——试论皇太后在北宋政治文化中的含义》，收入张希清、田浩、黄宽重、于建设编《10—13 世纪中国文化的碰撞与融合》，上海：上海人民出版社，2006 年，第 399—400 页。

太庙,①都是理所当然的。建中靖国元年(1101),神宗的正后钦圣宪肃和徽宗的生母钦慈祔于太庙,②此举实属正常。意味深长的是,崇宁元年(1102),哲宗的生母朱氏去世,谥号钦成,也祔于太庙。③ 此时是徽宗在位,但是钦成仍然能够祔庙,这证实了我们对元丰六年四后祔庙意义的判断,即皇帝生母具备了升祔太庙的合法身份。

在中晚唐和北宋太庙的皇后神主配祔中,那些生前未被册立为正后的皇帝生母得到了空前的重视。晚唐通常不立皇后,祔庙的基本上都是后世皇帝的生母。北宋有正后,有继后,有因为早亡而未被立后的元妃,而且皇帝多是侧室所生,他们欲使自己的生母进入作为国家象征的太庙,以更尊贵、更荣耀的方式表达对生母的情感,结果是私的因素在太庙祭祀中进一步凸显。为了消减生母升祔太庙带来的反对声音,平衡各方意见,除了正后和皇帝生母,元妃和继后也得以进入太庙,一个庙室供奉的皇后神主甚至可以多达三四个。所以,北宋太庙中一帝数后形式频繁出现的主要动力,在于皇帝生母的升祔。

四、常馔珍羞与太庙祭品

唐至北宋时期太庙祭品的争论和变化,是非常值得留意的。这不仅从一个侧面体现了统治者对太庙祭祀的偏好和定位,还使太庙祭祀出现了新的形式,在这一过程中,太庙祭祀"私"的一面有了进一步的发展。正如前文所述,在太庙祭品的问题上,吴丽娱有过非常深入的研究。该文精彩地揭示了陵寝荐食对太庙祭祀的影响,并进而讨论了道教对国家祭祀的冲击,以及中古时代国家与皇帝并重的礼制观念。④ 从时段看,该篇论文以唐代为主,兼顾北宋。我们的研究除了主旨与其不尽相同,还将照顾

---

① 《宋史》卷一八《哲宗纪二》,第339页;卷二一《徽宗纪三》,第391页。
② 《宋史》卷一九《徽宗纪一》,第362页。
③ 《宋史》卷一九《徽宗纪一》,第364页。
④ 吴丽娱:《唐宋之际的礼仪新秩序——以唐代的公卿巡陵和陵庙荐食为中心》,第233—258页。

朝代之间的平衡，以便较完整地刻画唐至北宋时期太庙祭品的变化及其对太庙祭祀的影响。

自古以来，太庙祭祀有正祭和荐新两种基本形式，除此之外，还有临时举行的告祭。曹魏时期的礼学家高堂隆说："按旧典，天子诸侯月有祭事，其孟，则四时之祭也，三牲、黍稷，时物咸备。其仲月、季月，皆荐新之祭也。"①我们先来看太庙正祭。《周礼·春官·大宗伯》："以肆献祼享先王，以馈食享先王，以祠春享先王，以禴夏享先王，以尝秋享先王，以烝冬享先王。"郑玄注："宗庙之祭，有此六享。肆献祼、馈食，在四时之上，则是祫也，禘也。"②四孟时享是太庙正祭，禘祫是殷祭。从东汉开始，太庙正祭还增加了腊享。③ 太庙正祭的祭品是按照古礼来置备的，唐代的崔沔指出："国家由礼立训，因时制范，清庙时飨，礼馔毕陈，用周制也。"胡三省注："如簠簋、笾豆、铏羹之类。"④根据《开元礼》的规定，太庙正祭"笾实以石盐、干鱼、干枣、栗黄、榛子仁、菱仁、芡仁、鹿脯、白饼、黑饼、糗饵、粉餈，其豆实以韭菹、醓醢、菁菹、鹿臡、芹菹、兔醢、笋菹、鱼醢、脾析菹、豚胉、酏食、糁食"，"簠实以稷黍饭，簋实以稻粱饭。登实以太羹，铏实以肉羹"。⑤可以看到，太庙正祭虽有春夏秋冬时节的不同，但是祭品总是不变的。显然，这些祭品是相当仪式化的。

荐新之仪是将新鲜时令物品献给太庙中的祖先。高堂隆指出："《月令》：仲春，天子乃献羔开冰。季春之月，天子始乘舟荐鲔。仲夏之月，天子乃尝鱼。咸荐之寝庙。此则仲春季月荐新之礼也。"⑥在《礼记·月令》中，有更多太庙荐新的内容：仲春"天子乃鲜羔开冰，先荐寝庙"，季春"荐鲔于寝庙"，孟夏"天子乃以彘尝麦，先荐寝庙"，仲夏"天子乃以雏尝黍羞，以含桃先荐寝庙"，孟秋"农乃登谷。天子尝新，先荐寝庙"，仲秋"以犬尝麻，先荐寝庙"，季秋"天子乃以犬尝稻，先荐寝庙"，季冬"天子亲往，乃尝

---

① 《通典》卷四九《礼九》，第1368页。
② 《周礼注疏》卷一八，《十三经注疏》本，北京：中华书局，1980年，第758页。
③ 《续汉书·祭祀志下》，第3193页。
④ 《资治通鉴》卷二一四开元二十四年六月条，第6819页。
⑤ 《大唐开元礼》卷一《序例上》，第19页。
⑥ 《通典》卷四九《礼九》，第1369页。

鱼,先荐寝庙"。① 《开元礼》有太庙荐新礼仪的详细规定,祭品不止《礼记·月令》规定的这些,共计五十五种,大大超出了礼学经典的记载。② 与经典不同,《开元礼》没有明确规定太庙荐新的举行时间,也就是宪宗朝中书舍人武儒衡所说的那样:"物有可荐则荐之,不必卜择日时也。"③从祭品的角度看,荐新之礼更贴近现实生活。

在唐玄宗统治时期,太庙正祭的祭品发生了变化。开元二十三年(735),玄宗下敕:"宗庙致享,务在丰洁,礼经沿革,必本人情。笾、豆之荐,或未能备物,宜令礼官、学士,详议具奏。"④他认为传统的笾豆祭品已经不合人情,要求在制度上作出改变。太常卿韦绦"请宗庙之奠每座各加十二",以盛放帝王平时食用的常馔。⑤ 对此,朝廷内基本上是反对的声音。

参与讨论的官员们大多坚持经典的规定。持"宗庙正礼,宜依典故,率意变革,人情所难"观念的兵部侍郎张均、职方郎中韦述认为:"圣人知孝子之情深,而物类之无限,故为之节制,使有常礼,物有其品,器有其数。上自天子,下至公卿,贵贱差降,无相逾越。"在他们看来,平日常馔在陵寝荐食时已经实行:"若以今之珍馔,平生所习,求神无方,何必师古? 自汉以降,诸陵皆有寝宫,岁时朔望,荐以常馔,此既常行,亦足尽至孝之情。"所以,他们反对宗庙祭祀加笾豆的提议:"今欲取甘旨之物,肥浓之味,随所有者,皆充祭用。苟逾旧制,其何限焉? 虽笾豆有加,岂能备也?"礼部

---

① 《礼记正义》卷一五,第 1362、1363、1365 页;卷一六,第 1370、1373、1374 页;卷一七,第 1380、1384 页。
② 《大唐开元礼》卷五一《荐新于太庙》,第 286—287 页。关于《开元礼》中荐新礼仪的研究,参见西冈市祐:《〈大唐开元礼〉"荐新于太庙"的仪礼复元——玄宗朝从宪宗朝までの准备》,《国学院中国学会报》第 40 辑,1994 年,第 32—42 页;《唐代"荐新于太庙"仪礼复元——〈大唐开元礼〉を中心として》,《国学院杂志》第 97 卷第 3 号,1996 年,第 16—27 页;《释蕨·笋·蒲白·韭——〈大唐开元礼〉の荐新物について》,《国学院杂志》第 97 卷第 8 号,1996 年,第 56—69 页;《释菫·荳·小豆·蘘荷·菱人——〈大唐开元礼〉の荐新于太庙礼の荐新物》,《国学院杂志》第 102 卷第 2 号,2004 年,第 1—10 页;《荐新礼(〈大唐开元礼〉)の荐物》,《国学院大学纪要》第 42 卷,2004 年,第 113—136 页。
③ 《唐会要》卷一八《原庙裁制下》,第 364 页。
④ 《唐会要》卷一七《祭器议》,第 349 页。
⑤ 《唐会要》卷一七《祭器议》,第 349 页。

员外郎杨仲昌表示:"君人者有国奉先,敬神严享,岂肥浓以为尚,将俭约以表诚,则陆海之物,鲜肥之类,既乖礼文之情,而变作者之法,皆充祭用,非所宜也。"既然在陵寝上已有上食礼仪,就不必在太庙祭祀中追加常馔,所以他建议:"荐肥浓则亵味有登,加笾、爵则事非师古。与其别行新制,宁如谨守旧章。"太子宾客崔沔的态度也是认为大可不必追加笾豆:"职贡来祭,致远物也;有新必荐,顺时令也。苑囿之内,躬稼所收;蒐狩之时,亲发所中。割鲜择美,荐而后食,尽诚敬也,若此至矣,复何加焉?……虽加笾豆十二,未足以尽天下美物,而措诸清庙,有兼倍之名,近于侈矣。"此外,户部郎中杨伯成、左卫兵曹参军刘秩也"建议以为请依旧礼"。①

玄宗对这些意见很不满意,于是,"韦绦又请每室加笾、豆各六,每四时异品,以当时新果及珍羞同荐。制可之"。② 太庙正祭中出现了常馔,又有荐新之物,③高度仪式化的太庙正祭祭品出现了松动的迹象,但是仍然采用传统的笾、豆盛放,君臣之间对太庙时享祭品的不同看法达成了暂时的妥协。我们知道,显庆二年(657)后,笾豆数量与祭祀等级紧紧挂钩:大祀各十二,中祀各十,小祀各八。④ 玄宗的举动表明,在其心目中,太庙祭祀中加入日常饮食的重要性,超过了国家祭祀体系中笾豆数量的形式整齐美观。

此后,玄宗继续对太庙时享的祭品进行改革。开元二十四年(736),玄宗下敕:"宗庙祭享,笾、豆宜加麏鹿鹑兔野鸡等料,夏秋供腊,春冬供鲜。仍令所司祭前十日,具数申省,准料令殿中省供送。"⑤此举增加了太庙时享的祭品种类,供应这些祭品时,还根据季节的不同供鲜或供腊。至

---

① 《唐会要》卷一七《祭器议》,第349—352页。
② 《唐会要》卷一七《祭器议》,第352页。
③ 吴丽娱指出,开元二十三年(735),太庙正祭的祭品中加入荐新之物,是朝廷吸收了魏晋以来士大夫家祭中荐新礼与四时祭祀混合之普遍趋势的结果。参见氏著:《唐宋之际的礼仪新秩序——以唐代的公卿巡陵和陵庙荐食为中心》,第249—250页。而燕私常馔的加入,尤其是天宝五载(746)牙盘常食制度的确立,使太庙正祭"私"的一面在祭品上有了更为突出的表现。
④ 《旧唐书》卷二一《礼仪志一》,第825页。
⑤ 《唐会要》卷一七《原庙裁制上》,第359页。

天宝五载(746),玄宗改革太庙时享祭品的想法完全实现。他下令:"祭神如在,传诸古训,以多为贵,著在礼经。脺脊之仪,盖昔贤之尚质;甘旨之品,亦孝子之尽诚。既切因心,方资变礼。其已后享太庙,宜料外每室加常食一牙盘,仍令所司,务尽丰洁。"①常馔不再和时令蔬果一起置于笾豆中,专用牙盘盛放常馔,传统祭品依然用笾豆盛放,太庙时享的祭品以笾豆祭品加上牙盘常食的形式出现。既然已有牙盘盛放常食,开元二十三年增加的六个笾豆就显得多余。在《大唐郊祀录》中,太庙时享的笾豆数量是十二,②这一变化应该是始自天宝五载。

  在玄宗统治时期,常馔不但在太庙时享中占据了一席之地,还使朔望荐食成为太庙常祀的一种新形式。天宝十一载(752),玄宗下敕:"今后每月朔望,宜令荐食于太庙,每室一牙盘,乃五日一开室门洒扫。"③太庙朔望荐食的出现,主要是受到了陵寝祭祀的影响。④ 根据杨宽的研究,在唐代的陵寝中,献殿(寝殿)和寝宫(下宫)分在两处建设,分别举行上陵朝拜和日常供奉饮食起居生活。⑤ 上陵朝拜只在春秋二仲举行,除了极个别时候由皇帝亲自主持外,一般由三公或太常卿执行。⑥ 对于寝宫上食,李翱说:"祭器不陈俎豆,祭官不命三公,执事者唯宫闱令与宗正卿而已。谓之上食也,安得以为祭乎?"⑦寝宫上食由宗正卿和宫闱令执行,私家礼仪的色彩颇为明显。在宋代,上陵朝拜与寝宫荐食的区分更加清楚。景德四年(1007),真宗亲临帝陵时,"凡上宫用牲牢、笾祀,有司奉祀事;下宫备膳羞,内臣执事,共家人礼,百官陪位"。⑧ 上陵朝拜采用牲牢,由有司行事,下宫荐食采用常馔,主要由宦官执行,外廷群臣只是起到陪位观礼的作

---

① 《唐会要》卷一七《原庙裁制上》,第359页。
② 《大唐郊祀录》卷一《凡例一》,东京:古典研究会,1972年,第735页。
③ 《册府元龟》卷三〇《帝王部·奉先三》,第306页。
④ 吴丽娱:《唐宋之际的礼仪新秩序——以唐代的公卿巡陵和陵庙荐食为中心》,第253—258页。
⑤ 杨宽:《中国古代陵寝制度史研究》,上海:上海古籍出版社,1985年,第51页。
⑥ 吴丽娱:《唐宋之际的礼仪新秩序——以唐代的公卿巡陵和陵庙荐食为中心》,第235—239页。
⑦ 《旧唐书》卷一六〇《李翱传》,第4207页。
⑧ 《太常因革礼》卷四五《皇帝拜陵》,《续修四库全书》第821册,上海:上海古籍出版社,1995年,第511页。

用。这尚且是在皇帝亲自拜陵的情况下发生的,平时举行下宫荐食时,外廷百官甚至不会在一旁观礼。无论是从祭品还是从行事者来看,陵寝荐食都具有家祭的性质,那么,受陵寝荐食影响而产生的太庙朔望荐食也必然在一定程度上带有家人之礼的色彩。例如,在唐朝,太庙的朔望荐食仪式至少有一段时间为内侍所垄断:"天宝中,诏尚食朔望进食太庙,天子使中人侍祠,有司不与也。贞元十二年,帝始诏朔望食,畀宗正、太常合供。"①

太庙的朔望荐食在唐后期多遭反对。例如,贞元十二年(796),太常博士韦彤和裴堪在奏文中提出,笾豆祭品和珍羞常馔的功能不同,前者用于"享宗庙,交神明,全孝敬",后者用于"燕宾客,接人情,示慈惠",两者不可混淆;根据"祭不欲数,亦不欲疏"的原则,"今园寝月二祭,不为疏,庙岁五享,不为数,有司奉承,得尽其恭。若又加盛馔于朔望,是失礼之中,有司不得尽其恭也"。所以他们建议:"王者稽古,弗敢以孝思之极而溢礼,弗敢以肴品之多而黩味。愿罢天宝所增,奉园寝以珍,奉宗庙以礼,两得所宜。"②元和十四年(819),太常丞王泾奏请罢去太庙的朔望上食礼仪,国子博士、史馆修撰李翱对此表示支持:"太庙之飨,笾豆牲牢,三代之通礼,是贵诚之义也。园陵之奠,改用常馔,秦、汉之权制,乃食味之道也。今朔望上食于太庙,岂非用常亵味而贵多品乎?"更何况《贞观礼》和《开元礼》中没有太庙上食礼仪,因此"以礼断情,罢之可也",陵寝上食仍可保留,"因秦、汉之制,修而存之,以广孝道可也"。③ 这些意见没有产生实质性的效果,太庙的朔望荐食得以保留。于是,太庙常祀有了时享、荐新和朔望荐食三种形式,到了北宋依然如此:"国朝宗庙之制,岁以四孟月及季冬,凡五享,朔望荐食、荐新。"④

北宋时期,常馔对太庙祭祀仍有很深的影响,朝廷对此作出了不同的回应。我们还是分正祭、荐新和朔望荐食三个方面来探讨这一问题。太

---

① 《新唐书》卷二〇〇《韦彤传》,第 5708 页。
② 《新唐书》卷二〇〇《韦彤传》,第 5708—5709 页。
③ 《旧唐书》卷一六〇《李翱传》,第 4206—4207 页。
④ 《续资治通鉴长编》卷一建隆元年正月己巳条,第 8 页。

庙正祭最重要，因此时馔对其造成的影响也就更受关注，历史演化更加复杂，赵宋政权建立伊始就是如此：

> 先是，上入太庙，见其所陈笾豆簠簋，问曰："此何等物也？"左右以礼器对。上曰："吾祖宗宁识此？"亟命撤去，进常膳如平生。既而曰："古礼亦不可废也。"命复设之。于是，判太常寺和岘言："案唐天宝中享太庙，礼料外，每室加常食一牙盘。五代以来，遂废其礼。今请如唐故事。"诏自今亲享太庙，别设牙盘食，禘祫、时享皆同之。①

不好说宋太祖是真的不识笾豆簠簋及其祭品，还是故作姿态而已，但是上古之食与世间膳食自是极不相同，所以他认为不宜用前者来祭祀自己的祖先。太庙祭祀有着深厚的历史积淀、强烈的统治合法性表征意义，无法完全改弦易辙，于是重拾唐代中后期的制度，在礼馔之外另加牙盘常食。②

很长一段时间内，北宋的太庙正祭都有牙盘常食。在庆历四年（1044）颁布的《庆历祀仪》中，"禘祫、时享太庙、别庙，一循用此制"。③ 虽然有人表示不满，但是在元丰三年（1080）之前，朝廷没有对此进行过改革。例如，皇祐元年（1049），礼部侍郎、平章事文彦博在一份奏疏中指出牙盘常食不合礼法："清庙昭德，著于前训，牙盘上食，本非旧仪。始因唐天宝五载，实明皇之季年，缘秦汉陵寝之制，有朔望上食之仪，遂诏本庙时享，兼供牙盘常食于牲牢笾俎之间，杂燕私膳羞之品，率情变礼，亵味渎

---

① 《续资治通鉴长编》卷九开宝元年十一月壬寅条，第211页。
② 日常食馔在北宋士大夫的家庙祭祀中占有重要的一席之地。在司马光设计的家庙四时享祭中，祭品包括脍（红生）、炙（炙肉）、羹（炒肉）、骰（骨头）、轩（白肉）、脯（干脯）、醢（肉酱）、庶羞（猪羊之外珍异之味）、面食（如薄饼、油饼、和饼、蒸饼、枣糕、环饼、捻头、馎饦之类）、米食（黍、稷、稻、粱、粟所为饭及粢糕、团粽、饧之类）。见司马光：《书仪》卷一〇，《景印文渊阁四库全书》第142册，台北：台湾商务印书馆，1983年，第522页。家庙祭品与日常食品的关系相当紧密，这反映了北宋的祖先祭祀进一步世俗化的趋势，这有助于我们理解此时太庙祭祀中日常饮食的存在及其意义。
③ 《太常因革礼》卷一三《牙盘食》，第400页。

神。而当时礼官不能执守典法,遂即因循行之。"不过,对于这些"燕私膳羞之品",他还是认为:"国朝以来,奉宗庙之重,修祭祀之礼,率遵典故,备极精虔,牙盘上食,亦循唐制,行之已久,罢之固难。"①

礼制改革是北宋后期政治生活的重要话题,太庙正祭的祭品也随之经历了一番变迁。元丰三年(1080),详定礼文所上奏:

> 看详祠礿尝烝之名,春夏则物未成而祭薄,秋冬则物成而祭备,故许慎以"品物少多文词"为祠;而王弼以禴为祭之薄,何休谓秋谷成者非一,黍先熟可得荐,故曰尝,冬万物毕成,所荐众多,故曰烝。故礼以尝为大尝,《周礼》以烝为大享。今太庙四时虽有荐新,而孟享礼料无祠礿尝烝之别,伏请春加韭、卵,夏加麦、鱼,秋加黍、豚,冬加稻、雁,当馈熟之节荐于神座。其笾豆于常数之外别加时物之荐,丰约各因其时,以应古礼。②

他们认为,太庙时享的笾豆祭品千篇一律,无法体现出季节变化和物品丰歉,因此要求增加笾豆以盛放时新物,这样比纯粹的笾豆祭品更贴近日常生活,比牙盘常食更有古礼气息。这一建议被采纳。礼官们的言论暗示了他们对太庙正祭中牙盘常食的不认可。有了这一准备工作后,次年,详定礼文所就顺理成章地要求罢除牙盘上食了:"自西汉以来,园寝上食,而唐天宝五年始诏享太庙,每室更加常食一牙盘,因与三代笾、豆、簠、簋并荐,虽亦贵本亲用之义,然而韦彤、裴堪等议以为宴私之馔,可荐寝宫而不可渎于太庙。臣等考之,享太庙宜自用古制,其牙盘上食请罢。"神宗同意了这一建议。③

不过,详定礼文所的态度并不那么坚定,他们承认太庙正祭增设牙盘"亦贵本亲用之意",与《荀子·礼论》中"飨尚玄尊而用醴酒,齐大羹而饱庶羞,贵本而亲用也。贵本之谓文,亲用之谓礼"的论述并不冲突。他们

---

① 《太常因革礼》卷一三《牙盘食》,第 400—401 页。
② 《续资治通鉴长编》卷三一七元丰四年十月戊午条,第 7659 页。
③ 《续资治通鉴长编》卷三一八元丰四年十月丁卯条,第 7681 页。

还用《礼记·礼运》来佐证自己的看法：

《礼运》曰："玄酒以祭，荐其血毛，腥其俎，熟其殽。"郑氏谓此荐上古、中古之食也。又曰："然后退而合享，体其犬豕牛羊，实其簠、簋、俎、豆、铏羹。"郑氏谓此荐今世之食也。①

在郑玄看来，太庙祭品有上古、中古和今世之食。照此推断，宋朝的太庙祭祀应该有与时代相符的"今世之食"，这就给了他人批驳的机会。元祐七年（1092），礼官吕希纯用这一记载，得出了完全不同的结论："宋有天下，距商周之世千有余年，凡饮食器皿，先帝先后平日之所飨用者，与古皆已不同，则于宗庙之祭，不可专用古制，亦已明矣。故所设古器礼料，即上古、中古之食也，《荀子》所谓贵本者也。牙盘常食，即今世之食也，《荀子》所谓亲用者也。"他由此提议："今后每遇皇帝亲祀，及有司摄事，并依祖宗旧制，每室除礼料外，各荐常食一牙盘。庶于礼义人情，咸得允当。"哲宗"诏太庙复用牙盘食"。② 然而，此次改制也没有维持多久。在《政和五礼新仪》中，太庙、别庙各加豆二，"春实以韭、卵，夏实以鲔、麦，秋实以豚、黍，冬实以稻、雁"，③牙盘常食再次被取消。

北宋时期，除了太庙正祭中的牙盘常食外，荐新礼仪和朔望荐食也经历了制度上的调整。透过这些变化同样可以看到，来自现实生活的因素在太庙祭祀中趋于巩固，同时也不断受到正统力量的形塑。景祐二年（1035），

宗正丞赵良规言："《月令》，一岁之间，八荐新物。《周颂》，潜冬荐鱼春献鲔，是其乐章存者。《通礼》著宗庙荐新，凡五十余品。"诏礼官议，曰："本朝惟荐冰著常祀，《吕纪》简而近薄，唐令杂而不经。"于

---

① 《续资治通鉴长编》卷三一八元丰四年十月丁卯条，第7681页。
② 《续资治通鉴长编》卷四七六元祐七年八月乙丑条，第11344—11345页。
③ 《政和五礼新仪》卷五《序例五》，第152页。

是,更定四时所荐,凡二十八物,卜日荐献,一以《开宝礼》。①

《吕氏春秋》中荐新的内容与《月令》类似。② 正如《玉海》注文所言,《开宝通礼》中荐新物的规定来自《开元礼》。③ 在宋代礼官看来,《月令》和《吕氏春秋》记载的荐新物太少,《开元礼》和《开宝通礼》增加了很多品种,但是与经典已相去甚远,因此亟须改变。新定的二十八种荐新物是:"每岁春孟月荐蔬,以韭以菘,配以卵,仲月荐冰,季月荐蔬以笋,果以含桃;夏孟月尝麦,配以彘,仲月荐果,以瓜以来禽,季月荐果,以芡以菱;秋孟月尝粟尝穄,配以鸡,果以枣以梨,仲月尝酒尝稻,蔬以芡笋,季月尝豆尝荞麦;冬孟月羞以兔,果以栗,蔬以藷藇,仲月羞以雁以麋,季月羞以鱼。"④

景祐二年(1035)确定的荐新制度后来又有调整。元丰元年(1078),详定礼文所上奏:

今欲稍加刊定,取其间先王所尝享用膳羞之物,见于经者存之,不经者去之。请自今孟春荐韭以卵,羞以蒻,仲春荐冰,季春荐笋,羞以含桃;孟夏尝麦以彘,仲夏尝雏以黍,羞以瓜,季夏羞以芡以菱;孟秋尝粟与稷,羞以枣以梨,仲秋尝麻尝稻,羞以蒲,季秋尝菽,羞以兔以栗;孟冬羞以雁,仲冬羞以麋,季冬羞以鱼。今春不荐鲔,诚为阙典。请季春荐鲔,无则阙之。旧有林檎、荞麦、藷藇之类,及季秋尝酒,并合删去。⑤

这一建议获采用。奏议声称"见于经者存之,不经者去之",保留的荐新物以经典提到的物品为界,还是大大超出了《月令》的范围。例如,蒻见于

---

① 《玉海》卷九七《景祐宗庙荐新礼》,第1772页。
② 《吕氏春秋》卷二,上海:上海古籍出版社,1996年,第28页;卷三,第43页;卷四,第60页;卷五,第74页;卷七,第105页;卷八,第118页;卷九,第133页;卷一二,第174页。
③ 《玉海》卷九七《景祐宗庙荐新礼》,第1772页。
④ 《宋史》卷一〇八《礼志一一》,第2602页。
⑤ 《宋史》卷一〇八《礼志一一》,第2603页。

《诗经·邶风·谷风》:"采葑采菲,无以下体。"①这样既使荐新物不超出经典的限制,又能合乎太庙祭祀增加现实生活因素的需要。《政和五礼新仪》规定的太庙、别庙荐新物与元丰元年基本相同。②

北宋在朔望荐食上的做法有类似之处。神宗时期的礼制改革取消了月半祭,保留了朔祭。元丰四年(1081),详定礼文所指出:"古者宗庙有时享、月祭,而无月半祭,月半有祭者,非古礼也。"他们认为,天宝年间将朔望上食行于太庙,是非礼之举。鉴于宋代沿袭了这一礼仪,长期没有厘正,详定礼文所建议:"翼祖、宣祖时享止于秋尝,僖祖、太祖、太宗、真宗、仁宗、英宗时享外,仍行朔祭庙,各一献牲,用特牛,若不亲祠,则以太常卿摄事,牲用羊。"③于是月半祭被取消,朔祭虽然保留下来,但是牙盘常食被牲牢取代。《政和五礼新仪》大体继承了这一制度,没有月半祭,只有朔祭,以太常少卿为献官,牲用羊。④

通过对太庙的主管机构、帝后神主结构、太庙祭祀的主持者和祭品的考察,可以看到太庙的性质在唐至北宋时期发生了微妙的变化,其私家宗庙的一面得到了强化,现实生活的因素逐渐融入进来,太庙祭祀的古礼色彩因此而有所减弱。太庙的私家宗庙性质强化,并不意味着失去公的一面。比如,太庙事务并不全由宗正寺掌握,其他机构也不时参与其中。景德二年(1005),宋真宗下令:"太庙、后庙四面委开封府常切提点巡检,逐日并除,务令洁净,仍令宗正寺官提总之。其两庙斋宫合修葺处,令三司条奏,遣内侍监修,务令严洁牢固,判司官专切提举。……宗庙神食礼料,委光禄寺精细拣择,宫闱令点检馔造,及于御厨选差人匠。"⑤在这里,太庙的警卫由开封府负责,祭品由光禄寺提供。在神位方面,太庙也不只是供奉帝后的神主,功臣仍然配享太庙,这表明太庙不是皇室专有的私家宗庙。不过我们看到,唐至北宋配享功臣的数量确实趋于减少,这也说明了

---

① 《毛诗正义》卷二,《十三经注疏》本,北京:中华书局,1980年,第303页。
② 《政和五礼新仪》卷五《序例五》,第153页。
③ 《续资治通鉴长编》卷三一八元丰四年十一月辛未条,第7684页。
④ 《政和五礼新仪》卷五《序例五》,第149、153页。
⑤ 《宋会要辑稿》礼一五之一,第651页。

这一时期太庙在公私之间逐渐向私偏转的事实。①

表一　唐代配享功臣表②

庙号	配享功臣	时间
高祖	李神通	贞观十四年(640)
	李孝恭	贞观十四年(640)
	殷开山	贞观十四年(640)
	刘政会	贞观十四年(640)
	武士彟	显庆四年(659),文明元年(684)停
	裴　寂	天宝六载(747)
	刘文静	天宝六载(747)
太宗	房玄龄	贞观二十三年(649),永徽元年(650)停
	高士廉	贞观二十三年(649)
	屈突通	贞观二十三年(649)
	魏　征	神龙二年(706)
	长孙无忌	天宝六载(747)
	李　靖	天宝六载(747)
	杜如晦	天宝六载(747)
高宗	李　勣	垂拱二年(686)
	张行成	垂拱二年(686)
	许敬宗	垂拱二年(686),神龙二年(706)停
	马　周	垂拱二年(686)
	褚遂良	天宝六载(747)

---

① 两个表格列出了唐和北宋配享功臣的情况。在唐代,穆宗以后诸位皇帝的庙室中没有配享功臣。乾道五年(1169),在讨论太庙钦宗室无功臣配享时,吏部尚书汪应辰建议:"配享功臣,若依唐制,各庙既无其人,则当缺之。"见《宋史》卷一〇九《礼志一二》,第2630页。这里的"唐制",就是指穆宗之后的情况。在五代,只有后唐有功臣配享的事例,长兴年间,周德威、李嗣昭、符存审配享庄宗庙庭(《五代会要》卷三《配享功臣》,第46页)。

② 《唐会要》卷一八《配享功臣》,第370—372页。

(续表)

庙号	配享功臣	时间
高宗	高季辅	天宝六载(747)
	刘仁轨	天宝六载(747)
中宗	桓彦范	开元六年(718)
	敬 晖	开元六年(718)
	张柬之	开元六年(718)
	崔玄暐	开元六年(718)
	袁恕己	开元六年(718)
	狄仁杰	天宝六载(747)
	魏元忠	天宝六载(747)
	王同皎	天宝六载(747)
睿宗	苏 环	开元六年(718)
	刘幽求	开元六年(718)
玄宗	张 说	时间不详
	郭元振	时间不详
	王 琚	时间不详
肃宗	苗晋卿	大历四年(769)
	裴 冕	元和四年(809)
代宗	郭子仪	建中二年(781)
德宗	李 晟	元和四年(809)
	段秀实	元和四年(809)
	浑 瑊	元和四年(809)
宪宗	杜黄裳	会昌六年(846)
	裴 度	会昌六年(846)
	高崇文	会昌六年(846)
	李 愬	会昌六年(846)

表二　北宋配享功臣表①

庙号	配享功臣	时间
太祖	赵　普	咸平二年(999)
	曹　彬	咸平二年(999)
太宗	薛居正	咸平二年(999)
	潘　美	咸平二年(999)
	石熙载	咸平二年(999)
真宗	李　沆	乾兴二年(1022)
	李继隆	乾兴二年(1022)
仁宗	王　曾	嘉祐八年(1063)
	吕夷简	嘉祐八年(1063)
	曹　玮	嘉祐八年(1063)
英宗	韩　琦	熙宁八年(1075)
	曾公亮	元丰元年(1078)
神宗	富　弼	元祐元年(1086),绍圣三年(1096)罢
	王安石	绍圣元年(1094),建炎二年(1128)罢
哲宗	蔡　确	崇宁元年(1102),建炎元年(1127)罢
	司马光	建炎元年(1127)
徽宗	韩忠彦	绍兴八年(1138)

第三节　禘祫礼仪

本章第一、二节的讨论最终都指向了同一个问题,这就是太庙祭祀体现宗室由来、表达皇帝和宗室情感的功能得到了空前的重视,并在很大程

---

① 《宋会要辑稿》礼一四之一至四,第555—556页。宋代太庙功臣配享问题的研究,参见袁良勇:《宋代功臣配享述论》,《史学月刊》2007年第5期,第27—34页。

度上改造了唐至北宋时期的太庙祭祀,这在本节要讨论的禘祫礼仪上也有充分反映。

禘祫礼仪是太庙祭祀非常重要的环节,规格比时享更高。在儒家经典中,禘祫本来分开记载。《公羊传》僖公八年:"禘于太庙。"文公二年:"大祫者何？合祭也。其合祭奈何？毁庙之主,陈于太祖。未毁庙之主,皆升,合食于太祖,五年而再殷祭。"①在西汉后期的庙制改革中,韦玄成等人将禘祫相提并论:"五年而再殷祭,言壹禘壹祫也。"②东汉建武二十六年(50),受命制定禘祫礼仪的张纯提出:

> 《礼》,三年一祫,五年一禘。……礼说三年一闰,天气小备;五年再闰,天气大备。故三年一祫,五年一禘。……禘祭以夏四月,夏者阳气在上,阴气在下,故正尊卑之义也。祫祭以冬十月,冬者五谷成孰,物备礼成,故合聚饮食也。③

引文中的《礼》不是《仪礼》,《仪礼》中没有"三年一祫、五年一禘"的文字。"三年一祫、五年一禘"的观念出自纬书。例如《礼稽命曜》:"三年一祫,五年一禘,以衣服想见其容色,三日斋,思亲志意,想见所好意喜,然后入庙。"④《礼纬稽命征》:"三年一祫,五年一禘,经纪所论禘祫与时祭,其言详矣。"⑤《旧唐书·礼仪志》也几次提到"三年一祫,五年一禘"的说法出自《礼纬》。⑥ 张纯借助纬书,确立了帝制时代太庙禘祫礼仪"三年一祫、五年一禘"的模式,但是这并不意味着这一制度从此平稳运行,相反由于经典记载的模糊性和多歧性,禘祫礼仪总是充满争议。

---

① 《春秋公羊传注疏》卷一一,《十三经注疏》本,北京:中华书局,1980 年,第 2252 页;卷一三,第 2267 页。
② 《汉书》卷七三《韦玄成传》,第 3118 页。
③ 《后汉书》卷三五《张纯传》,第 1195 页。
④ 《太平御览》卷五二八《礼仪部七》,北京:中华书局,1960 年,第 2396—2397 页。
⑤ 《太平御览》卷五二八《礼仪部七》,第 2398 页。
⑥ 《旧唐书》卷二六《礼仪志六》,第 996—998 页。

一、禘祫礼仪中的东向问题

郑玄和王肃对"天子七庙"构成的不同解释，几乎主导了魏晋南北朝隋唐时期太庙庙数的选择。然而，不管采用郑玄模式还是王肃模式，不管太祖是始封君还是受命君，为了达到七庙制的形式要求，各朝在立国之初不得不追尊太祖之上的祖先，将其神主供奉于太庙。因为太祖之上昭穆未尽，每当举行禘祫礼仪，只能虚东向之位。等到太祖之上的神主迁毁完毕，太祖才能东向。

从武德年间开始，唐朝的太庙庙数经历了许多变化，但是宝应二年（763）前，太祖之上昭穆未尽，东向之位一直虚置。《新唐书·礼乐志》："代宗即位，祔玄宗、肃宗，而迁献祖、懿祖于夹室。于是太祖居第一室，禘、祫得正其位而东向，而献、懿不合食。"①宝应二年后，太祖始正东向，献祖和懿祖不再参与禘祫。太祖之上的毁庙之主不参与太庙合食是汉魏以来的惯例："汉、魏之制，太祖而上，毁庙之主皆不合食。"②唐中宗统治时期的礼官张齐贤也说："魏以武帝为太祖，晋以宣帝为太祖，武、宣而上，庙室皆不合食于祫，至隋亦然。"③

大历十四年（779），代宗去世，至建中二年（781），三年丧毕，朝廷当在十月履行"丧毕而祫"的规定。九月，太常博士陈京上疏：

> 今年十月，祫享太庙，并合飨迁庙献祖、懿祖二神主。《春秋》之义，毁庙之主，陈于太祖，未毁庙之主，皆升合食于太祖。太祖之位，在西而东向，其下子孙，昭穆相对，南北为别，初无毁庙迁主不享之文。征是礼也，自于周室，而国朝祀典，当与周异。且周以后稷配天，为始封之祖，而下乃立庙。庙毁主迁，皆在太祖之后。禘祫之时，无先于太庙太祖者。正太祖东向之位，全其尊而不疑。然今年十月祫

---

① 《新唐书》卷一三《礼乐志三》，第344页。
② 《新唐书》卷一三《礼乐志三》，第344页。
③ 《新唐书》卷一三《礼乐志三》，第339页。

飨太庙,伏请据魏、晋旧制为比,则构筑别庙。东晋以征西等四府君为别庙,至禘祫之时,则于太庙正太祖之位以申其尊,别庙祭高皇、太皇、征西等四府君以叙其亲。伏以国家若用此义,则宜别为献祖、懿祖立庙,禘祫祭之,以重其亲;则太祖于太庙遂居东向,以全其尊。伏以德明、兴圣二皇帝,曩立庙,至禘祫之时,常用飨礼,今则别庙之制,便就兴圣庙藏祔为宜。①

陈京认为,根据《春秋》之义,祫享是毁庙之主和未毁庙之主在太祖庙合食,在周代,无论是毁庙之主还是未毁庙之主,都是太祖的后代,但是到了帝制时代,太祖之上还有毁庙之主,如何使其神主参与禘祫礼仪就成为一个问题。他提出的解决方案是将太祖之上的献祖、懿祖的神主置于兴圣庙,在太庙举行禘祫礼仪之时,献祖和懿祖在兴圣庙参与合食。兴圣庙又称德明兴圣庙,"天宝三年制,追尊远祖皋陶为德明皇帝,一十一代祖凉武昭王为兴圣皇帝,至十一年令有司修庙宇于京城西南隅安化门内道西,二帝神主同殿异室"。② 德宗将陈京的奏疏下发尚书省百官集议。礼仪使、太子少师颜真卿反对陈京的主张,他认为,献祖和懿祖飨于兴圣庙实际上是分食,违背了祫祭合食的精神,于是建议:

太祖景皇帝以受命始封之功,处百代不迁之庙,配天崇享,是极尊严。且至禘祫之时,暂居昭穆之位,屈己申孝,敬奉祖宗,缘齿族之礼,广尊先之道,此实太祖明神烝烝之本意,亦所以化被天下,率循孝悌也。请依晋蔡谟等议,至十月祫享之日,奉献祖神主居东向之位,自懿祖、太祖洎诸祖宗,遵左昭右穆之列。此有彰国家重本尚顺之明义,足为万代不易之令典也。③

引文中的"晋蔡谟等议"见于《晋书·礼志》,永和二年(346),京兆府君即

---

① 《旧唐书》卷二六《礼仪志六》,第 1000—1001 页。
② 《大唐郊祀录》卷九《德明皇帝兴圣皇帝让皇帝等庙》,第 796 页。
③ 《旧唐书》卷二六《礼仪志六》,第 1001 页。

将祧迁,朝廷讨论了如何处置太祖(宣皇帝司马懿)之上的征西将军、豫章府君、颍川府君和京兆府君神主的问题,领司徒蔡谟建议:"四府君宜改筑别室,若未展者,当入就太庙之室。人莫敢卑其祖,文武不先不窋。殷祭之日,征西东面,处宣皇之上。其后迁庙之主,藏于征西之祧,祭荐不绝。"这一建议没有被采用。① 东晋实际实行的禘祫礼仪就是前引陈京奏疏中提到的"太庙正太祖之位以申其尊,别庙祭高皇、太皇、征西等四府君以叙其亲"。最终,颜真卿的意见得到德宗的首肯,"先是,太祖既正东向之位,献、懿二祖皆藏西夹室,不飨;至是,复奉献祖东向而飨之"。②

户崎哲彦认为,建中二年(781)开始的禘祫论争实质上是实绩主义与血统原理的矛盾,最终前者压倒了后者。③ 这一判断不准确,我们不能把视野局限在建中二年以后,而是应该把宝历二年(763)以来的历史都纳入考察范围,代宗时期的禘祫礼仪是把献祖和懿祖排除在外的。后来,陈京确实强调了太祖的至尊地位,但也正是他将献祖和懿祖参与禘祫的问题提了出来,目的是做到"重其亲"和"全其尊"的平衡。在宗庙问题上,主张献祖东向的颜真卿亦非不看重功绩,前文说过,大历十四年(779),在他的倡议下,高祖、太宗与太祖一样,取得了万世不迁的地位。可以说,陈京与颜真卿在大的原则上没有不同,分歧只是在于禘祫礼仪应该以何种方式祭享太祖之上的毁庙之主。他们的言论说明,血统问题在太庙祭祀中的分量明显增加了。

献祖东向的做法没有得到广泛认可,贞元七年(791),太常卿裴郁上奏表示不满。他认为,汉魏以来,太祖之上的祖先亲尽祧迁之后,不再参与禘祫合食,于是要求重新讨论献祖东向的问题:"今二祖已祧,九室惟序,则太祖之位又安可不正?伏以太祖上配天地,百代不迁,而居昭穆,献、懿二祖,亲尽庙迁,而居东向,征诸故实,实所未安。请下百僚金议。"朝廷同意了他的请求。④

---

① 《晋书》卷一九《礼志上》,第605页。
② 《资治通鉴》卷二二七建中二年十月癸卯条,第7309页。
③ 户崎哲彦:《唐代における禘祫论争とその意义》,第82—96页。
④ 《旧唐书》卷二六《礼仪志六》,第1102页。

次年，不少官员表达了意见，大都不同意献祖在禘祫中永居东向之位。秉持"太祖以前亲尽之主也，拟三代以降之制，则禘祫不及"之看法的太子左庶子李嵘等人表示："尝、禘、郊、社，尊无二上，瘗毁迁藏，礼有义断。以献、懿为亲尽之主，太祖已当东向之尊，一朝改移，实非典故。谓宜复先朝故事，献、懿神主藏于西夹室，以类《祭法》所谓'远庙为祧，去祧为坛，去坛为墠，坛、墠有祷则祭，无祷乃止。'太祖既昭配天地，位当东向之尊。"吏部郎中柳冕等人指出："唐有天下，追王献、懿二祖以天子之礼，及其祭也，亲尽而毁之。则不可代太祖之位明矣。"他主张另立别庙以奉献祖和懿祖，将别庙与太庙的功能区分开："私庙所以奉本宗也，太庙所以尊正统也。"司勋员外郎裴枢认为："若祔于远庙，无乃中有一间，等上不伦。西位常虚，则太祖永厌于昭穆；异庙别祭，则祫飨何主乎合食？永闶比于姜嫄，则推祥禖而无事。"他的建议是："建石室于园寝，迁神主以永安。"已经升任考功员外郎的陈京坚持将献祖和懿祖的神主置于兴圣庙："兴圣皇帝，则献祖之曾祖，懿祖之高祖。夫以曾孙祔列于曾、高之庙，岂礼之不可哉？实人情之大顺也。"以上这些人都是力主恢复太祖的东向地位，还有一些人持温和妥协的态度。工部郎中张荐等人建议，禘祫礼仪虚东向之位，献祖、懿祖与太祖并居昭穆。京兆少尹韦武主张，祫祭以献祖东向，禘祭以太祖东向。① 只有国子四门博士韩愈完全支持颜真卿的意见："当禘祫，献祖居东向位，景从昭若穆，是祖以孙尊，孙以祖屈，神道人情，其不相远。又常祭众，合祭寡，则太祖所屈少，而所伸多。与其伸孙尊，废祖祭，不以顺乎？"②

贞元十一年（795），禘祫之争继续进行。陈京的提案得到了越来越多同僚的支持，左司郎中陆淳对此前出现的诸多建议进行了辨析："藏诸夹室，是无飨献之期，异乎周人藏于二祧之义，礼不可行也。置之别庙，始于魏明之说，实非《礼经》之文。晋义熙九年，虽立此义，已后亦无行者。迁于园寝，是乱宗庙之仪，既无所凭，殊乖经意，不足征也。惟有祔于兴圣之

---

① 《旧唐书》卷二六《礼仪志六》，第1002—1007页。
② 《新唐书》卷二〇〇《陈京传》，第5715页。

庙,禘祫之岁乃一祭之,庶乎亡于礼者之礼,而得变之正也。"禘祫之争在贞元十九年结束。该年是大禘之年,给事中陈京建议,在禘祭之前确定合食的神位。于是,皇帝下敕百官进行讨论。户部尚书王绍等五十五人上奏:"请奉迁献祖、懿祖神主祔德明、兴圣庙,请别增两室奉安神主。缘二十四日禘祭,修庙未成,请于德明、兴圣庙垣内权设幕屋为二室,暂安神主。候增修庙室成,准礼迁祔神主入新庙。每至禘祫年,各于本室行飨礼。"这一意见占据上风,并得到了德宗的认可,"自此景皇帝始居东向之尊,元皇帝已下依左昭右穆之列矣"。①

这场争论持续了二十二年,太祖的东向地位最终得到了肯定,但是所谓的血统原理并没有弱化,反而有所增强。在此之前,随着献祖和懿祖的祧迁,他们已不参与太庙合食,太祖始正东向之位。正是陈京的上奏引发了太祖之上的毁庙之主以何种方式参与禘祫礼仪的讨论,颜真卿更进了一步,要求献祖和懿祖直接成为太庙合食的对象,献祖占据东向之位。这一做法伤害了太祖的尊严,因而多遭反对。争论的过程非常激烈,陈京起了非常重要的作用,他的主张最后获用,每逢禘祫,朝廷都会派员前往兴圣庙祭祀献祖和懿祖,太祖的地位得以维护。陈京的行状说:"太庙阙东向之礼且久矣,公自为博士、补阙、尚书郎、给事中,凡二十年,勤以为请。殷祭之不坠,系公之忠恳是赖,故有赤绂银鱼之报焉。"②尽管如此,与建中二年(781)之前的情形相比,这已经显示了血统原理的成长。自古以来,太庙祭祀就兼具公私两种属性,一方面象征着帝位传承的合法性,另一方面也是皇帝和宗室祖先崇拜的一种方式。正如前文所述,唐至北宋时期,太庙祭祀表现皇室由来的功能被强调,而这在禘祫礼仪上也有充分表现。到了北宋后期,僖祖压倒了创立宋朝的太祖,在禘祫礼仪中居东向位置,就是这股历史浪潮的继续。

宋朝建立后很长一段时间内,因为太祖以上昭穆未尽,禘祫礼仪中的东向之位一直呈虚位以待的状态。例如,《开宝通礼》规定:"禘祫于太庙,

---

① 《旧唐书》卷二六《礼仪志六》,第 1009—1010 页。
② 《柳宗元集》卷八《唐故秘书少监陈公行状》,北京:中华书局,1979 年,第 193—194 页。

僖祖文宪皇帝、文懿皇后、翼祖简恭皇帝、简穆皇后及别庙孝明皇后、孝惠皇后之座，皆北厢南向；顺祖惠元皇帝、惠明皇后、宣祖昭武皇帝、昭宪皇后座，皆南厢北向。"①嘉祐四年（1059），仁宗亲行大祫礼仪，这是北宋唯一一次皇帝亲祫。此次仍然不设东向之位："僖祖、顺祖、翼祖、宣祖、太祖、太宗、真宗七位，太祖孝明皇后、太宗懿德、明德、元德三皇后、真宗章穆、章懿、章宪三皇后，别庙孝惠、孝章、淑德、章怀四皇后，亦南北庙相对为位。太祖虚东向之仪。"光禄卿直秘阁同判宗正寺赵良规等人对虚东向之位的做法有异议，两制、台谏官予以驳斥："大祫之祭，所以合昭穆、辨尊卑也，然则必以受命之祖乃居东向之位。本朝以太祖为受命之君，若论七庙之次，有僖祖以降四庙在上，故太庙每遇大祫，止列昭穆，而虚东向。考之魏晋以来，亦用此礼。今亲享之盛，谓宜且仍旧贯，于礼为便。"②在他们看来，尽管太祖东向要等到太祖以上的神主祧迁完毕方可生效，太祖在禘祫礼仪中的东向之位却不容他人染指。后来在熙宁五年（1072）的太庙礼仪之争中，张师颜等人将此前的禘祫礼仪概括为："开国已来，大祭虚其东向，斯乃祖宗已行之意也。"③

治平四年（1067），英宗去世，为了在太庙中给他腾出位置，朝廷祧迁僖祖神主于西夹室。僖祖在世时没有太大作为，他是赵宋皇室所能追溯最远的祖先，因此在亲庙中居首。僖祖的祧迁几乎没有引起争议和阻力，太常礼院建议："僖祖、文懿皇后神主依唐故事祧藏于西夹室，以待禘祫。"于是，僖祖的神主迁至西夹室。④ 由"以待禘祫"可以看到，在宋代，太祖之上的毁庙之主参与太庙合食，这与晚唐以来禘祫礼仪强调血缘纽带的倾向一致。

正如前文所述，熙宁五年（1072），王安石不满五年前祧迁僖祖的举动，以中书门下的名义上奏，请求神宗下诏重新讨论此事，这对北宋乃至整个宋代太庙庙数的变迁产生了近乎转折性的作用。这里我们来讨论此

---

① 《太常因革礼》卷一《总例一》，第365页。
② 《太常因革礼》卷三七《祫享于太庙上》，第488页。
③ 《续资治通鉴长编》卷二四〇熙宁五年十一月戊辰条，第5851页。
④ 《续资治通鉴长编》卷二〇九治平四年三月癸酉条，第5083页。

事对禘祫礼仪的影响。神宗下诏后，集贤校理同知礼院赵彦若、秘阁校理王介先后上奏表达了自己的意见。其中，王介认为："今者之议，苟祧僖祖而祖太祖，则如是可也，苟不祧僖祖，则是太祖启运立极，圣神英武，为宋子子孙孙立万世无穷之基本，而不得专飨东向之尊，臣恐宗庙神灵未安于此也。"他建议为僖祖建立祧庙，若不能实行的话，就采用贞元年间韩愈的提案，僖祖仍然供奉于西夹室，禘祫礼仪居东向之位，"如此则太祖之尊一岁而屡飨，远祖之尊数岁而一伸，于以求之礼法，参之神道，质之人情，亦是变之正也"。①他们的建议都没有得到认可。

正如王安石要求的那样，参与正式讨论的人员只限于两制，这显然是为了让讨论能够按照自己的意愿进行，但是两制对这一问题的态度严重对立。翰林学士元绛，知制诰王益柔、陈绎、曾布，直舍人院许将、张琥支持王安石，除了继续强调迁毁僖祖有违尊祖之意，还指出此举对禘祫礼仪的影响："今迁僖祖之主而藏于太祖之室，则是僖祖、顺祖、翼祖、宣祖祫祭之时，皆降而合食也，情文不顺，无甚于此。"他们提出："宜以僖祖之庙为始祖之庙，则合于先王之礼意，无所悖戾。"②也就是说，他们不但主张僖祖禘祫东向，而且要求僖祖迁回太庙，居太祖之上。翰林学士韩维、天章阁待制孙固表示反对，坚持僖祖应该祔于西夹室，但是他们都同意僖祖在禘祫礼仪中东向。韩维指出："至于禘、祫，自是序昭穆之祭，僖祖东向，礼无不顺，所谓'子虽齐圣，不先父食'者也。"孙固也说："当禘、祫之时，以僖祖之主权居东向之位，太祖之主顺昭穆之列而从之，取其毁庙之主而合食焉，则僖祖之尊自有所伸，此韩愈所谓'祖以孙尊，孙以祖屈'之义也。"③可见，两制基本上都支持僖祖禘祫东向，只是有些人更加激进，要求僖祖迁回太庙并成为宋朝的始祖。

两制的讨论无法得出结果，于是神宗下令将其意见下达太常礼院详定。通过本章第一节，我们知道太常礼院也是意见不一，难分胜负。其中，赞成僖祖亲尽则迁的同判太常寺兼礼仪事张师颜、同知礼院张公裕、

---

① 《续资治通鉴长编》卷二三六熙宁五年闰七月甲子条，第 5750 页。
② 《续资治通鉴长编》卷二四〇熙宁五年十一月戊辰条，第 5838—5839 页。
③ 《续资治通鉴长编》卷二四〇熙宁五年十一月戊辰条，第 5840—5846 页。

梁焘等人的发言提到了僖祖如何参与禘祫礼仪的问题："筑别庙以藏之，大祭之岁，祀于其室，太庙则一依旧制，虚东向之位。"若按照他们的建议，僖祖便无法参与太庙合食，只能在别庙中参与禘祫礼仪，比起治平四年（1067）至熙宁五年（1072）间"降而合食"的做法还有所不如。面对可能遭到的"别庙而祭，非所谓合食"的反对意见，他们认为："合食分食，要皆孝飨之道，但以于属既尊，不可置昭穆之列，依准前代，祭之别庙，得礼之变，复何嫌哉？若云不可分食，当合于太庙，不惟永虚东向，且使下从子孙，孰为得失？是则僖祖别藏，则列圣不动，神灵安妥，情文皆得，其于义也，合矣。"①

熙宁五年（1072）太庙礼仪之争的结果是：神宗接受了王安石的建议，次年尊僖祖为始祖，其地位跃居太祖之上。僖祖在禘祫礼仪中的东向地位是熙宁八年确定的。该年四月，太常礼院上奏："已尊僖祖为太庙始祖，孟夏禘祭，当正东向之位，仍请自今禘祫著为定礼。"②僖祖东向之位的确立之所以晚了两年，是因为这两年间禘祫礼仪没有举行。元丰四年（1081），详定礼文所指出："本朝庆历初用徐邈说，每三十月一祭。熙宁八年，既禘而祫，此有司之失也。"太常礼院也说："本朝自庆历以来皆三十月而一祭，至熙宁五年后，始不通计，遂至八年禘祫并在一岁。"③我们在后文会谈到，禘祫礼仪的间隔至少有三种常见说法，而且在不同时期都反映到了太庙祭祀制度上，其中一种是不相通计的算法，就是每过三年在孟冬举行一次祫祭，每过五年在孟夏举行一次禘祭。熙宁五年后禘祫不相通计，造成熙宁八年禘、祫礼仪同年举行，由此可以断定，之前的最近一次祫礼的举行时间是熙宁五年十月，禘礼是在熙宁三年四月举行的。熙宁六年至七年无需举行禘祫礼仪，所以朝廷到熙宁八年确定了僖祖的东向地位，并且将其制度化。于是，晚唐确立的太祖东向、太祖以上毁庙之主在兴圣庙参与合食的禘祫制度，在北宋后期变为始祖东向、太祖屈居昭穆之列。后来禘礼取消，僖祖在祫礼中仍居东向。北宋末年的《政和五礼新仪》规

---

① 《续资治通鉴长编》卷二四〇熙宁五年十一月戊辰条，第5851—5853页。
② 《续资治通鉴长编》卷二六二熙宁八年四月乙亥条，第6399页。
③ 《宋史》卷一〇七《礼志一〇》，第2583页。

定:"太庙祫飨昭穆位,僖祖皇帝东向,顺祖皇帝、宣祖皇帝、真宗皇帝、英宗皇帝、哲宗皇帝南向为昭,翼祖皇帝、太祖皇帝、太宗皇帝、仁宗皇帝、神宗皇帝北向为穆。"①

唐和北宋时期的东向之争说明,禘祫礼仪体现王朝由来的功能有所削弱,展示宗室源流逐渐成为这一礼仪的重心所在,两次争论体现了这一历史进程的步步深入。禘祫礼仪中血缘和亲情分量的加重,不仅表现为东向之位的争论和确立,在别庙皇后参与禘祫礼仪的问题上也有反映,下面我们就此进行分析。

二、别庙皇后与禘祫礼仪

皇后升祔太庙后,自然可以参与禘祫礼仪,争议主要是针对别庙皇后。别庙皇后有两种类型:一是皇后去世在前,皇帝在位期间,皇后神主只能暂居别庙,等皇帝死后一并升祔太庙;二是皇帝有不止一位正妻,或是因为后代皇帝的生母生前没有被册立为皇后,所以某些后妃无法进入太庙,只能供奉于别庙。后者通常只能长期屈居别庙,但也并不绝对,唐宋时期就出现了后一种别庙皇后的神主升祔太庙的情况。②

从晚唐开始,暂居别庙的皇后神主在举行禘祫礼仪时进入太庙合食,宪宗时期的《曲台礼》规定:"别庙皇后,禘祫于太庙,祔于祖姑之下。"③此前并无这一规定,宋代的礼官说:"参详别庙皇后当禘祫之日祔享于太庙,据《周礼》及唐《开元礼》,皆无其文。惟唐屯田郎中王彦威采开元后事撰《曲台礼》,载禘祫之仪云:'如皇后先祔别庙,遇禘祫,享于太庙。如是昭后,即坐祖姑之下,南向;穆后,即坐祖姑之下,北向。'仍载出庙、还

---

① 《政和五礼新仪》卷三《序例三》,第145页。
② 赵冬梅:《先帝皇后与今上生母——试论皇太后在北宋政治文化中的意义》,第388—407页。
③ 《旧唐书》卷二五《礼仪志五》,第964页。

庙仪。"①

　　那些长居别庙的皇后参与禘祫的问题较为复杂。在唐代,皇后长居别庙的现象最早出现于开元四年(716),玄宗选择了生母昭成皇后与睿宗一起升祔太庙。睿宗的正后肃明皇后只得屈居别庙,只有"四时享祭",无禘祫礼仪。② 在《开元礼》中,肃明皇后庙"新修享仪皆准太庙例",此时太庙"每岁五享,谓四时孟月及腊也。又三年一祫以孟冬,五年一禘以孟夏",③肃明皇后庙有了禘祫礼仪,且与太庙分开举行。昭成升祔太庙,有违正后祔庙的传统,但是肃明皇后庙存在的时间不长,开元二十一年,玄宗特令肃明的神主祔于太庙,睿宗室形成了一帝二后的形式,各王朝奉行的每个庙室一帝一后的模式被打破。肃明长居别庙的命运通过这种方式得以改变。

　　在《开元礼》中,肃明皇后庙的禘祫礼仪与太庙分开举行,这是遵循了魏晋以来别庙遥祫的传统。甄氏是曹魏文帝的元后,黄初二年(221)被文帝赐死,因而失去了升祔太庙的资格。她的儿子明帝登基后,先是仿姜嫄閟宫,"别立寝庙",景初元年(237),有司上奏:"寝庙特祀,亦姜嫄之閟宫也,而未著不毁之制,惧论功报德之义,万世或阙焉,非所以昭孝示后世也。文昭庙宜世世享祀奏乐,与祖庙同,永著不毁之典,以播圣善之风。"甄后别庙因而得到了永不迁毁的地位。④ 就禘祫礼仪而言,《宋书·礼志》的表述更为明确,当时根据高堂隆的建议,甄后别庙"依周姜嫄庙禘祫",也就是太庙举行禘祫之时,别庙同时大祭。⑤ 在东晋,因为虞皇后配祔元帝,简文帝的生母宣郑太后便无法进入太庙,太元十九年(394),简文帝之子孝武帝下诏:"会稽太妃文母之德,徽音有融,诞载圣明,光延于晋。先帝追尊圣善,朝议不一,道以疑屈。朕述遵先志,常惕于心。今仰奉遗旨,依《阳秋》二汉孝怀皇帝故事,上太妃尊号曰简文太后。"他在太庙路西为

---

① 《太常因革礼》卷三九《祫享有司摄事》,第492页。
② 《旧唐书》卷二五《礼仪志五》,第950页。
③ 《大唐开元礼》卷一《序例上》,第16页。
④ 《三国志》卷五《魏书·文昭甄皇后传》,北京:中华书局,1959年,第161—163页。
⑤ 《宋书》卷一七《礼志四》,第470页。

宣郑太后建立了别庙。① 在宣郑太后庙的禘祫问题上，徐邈的看法与高堂隆相同，主张与太庙分开殷祭。② 高堂隆、徐邈的意见主导了魏晋别庙禘祫制度的抉择。

刘宋时期，在章后别庙的禘祫问题上又出现了争议。章后是武帝的婕妤，被赐死之后，她的儿子文帝登基，尊奉她为皇太后，并且建立了别庙。礼官们对章后别庙是否应行禘祫礼仪有不同意见。博士孙武认为："殷祠是合食太祖，而序昭穆。章太后既屈于上，不列正庙。若迎主入太庙，既不敢配列于正序，又未闻于昭穆之外别立为位。若徐邈议，今殷祠就别庙奉荐，则乖禘祫大祭合食序昭穆之义。……今章太后庙，四时飨荐，虽不于孙止，若太庙禘祫，独祭别宫，与四时烝尝不异，则非禘大祭之义，又无取于祫合食之文。谓不宜与太庙同殷祭之礼。高堂隆答魏文思后依姜嫄庙禘祀，又不辨祫之义，而改祫大飨，盖有由而然耳。"在他看来，因为无法与太庙中的昭穆次序相配，别庙皇后的神主不能进入其中而禘祫合食，若太庙举行禘祫礼仪时在别庙单独祭祀别庙皇后的话，又与时享没有区别，且不符合这一礼仪的合食宗旨，因此不赞成在章太后庙中举行禘祫之礼。博士王燮之对此表示反对："以孝飨亲，尊爱罔极，既殷荐太祖，亦致盛祀于小庙。譬有事于尊者，可以及卑。……魏之文思，晋之宣后，虽并不序于太庙，而犹均禘于姜嫄，其意如此。……愚谓章皇太后庙，亦宜殷荐。"太常丞孙缅赞成别庙单独举行禘祫之礼的魏晋故事："小庙之礼，肇自近魏，晋之所行，足为前准。"祠部朱膺之同意王燮之、孙缅的意见："魏、晋二代，取则奉荐，名儒达礼，无相讥非，不愆不忘，率由旧章。愚意同王燮之、孙缅议。"大明二年（458），孝武帝最终下诏："章皇太后追尊极号，礼同七庙，岂容独阙殷荐，隔兹盛祠。閟宫遥祫，既行有周，魏、晋从飨，式范无替。宜述附前典，以宣情敬。"③可以看到，自从魏晋以来，每逢禘祫礼仪，长居别庙的皇后不参与太庙合食，只在别庙致祭。

长居别庙的皇后"閟宫遥祫"的惯例在唐末被打破。此时，供奉于别

---

① 《晋书》卷三二《简文宣郑太后传》，第 980 页。
② 《宋书》卷一七《礼志四》，第 470—471 页。
③ 《宋书》卷一七《礼志四》，第 471—472 页。

庙的有敬宗之母王氏、文宗之母萧氏和宣宗之母郑氏。正如前文所述，安史之乱后，皇帝基本上不立皇后，在这种情况下，升祔太庙的只能是后世皇帝的生母。敬宗、文宗和武宗是同父异母的兄弟，他们的生母中只有一人能够配祔穆宗，王氏和萧氏在其子统治期间都还健在，武宗即位时，生母韦氏已经去世，这般机缘巧合使韦氏顺利进入了太庙。宪宗室情况更复杂。穆宗生母郭氏于大中二年（848）去世，比宪宗晚了近二十年，所以宪宗室的皇后神主长期空缺。郭氏升祔太庙原本只是时间问题，但是会昌六年（846）武宗去世后，继承皇位的宣宗是其叔父，也就是穆宗的弟弟，形势可谓乾坤倒转。宣宗的生母郑氏出身卑微，宪宗没有册立她为后妃，她在穆宗统治时期成为王太妃，宣宗即位后，被尊册为皇太后。宣宗自然希望自己的生母配享宪宗，由于郑氏尚在人世，这一问题只好长期搁置。大中十三年，宣宗去世。咸通六年（865），郑氏去世，虽然此时是宣宗的长子懿宗在位，却因为礼官的抗争，郭氏最终得以祔庙，郑氏只能进入别庙。以上这些内容在本章的第二节已有详细论述。面对王氏、萧氏和郑氏这三位别庙皇后如何进行祭祀的问题，"当时礼官建议，并置别庙，每年五享，及三年一祫，五年一禘，皆于本庙行事，无奉神主入太庙之文"，[1]三太后庙的禘祫礼仪因而单独举行。

到了大顺元年（890），情况有变。太庙在唐末战乱中曾遭损毁，修缮之后，定于大顺元年举行禘祭，太常礼院以《曲台礼》"别庙皇后，禘祫于太庙，祔于祖姑之下"的规定为依据，要求三太后的神主入太庙合食。博士殷盈孙对此提出了五点批评意见。第一，《曲台礼》的规定是针对死于皇帝之前的皇后暂时供奉于别庙的情形，不适用于三太后，三太后的神主题作"某谥皇太后"或"某谥太皇太后"，这说明当时就已经确定其神主"终安别庙，不入太庙"。第二，《曲台礼·别庙皇后禘祫于太庙仪注》云："内常侍奉别庙皇后神主，入置于庙庭，赤黄褥位。奏云'某谥皇后禘祫祔享太庙'，然后以神主升。"三太后神主题名"某谥皇太后"或"某谥太皇太后"，与太庙中皇后神主题名"某谥皇后"不同，也不符合昭穆原则。第三，如果

---

[1] 《旧唐书》卷二五《礼仪志五》，第964页。

在禘祭中称三太后为"某谥皇后",又与其本来的神主题名相违。第四,姜嫄庙和曹魏甄后庙都采取太庙与别庙分行禘祫的形式。第五,若将宣宗之母郑氏"祔于祖姑之下",那么在位次上就高于同为宪宗后妃的穆宗生母郭氏了。宰相孔纬赞同他的意见,但是以时间紧迫为由,采用了太常礼院的意见,"于是遂以三太后祔祫太庙。达礼者讥其大谬"。[1]

　　长居别庙的皇后禘祫合食太庙的做法,在唐末被时人认为不合礼制,但是在北宋却被长期实行。宋朝建立后,太祖的元妃孝惠、继后孝章和太宗的元妃淑德无法升祔太庙,所以先后进入别庙,每逢禘祫殿祭则参加太庙合食,祔于祖姑之下。到了大中祥符五年(1012),谏议大夫、龙图阁学士陈彭年上奏:"今禘祫之日,三皇后在太祖、太宗神主之上,尊卑颠倒,诚未中礼,乞下礼院检详故事施行。"崇文院的检讨官和太常礼院的礼官认为,根据《曲台礼》的原意,"太庙有本室,即当迁祔,帝方在位,故皇后暂立别庙耳,本是太庙合食之主,故禘祫乃升太庙,未有位,故祔祖姑之下","别庙皇太后时享及禘祫,皆于本庙可也"。话虽如此,面对三皇后参与太庙合食的时间已经不短的现实,他们只好进行了折中:"今孝惠、孝章、淑德三后自来禘祫,既并祔享于太庙,即更难议改革,望今后禘祫之日,孝惠、孝章、淑德三后神主各祔享于太庙太祖、太宗本室,次于正主,稽诸典礼,庶协酌中。"这一奏议得到了真宗的批准。[2] 别庙皇后仍然能够参与太庙的禘祫合食,只不过祔享的位置改到了本室,而且居于正后之下。

　　嘉祐四年(1059)仁宗亲行太庙祫祭前,别庙皇后禘祫合食太庙再次成为朝廷争论的话题。此时,别庙皇后有孝惠、孝章、淑德和真宗的元妃章怀。礼官张洞、韩维指出:"每室既有定配,则余后于礼不当升祔,遂从别庙之祭,而禘祫之日复来参列,与《郊祀志》、《曲台礼》相戾,今亲行盛礼,义当革正,其皇后庙,伏请依奉慈庙例遣官致祭。"他们不满大中祥符五年(1012)以来的制度,要求回归别庙遥祫的传统。此事在朝廷内进行了讨论。翰林学士承旨孙抃、学士胡宿、侍读学士李昭述、侍讲学士向传

---

[1] 《旧唐书》卷二五《礼仪志五》,第964—966页。
[2] 《太常因革礼》卷三九《祫享有司摄事》,第492—493页。

式、知制诰刘敞、王璹、天章阁待制何郯等人支持现行的做法：

> 《春秋传》曰："大祫者何？合祭也。""未毁庙之主，皆升合食于太祖。"且以国朝事宗庙百有余年，至祫之日，别庙后主皆升合食，遵用以为典制，非无据也。此圣祖神宗参用历代之法，因时施宜，以贻子孙者也，未易轻改。况大中祥符五年已曾定议，一时礼官著约中之论，而先帝有恭依之诏。且行之已久，祝嘏宗史既执守以为常，一旦轻议损益，恐神灵不安，亦未必当先帝意也。议者乃谓四后之主于合食则贵有所屈，于别飨则尊得以伸。然则不疑于黜远四后，而独丰于昵者乎？他年有司摄事，故四后皆预合食。今陛下甫欲躬斋戒奉祖祢，而四后见黜，不亦疑于以礼之烦也，而不能事其先妣乎？①

他们的理由是，别庙遥祫不符合合食的原则，也违背了宋代建立以来太庙禘祫礼仪的成例，另外，有司摄行祫祭一直采取太庙合食的做法，若皇帝亲祫，别庙皇后反而不得合食太庙的话，就会使她们的尊严不得伸张。翰林学士欧阳修、吴奎、枢密直学士陈旭、包拯、权御史中丞韩绛、知制诰范镇、天章阁待制钱象先、唐介、卢士宗等人支持张洞和韩维的意见，理由是：那些皇后中有皇帝的元配，一旦合食，其位置反居继室之下；别庙皇后的乐章、牲器祝册与太庙不同，无法统合；祫祭号称合食，但是别庙后妃与太庙帝后却"绝席而坐"，无法真正贯彻合食的精神。他们建议："章献、章懿皇后在奉慈庙未升祔时，每遇禘祫，不从合食，只于本庙致飨，所以申其尊者，最为得礼也。若四后各祭于其庙，则其尊自申，而于礼文无参差不齐之失，又有章献、章懿之明证。而议者以为国朝行之已久，重于改作，则是失礼之举，无复是正也。向者有司摄事，失于讲求，而今行亲飨之礼，礼官举职而改正，乃理之当然也。"②

这场争论久而不决，最终仁宗下诏："朕惟《春秋》大事在于禘祫。前

---

① 《续资治通鉴长编》卷一九〇嘉祐四年八月丁亥条，第4587—4588页。
② 《续资治通鉴长编》卷一九〇嘉祐四年八月丁亥条，第4588—4589页。

诏太常按求旧礼,以孟冬之吉,恭祠祖庙,庶因合食,圣灵相接,以广烝烝之孝。而一二礼官,于别庙四后有疑论焉,订之诸儒,议久未一。深惟宗庙之祭,至重至严。祖宗以来,有司摄事,行之旧矣。祥符中,复经圣考著定,明诏当时博士讲求,已云义不可废。矧兹眇末,甫崇孝飨,其敢废先妣之常祀,违先帝之圣志哉!孝惠、孝章、淑德、章怀皇后祫飨且依旧,须大礼毕,别加讨论。"① 为了使别庙皇后所用乐章牲牢与本室一致,太常礼院上奏:"别庙四皇后神主合食,伏缘七室升祔之后,乐章、牲牢一统于帝,自来四后并以本室乐章牲牢自随,今乞依配后例,更不别用。"这一奏议被批准。② 欧阳修等人列举的别庙皇后不便参与太庙合食的问题得到了部分解决。

嘉祐四年(1059)十月,仁宗举行了太庙亲祫。虽然仁宗宣布过,等到亲祫结束后,再来讨论别庙皇后如何参与禘祫的问题,但是各类史书均没有记载下文如何。元丰三年(1080)慈圣光献皇后配祔太庙仁宗室之前,有奏文提到,别庙皇后"每遇禘祫,则迁神主,设席于太庙本位帝主、后主之次",③可见大中祥符五年(1012)的制度仍在实行。北宋太庙的庙室时常采取一帝数后的形式,元丰六年以前,太宗室供奉了元妃懿德、正后明德和真宗生母元德,真宗室供奉了正后章穆、继后章献明肃和仁宗生母章懿,皇帝个人的情感起了很大作用。在别庙四后中,孝惠、淑德和章怀是皇帝即位前的元妃,孝章是继立的皇后,在宋代元妃和继后祔庙已有先例可循的情况下,四后却长期不能升祔太庙。让四后神主参与太庙合食,在一定程度上拉近了她们与夫君的距离,这对增强皇室的凝聚力是有利的。

到了元丰六年(1083),详定礼文所上奏:"太祖孝惠皇后、太宗淑德皇后、真宗章怀皇后实皆元妃,而孝章皇后则太祖之继后。当时议者或以其未尝正位中宫,而不许其配;或以其继,而不许其配。若以为未尝正位中官,则懿德皇后配太宗矣;若以为继,则孝明皇后配太祖矣。而有司因循

---

① 《续资治通鉴长编》卷一九〇嘉祐四年八月丁亥条,第4589—4590页。
② 《太常因革礼》卷三八《祫享于太庙下》,第490页。
③ 《无为集》卷一五《奏请四皇后庙升祔状》,第355页。

而不究其失,皆祭以别庙,在礼未安。伏请升祔太庙,以时配享。"神宗批准了奏请。① 随着四后的升祔,不再有长期供奉于别庙的后妃神主,她们是否参与太庙合食也就不再成为问题了。

那些因为夫君在世而暂居别庙的皇后神主,在祫祭中依然祔于祖姑之下,例如政和元年(1111),"孟冬祫享,奉惠恭神主入太庙,祔于祖姑之下"。② 惠恭是徽宗正后王氏,原来谥号靖和,大观四年(1110)改谥,③惠恭早于徽宗去世,因此祔于别庙,在祫享礼仪中参与太庙合食。

三、禘礼的终结

在宋神宗统治时期,朝廷取消了禘祭,只保留了祫祭,这是中国古代太庙制度的一个重大变化。此事发生在元丰四年(1081),《宋史·礼志》:

〔详定礼文所〕言:"礼,不王不禘。虞、夏、商、周四代所禘,皆以帝有天下,其世系所出者明,故追祭所及者远也。太祖受命,祭四亲庙,推僖祖而上所自出者,谱失其传,有司因仍旧说,禘祫皆合群庙之主,缀食于始祖,失礼莫甚。今国家世系与四代不同,既求其祖之所自出而不得,则禘礼当阙,必推见祖系乃可以行。"神宗谓辅臣曰:"禘者,本以审禘祖之所自出,故礼,不王不禘。秦、汉以后,谱牒不明,莫知其祖之所自出,则禘礼可废也。"④

《续资治通鉴长编》对此事也有记载:

详定礼文所言:"臣等谨按《记》曰:'礼不王不禘,王者禘其祖之所自出,以其祖配之。'又曰:'有虞氏禘黄帝而郊喾,祖高阳而宗尧。

---

① 《续资治通鉴长编》卷三三四元丰六年三月庚子条,第8040页。
② 《宋史》卷一〇九《礼志一二》,第2620页。
③ 《宋史》卷二〇《徽宗纪二》,第381、385页。
④ 《宋史》卷一〇七《礼志一〇》,第2584页。

夏后氏亦禘黄帝而郊鲧,祖高阳而宗禹。商人禘喾而郊冥,祖契而宗汤。周人禘喾而郊稷,祖文王而宗武王。'《仪礼》曰:'都邑之士则知尊祢矣,大夫及学士则知尊祖矣,诸侯及其太祖,天子所其始祖之所自出。'《周礼》有追享、朝享,说者以为禘、祫也。禘及祖之所自出,故谓之追享;祫者自即位朝庙始,故谓之朝享。《诗·周颂·雝》,禘太祖也;《商颂·长发》,大禘也。周无四时之禘,则《雝序》以为禘太祖,商有四时之禘,则《长发序》以为大禘。四时之禘为小,则禘其祖之所自出为大矣。由是而言,禘者宗庙追崇远祖之祭,惟王者得行之。王者至尊,享及七世,推亲以及祖,推祖以及始祖,四时各于其庙而祭之,于是有祠、礿、尝、烝焉。既有祠、礿、尝、烝矣,而毁庙之主不及,犹以为未也,缘生有合族缀食之恩,乃于始祖之庙合毁庙亲庙之主而祭之,于是有祫焉。既祫矣,而远祖不及,犹以为未也,又推而上审谛其祖所自出而祭之,于是有禘焉。至此而仁之至,义之尽也。然而积德有薄厚,流泽有广狭,以其大夫、学士知尊祖,故为时祭而不为祫;诸侯及其太祖,故为祫而不为禘;天子及其始祖之所自出,故禘其祖之所自出,以其祖配之。若舜、禹祖高阳,高阳世系出自黄帝,则虞、夏禘黄帝以高阳氏配。高祖契,出自帝喾,则商人禘喾以契配。周祖文王,亦出自喾,故周人禘喾以文王配。虞、夏、商、周四代所禘,皆以帝有天下,其世系所自出者明,故追祭所及者远也。自汉、魏以来,世系不明,传袭莫纪,加以诸羌乱晋,南北幅裂,百宗荡析,士去坟墓。降及隋、唐,谱录都废,言李悉出陇西,言刘悉出彭城,姓氏所起,谩无足考。则后世禘祖之所自出,有不得而行焉。汉自太上皇以前无闻,故高帝而上惟见太上皇一世而已。魏自处士君而上亦无闻,故明帝太和中止事高祖之父处士以下五世而已。晋自征西将军而上系序不著,故武帝事三昭三穆六世而已。然刘氏出于刘累,而汉不禘尧;曹氏出于陆终之子曰安,是为曹姓,而魏不禘汉相国曹参;司马氏出于程伯休父,而晋不禘司马卬;宋出于楚元王交,齐出于汉相国萧何,陈出于汉太邱长陈实,隋出于汉太尉杨震,皆不禘以为祖之所自出者,良以谱牒不明故也。唐之黎干言禘非祭天,作十诘十难以明之。且曰虞、夏、商、周以前禘祖之所自出，其义昭然，自汉、魏、晋以还千余岁，其礼遂阙。恭惟艺祖受命，初有天下，踵汉、唐故事，祭四亲庙，惟僖祖而上所自出者，谱失其传，有司因仍旧说，三年一祫，五年一禘。禘与祫皆合群庙之主缀食于始祖，虽禘、祫之名不同，而礼实无异，其为讹舛莫甚焉。臣等辄推本先王立禘之意，以为国家世系所传，与虞、夏、商、周不同，既求其祖之所自出而不得，则禘礼谓当阙之，必也推见祖系所出，乃可以行。惟圣神裁择。"从之。①

我们看到两条史料记载的内容类似，没有根本性的不同，只不过《续资治通鉴长编》中详定礼文所的论述更加详细，但是神宗的态度只用了"从之"二字概括，而这在《宋史·礼志》中有稍微具体的表述，所以两条史料可以相互补充。首先，详定礼文所根据儒家经典的记载，来论述禘祭是一种祭祀远祖的宗庙礼仪，而且只有天子才有举行这一礼仪的资格，诸侯的宗庙祭祀只及太祖，不包括远祖。其次，他们分析了禘祫之间的异同。为了维持天子七庙的形式，需要祧迁亲尽的、同时又不具备特殊功绩的祖先，他们无法在祠、礿、尝、烝这样的四时常祀中得到祭享，所以需要禘祫礼仪。祫是在太祖庙中合祭太祖之下所有的毁庙、未毁庙的祖先，禘是祭祀太祖之上的远祖的祭祀。再次，因为虞、夏、商、周世系清楚，可以追溯到远祖，所以可以举行禘礼，汉代以降，则难以追溯到王朝建立者之上很远的祖先，禘礼难以真正举行，所谓的禘礼实际上就是祫礼，是在太祖庙合祭太祖之下毁庙和未毁庙的祖先，与禘礼的本义不符。在奏文的最后，详定礼文所回到宋代的情况，他们认为，宋代面临与汉代以后各王朝同样的困境，因为世系不清而不具备举行禘礼的条件，所以建议取消禘礼。他们的意见最终得到了神宗的批准。

对于这一事件，我们有必要拉长视野来进行考察。禘与祫的关系历来充满争议。祫祭的含义相对明确，就是毁庙之主与未毁庙之主合食于太祖庙，前面《公羊传》文公二年的引文就是如此表述。西汉后期主持宗

---

① 《续资治通鉴长编》卷三一八元丰四年十月甲戌条，第7686—7688页。

庙改革的韦玄成也说:"祫祭者,毁庙与未毁庙之主皆合食于太祖,父为昭,子为穆,孙复为昭,古之正礼也。"①祫祭的争议主要在于太祖以上的毁庙之主是否参与合食。在古人的观念中,商周宗庙的祭祀对象是太祖及其以下的祖先,毁庙之主都是太祖的子孙,因此,祫祭不涉及太祖之上的祖先。在帝制时代,太祖要么是距离建国不远的始封君,要么是开国立业的受命君,王朝建立伊始,为了满足"天子七庙"的形式,在太祖之上还须追尊其直系祖先。这样问题就产生了:这些祖先亲尽毁庙后能否参与祫享合食;若合食太庙,如何处理他们与创立王朝基业的太祖的神主顺次。历代东向之位争论的实质就是这个问题,只不过因为长期以来禘礼与祫礼在礼制实践上几乎等同,这一争论也涉及禘礼。

祫祭不是没有争议,但是与禘祭相比,至少含义比较明确。而禘至少有三种常见解释。一是夏商时期太庙时祭的名称。《礼记·王制》:"天子诸侯宗庙之祭,春曰礿,夏曰禘,秋曰尝,冬曰烝。"郑玄注:"此盖夏殷之祭名。周则改之,春曰祠,夏曰礿,以禘为殷祭。"②

二是郊祀礼仪。《礼记·丧服小记》:"王者禘其祖之所自出,以其祖配之。而立四庙。"郑玄注:"禘,大祭也。始祖感天神灵而生,祭天则以祖配之。"③《礼记·祭法》:"有虞氏禘黄帝而郊喾,祖颛顼而宗尧。夏后氏亦禘黄帝而郊鲧,祖颛顼而宗禹。殷人禘喾而郊冥,祖契而宗汤。周人禘喾而郊稷,祖文王而宗武王。"郑玄注:"禘、郊、祖、宗,谓祭祀以配食也。此禘,谓祭昊天于圜丘也。祭上帝于南郊,曰郊。祭五帝五神于明堂,曰祖、宗,祖、宗通言尔。"④不少人接受了郑玄的解释,将禘看作是郊祀礼仪,直到唐代宝应元年(762),礼官薛颀、归崇敬等人还将禘解释为冬至圜丘祭天。⑤

三是太庙殷祭,即与祫并举的禘。张纯说:"禘之为言谛,谛定昭穆尊

---

① 《汉书》卷七三《韦玄成传》,第 3118 页。
② 《礼记正义》卷一二,第 1335 页。
③ 《礼记正义》卷三二,第 1495 页。
④ 《礼记正义》卷四六,第 1587 页。
⑤ 《旧唐书》卷二一《礼仪志一》,第 836 页。

卑之义也。禘祭以夏四月,夏者阳气在上,阴气在下,故正尊卑之义也。"①后来,他的看法被《白虎通》吸收:"禘之为言谛也。序昭穆,谛父子也。"②禘的这一定义得以意识形态化。

在汉魏礼学思想中,禘、祫是否等同存有争议。贾逵、刘歆、王肃"皆以为禘祫二祭,礼同而异名"。③何休的看法是:"禘所以异于祫者,功臣皆祭也。"④郑玄认为:

> 祫谓祭于始祖之庙,毁庙之主及未毁庙之主,皆在始祖庙中。始祖之主于西方东面,始祖之子为昭,北方南面,始祖之孙为穆,南方北面。自此以下皆然,从西为上。禘则太王、王季以上迁主,祭于后稷之庙,其坐位乃与祫相似。其文武以下迁主,若穆之迁主,祭于文王之庙,文王东面,穆主皆北面,无昭主。若昭之迁主,祭于武王之庙,武王东面,其昭主皆南面,无穆主。又祭亲庙四。⑤

按照他对周代礼制的理解,祫祭是在始祖庙合祭毁庙和未毁庙之主;在禘祭中,文王、武王之上的毁庙之主祭于始祖庙,文王、武王之下的毁庙之主按照昭穆分别祭于文王庙和武王庙,未毁庙之主在本庙受祭。尽管有这些争议,我们看到,在这些礼学家的观念中,禘、祫的神位没有太大不同。何休认为,两者的差别只在于是否有功臣配享。根据郑玄的意见,参与禘、祫礼仪的祖先是相同的,只不过在行礼地点和神主分布上有区分。

在魏晋南北朝隋唐礼制实践中,禘祫等同是主流。例如,北魏在禘祫礼仪上接受了王肃的主张,"禘祫并为一名"。⑥ 在《开元礼》中,禘祫礼仪

---

① 《后汉书》卷三五《张纯传》,第1195页。
② 班固著,陈立疏证:《白虎通疏证》卷一二,北京:中华书局,1994年,第567页。
③ 《大唐郊祀录》卷九《荐飨太庙》,第791页。
④ 《春秋公羊传注疏》卷一三,第2267页。
⑤ 《礼记正义》卷一二,第1337页。
⑥ 《魏书》卷一〇八之一《礼志四之一》,北京:中华书局,1972年,第2743页。

也是基本一致。① 只有在个别环节上,例如功臣配享,禘祫礼仪有时不太一样。《旧唐书·礼仪志》:

> 《贞观礼》,祫享,功臣配享于庙庭,禘享则不配。当时令文,祫禘之日,功臣并得配享。贞观十六年,将行禘祭,有司请集礼官学士等议,太常卿韦挺等一十八人议曰:"古之王者,富有四海,而不朝夕上膳于宗庙者,患其礼过也。故曰:'春秋祭祀,以时思之。'至于臣有大功享禄,其后孝子率礼,洁粢丰盛,禴、祀、烝、尝,四时不辍,国家大祫,又得配焉。所以昭明其勋,尊显其德,以劝嗣臣也。其禘及时享,功臣皆不应预。故周礼六功之官,皆配大烝而已。先儒皆取大烝为祫祭。高堂隆、庾蔚之等多遵郑学,未有将为时享。又汉、魏祫祀,皆在十月,晋朝礼官,欲用孟秋殷祭,左仆射孔安国启弹,坐免者不一。梁初误禘功臣,左丞何佟之驳议,武帝允而依行。降洎周、齐,俱遵此礼。窃以五年再殷,合诸天道,一大一小,通人雅论,小则人臣不预,大则兼及功臣。今礼禘无功臣,诚谓礼不可易。"乃诏改令从礼。至开元中改修礼,复令禘祫俱以功臣配飨焉。②

我们看到,在《贞观礼》中,祫享有功臣配享,禘享则没有;在《贞观令》中,禘祫皆有功臣配享。同为贞观年间颁布的具有法律效力的制度文本,《贞观礼》与《贞观令》有相违之处,所以在贞观十六年(642)举行禘礼之前,朝廷对是否应有功臣配享的问题进行了讨论。太常卿韦挺等人认为,宗庙祭祀有不同的形式,祫祭大于禘祭,功臣配享只在祫祭中出现,目的是劝勉臣下,禘祭和时享不实行功臣配享,无论是从儒家经典的记载和诠释看,还是从帝制时代的礼制实践看,都是如此。所以,他们主张采用《贞观礼》的规定,实行"禘无功臣"的制度,祫享依然有功臣配享。于是,唐太宗

---

① 《大唐开元礼》卷三九《皇帝祫享于太庙》,第 220—230 页;卷四〇《祫享于太庙有司摄事》,第 230—236 页;卷四一《皇帝禘享于太庙》,第 236—245 页;卷四二《禘享于太庙有司摄事》,第 246—251 页。
② 《旧唐书》卷二六《礼仪志六》,第 996 页。

下诏,在禘祫礼仪的功臣配享问题上采取舍《贞观令》、从《贞观礼》的做法。到了制定《开元礼》时,禘祭重新采取功臣配享的方式。在北宋时期的禘祫礼仪中,也长期奉行功臣配享的制度。咸平二年(999),太常礼院制定了禘祫之日配飨功臣的祀仪:"有司先事设幄次,布褥位于庙庭东门内道南,当所配室西向,设位版,方七寸,厚一寸半,笾豆各二,簠簋俎各一,知庙卿奠爵再拜。"①元丰三年(1080),详定礼文所要求废除禘祫礼仪中的功臣配享环节:"今禘祫以功臣配享,而冬烝不及,与经不合,请每遇冬烝,以功臣配享,其禘祫配享皆罢。"这一提议遭到了神宗的拒绝,他下诏:"冬享、禘祫及亲祠,并以功臣配享。"②由此可见,在元丰四年废除禘祭前,功臣配享都是宋代禘祫礼仪的组成部分。

禘祫等同的历史和现状是详定礼文所的礼官所不认可的。他们将上引《礼记·丧服小记》和《礼记·祭法》中的"禘"理解为太庙殷祭的禘,由此断定太庙禘礼应当祭祀"祖之所自出者",虞、夏、殷、周的禘祭对象皆是太祖之上的远祖,因此他们认为,禘礼与合食于太祖庙的祫礼有本质的不同。作为始祖,僖祖在此时的太庙祭祀中已经取得了太祖原有的地位,在祫礼中居东向之位。而僖祖之上已无先祖可追,太庙禘祭也就失去了举行的可能。详定礼文所对禘礼以及禘祫异同的解释,与汉代以来礼学家的观点皆有不同。这从一个侧面反映了宋朝制礼较少受汉魏经师注疏制约的倾向。

禘礼的废除是中国古代太庙祭祀制度的重大变革,此后太庙殷祭只剩下祫礼。③ 禘祫制度相当复杂,单是禘祫之间的间隔,就有不同的说法。《旧唐书·礼仪志》:"禘祫之说,非唯一家,五岁再殷之文,既相师矣,法天象闰之理,大抵亦同。而禘后置祫,或近或远,盈缩之度,有二法焉:郑玄宗高堂,则先三而后二;徐邈之议,则先二而后三。"④所谓先三后二,就是

---

① 《宋会要辑稿》礼一一之二,第 555 页。
② 《续资治通鉴长编》卷三〇五元丰三年六月丁巳条,第 7432—7433 页。
③ 明朝嘉靖年间一度恢复禘祭,但只是在嘉靖十年(1531)、十五年举行了两次而已,嘉靖二十四年,世宗宣布废除禘祭。参见赵克生:《明嘉靖时期国家祭礼改制》,北京:社会科学文献出版社,2006 年,第 62—66 页。
④ 《旧唐书》卷二六《礼仪志六》,第 998—999 页。

甲年四月禘祭，丁年十月祫祭，己年四月禘祭，壬年十月祫祭；先二后三，就是甲年四月禘祭，丙年十月祫祭，己年四月禘祭，辛年十月祫祭。郑玄和徐邈的说法互相竞争，构成了禘祫礼仪间隔计算的两种主流意见。此外，还有禘祫不相通数的理论，就是每过三年在孟冬举行祫祭，每过五年在孟夏举行禘祭。这些学说不断影响着唐宋禘祫礼仪的实行。唐高宗时期，禘祫的时间间隔存有争议，仪凤元年(676)太学博士史璨等人上奏后，郑玄"前三后二"的主张得到了制度上的认可。① 开元年间，禘祫一度不相通数，到了开元二十七年(739)，禘祫同年的情况即将出现，这引起了朝廷内的争论。太常卿韦绦提出反对意见："顷在四月，已行禘享，今指孟冬，又申祫仪，合食礼频，恐违先典。"太常认为，在郑玄和徐邈两种学说之间，后者更善。理由是，根据郑玄的说法，"祫后去禘，十有八月而近，禘后去祫，三十二月（按：当为四十二月）而遥，分析不均，粗于算矣。假如攻乎异端，置祫于秋，则三十九月为前，二十一月为后，虽小有愈，其间尚偏"，"徐氏之议，有异于是，研核周审，最为可凭。以为二禘相去，为月六十，中分三十，置一祫焉。若甲年夏禘，丙年冬祫，有象闰法，毫厘不偏。三年一祫之文，既无乖越；五岁再殷之制，疏数有均。校之诸儒，义实长久"。朝廷最后决定采用徐邈的学说，实行禘祫各差三十个月的制度。② 在宋神宗朝，庆历年间开始实行的徐邈说被破坏，禘祫同年的现象再度出现。元丰四年(1081)九月，朝廷内进行了激烈的争论，详定礼文所主张采取郑玄说："请今十八月而禘，禘四十二月而祫，庶几举礼不烦，事神不渎。"太常礼院提议恢复徐邈说："请依庆历以来之制，通计年数，皆三十月而祭。"最后，神宗"诏如见行典礼"，仍然实行不相通数的做法。③ 一个月之后，禘祭即被废除。禘祫间隔上反复的争论，恐怕对禘祭的废除也有一定影响。禘祭废除后，太庙殷祭只剩三年一次的祫祭，非常简便易行，争论也大为减少。

---

① 《旧唐书》卷二六《礼仪志六》，第 996—997 页。
② 《旧唐书》卷二六《礼仪志六》，第 997—1000 页。
③ 《宋史》卷一〇七《礼志一〇》，第 2583 页。

第四节 小　　结

在这一章，我们对唐至北宋太庙祭祀礼仪的发展进行了探讨，从中可以看到不少值得关注的变化，这些变化在很大程度上体现了太庙祭祀的公、私属性之间的张力及其在这一时期的走向。

我们的研究从庙数问题入手。在帝制时代太庙祭祀的演化过程中，庙数问题一直是最受关注的问题，很多争论都与此有关，最突出的表现就是郑玄与王肃对"天子七庙"的不同理解深刻地影响了中古时代的太庙礼制。虽然郑玄和王肃都接受了天子七庙的观念，但是他们对七庙形式的理解相当不同，关键在于四亲庙和六亲庙的分别。从唐宋时期太庙制度的演变看，因为这些朝代的创立者大多世系模糊，无法追尊更远的祖先，只能采用郑玄的模式，实行四亲庙的格局。统治者总是倾向于在太庙中供奉尽可能多的神主，唐宋两朝的统治时间都很长，随着时间的推移，越来越多的皇帝去世，太庙庙制也就有了向王肃模式的七庙制转化的过程。然而，后来唐宋两个朝代太庙庙制的变化轨迹却相当不同。

从玄宗开元年间到代宗大历年间的半个世纪里，唐朝的太庙供奉过九世祖先。不过，随着不迁之主的确立，太庙重新回到了王肃模式的七庙制上，兄弟昭穆同位原则的实行使太庙得以容纳更多的神主。在宋代，因为神宗时期始祖问题的出现和不迁之主数量的不断增加，王肃模式的七庙制已不具备运行的可能，因此在徽宗时期转而实行九庙制，并在南宋长期得到了延续。南宋后期有人以恢复七庙制的名义调整太庙的庙数，却离原来的七庙制越来越远，皇帝神主多到太庙无法容纳的地步。在此过程中，迁毁制度很少发挥作用，以至于到了南宋末年，两宋所有在位过的皇帝的神主都还依然在太庙的各庙室中供奉。这说明，传统的天子七庙制遭到了破坏，无论是郑玄的学说还是王肃的理论，到了宋代都已无法满足帝王的需要。

太庙庙数的研究让我们意识到，太庙祭祀体现皇帝和宗室的血缘、情感纽带的功能在唐至北宋时期得到了强化,这促使我们进一步去探讨太庙祭祀的公、私属性,尤其是私的一面的动向。太庙祭祀既象征着帝位传承的合法性和国家政权所在,又是皇帝、宗室祖先崇拜的最重要形式。纵观中国古代历史,前者显然更重要些,但是皇帝和宗室祖先崇拜的功能确实在这一时期的太庙祭祀中凸显出来,太庙祭祀的内容和形式因此受到了相当程度的改造,除了庙数之外,还着重表现在以下几个方面:第一,太庙的主管机构从掌管国家祭祀的太常寺转向负责宗亲名籍的宗正寺;第二,宗亲参与太庙祭祀的程度不断加深,到了北宋后期,太庙和别庙祭祀的三献都由宗室担任;第三,庙室中一帝一后的形式被打破,一帝数后的形式时常出现,皇帝将生母升祔太庙的意愿是主导庙室帝后神主结构变化的动力;第四,祭品中加入了过去用于家人之礼的常馔珍羞,对太庙祭祀中日常饮食因素的重视还带动了新的太庙祭祀形式朔望荐食的出现。此外,作为太庙殷祭,禘祫礼仪的两个重要变化与太庙祭祀中私的一面的凸显也有关系:一是通过东向之位的争论,汉魏以来太祖以上的毁庙之主不预禘祫的制度遭到了颠覆;二是别庙皇后参与太庙合食的程度不断加深。

通过以上这些方面的探讨,我们可以进一步确认,在唐至北宋时期的太庙祭祀中,尊崇正统、体现名分的功能有所淡化,敬奉祖先、着眼本宗的考量趋于凸显。其中既有皇帝安抚宗室、增强宗室凝聚力的因素,也有如何更好地表达皇帝对祖先情感的考虑,这些都体现了皇权的膨胀。这些方面的变化多始于唐玄宗统治时期,在宋神宗统治时期得到了强化。这两个时期都是以皇权的强化著称,例如,唐玄宗利用使职差遣制来加强对军国大事的直接控制,宋神宗采取了"大政府"的模式以控制更多的社会资源,这些都为学人所熟知。权力的强化使皇帝可以更有力地控制宗室,同时对他们采取适当的怀柔政策。因为权力的强化,皇帝可以超越传统形式的限制,把自我情感的表达放在较之以往更突出的位置。魏晋以来,为了解决社会中实际问题与传统礼制的矛盾,"缘情制礼"或"以情入礼"成为礼制变革的重要原则。[1] 不过,此时缘情制礼的原则主要应用于丧服

---

[1] 余英时:《士与中国文化》,上海:上海人民出版社,1987年,第427—435页。

礼之上,丧服礼是一种与社会结构高度结合的礼仪。作为以象征统治合法性为主的礼仪形式,太庙祭祀较少被触及。从唐玄宗开始,因为表达人情孝思的需要,有些太庙祭祀的内容遭到了颠覆,一帝一后的形式被一帝数后的形式取代、过去多用于家人之礼的燕私常馔成为太庙祭品的一部分,都是变化甚著的部分。

皇权并不是超越一切的存在,在皇帝利用自身权力改造传统礼制的过程中,不可避免地受到了正统势力的反对和抵制,因此,太庙祭祀的改革过程充满了折衷和摇摆。唐宋时期太庙庙室中一帝数后的形式就是不断妥协的产物,如果当朝皇帝的生母不是前朝皇帝的正后,因为正后的地位无法取代,为了使生母配祔太庙,不能不采取一帝二后的形式,为了平息生母升祔带来的朝野争议,有时还要将前朝皇帝的元妃和继后祔于太庙,从而形成了一帝数后的格局,这成为中国历史上一道独特的景象。①太庙祭品的变化也经历了类似的过程。在举行太庙正祭时,要不要在传统的笾豆祭品之外加入常馔,以何种方式加入,究竟是用牙盘常食还是另加笾豆盛放,在统治集团内部一直有争议,相应的制度因此经历了反复变化。唐代天宝年间的朔望荐食,到了北宋后期,只剩下朔祭,月半祭被取消。虽然经历了折衷妥协,但是这些历史变化的源头,还是在于皇帝的情感需要以及背后的权力支撑在很大程度上超越了礼制传统。

若我们将这一时期的太庙祭祀、郊祀礼仪的变化结合起来看,会发现两者之间不同的发展趋向。在帝制时代,郊祀礼仪和太庙祭祀因为关系

---

① 明代的太庙坚持了一帝一后的形式,松崎哲之对此进行了详细的论述,参见氏著:《明代の一帝一后制と太庙》,《筑波中国文化论丛》第 20 号,2001 年,第 29—55 页。那些无法升祔太庙的皇帝生母则在奉慈殿、神霄殿、弘孝殿等处供奉,与奉先殿一样,也是以家人之礼的方式致祭,祭品采用常馔,外廷官员不参与礼仪过程。奉先殿虽然在很长时间内采取一帝一后的形式,但到了嘉靖以后有其他后妃入祀奉先殿。这些问题的探讨,参见禹平、王柏中:《明朝内庙祭祀制度探讨》,《吉林大学社会科学学报》2004 年第 1 期,第 125—128 页;杨新成:《明代奉慈殿兴废考》,《故宫博物院刊》2011 年第 3 期,第 126—137 页;李佳:《明代皇后入祀奉先殿相关问题考论》,《故宫博物院刊》2011 年第 3 期,第 138—147 页。我们清楚地看到,这些体现了唐至北宋时期太庙祭祀中私的一面凸显的变化,到了明代转移至奉先殿、奉慈殿等内殿祭祀中,这说明太庙祭祀公、私属性之间的紧张关系在明代找到了新的出口,当然对于这一点,将来还有待细致的实证研究加以检验。

到统治合法性的表达,故而成为国家礼仪的两大支柱。唐至北宋时期,随着"天"表述政治合法性的意义进一步放大,①郊祀礼仪对王朝统治的重要性更加显著,尤其是皇帝亲郊礼仪成为整个国家礼仪的中心环节,这一点在第三章中已经得到了深入的阐述、分析。在这种情况下,太庙祭祀也就有了更多的可能,成为寄托皇帝和宗室缅怀祖先之情的一种渠道。吴丽娱认为,在唐宋时期,郊祀礼仪和太庙祭祀更多地体现了国祭的意义,尽管太庙祭祀中也出现了牙盘常食等变化,但是这些传统礼仪之于皇帝个人及其家庭的意义还是受到了限制,太一和景灵宫等祭祀的建立,就是为了更方便地表达皇帝个人对天地祖宗的心意和要求。② 这一看法很有启发性,然而通过我们的研究可以看到,皇帝和宗室传递私情的诉求对这一时期太庙祭祀的影响是非常大的,太庙祭祀因此受到了深刻的改造。北宋后期,无甚功业的始祖在太庙祭祀中的地位高于太祖,占据东向之位,而太祖在郊祀礼仪中仍然配侑昊天上帝,这正是经过唐以来一系列变化后这两种礼仪的主要功能产生鲜明对比的绝佳反映。

从另一方面看,唐至北宋时期郊祀礼仪和太庙祭祀的变化又异中有同。中古时代的礼制在很大程度上受郑玄和王肃礼学之争的影响和制约,③郊祀礼仪、太庙祭祀是最具指标意义的两个方面。前一章的研究表明,《开元礼》颁布后,郑玄和王肃的郊丘之争对郊祀制度的影响基本结束;从8世纪前半叶开始,皇帝亲郊时常采取天地合祭,并且在北宋初年制度化,天地分祭与天地合祭的争论因而成为宋明时期郊祀之争的主旋律。通过唐至北宋时期太庙庙数的演变,我们也可以看到太庙祭祀对郑玄和王肃的礼学之争的超越。作为国家祭祀的两大柱石,郊祀礼仪和太庙祭祀在这一时期的变迁,象征着郑、王礼学之争对国家礼制的支配性影响基本消退。

---

① 小岛毅:《宋学の形成と展开》,东京:创文社,1999年,第6—21页。
② 吴丽娱:《唐宋之际的礼仪新秩序——以唐代的公卿巡陵和陵庙荐食为中心》,第266—268页。
③ 杨华:《论〈开元礼〉对郑玄和王肃礼学的择从》,《中国史研究》2003年第1期,第53—67页。

第五章 释奠礼仪

在儒家经典中,吉礼有祀天神、祭地祇和享人鬼三类,《周礼·春官·大宗伯》:"大宗伯之职,掌建邦之天神、人鬼、地示之礼,以佐王建保邦国。"郑玄注:"建,立也。立天神、地祇、人鬼之礼者,谓祀之、祭之、享之。礼,吉礼是也。"①我们注意到,开元二十六年(738)颁布的《唐六典》有这样的记载:"凡祭祀之名有四:一曰祀天神,二曰祭地祇,三曰享人鬼,四曰释奠于先圣先师。"②与经典相比,盛唐时代的吉礼体系中多了释奠先圣先师的类别。在此之后,这一分类原则长期得到了遵循。8世纪末成书的《大唐郊祀录》声称:"凡祭祀之礼,天神曰祀,地祇曰祭,人鬼曰享,文宣王、武成王曰释奠。"③北宋末年颁布的《政和五礼新仪》也规定:"凡祭祀之礼,天神曰祀,地祇曰祭,宗庙人鬼曰享,至圣文宣王、昭烈武成王曰释奠。"④粗看之下,释奠礼仪似乎是从人鬼系统中脱离出来成为独立的一类,事实是不是这样呢?如果不是,释奠礼仪这个吉礼体系的子系统究竟从何而来?为什么在吉礼体系中会出现释奠礼仪的类别?释奠礼仪在唐至北宋时期出现了哪些值得关注的现象和变化?这些问题的回答,对我们进一步认识唐宋吉礼制度是非常重要的。鉴于释奠礼仪在唐朝开元十九年(731)至明朝洪武二十年(1387)间有孔庙(又称文庙)释奠礼仪和武庙释奠礼仪两种形式,我们的讨论将顺着这两条线索进行。

---

① 《周礼注疏》卷一八,《十三经注疏》本,北京:中华书局,1980年,第757页。
② 《唐六典》卷四祠部郎中员外郎条,北京:中华书局,1992年,第120页。
③ 《大唐郊祀录》卷一《凡例上》,东京:古典研究会,1972年,第728页。
④ 《政和五礼新仪》卷一《序例一》,《景印文渊阁四库全书》第647册,台北:台湾商务印书馆,1983年,第134页。

第一节　孔庙释奠礼仪

在中国传统社会,释奠礼仪是统治者尊重儒家学术传统的一种表现方式,也是儒生士大夫实现自我认同的重要途径。儒家经典中有释奠礼仪的内容。《礼记·文王世子》:"凡学,春官释奠于其先师,秋冬亦如之。凡始立学者,必释奠于先圣先师。"①此处的释奠礼仪是在立学和四时举行的。《礼记·王制》:"天子将出征,类乎上帝,宜乎社,造乎祢,祃于所征之地,受命于祖,受成于学。出征执有罪,反,释奠于学,以讯馘告。"②这里的释奠礼仪是天子出师前后一系列祭祀礼仪中的一项。唐代大儒孔颖达对《礼记》中的释奠礼仪作了概括:"凡释奠有六:始立学释奠,一也;四时释奠有四,通前五也;《王制》师还释奠于学,六也。"③我们可以看到,经典中的释奠礼仪行于学校,主要用来祭祀先圣先师。④郑玄对先圣和先师进行了解释:"先圣,周公若孔子";"《周礼》曰:'凡有道者有德者,使教焉。死则以为乐祖,祭于瞽宗。'此之谓先师之类也。若汉,《礼》有高堂生,《乐》有制氏,《诗》有毛公,《书》有伏生,亿可以为之也"。⑤

帝制时代的释奠礼仪究竟何时建立,是一个颇有争议的话题。从现有的史料来看,我们无法找到比曹魏正始二年(241)更早的记载。⑥ 其他史料也能支持释奠礼仪建立于曹魏时期的说法。例如,《晋书·礼志》:

---

① 《礼记正义》卷二〇,《十三经注疏》本,北京:中华书局,1980年,第1405—1406页。
② 《礼记正义》卷一二,第1333页。
③ 《礼记正义》卷二〇,第1406页。
④ 根据郑玄的解释,释奠的字面意思是:"设荐馔酌奠而已,无迎尸以下之事。"见《礼记正义》卷二〇,第1405页。也就是说,释奠礼仪与其他祭祀(尤其是宗庙祭祀)的区别在于没有尸祭。到了帝制时代,这一区别不复存在,其他礼仪同样没有了尸祭的环节。唐代文人李华指出:"夫祭有尸,自虞夏商周不变,战国荡古法,祭无尸。"见李华:《李遐叔文集》卷二《卜论》,《景印文渊阁四库全书》第1072册,台北:台湾商务印书馆,1983年,第379页。
⑤ 《礼记正义》卷二〇,第1406、1405页。
⑥ 《三国志》卷四《魏书·齐王芳纪》,北京:中华书局,1959年,第119页。

"礼,始立学必先释奠于先圣先师,及行事必用币。汉世虽立学,斯礼无闻。"①唐代贞观年间,许敬宗也声称:"秦、汉释奠,无文可检。"②高明士曾经推测释奠礼仪出现于汉代,③但是他并没有对上面两条明确否定汉代有释奠礼仪的史料给出合情合理的解释。松浦千春认为,汉代是释奠礼仪的前夜,可能已经有类似的仪式,但是释奠礼仪是到了魏晋时期才系统化的。④ 他的看法恐怕比较接近事实。东晋太元十年(385),朝廷在太学之内设立孔庙,作为专门举行释奠礼仪的祭祀空间,于是孔庙与释奠礼仪结合起来。⑤ 在开元十九年(731)武庙释奠礼仪建立之前,释奠礼仪与孔庙释奠礼仪是等同的。

学者们对唐宋时期的孔庙释奠礼仪已有深入的探讨。多贺秋五郎主要分析了唐前期南学与北学的竞争对孔庙释奠礼仪的影响,对皇太子与这一礼仪的关系亦有所涉及。⑥ 高明士对孔庙礼仪的研究主要有两个取向:一是从教育史的角度探讨孔庙如何与官学结合而形成庙学制度,并促进东亚教育圈的成立;⑦二是探讨汉唐时期以孔庙为代表的道统庙制与以宗庙为代表的治统庙制之间的消长关系。⑧ 黄进兴对中华帝国孔庙祭祀的研究涉及唐宋时期的情形,主要侧重于学术思想的变化对礼仪制度的

---

① 《晋书》卷一九《礼志上》,北京:中华书局,1974年,第599页。
② 《旧唐书》卷二四《礼仪志四》,北京:中华书局,1975年,第917页。
③ 高明士:《皇帝制度下的庙制系统——以秦汉至隋唐作为考察中心》,《台大文史哲学报》第40期,1993年,第84—85页。
④ 松浦千春:《释奠仪礼についての覚え书き——その一释奠礼の形成》,《一关工业高等专门学校研究纪要》第36号,2001年,第1—7页。
⑤ 高明士:《隋唐教育法制与礼律的关系》,《唐研究》第4卷,1998年,第152页。
⑥ 多贺秋五郎:《唐代教育史の研究——日本学校教育の源流》,东京:不昧堂,1953年,第84—93、98—104页。
⑦ 高明士:《唐代东亚教育圈的形成——东亚世界形成史的一侧面》,台北:中华丛书编审委员会,1984年,第144—162、188—225页;《庙学与东亚传统教育》,《唐研究》第10卷,2004年,第227—256页;《中国中古的教育与学礼》,台北:台湾大学出版中心,2005年,第585—647页。
⑧ 高明士:《隋唐庙学制度的成立与道统的关系》,《台大历史学报》第9期,1982年,第93—122页;《皇帝制度下的庙制系统——以秦汉至隋唐作为考察中心》,第53—96页;《治统庙制と道统庙制との消长——秦汉より隋唐までの考察を中心として》,收入西嶋定生博士追悼论文集集委员会编《东アジア史の展开と日本》,东京:山川出版社,2000年,第349—368页。

影响。[1] 史睿以孔庙释奠礼仪为主要例证,探讨了北周后期至唐初礼制与学术文化的互动关系。[2] 中野昌代探讨了唐前期的孔庙释奠礼仪及其对奈良时代日本礼制的影响。[3] 雷闻通过孔庙神位使用塑像和画像的现象,探讨了唐代孔庙释奠礼仪的神祠色彩。[4] 周愚文分析了包括孔庙释奠礼仪在内的宋代学礼。[5] 这些研究成果使我们对唐至北宋时期的孔庙释奠礼仪有了相当程度的了解,但是这一课题还存在一些有待解决的重大问题,尤其是这一礼仪性质的改变和在五礼体系中位置的固定,正是过去的研究基本没有涉及、而我们意欲深入探究的方面。

一、释奠礼仪功能的转变

帝制时代的释奠礼仪建立于曹魏,相关的记载集中于三少帝之一的齐王芳。正始二年(241),"帝初通《论语》,使太常以太牢祭孔子于辟雍,以颜渊配";五年,"讲《尚书》经通,使太常以太牢祀孔子于辟雍,以颜渊配";七年,"讲《礼记》通,使太常以太牢祀孔子于辟雍,以颜渊配"。[6] 释奠礼仪在两晋继续举行:

> 武帝泰始七年,皇太子讲《孝经》通。咸宁三年,讲《诗》通,太康三年,讲《礼记》通。惠帝元康三年,皇太子讲《论语》通。元帝太兴二年,皇太子讲《论语》通。太子并亲释奠,以太牢祠孔子,以颜回配。成帝咸康元年,帝讲《诗》通。穆帝升平元年三月,帝讲《孝经》通。孝

---

[1] 黄进兴:《优入圣域:权力、信仰与正当性》,台北:允晨文化实业公司,1994年,第206—215、228—267页。
[2] 史睿:《北周后期至唐初礼制的变迁与学术文化的统一》,《唐研究》第3卷,1997年,第165—184页。
[3] 中野昌代:《唐代の释奠について》,《史窗》第58号,2001年,第197—208页。
[4] 雷闻:《郊庙之外——隋唐国家祭祀与宗教》,北京:三联书店,2009年,第62—67页。
[5] 周愚文:《宋代的学礼》,收入高明士编《东亚传统教育与学礼学规》,台北:台湾大学出版中心,2005年,第28—51页。
[6] 《三国志》卷四《魏书·齐王芳纪》,第119—221页。

武宁康三年七月,帝讲《孝经》通。并释奠如故事。①

可以看到,建立初期的释奠礼仪主要是为皇太子和幼年即位的皇帝举行的。曹魏的齐王芳,东晋的成帝、穆帝和孝武帝都是冲幼即位,举行释奠礼仪时,他们都还是少年皇帝。齐王芳初次举行释奠礼仪时只有十岁,成帝、穆帝和孝武帝举行释奠礼仪的年龄分别是十五、十五和十四岁。我们还看到,除了祭祀之外,释奠礼仪还包含讲经活动,讲论的文本有《诗经》、《尚书》、《礼记》、《孝经》、《论语》等经典。② 南朝的释奠礼仪与魏晋颇为类似。③ 松浦千春对东晋南朝的释奠礼仪进行了非常精彩的研究,尤其是将这一礼仪的举行时间与皇太子、幼帝的立太子、即位、冠礼结合起来考察。他的结论是:魏晋南朝的释奠礼仪用来表现皇太子和幼年即位的皇帝知识、人格的养成,是皇位继承过程中的重要环节。④ 这一看法非常准确深刻。在魏晋南朝,释奠礼仪还只是在这样的特殊场合举行,常祀制度尚未建立。

北朝释奠礼仪的情况相对复杂。一方面,存在为幼帝或皇太子举行释奠礼仪的事例。例如北魏正光二年(521)二月,十一岁的孝明帝"幸国子学,讲《孝经》。三月庚午,帝幸国子学祠孔子,以颜渊配"。⑤ 北齐孝昭帝的皇太子也有过主持释奠礼仪的经历。⑥ 另一方面,也有已经成年的年轻皇帝释奠先圣先师的例子。北魏永熙三年(534),孝武帝"亲释奠礼先师",⑦前面有讲经环节,廷尉卿窦瑗"与散骑常侍温子升、给事黄门侍郎魏季景、通直散骑常侍李业兴,并为摘句"。⑧ 北周天元皇帝于大象二年

---

① 《晋书》卷一九《礼志上》,第 599 页。
② 魏晋南北朝隋唐时期释奠礼仪中讲经环节的研究,参见高明士:《中国中古的教育与学礼》,第 629—634 页;古胜隆一:《中国中古的学术》,东京:研文出版,2006 年,第 116—126 页。
③ 《通典》卷五三《礼一三》,北京:中华书局,1988 年,第 1472—1473 页。
④ 松浦千春:《魏晋南朝の帝位継承と釈奠儀礼》,《东北大学东洋史论集》第 9 号,2003 年,第 159—185 页。
⑤ 《魏书》卷九《肃宗纪》,北京:中华书局,1974 年,第 232 页。
⑥ 《北齐书》卷三一《王晞传》,北京:中华书局,1972 年,第 421 页。
⑦ 《魏书》卷一一《出帝纪》,第 289 页。
⑧ 《魏书》卷八八《窦瑗传》,第 1908 页。

(580)在露门学举行过释奠礼仪。① 不过,这两件事情,一是发生在北魏末年,孝武帝是权臣高欢所立的傀儡皇帝,另一是天元皇帝以行为怪异著称,大象元年就已经禅位给静帝,但是仍然大权在握,因此,他们的例子是否代表了释奠礼仪的常态,颇让人怀疑。就后世影响而言,北朝释奠礼仪最重要的变化是北齐建立了常祀制度:"每岁春秋二仲,常行其礼。"②春秋二仲祭祀是对《礼记》中四时释奠的简化。

释奠礼仪在隋代得到了进一步的整理。《隋书·礼仪志》:"隋制,国子寺,每岁以四仲月上丁,释奠于先圣先师。年别一行乡饮酒礼。州郡学则以春秋仲月释奠。州郡县亦每年于学一行乡饮酒礼。"③我们可以看到两个重要现象。一是国子学的释奠常祀在北齐春秋二仲的基础上扩展为四仲行礼,从而与《礼记》中的记载相合。二是释奠常祀的举行范围由国子学扩展到了州郡学。在北齐,"郡学则于坊内立孔、颜庙,博士已下,亦每月朝云"。也就是像国子学、太学那样月且"拜孔揖颜"。④ 到了隋代,州郡学开始举行释奠礼仪,并且有了常祀制度,春秋二仲行礼。因为史料所限,我们无从了解北齐和隋代释奠常祀的实施情况。

唐前期是孔庙释奠礼仪演化的关键时期,在延续魏晋南北朝旧制的同时,制定了很多新的制度,这一礼仪的功能逐渐从佐证太子知识、人格的养成转向儒家学术传统的仪式化呈现。到了晚唐,这一转型基本完成。

孔庙释奠礼仪与皇太子的关系在唐代经历了从密切到疏远的过程。在唐前期,高祖和太宗分别在武德七年(624)二月、贞观十四年(640)二月亲临过国子学的释奠礼仪,但是太子参与释奠礼仪的例子更多,贞观二十年(646)二月李治、总章元年(668)二月李弘、开耀元年(681)二月李哲、景云二年(711)八月和太极元年(712)二月李隆基都在国子学举

---

① 《周书》卷七《宣帝纪》,北京:中华书局,1971年,第122页。
② 《隋书》卷九《礼仪志四》,北京:中华书局,1973年,第181页。
③ 《隋书》卷九《礼仪志四》,第181—182页。
④ 《隋书》卷九《礼仪志四》,第181页。

行过释奠礼仪。① 太子的释奠礼仪主要还是以体现其学识、人格的养成为目的。景云二年八月李隆基举行释奠礼仪前,睿宗下诏:

> 庠序之兴,教自元子,礼经之最,奠始先师,中古迄今,斯道无替。皇太子隆基天资圣敬,日就文明,弦诵之业已高,元良之德斯茂,自升储博望,主器承华,执经之问虽勤,用币之仪未展。今仲丁献吉,有事两塾,备礼三尊,宜遵旧章,俾缉徽典。②

由此可以看到这一时期太子举行释奠礼仪仍有相当大的必要性。然而到了晚唐,已经不见皇太子主持孔庙释奠礼仪的记载,这意味着这一礼仪的政治性格进一步减弱。在五代和北宋,依然没有皇太子举行孔庙释奠礼仪的实例。《政和五礼新仪》保留了皇太子释奠文宣王的礼仪,③但这只是徒具形式而已。

唐朝建立后,孔庙释奠礼仪表现儒家学术传统的作用在不断强化。这首先表现为常祀制度的巩固。高祖时期的释奠礼仪延续了隋代四时致祭的制度,武德二年(619),高祖下诏:

> 盛德必祀,义在方册,达人命世,流庆后昆。爰始姬旦,主翊周邦,创设礼经,大明典宪,启生民之耳目,穷法度之本源。粤若宣尼,天资濬哲,四科之教,历代不刊,三千之徒,风流无歇。惟兹二圣,道著生民,宗祀不修,孰明褒尚? 宜令有司于国子监立周公、孔子庙各一所,四时致祭。④

---

① 《唐会要》卷三五《释奠》,北京:中华书局,1955 年,第 640—642 页。《唐会要》将李隆基第一次举行释奠礼仪之事记作:"景云二年七月,皇太子亲释奠于国学。"这一记载有误,时间应为景云二年八月。《旧唐书》卷七《睿宗纪》,第 158 页将此事记作:"〔景云二年八月〕丁巳,皇太子释奠于太学。"况且,根据礼制传统,春秋二仲(二月、八月)是举行释奠礼仪的正常时间。
② 《唐大诏令集》卷二九《皇太子国子监释奠诏》,北京:商务印书馆,1959 年,第 108 页。
③ 《政和五礼新仪》卷一二四《皇太子释奠文宣王仪上》、卷一二五《皇太子释奠文宣王仪下》,第 623—629 页。
④ 《唐会要》卷三五《褒崇先圣》,第 635 页。

不过,四时致祭的制度没有维持太长的时间,贞观二十一年(647),太宗下诏:"春秋二仲,行释奠之礼。"①这样,又回到了北齐实行过的春秋二仲行礼。此后的释奠礼仪一直采取这一方式。《开元礼》规定:"仲春、仲秋上丁,释奠于太学。"②《大唐郊祀录》记载:"春秋二仲月上丁日,释奠于太学文宣王庙。"③

孔庙释奠常祀制度得到了很好的执行,少有不按时举行的时候,安史之乱后的情形最能说明问题。因为国力衰竭,"自上元元年权停中祀已下",中祀和小祀直到贞元四年(788)才恢复。④ 作为中祀,国子监的孔庙释奠礼仪却几乎没受影响,上元元年(760)仲秋,"复祠文宣于太学"。⑤ 这一时期朝廷举行孔庙释奠礼仪的记载还有不少,例如大历二年(767)八月,"有司释奠于国学,宰臣及百官并内侍鱼朝恩同会于国子监,观讲论";三年八月,代宗"释奠于文宣王庙。礼毕,内侍鱼朝恩及宰臣文武百官咸诣国子监观讲论,有司陈馔,诏遣中使赐酒及三劝奖";贞元二年(786)二月,"有司释奠于文宣王庙,自宰臣以下毕集于国学,学官升讲座,陈五经大旨、先圣之道"。⑥

当孔庙的祭祀和维护遇到困难时,文官还自愿捐款,以保证礼仪顺利举行。例如元和十四年(819),太子少师、判国子祭酒郑余庆上奏:

> 京见任文官一品以下,九品以上,及外使兼京正员官者,每月所请料钱,请率计每贯抽一十文,以充国子监修造先师庙及诸室宇缮壁,经公廨杂用之余,益充本钱,诸色随便宜处置。臣以为应是文吏,无非孔徒,所取至微,足以资学。教化之根本,人伦之纪纲。陛下文德武功,戡乱除暴,事超历代,道冠百王。国学毁坏荒芜,盖以兵戎日久,而葺修未暇也。今寇虽涤荡,天下砥平,爰俾耆臣叨领儒职,臣兢

---

① 《旧唐书》卷二四《礼仪志四》,第 917 页。
② 《大唐开元礼》卷一《神位》,第 16 页。
③ 《大唐郊祀录》卷一〇《释奠文宣王》,第 799 页。
④ 《册府元龟》卷三四《帝王部·崇祭祀三》,南京:凤凰出版社,2006 年,第 351 页。
⑤ 《旧唐书》卷二四《礼仪志四》,第 916 页。
⑥ 《册府元龟》卷五〇《帝王部·崇儒术二》,第 534 页。

于受命，敢不肃恭。伏念旬时，莫过于此。伏望天恩便赐允许，仍令户部每月据数并以实钱付国子监。其东都留司京官，亦准数率钱，便充东都国子监修理。①

宪宗通过连年对河北藩镇用兵，重振了朝廷的势力，与此同时，财政不足的问题暴露出来，致使国子监孔庙的维护费用不足。郑余庆主张从京城文官的月俸中抽取一部分来解决这一问题，并得到了皇帝的认可。大顺元年（890），宰臣兼国子祭酒孔纬上奏："文宣王祠庙经兵火焚毁，有司释奠无所，请内外文臣各于本官料钱上，每一缗抽十文，助修国学。"②从这些例子可以看到，孔庙常祀能够长盛不衰，甚少受到政治局势、财政状况的影响，固然有帝王儒教治国的统治策略在起作用，士大夫群体对孔庙释奠礼仪的坚定支持亦是重要的支撑因素。

因为常祀制度的巩固，国子监释奠礼仪得以按时举行，其影响也就逐渐压倒了偶尔举行甚至不再举行的皇太子释奠礼仪，成为孔庙释奠礼仪的重心所在。我们注意到，《开元礼》和《政和五礼新仪》的孔庙释奠礼仪排列顺序有异：在《开元礼》中，"皇太子释奠于孔宣父"（卷五三）在"国子释奠于孔宣父"（卷五四）之前；在《政和五礼新仪》中，皇太子释奠礼仪（卷一二四、一二五）落在了国子监释奠礼仪（卷一二一）之后。这是皇太子孔庙释奠礼仪地位衰落的象征和外在反映。

其次，因为祭祀对象的深刻变动，孔庙释奠礼仪与儒家学术传统在唐前期更紧密地结合起来。长久以来，释奠礼仪以孔子为先圣、颜回为先师。关陇集团特重周公，以周公的事业来凝聚人心、显示统治合法性，史睿通过蛛丝马迹推断，在北周和隋文帝统治时期，周公取得了先圣的地位，孔子降为先师。③ 进入唐代以后，先圣先师的对象发生了反复的变化，最终孔子的先圣地位得以重新确立。武德二年（619），高祖下诏以周公为先圣、孔子为先师。贞观二年（628），尚书左仆射房玄龄、国子博士朱子奢

---

① 《册府元龟》卷六〇四《学校部·奏议三》，第6968页。
② 《唐会要》卷三五《褒崇先圣》，第640页。
③ 史睿：《北周后期至唐初礼制的变迁与学术文化的统一》，第168—169页。

对此提出了质疑：

> 武德中，诏释奠于太学，以周公为先圣，孔子配享。臣以周公、尼父，俱称圣人，庠序置奠，本缘夫子，故晋宋梁陈及隋大业故事，皆以孔子为先圣，颜回为先师，历代所行，古人通允。伏请停祭周公，升夫子为先圣，以颜回配享。①

他们通过晋、宋、梁、陈、隋等前朝故事来否定周公为先圣的制度，太宗接受了这一奏请。高宗登基后，一度恢复了以周公为先圣、孔子为先师的武德旧制，所以到了显庆二年（657），许敬宗等人上奏：

> 依令，周公为先圣，孔子为先师。又《礼记》云："始立学，释奠于先圣。"郑玄注云："若周公、孔子也。"且周公践极，功比帝王，请配武王。以孔子为先圣。②

这里的"令"是指永徽二年（651）颁布的《永徽令》。许敬宗等人的言论与房玄龄、朱子奢已有所不同，他们没有用历史来佐证以孔子为先圣、颜回为先师的合理性，而是认为，作为治统人物，周公应当在先代帝王祭祀中配享周武王，不宜作为释奠礼仪的主神。这体现了士大夫对治统庙制和道统庙制的界定。高宗同意了他们的奏请，孔子的先圣地位又一次确立，从此以后，孔子的先圣地位再也没有变过。

唐前期释奠礼仪祭祀对象的变化，还体现在从祀制度的建立上。贞观二十一年（647），太宗下诏在孔庙增加左丘明、卜子夏、公羊高、榖梁赤、伏胜、高堂生、戴圣、毛苌、孔安国、刘向、郑众、杜子春、马融、卢植、郑玄、服虔、何休、王肃、王弼、杜预、范宁、贾逵等二十二人的座次，配享孔子。这些人与颜回同是先师，也就是后来长孙无忌所说的"贞观以夫子为圣，

---

① 《唐会要》卷三五《褒崇先圣》，第635—636页。
② 《旧唐书》卷二四《礼仪志四》，第918页。

众儒为先师"。① 这是采用了郑玄对先师的解释,入围的二十二人都是传播和注释儒家经典的经师。高宗登基后,颁布了《永徽令》,以周公为先圣、孔子为先师的同时,将颜回、左丘明等人贬为从祀。② 显庆二年(657),长孙无忌等人奏请:

> 按《新礼》,孔子为先圣,颜回为先师。又准贞观二十一年,以孔子为先圣,更以左丘明等二十二人与颜回俱配尼父于太学,并为先师。今据永徽令文,改用周公为先圣,遂黜孔子为先师,颜回、左丘明并为从祀。谨按《礼记》云:"凡学,春官释奠于其先师。"郑玄注曰:"官谓诗书礼乐之官也。先师者,若《礼》有高堂生,《乐》有制氏,《诗》有毛公,《书》有伏生,可以为师者。"又《礼记》曰:"始立学,释奠于先圣。"郑玄注曰:"若周公、孔子也。"据礼为定,昭然自别,圣则非周即孔,师则偏善一经。汉魏以来,取舍各异,颜回、孔子互作先师,宣父、周公迭为先圣。求其节文,递有得失,所以贞观之末,新降纶言,依《礼记》之明文,酌康成之奥说,正孔子为先圣,加众儒为先师,永垂制于后昆,革往代之纰缪。而今新令,不详制旨,辄事刊改,遂违明诏。……左丘明之徒,见行其学,贬为从祀,亦无故事。今请改令从诏,于义为允。③

长孙无忌等人请求更改《永徽令》的规定,采取贞观二十一年诏书的标准,恢复这些经师的先师地位。这一奏请得到了高宗的认可。但是,他们的先师地位没有长久地保持下去。在开元八年(720)国子司业李元瓘的奏文中,有"谨检祠令:何休、范宁等二十二贤,犹霑从祀"的说法。④ 这里的"祠令"即《开元七年令》中的《祠令》,所以至晚开元七年,历代经师已经降至从祀的地位,颜回得以独享先师的身份。

---

① 《新唐书》卷一五《礼乐志五》,第374页。
② 《新唐书》卷一五《礼乐志五》,第374页。
③ 《唐会要》卷三五《褒崇先圣》,第636—637页。
④ 《旧唐书》卷二四《礼仪志四》,第919页。

除了颜回和子夏,孔子的其他弟子也陆续成为释奠礼仪的祭祀对象。太极元年(712),"追赠颜回为太子太师、曾参为太子太保,并配享孔子庙"。① 开元八年(720),应国子司业李元瓘的奏请,玄宗下诏:

> 颜回等十哲宜为坐像,悉令从祀,曾参大孝,德冠同列,特为塑像,坐于十哲之次,因图画七十弟子及二十二贤于庙壁上。以颜子亚圣,亲为制赞书于石,仍令当朝文士分为之赞,题其壁焉。②

于是,除了颜回、曾参、子夏外,孔子的其他弟子也进入了孔庙,成为释奠礼仪的祭祀对象。"十哲"是颜回、子骞、冉伯牛、仲弓、冉有、子路、宰我、子贡、子游和子夏,颜回同时具有先师的身份。"七十弟子"泛指十哲、曾参以外的孔子弟子。因为子夏进入十哲行列,所以"二十二贤"实际上只有二十一位经师。经过这一举措,孔子、孔子的弟子和后代经师都在孔庙中拥有一席之地,并且形成了落差:孔子的坐像为首,十哲和曾参的坐像呈两列,居于孔子的身前,庙壁是孔子的其他弟子和后代经师的画像。众所周知,宋代以前儒家学术的重心在于传经,所以,开元八年的诏令意味着这个占据主流地位的儒家学术传承序列得到了官方的承认,并且在孔庙及其释奠礼仪中直观地表现出来。从此以后,孔庙释奠礼仪成为探测儒家学术风气的晴雨表,动态地反映着由官方认定的正统思想的变化,随着后来儒学潮流的不断转换,围绕孔庙从祀人选而产生的争论在各个朝代一再出现。③

开元末年,朝廷在礼仪上对孔子的尊崇升级。开元二十七年(739),

---

① 《唐会要》卷三五《褒崇先圣》,第637页。
② 《唐会要》卷三五《褒崇先圣》,第639页。
③ 宋代以后有关孔庙从祀人选的争论及其所反映的思想变迁、政治生态等方面的情况,参见 Chu Hung-lam,"The Debate over Recognition of Wang Yang-ming,"*Harvard Journal of Asiatic Studies*,48:1 (1988),pp. 47-70;黄进兴《优入圣域:权力、信仰与正当性》,第217—299页;朱鸿林《中国近世儒学实质的思辨与习学》,北京:北京大学出版社,2005年,第37—70、312—333页;许齐雄《定义我朝真儒:薛瑄从祀孔庙始末与明代思想史的几个侧面》,《中国文化研究所学报》第47期,2007年,第93—114页。

玄宗下诏：

> 夫子既称先圣，可追谥为文宣王，令三公持节册命，其后嗣褒圣侯改封嗣文宣王。昔周公南面，夫子西坐，今位既有殊，岂宜仍旧？宜补其坠典，永作成式。其两京国子监及天下诸州，夫子南面坐，十哲等东西行列侍。①

我们可以看到，孔子地位的提升主要表现在两个方面：一是追赠孔子文宣王的爵位，孔子在孔庙释奠礼仪中的称呼也从孔宣父升格为文宣王；二是孔子的坐像从坐西朝东改为坐北朝南。显庆二年(657)朝廷恢复孔子的先圣地位后，孔子依然西坐东向，在《开元礼》中依然如此。② 至开元二十七年，孔子得以南面，直观地表现了其在孔庙中的至尊地位。诏书发布后，玄宗命令尚书右丞相裴耀卿、太子少保崔琳分别前往两京的国子监举行册礼，又"敕两京及兖州旧宅庙像宜改服衮冕。其州及县，庙宇既小，但移南面，不须改其衣服。两京乐用宫悬，春秋二仲上丁，令三公摄行事"。③ 这里有三个举措：两京和曲阜孔庙中的孔子塑像用衮冕；两京孔庙用宫悬；两京的孔庙释奠礼仪实行三公行事的方式。衮冕是帝王和上公在礼仪场合所穿的服饰，宫悬是帝王所用的乐器，可见朝廷开始部分地用帝王的规格来尊崇孔子。自贞观二十一年(647)以来，国子监的孔庙释奠礼仪采取国子祭酒初献、国子司业亚献、博士终献的形式，④开元二十六年《唐六典》颁布时，依然如此。⑤ 所谓三公行事，是指太尉承担初献的职责，这也进一步提高了礼仪规格。

因为孔子坐向的变化，孔庙神位的布局随之有所调整，特别是十哲的坐向。根据《大唐郊祀录》的记载，在国子监的孔庙中，除了孔子面南背北

---

① 《唐会要》卷三五《褒崇先圣》，第637页。
② 《大唐开元礼》卷五三《皇太子释奠于孔宣父》，第293页；卷五四《国子释奠于孔宣父》，第299页。
③ 《唐会要》卷三五《褒崇先圣》，第638页。
④ 《唐会要》卷三五《释奠》，第641页。
⑤ 《唐六典》卷四祠部郎中员外郎条，第124页。

外,"以兖公颜子配座于左而西向稍前,以闵子骞等一十一人为素像,侍坐于左右。五人居左:兖公颜子渊、赠费侯闵子骞、赠徐侯冉有、赠齐侯宰我、赠吴侯言子游。六人居右:赠成伯曾参、赠卫侯子路、赠黎侯子贡、赠魏侯子夏、赠郓侯冉伯牛、赠薛侯冉仲弓"。① 以颜回为首的十哲加曾参呈东西两行排列,颜回等五人在东边,曾参等六人在西边。虽然《大唐郊祀录》记载的是8世纪末的礼制,但是其中孔庙神位的布局就是开元二十七年(739)玄宗下诏加以改变的结果。在国子监的孔庙中,历代经师和孔子的其他弟子依然以图像的形式出现于墙壁上。

在唐前期,除了常祀制度的巩固和神位的变动外,孔庙释奠礼仪开始在州县层面展开,这进一步加强了儒家学术传统的仪式化表现力度。贞观四年(630),太宗"诏州、县学皆作孔子庙"。② 二十一年,朝廷规定了州县释奠礼仪的三献制度:"其州学,刺史为初献,上佐为亚献,博士为终献。县学,令为初献,丞为亚献,博士既无品秩,请主簿及尉通为终献。若有阙,并以次差摄。州县释奠,既请各刺史、县令亲献主祭,望准祭社,同给明衣。修附礼令,以为永则。"③不过,这些命令没有很好落实,于是到了咸亨元年(670),高宗下诏:"诸州县孔子庙堂及学馆有破坏并先来未造者,遂使生徒无肄业之所,先师阙奠祭之仪,久致飘零,深非敬本。宜令所司,速事营造。"④由此也可以推测,虽然隋朝制定了州郡释奠礼仪制度,但是效果相当可疑,高宗此举旨在使州县孔庙及其释奠礼仪真正建立起来。

咸亨元年(670)高宗下诏的效果不错,此后孔庙释奠礼仪在各地陆续建立起来。杨炯在介绍益州新都县学孔庙的来历时说道:"新都学庙堂者,奉诏之所立也。"由上下文可知,此"诏"即咸亨元年诏。⑤ 唐前期释奠礼仪在地方的展开,在边陲沙州也有充分的反映。《沙州图经》是上元

---

① 《大唐郊祀录》卷一〇《释奠文宣王》,第800页。
② 《新唐书》卷一五《礼乐志五》,第373页。
③ 《旧唐书》卷二四《礼仪志四》,第918页。
④ 《册府元龟》卷五〇《帝王部·崇儒术二》,第530页。
⑤ 杨炯:《杨炯集》卷四《大唐益州大都督府新都县学先圣庙堂碑文》,北京:中华书局,1980年,第53页。

(674—675)之后的几年内成型的,证圣元年(695)进行了修订,开元初年加入了部分内容,大历元年(766)改称《沙州都督府图经》。① 敦煌文书 P.5034 是《沙州图经》卷五的残卷,其中提到了寿昌县学:"在县城内,在西南五十步。其(中缺)堂。堂内有素先圣及先师(下缺)。"② P.2005 文书是《沙州都督府图经》卷三的残卷,记载了沙州州学和敦煌县学的情况。州学"在城内,在州西三百步。其学院内,东厢有先圣太师庙堂,堂内有素先圣及先师颜子之像。春秋二时奠祭",县学"在州学西连院。其院中,东厢有先圣先师庙堂,内有素先圣及先师颜子之像。春秋二时奠祭"。③ 此份文书虽然出自安史之乱后编订的《沙州都督府图经》,但是大部分内容沿袭自武后以来的《沙州图经》,州县释奠礼仪应该是很早就有了。这些都说明,自从高宗武后统治时期开始,孔庙释奠礼仪在各地逐渐建立起来,形成了一个巨大的网络。开元年间,州县孔庙释奠礼仪还进入了礼典,成为《开元礼》的一部分。④

虽然都是在地方上举行,但是州县孔庙释奠礼仪的性质与岳镇海渎、先代帝王等祭祀不同。岳镇海渎、先代帝王等祭祀是朝廷层面的祭祀,是以皇帝为主体的,只不过祭祀地点分布在各地,所以由所在州的官府代替皇帝举行祭祀。而州县释奠礼仪的性质是地方性的官方祭祀,主体是刺史、县令。这在祝文上有极其鲜明的反映:在《开元礼》中,五岳、四镇、四海、四渎祭祀采取"子嗣天子开元神武皇帝某谨遣某官某敢昭告于"的格式,⑤先代帝王祭祀采取"子开元神武皇帝某谨遣具官姓名敢昭告于"的格式;⑥诸州孔庙释奠礼仪祝文的格式是"子刺史具位姓名敢昭告于",诸县孔庙释奠礼仪祝文的格式是"子县令具官姓名敢昭

---

① 池田温:《沙州图经略考》,收入榎博士还历记念东洋史论丛编纂委员会编《榎博士还历记念东洋史论丛》,东京:山川出版社,1975 年,第 39—46 页。
② 池田温:《沙州图经略考》,第 86 页。
③ 池田温:《沙州图经略考》,第 69 页。
④ 《大唐开元礼》卷六九《诸州释奠于孔宣父》,第 355—357 页;卷七二《诸县释奠于孔宣父》,第 366—368 页。
⑤ 《大唐开元礼》卷三五《祭五岳四镇》,第 200 页;卷三六《祭四海四渎》,第 202 页。
⑥ 《大唐开元礼》卷五〇《有司享先代帝王》,第 284—285 页。

告于"。①

到了唐后期，朝廷已经无法像唐前期那样用行政力量来推行州县释奠礼仪，地方官府接过了这一责任，在孔庙的修葺或新建、释奠礼仪的举行上颇为用心，连武将也是如此。大历四年(769)，"幽州节度使朱希彩奏请于范阳县置涿州，仍割幽州之范阳、归义、固安三县以隶涿"。② 韦稔的《涿州新置文宣王庙碑》记载，涿州建置后，孔庙一直没有建立，到了建中初年，幽州卢龙节度观察等使刘济"视县前近里之爽垲，心规其制，口划其地，度广狭之量，平庐舍之区，发其居人，直以官俸，给以瓦木丹铁之费，匠人作徒之要，又以家财散之"。③ 我们再看常仲儒的《河中府新修文宣王庙碑》，贞元五年(789)，检校司徒兼中书令、河中节度使浑瑊因为孔庙"左廛右署，前军后府，晨暮之间，喧阗四起，非肃雍致敬之地"，于是"出退食之中财，任闲人之余力，属役如素，十旬而成"。④ 他们都是武将出身，却大力促成了州县孔庙释奠礼仪的实施，这突出地反映了社会的主流价值取向。

文人士大夫更是大力促成了晚唐州县孔庙释奠礼仪的恢复、展开。他们在地方长吏的任上，就推动州县孔庙的维护兴修和释奠礼仪的实施；不在位时，则撰文旌表这样的行为。例如，元和十年(815)柳宗元到柳州任刺史，发现"州之庙屋坏，几毁神位"，于是"大惧不任，以坠教基"，组织人力物力修缮孔庙，恢复了释奠礼仪。他还立碑撰文来纪念孔庙的竣工，将孔庙释奠礼仪的意义放在柳州从岭南蛮邦向文教社会的转变中来阐发：

> 仲尼之道，与王化远迩。惟柳州古为南夷，椎髻卉裳，攻劫斗暴，虽唐、虞之仁不能柔，秦、汉之勇不能威。至于有国，始循法度，置吏奉贡，咸若采卫，冠带宪令，进用文事。学者道尧、舜、孔子，如取诸左

---

① 《大唐开元礼》卷六九《诸州释奠于孔宣父》，第 356 页；卷七二《诸县释奠于孔宣父》，第 367 页。
② 《旧唐书》卷三九《地理志二》，第 1517 页。
③ 《全唐文》卷四八○，北京：中华书局，1983 年，第 4905 页。
④ 《全唐文》卷五三一，第 5395 页。

右,执经书,引仁义,旋辟唯诺。中州之士,时或病焉。然后知唐之德大以逮,孔氏之道尊而明。①

同年,道州刺史薛伯高择地另建文宣王庙,柳宗元应邀为孔庙的落成撰写碑文,他描述了孔庙及其释奠礼仪给道州带来的变化:"由是邑里之秀民,感道怀和,更来门下,咸愿服儒衣冠,由公训程。公摄衣登席,亲释经旨,丕谕本统。父庆其子,长励其幼,化用兴行,人无诤讼。"②

因为在州县层面深入广泛的开展,孔庙释奠礼仪有了"天下通祀"的说法。韩愈认为:

> 自天子至郡邑守长通得祀而遍天下者,唯社稷与孔子为然。而社祭土,稷祭谷,句龙与弃乃其佐享,非其专主,又其位所不屋而坛;岂如孔子用王者事,巍然当座,以门人为配,自天子而下,北面跪祭,进退诚敬,礼如亲弟子者?③

在韩愈看来,孔庙释奠礼仪在国家礼仪制度中独一无二,孔子南面而坐,门人弟子配享,而且遍及天下州县,可谓自成一体,是统治者尊崇孔子的极好体现。韩愈的观点得到了杜牧的由衷称赞:"自古称夫子者多矣,称夫子之德,莫如孟子,称夫子之尊,莫如韩吏部。"④

刘禹锡对孔庙遍及天下的现象不以为然,并且进行了激烈的批评。他考虑这一问题的出发点是"今之胶庠不闻弦歌,而室庐圮废,生徒衰少。非学官不欲振举也,病无赀财以给其用"的现状,他提出的解决方案是裁减州县释奠礼仪的费用:"罢天下县邑牲牢衣币。如有生徒,春秋依开元敕旨,用酒醴、殷修、脯脩、榛栗,示敬其事,而州府许如故仪。

---

① 《柳宗元集》卷五《柳州文宣王新修庙碑》,北京:中华书局,1979 年,第 124—125 页。
② 《柳宗元集》卷五《道州文宣王庙碑》,第 121 页。
③ 韩愈著,马其昶校注,马茂元整理:《韩昌黎文集校注》卷七《处州孔子庙碑》,上海:上海古籍出版社,1986 年,第 490 页。
④ 杜牧:《樊川文集》卷六《书处州韩吏部孔子庙碑阴》,上海:上海古籍出版社,1978 年,第 106 页。

然后籍其资,半附益所隶州,使增学校,其半率归国庠,犹不下万计。"之所以要这样,一方面是州县释奠礼仪开销巨大,浪费严重,另一方面是这一礼仪不符合礼制传统:"斯礼止于辟雍頖宫,非及天下也。今四海郡县,咸以春秋上丁,有事孔子庙,其礼不应于古,且非孔子意也。……今夫子之教日颓靡,而以非礼之祀媚之,斯儒者所宜愤悱也。"①可是,刘禹锡后来却褒赞过许州刺史杜悰重修文宣王庙的举动:"俾人向学,王化之始。便地爰相,新规郁起。庙貌斯严,堂皇有炜。秩秩礼物,祁祁胄子。入于门墙,如造阙里。春诵夏弦,载扬淑声。风于闾阎,浃于郊坰。"②他赞赏杜悰此举的原因,可能与他本人是杜悰的祖父杜佑的门生有关,更重要的还是孔庙及其释奠礼仪在州县生根发芽的趋势终究不可遏止。

州县的孔庙释奠礼仪在神位的安排上颇有不同。在《开元礼》制定的州县孔庙释奠礼仪中,只有先圣和先师的神位。③ 上文提到开元二十七年(739)朝廷规定各州孔庙"夫子南面坐,十哲等东西行列",不过,地方官府对此经常有变通,概括起来大致有三种情形。

一是有孔子、十哲和其他孔子弟子的神位。例如,大历二年(767),袁州刺史萧定重修孔庙,"改造夫子及四科之像,兼画六十二子之容。江乡土卑,垣墉多隙,以板易竹,以粉代圬,廊庑庭除,罔不毕葺,笾豆簠簋,罔不毕陈"。④ "四科"即德行、言语、政事和文学,《论语·先进》说:"德行:颜渊、闵子骞、冉伯牛、仲弓。言语:宰我、子贡。政事:冉有、季路。文学:子游、子夏。"⑤可见袁州的孔庙中有孔子、十哲的像和其他弟子的图形,没有历代经师的座次。

---

① 《刘禹锡集》卷二〇《奏记丞相府论学事》,北京:中华书局,1990年,第252—254页。所谓"春秋依开元敕旨",就是开元十一年(723)"春秋二时释奠,诸州府并停牲牢,惟用酒脯"的规定,见《唐会要》卷三五《释奠》,第642页。
② 《刘禹锡集》卷三《许州文宣王新庙碑》,第37页。
③ 《大唐开元礼》卷六九《诸州释奠于孔宣父》,第355页;卷七二《诸县释奠于孔宣父》,第366页。
④ 《文苑英华》卷八一四萧定《袁州文宣王庙记》,北京:中华书局,1966年,第4300页。
⑤ 《论语注疏》卷一一,《十三经注疏》本,北京:中华书局,1980年,第2498页。

二是只有孔子和颜回的塑像。道州刺史薛伯高认为:"夫子称门弟子颜回为庶几,其后从于陈、蔡,亦各有号。言出一时,非尽其徒也。于后失厥所谓,妄异科第,坐祀十人以为哲,岂夫子志哉?余案《月令》则曰,释奠于先圣先师,国之故也。"在元和十年(815)新建的孔庙中,他没有完全按照制度来安排神位,"乃立夫子像,配以颜氏",没有十哲、其他弟子和历代经师的座次。①

三是有一些未进入国子监孔庙的先儒成为个别州县孔庙释奠礼仪的祭祀对象。元和十五年(820),处州刺史李繁"既新作孔子庙,又令工改为颜子至子夏十人像,其余六十子,及后大儒公羊高左丘明孟轲荀况伏生毛公韩生董生高堂生扬雄郑玄等数十人,皆图之壁"。② 孟子、荀子、扬雄在北宋后期由国家钦定进入孔庙,董仲舒更是到了元代才成为从祀对象,处州孔庙却早在晚唐就已经有这些儒生的图像了。在有些州县孔庙中,还有个别有功于地方文教事业的士人从祀其中。如常衮担任福建观察使期间,极大地推动了当地的文明教化,"始,闽人未知学,衮至,为设乡校,使作为文章,亲加讲导,与为客主钧礼,观游燕飨与焉,由是俗一变,岁贡士与内州等",所以他去世后,"闽人春秋配享衮于学官"。③ 这些都体现了地方官府在孔庙释奠礼仪上的自主性,与其地方性官方祭祀的性质是吻合的,同时,这也说明了儒家学术传统的仪式化呈现在各地的差异。

二、释奠礼仪在五礼之中归属的固定

汉代建立后,学术以今文经学为正统,在礼学领域的表现就是以《仪礼》为经,两汉的礼仪制度也就以《仪礼》为基本框架。因为《仪礼》在本质上是士大夫之礼,与大一统帝国的礼制要求有一定的差距,所以汉朝将这些士大夫礼仪推演应用到皇帝身上建立国家礼仪时,不能不对此有所超

---

① 《柳宗元集》卷五《道州文宣王庙碑》,第122页。
② 《韩昌黎文集校注》卷七《处州孔子庙碑》,第491页。
③ 《新唐书》卷一五〇《常衮传》,第4810页。

越。后来,随着《周礼》地位的上升,国家礼仪体系发生了转折性的变化,从西晋开始,《周礼》中的五礼制度成为国家礼仪制度的基本框架,各种国家礼仪归为吉礼、凶礼、宾礼、军礼和嘉礼五类,这一礼仪格局一直维持到帝制时代结束。①

在五礼制度建立后相当长一段时间内,释奠礼仪在其中的位置很模糊。例如在晋代,释奠礼仪既属于吉礼,又属于嘉礼,在嘉礼部分,释奠礼仪的内容紧随于养老礼仪和乡饮酒礼之后。② 在《周礼·春官·大宗伯》中,吉礼是各种制度化的祭祀礼仪的集合,主要用来体现人神关系;嘉礼之下是各种欢庆礼仪,主要用来展示人间权力关系。五礼体系制度化以后,吉礼与嘉礼的界限的确有过不太明确的时候,例如婚冠礼仪一度属于吉礼,最终还是成为嘉礼。③ 相比之下,释奠礼仪在五礼之中归属的不明确性更为突出。在《宋书·礼志》中,因为记述混乱,释奠礼仪属于哪种礼仪没有明确的说法,但是仍然与养老礼仪、乡饮酒礼一起记载,④鉴于养老礼仪和乡饮酒礼一直是嘉礼,所以释奠礼仪很有可能也是嘉礼。前文引用过《隋书·礼仪志》中的"隋制,国子寺,每岁以四仲月上丁,释奠于先圣先师。年别一行乡饮酒礼。州郡学则以春秋仲月释奠。州郡县亦每年于学一行乡饮酒礼"的记载,在《隋志》中,释奠礼仪属于嘉礼,与乡饮酒礼行文交错。记录梁、陈、北齐、北周和隋代典章制度的《隋志》,提到了梁、北齐、隋的释奠制度,因为史料不足,我们无法确定释奠礼仪在这三朝或五朝是否都属于嘉礼,但是至少不能排除这一可能。另外,《隋志》的这种记载方式可能反映了修史时期的情形,即唐代贞观前期的释奠礼仪仍然属于嘉礼。贞观二年(628),唐太宗在诏书中提到:"释菜合乐之仪,东胶西序之制,养老之义,遗文可睹。"⑤这

---

① 梁满仓:《魏晋南北朝五礼制度考论》,北京:社会科学文献出版社,2009年,第126—146页。
② 《晋书》卷一九《礼志上》,第599页;卷二一《礼志下》,第670—671页。
③ 梁满仓:《魏晋南北朝五礼制度考论》,第135—136页。
④ 《宋书》卷一四《礼志一》,北京:中华书局,1974年,第367—368页。
⑤ 《旧唐书》卷二《太宗纪上》,第35页。

里的"释菜"就是释奠礼仪。① 可以看到,唐初释奠礼仪与养老礼仪依然有密切的关系,此时的释奠礼仪很有可能还是嘉礼。

在儒家经典中,释奠礼仪与养老礼仪、乡饮酒礼有很强的亲缘关系。这三种礼仪都是在学校举行的,目的都是教化臣民。释奠礼仪和养老礼仪在国都的学校中举行,《礼记·祭义》:"食三老五更于太学,所以教诸侯之弟也。祀先贤于西学,所以教诸侯之德也。"②乡饮酒礼行于乡学,表达的意涵与养老礼仪大体相同。桂小兰指出,乡饮酒礼是吸收了养老礼仪的因素并充实了新的礼仪内容而形成的。③ 帝制时代的释奠礼仪建立前,孔子祭祀以犬为牲。东汉永兴元年(153)的《孔庙置守庙百石孔龢碑》记载了前鲁国相乙瑛的奏文:"请置百石卒史一人,典主守庙,春秋飨礼,财出王家钱,给犬酒直,须报。"④从"给犬酒直"一词看出,此时孔庙祭祀的牲牢是犬。《续汉书·礼乐志》"郡、县、道行乡饮酒于学校,皆祀圣师周公、孔子,牲以犬"的记载,⑤表明东汉乡饮酒礼的祭孔部分也是以犬为牲的。

---

① 在整个唐代以及北宋的大部分时间里,只有释奠礼仪,没有释菜礼仪,这一时期文献中经常出现的"释菜"即释奠礼仪。《旧唐书》卷三《太宗纪下》,第 59 页:"〔贞观二十一年二月〕丁丑,皇太子于国学释奠。"此事在《资治通鉴》(北京:中华书局,1956 年)卷一九八贞观二十一年二月丁丑条记为:"太子释奠于国学。"(第 6245 页)又如,《旧唐书》卷八六《孝敬皇帝李弘传》,第 2829 页:"总章元年二月,亲释奠司成馆。"而《旧唐书》卷五《高宗纪二》将此事记作:"〔总章元年二月〕癸未,皇太子释奠于国学。"(第 91 页)这说明,"释奠"与"释菜"在唐代往往是可以相互替换的。在唐代和北宋文人的笔下,"释菜"一词也不时出现。独孤及著,刘鹏、李桃校注:《毗陵集校注》(沈阳:辽海出版社,2006 年)卷九《福州都督府新学碑铭》,第 210 页:"每岁二月上丁,习舞释菜。……八月上丁如初礼。"《刘禹锡集》卷三《许州文宣王新庙碑》,第 36 页:"八月上丁,释菜于宣父之室。"余靖:《武溪集》(《宋集珍本丛刊》第 3 册,北京:线装书局,2004 年)卷六《浔州新成州学记》,第 213 页:"庙学既成,明年仲春,行释菜之仪。"这些引文中的"释菜"显然就是释奠之意。帝制时代的释奠礼仪建立于北宋后期:"〔宋神宗〕诏太常寺修四孟释菜仪。……《新仪》成,以孟春元日释菜,仲春、仲秋上丁日释奠。"见《宋史》卷一〇五《礼志八》,北京:中华书局,1977 年,第 2549、2551 页。
② 《礼记正义》卷四八,第 1600 页。
③ 桂小兰:《古代中国の犬文化——食用と祭祀を中心に》,吹田:大阪大学出版会,2005 年,第 52—54 页。
④ 洪适:《隶释》卷一,北京:中华书局,1985 年,第 18 页。
⑤ 《续汉书·礼乐志上》,收入《后汉书》,北京:中华书局,1965 年,第 3108 页。

以犬为牲是养老礼仪和乡饮酒礼的传统。① 从前引魏晋时期释奠礼仪的记载可以看到,这一礼仪使用太牢,即牛羊豕各一,这说明此时释奠礼仪在一定程度上拉开了与养老礼仪、乡饮酒礼的距离,并从一个侧面证明释奠礼仪确实是成型于魏晋时期。但是从总体上看,直至唐初,释奠礼仪与这两种礼仪的关系仍然十分密切,所以在五礼制度中也就更偏向于嘉礼。

到了唐代,释奠礼仪与养老礼仪、乡饮酒礼逐渐疏远。尽管帝制时代有不少优待老人的政策,但是以三老五更为对象的养老礼仪趋于消失,清代学者秦蕙田说:"后世举视学养老之典者,惟后汉及魏与后魏及周。"②距唐代最近的北周保定三年(563)的养老礼仪是这样进行的:

> 三年四月,诏曰:"树以元首,主乎教化,率民孝悌,置之仁寿。是以古先明后,咸若斯典,立三老五更,躬自袒割。朕以眇身,处兹南面,何敢遗此黄发,不加尊敬。太傅、燕国公谨,执德淳固,为国元老,馈以乞言,朝野所属。可为三老,有司具礼,择日以闻。"谨上表固辞,诏答不许。又赐延年杖。高祖幸太学以食之。三老入门,皇帝迎拜门屏之间,三老答拜。有司设三老席于中楹,南向。太师、晋国公护升阶,设几于席。三老升席,南面凭几而坐,以师道自居。大司寇、楚国公宁升阶,正舄。皇帝升阶,立于斧扆之前,西面。有司进馔,皇帝跪设酱豆,亲自袒割。三老食讫,皇帝又亲跪授爵以酳。有司撤讫。皇帝北面立而访道。三老乃起立于席后。皇帝曰:"猥当天下重任,自惟不才,不知政治之要,公其诲之。"三老答曰:"木受绳则正,后从谏则圣。自古明王圣主,皆虚心纳谏,以知得失,天下乃安。唯陛下念之。"又曰:"为国之本,在乎忠信。是以古人云去食去兵,信不可失。国家兴废,莫不由之。愿陛下守而勿失。"又曰:"治国之道,必须

---

① 桂小兰:《古代中国の犬文化——食用と祭祀を中心に》,第52—59页;胡新生:《乡饮酒礼与食犬风俗——〈仪礼〉酒会用牲制度的地域特征和文化渊源》,《文史哲》2009年第5期,第34—48页。
② 秦蕙田:《五礼通考》卷一七六《嘉礼四九》,《景印文渊阁四库全书》第139册,台北:台湾商务印书馆,1983年,第240页。

有法。法者，国之纲纪。纲纪不可不正，所正在于赏罚。若有功必赏，有罪必罚，则有善者日益，为恶者日止。若有功不赏，有罪不罚，则天下善恶不分，下民无所措其手足矣。"又曰："言行者立身之基，言出行随，诚宜相顾。愿陛下三思而言，九虑而行。若不思不虑，必有过失。天子之过，事无大小，如日月之蚀，莫不知者。愿陛下慎之。"三老言毕，皇帝再拜受之，三老答拜焉。礼成而出。①

在这一礼仪中，先是皇帝迎拜三老，三老答拜；升席后，三老面南而坐；皇帝对三老的服侍，与《礼记·祭义》"食三老五更于太学，天子袒而割牲，执酱而馈，执爵而酳，冕而总干"的描述大体一致；②用完酒食之后，皇帝向三老问道；最后是皇帝的再拜与三老的答拜。在唐代，随着皇权的强化，这样的礼仪恐怕失去了现实的可操作性。同时我们看到，乡饮酒礼虽然在唐代进入了国家礼典，但是正齿位的功能消失了，变成了地方向朝廷举荐贡生的礼仪。③

随着养老礼仪的形同虚设、乡饮酒礼与释奠礼仪的功能截然分开，释奠礼仪与嘉礼的关系走到了尽头。贞观二十一年（647），许敬宗指出："凡在小神，犹皆遣使行礼，释奠既准中祀，据理必须禀命。"④此时，释奠礼仪是"准中祀"。而在显庆年间修订过的《永徽祠令》中，释奠礼仪是中祀。⑤正如本书第二章所言，大祀、中祀和小祀制度是针对吉礼而言的，所以释奠礼仪应当是在 7 世纪中叶成为吉礼的。释奠礼仪在本质上就是祭祀礼仪，进入吉礼体系合情合理。从此以后，释奠礼仪一直属于吉礼。不惟如此，释奠礼仪还成为吉礼体系中单独的一类。在唐前期，随着常祀制度的巩固、从祀神位的建立、州县释奠礼仪的落实，孔庙释奠礼仪的内容更加

---

① 《周书》卷一五《于谨传》，第 249—250 页。
② 《礼记正义》卷四八，第 1600 页。
③ 游自勇：《汉唐时期"乡饮酒"礼制化考论》，《汉学研究》第 22 卷第 2 期，2004 年，第 261—266 页。
④ 《旧唐书》卷二四《礼仪志四》，第 918 页。
⑤ 荣新江、史睿：《俄藏敦煌写本〈唐令〉残卷（Дx. 3558）考释》，《敦煌学辑刊》1999 年第 1 期，第 5 页。

丰富,规模不断扩大,功能也有别于其他祭祀礼仪。开元十九年(731),朝廷还建立了武庙释奠礼仪。因为上面这些因素的作用,吉礼之中多了释奠先圣先师的类别,并且长期得到了遵循。

三、孔庙释奠礼仪在北宋地方社会的深入展开

唐末五代政局动荡,礼仪制度也不可避免地受到了影响,但是依然有州县孔庙创立或翻修的实例。天圣五年(1027),文彦博出任绛州翼城知县,到任后,赴孔庙"伸祠谒之礼",完成仪式后,"立于庑下,观其石记,即后唐长兴三年创是庙也"。尽管此时已是"岁月滋久,庙貌弗严,屋瓦皆毁,梁木其坏,上不庇于风雨,下不容于俎豆",但是至少说明孔庙及其释奠礼仪在五代并不是完全被忽视。① 韩琦在《定州新建州学记》中提到:

> 阅旧记,始唐大中末,州帅卢公简求以庙本会昌所废天祐佛祠,其制犹若浮屠氏所居,乃更而大。至天祐中王公处直、本朝开宝中祁公廷义、祥符初李公允正,皆能于兵寇之余,因其极废而复兴焉。②

可以看到,定州的州学和孔庙在唐末五代经过两次修整。卢简求是文人出身,长庆元年(821)进士及第,先后任泾原渭武、义武军、凤翔陇西、河东等四个藩镇的节度使,其中大中十一年(857)"迁检校工部尚书、定州刺史、御史大夫、义武军节度、北平军等使"。③ 王处直是军人出身,在五代长期担任义武军节度使,后被养子王都所杀。④ 尽管卢简求、王处直的出身

---

① 文彦博:《文潞公文集》卷一二《绛州翼城县新修至圣文宣王庙碑记》,《宋集珍本丛刊》第 5 册,北京:线装书局,2004 年,第 333 页。
② 韩琦:《安阳集》卷二一《定州新建州学记》,《宋集珍本丛刊》第 6 册,北京:线装书局,2004 年,第 484 页。
③ 《旧唐书》卷一六三《卢简求传》,第 4271—4272 页。按,义武军是建中三年(782)易定度改名而来的,参见《旧唐书》卷一二《德宗纪上》,第 333 页。
④ 《新五代史》卷三九《王处直传》,北京:中华书局,1974 年,第 419—422 页。

迥然有别,但却都为定州孔庙的修建作出了贡献,这充分说明,州县孔庙及其祭祀对地方社会的意义在如此乱世依然得到了共鸣。此外,舒州亦有在南唐新建孔庙的记载。①

到了北宋,士大夫对州县孔庙的新建和重修给予了更多的关注,所以州县孔庙的碑文数量远远超过了唐代。这些碑文可以帮助我们了解北宋州县孔庙释奠礼仪的实行情况。我们先来看一下北宋孔庙的修建情况。虽然从唐高宗统治时期开始州县孔庙的兴建颇有成效,但是仍有一些州县没有孔庙,前面提到过的绛州翼城县文宣王庙就是在后唐建立的。北宋政权建立后,福州仍没有建立孔庙,"自五代钱吴越王专制甄治,分子弟以莅之,乃作新宫,号为使学。本朝太平兴国中,转运使杨公克让始立孔子庙,以奠春秋"。② 江宁府溧阳县也是如此,"国初,县学未设。淳化五年,县令夏侯戬建宣圣庙于县西门外"。③ 秀州崇德县孔庙的建立,更是到了北宋后期:"元丰八年,括苍吴君伯举为是邑也,始为之筑宫庙以祠孔子。"④

不过,因为大多数州县已有孔庙,所以一个行政区划内从无到有新建孔庙的实例还是少数,大多数的情况是翻修、扩建或迁址。前后两次动工的时间相隔通常较长,以五十年左右居多。司马光为嘉祐元年(1056)闻喜县孔庙重修完毕而撰写了碑文,其中提到:"县有孔子庙,咸平中,武吏慈释回修之,尉李垂为之记。"⑤县尉李垂的记文仍然能够找到,全名为《解州闻喜县增修夫子庙记》,据记载,咸平四年(1001),右班殿直、知县事兼

---

① 徐铉著,李振中校注:《徐铉集校注》卷一二《舒州新建文宣王庙碑序》,北京:中华书局,2018年,第647页。
② 蔡襄:《蔡忠惠集》卷二八《福州修庙学记》,收入《蔡襄集》,上海:上海古籍出版社,1983年,第492页。
③ 周应合:《景定建康志》卷三〇《置县学》,收入《宋元方志丛刊》,北京:中华书局,1990年,第1843页。
④ 沈括:《沈括全集》卷一二《秀州崇德县建学记》,杭州:浙江大学出版社,2011年,第82页。
⑤ 司马光:《温国文正公文集》卷六六《闻喜县重修至圣文宣王庙记》,《儒藏精华编》第210册,2011年,第935页。

兵马监押、在城巡检慈释回扩建了文宣王庙。① 两次兴修隔了五十多年。再如，由张俞的《郫县文宣王庙记》得知，庆历五年（1045），郫县知县冯沉对孔庙进行了整修："郫县故有文宣王庙，久坏不治。庆历五年，殿中丞知县事长乐冯君善于治民，谓庙堂之设，教化所系，遑遑如不及，乃治而新之。栋宇像貌，尊严甚厉。邑之士民，莫不肃向。"②近半个世纪后迁至新址。根据张俞的后人张楚民所撰《郫县移建学记》的记载，"旧有庙学，居廛之隅。庆历中，殿中丞冯君沉始兴作之，楚民先君尝纪其事。逮今五十年，褊迫倾颓"，当地士人虽然屡屡请命，要求修缮孔庙，却一直未果，直到杨汉良任知县后，才实现了孔庙的迁徙新建。③ 又如，根据曾宏《元氏新建县学记》的记载，庆历末年，元氏县令田照邻对孔庙进行了修葺。④ 元祐五年（1090），在乡人承议郎郑士宗、殿直学士裴士廉的倡议下，元氏县的孔庙得到了重建，曹景《元氏县重建庙学记》："元氏之有学，始营于田君照邻，在县之西北隅。观其作室之制，与夫庙貌之饰，究之以礼，陋而不典，是以其道郁而不发。岁月浸久，弊坏穷蹙，遂使先圣之居索然秽寂，而无尊奉之敬。"⑤从庆历末年至元祐五年，此地的孔庙没有进行过翻修和改建，如此算来，间隔也超过了四十年。

通过上面这些例子可以看到，州县孔庙往往年久失修，两次修葺的间隔通常很长。修缮孔庙的动力主要来自地方官员和社会贤达。没有地方长官的支持，孔庙的兴修是无法实现的。即使有朝廷的命令，在实施过程中，效果也往往视地方长吏的贯彻力度而定。例如庆历四年（1044），在范仲淹等人的努力下，仁宗下诏，命令各州县皆须立学：

> 儒者通天、地、人之理，明古今治乱之原，可谓博矣。然学者不得

---

① 胡聘之：《山右石刻丛编》卷一三，《石刻史料新编》第 1 辑第 20 册，台北：新文丰出版公司，1982 年，第 15226—15227 页。
② 袁说友等：《成都文类》卷三一，北京：中华书局，2011 年，第 608 页。
③ 《成都文类》卷三一，第 611 页。
④ 沈㴦：《常山贞石志》卷一二，《石刻史料新编》第 1 辑第 18 册，台北：新文丰出版公司，1982 年，第 13362 页。
⑤ 《常山贞石志》卷一二，第 13370 页。

骋其说,而有司务先声病章句以拘牵之,则吾豪隽奇伟之士,何以奋焉?士有纯明朴茂之美,而无教学养成之法,使与不肖并进,则夫懿德敏行,何以见焉?此取士之甚敝,而学者自以为患。夫遇人以薄者,不可责其厚也。今朕建学兴善,以尊子大夫之行;更制革敝,以尽学者之才。有司其务严训导、精察举,以称朕意。学者其进德修业,无失其时。其令州若县皆立学,本道使者选部属官为教授,员不足,取于乡里宿学有道业者。①

但是,实际效果并不理想,无论是地方官学,还是与其紧密相连的州县孔庙,都是如此。一方面,随着范仲淹离开朝廷赴西北上任,新政逐渐停顿下来;另一方面,地方的执行力度不一。一些州县忠实地执行了兴学政策,例如庆历五年,饶州知州张某到任后不久,就开始关注州学和孔庙的兴修,他对下属说:"今天子思得贤俊,基固太平,诏启黉校,以广声教,郡国当以新书从事,庸副上意。"他随即将此事付诸实践:"先是,郡先圣祠宫栋干隳剥,前守亦尝相土而未遑缔构也。君于是即其基于东湖之北偏而经营之。"此举得到了当地士人的支持和帮助,新的州学和孔庙于次年完工。② 但是,不少州县长官采取了抵制或投机的态度。韩琦说:"上之二十有二年,图讲万化,益究元本,思迹三代所治之道,以仁寿其民,始诏州郡皆立学,差赋以田,俾资其用。守臣从风,竞自崇饰,冀有以副天子首善之意。而定处北边,承诏者不知其本,以谓用武之地,学非吾事也,独慢而寝焉。"直到韩琦担任知州前,定州孔庙"以巨材坚壮,不能摧挠,而上覆穿敝,泄落风雨,升降荐献,仅无所容"。③ 曾宏在《元氏新建县学记》中指出:"庆历初,天下晏然,台阁多当世豪杰。上访下议,欲使民尽登道义之域。于是益建太学于东都,复诏郡县,皆自立学。士限日肄业,然后应试于有司。时州将邑长,人人以教育为己职。兴创未备,会朝廷虑士或迫于耕养,则不能奉诏,遂罢限日之式。当治者不原其意,以为前制

---

① 《宋史》卷一五七《选举志三》,第 3658—3659 页。
② 《武溪集》卷六《饶州新建州学记》,第 214 页。
③ 《安阳集》卷二一《定州新建州学记》,第 483—484 页。

变弛,一切不复问。"元氏县孔庙也没有受益于朝廷的兴学政策,"像貌仅存,而隘且陋"。① 所以,州县孔庙的修缮往往依赖于有责任心的地方长吏。

较之唐代,北宋的社会贤达对州县孔庙的整修、释奠礼仪的开展起到了更大的作用。这些不在官位的士人在州学、县学的建设中非常活跃,② 与学校密切相关的孔庙的兴建修缮也往往需要他们的支持。天圣八年(1030),翼城县新建的孔庙已具规模,但是塑像迟迟未能树立,"邑人张会元以文行称于乡曲,累举进士,败于垂成,运舛事违,退而讲授。一日,睹新庙之既成,以殊像之未备,乃率其徒,躬营其事"。③ 在庆历五年(1045)饶州孔庙的筹建过程中,"郡之秀民闻是谋者,争出家以助其费"。④ 溧阳县孔庙"旧处其县西偏,既隘且敝",皇祐四年(1052),"县宰、太子中舍查侯尝议欲迁之邑东南隅,重役民而未果。居一日,邑民相与为请,愿献其地合材而迁之"。⑤ 郭灝《清平军重修夫子庙碑铭》记载,清平军的孔庙破败不堪,到了嘉祐五年(1060),因为丁忧而身居乡里的虞曹员外郎张仲宣"率乡间间好善者数十人,同心协力,输财出缗,得资若干数,尚未周用,则以私财足之。且白于军使程公库部,得丁夫官匠以佑其工,命兵校公胥以督其役。开基托地,朝经暮营,曾未累月,缔构已完"。⑥ 嘉祐六年高堂县孔庙的新建,也得益于县里的士人"各率私钱,以助公费"。⑦ 据章惇《京兆府蓝田县重修孔子庙记》,嘉祐八年,蓝田县的孔庙"迫陋不足以行礼,像器服冠,不应法度",县里"诸生闻而自陈,愿奉所有以供费"。⑧

州县孔庙的新建、整修和迁址,是北宋地方社会的大事,因此时常由

---

① 《常山贞石志》卷一二,第13362页。
② 川上恭司:《宋代の都市と教育——州县学を中心に》,收入梅原郁编《中国近世の都市と文化》,京都:京都大学人文科学研究所,1984年,第361—375页。
③ 《文潞公文集》卷一二《绛州翼城县新修至圣文宣王庙碑记》,第333页。
④ 《武溪集》卷六《饶州新建州学记》,第214页。
⑤ 《景定建康志》卷三〇《置县学》,第1843页。
⑥ 曹懋坚:《章邱县志》卷一四,《石刻史料新编》第3辑第25册,台北:新文丰出版公司,1986年,第456页。
⑦ 王安礼:《王魏公集》卷六《高唐县学记》,《景印文渊阁四库全书》第1100册,台北:台湾商务印书馆,1983年,第63页。
⑧ 吕懋勋:《陕西省蓝田县志》卷一一,台北:成文出版社,1969年,第549页。

州县长官或乡贤撰写碑文以示纪念。通过这些文献可以看到，北宋士大夫对州县释奠礼仪的尊孔功能有不同的认识，这与唐代的情形相似。有人认同韩愈对孔庙释奠礼仪"天下通祀"的赞叹。王禹偁认为："至述先师之道，则孟轲所谓：'生民以来，未有如夫子者。'其功不在舜、禹下。韩吏部曰：'天下通祀者三，唯社、稷与夫子庙。'某敢轻议哉？"①李垂在《解州闻喜县增修夫子庙记》中表示："韩愈谓，夫子与句龙之弃，其贵者以德，故社坛而夫子屋。世或推程浩，以天地、日月、江海喻之，广之明之，大而又过诸。垂且蒙者，敢撰夫子在，则举愈而错浩矣。杜牧曰，尊夫子者孟轲，贵夫子者韩愈。垂谓，致飨者怀德，明道者授福，功至于无穷，思之哉，祀之哉，庶轲、愈之绍焉。"②尹洙也说："唐韩文公所谓郡县通祀，孔子与社稷者也。自五代乱，祠官所领，在郡邑者颇废坠不举，间或增祀，率淫妄不经，独孔子、社稷，其奠祭器币莫之能益损，真所谓通祀哉。"③

另有一些士人对此不以为然。沈括认为："韩退之为《处州孔子庙碑》曰：'自天子而下得通祀而遍天下者，惟社稷与孔子。然其祀事皆无如孔子之盛。所谓生民以来未有如孔子者，此其效欤。'予常以谓退之失言。祀事之盛衰，其得失在后世，孔子何与焉。使孔子无一豚肩之享于墟墦之间，何损其为圣人。"④王安石不满于"事先师先圣于学而无庙，古也。近世之法，庙事孔子而无学"的现状，认为这是本末倒置，极力主张通过复兴官学来宣扬孔子的学说，他对韩愈的说法持批判态度："或者以谓孔子百世师，通天下州邑为之庙，此其所以报且尊荣之。夫圣人与天地同其德，天地之大，万物无可称德，故其祀质而已，无文也。通州邑庙事之，而可以称圣人之德乎？则古之事先圣，何为而不然也？宋因近世之法而无能改。"⑤

---

① 王禹偁：《王黄州小畜集》卷一七《黄州重修文宣王庙壁记》，《宋集珍本丛刊》第1册，北京：线装书局，2004年，第645页。
② 《山右石刻丛编》卷一三，第15227页。
③ 尹洙：《河南先生文集》卷四《巩县孔子庙记》，《宋集珍本丛刊》第3册，北京：线装书局，2004年，第360页。
④ 《沈括全集》卷一二《秀州崇德县建学记》，第82页。
⑤ 王安石：《临川先生文集》卷八二《繁昌县学记》，上海：中华书局上海编辑所，1959年，第863页。

相形之下，州县孔庙释奠礼仪的教化功能在北宋士人的笔下得到了一致的肯定。王禹偁认为："俎豆之事修矣，礼乐之道兴矣。"①李毅《太原府寿阳县新修学记》："邑旧有孔子庙，岁久圮陋，不蔽风雨。春秋释奠，唯邑官行礼，无学者以相。张君顾而叹曰：'欲划涤故习而变其俗，此其本也。'始有意辟而新之。"②有意思的是，尹洙和沈括对韩愈的孔庙释奠礼仪"天下通祀"的观点持不同的见解，但是都认为这一礼仪有助于提高地方社会的知识和道德水准。支持韩愈观点的尹洙说："巩为西畿剧县，能尊先圣以励学者，则他邑之兴学从善，又当自巩而始耳，不失著令通祀之典。"③反对韩愈观点的沈括如此描述元祐二年（1087）杭州孔庙释奠礼仪的情景及其对当地社会的影响："州人相携，遮道拥观，旗纛过路，途不容跬。排躏争进，襁提相先。莫不嗟咨垂涎，知先王之道尊重崇显，礼义可慕，货利可耻。父以告其子，长者归以告其少者。儿童群戏，罗列豆笾，缨冠秉枚，效其拜俯。道之以善，其顺且易入，由此可见矣，况其有以劝之也。"④

在北宋州县孔庙释奠礼仪的实施过程中，有遵守制度规定的一面，例如仪式都是在春秋二仲举行。丁宝臣《嵊县旧学记》："县令而下与诸学者，春秋释奠之事，朔望朝谒之礼，于是乎在。"⑤毛维瞻在《处州缙云县新修文宣王庙记》中提到，庆历四年（1044）择地另建文宣王庙前，"每春秋释奠，外无廊垣障庇，羊豕之迹交于庭"。⑥尽管这一记载的重点在于说明缙云县孔庙的恶劣条件，但是也从一个侧面透露出春秋二仲释奠的制度得到了遵行。并州的文宣王庙一度也是空间狭隘，"官与学生执事者，不能遍列于庭，半立庙门之外"，但是依然"二时释奠，三献从祀"。⑦ 在李曼的

---

① 《王黄州小畜集》卷一六《昆山县新修文宣王庙记》，第637页。
② 陆耀遹：《金石续编》卷一六，《石刻史料新编》第1辑第5册，台北：新文丰出版公司，1982年，第3357页。
③ 《河南先生文集》卷四《巩县孔子庙记》，第360页。
④ 《沈括全集》卷一二《杭州新作州学记》，第85页。
⑤ 杜春生：《越中金石记》卷四，《石刻史料新编》第2辑第10册，台北：新文丰出版公司，1979年，第7193页。
⑥ 李遇孙：《括苍金石志》卷三，《石刻史料新编》第1辑第15册，台北：新文丰出版公司，1982年，第11317页。
⑦ 《安阳集》卷二一《并州新修庙学记》，第485页。

《移建孔子庙记》中,我们看到绍圣元年(1094)移建之前洪雅县孔庙祭祀的情形:"岁每春秋二丁,有司征廉幕,敛筦筆,以障陋籍湿,供祭奠之事,苟以应令。"①虽然不乏敷衍行事的因素,但是每年两次的释奠礼仪基本上得到了执行。

三献制度在北宋的实行状况也还算不错。在五代宋初的州县孔庙释奠礼仪中,三献制度一度没有很好地落实,所以景德四年(1007),户部员外郎、直集贤院、判太常礼院李维上奏:"天下祭社稷、释奠,长吏多不亲行事,及阙三献之礼,甚非为民祈福、尊师设教之意也。望令礼官申明旧典。"有司上言:"按《五礼精义》,州县春秋二仲月上丁释奠,并刺史、县令为初献,上佐、县丞为亚献,州博士、县簿尉为终献,若有故,以次官通摄。又云祭社稷与释奠同,牲用少牢,礼行三献,致斋三日。今请悉如故事。"真宗批准了这一建议。② 此后,三献制度得到了较好的执行。前引韩琦《并州新修庙学记》已经提及并州的释奠礼仪实行了三献制度。又如,田矩《新建庙学记》:"合僚属诸生告于宣圣,行三献礼。"③《淳熙三山志》有这样的记载:"唐制,县学立孔子庙,释奠以令、丞、主簿若尉为三献。本州唐以前诸邑,故行之矣。巢寇之后,毁废殆尽,皇朝始渐建庙。景德中,诏定县令、丞、主簿三献之礼。是时令之贤有才者间请于郡自建学,然作者尚寡。"④虽然没有明说,这条史料还是从字里行间透露出景德四年后三山县的孔庙释奠礼仪执行了三献制度的讯息。

在北宋,州县孔庙释奠礼仪依然有灵活多样的一面,尤其是神位的安排可谓五花八门。例如,在庆历元年(1041)的福州孔庙中,"设孔子与其徒高第者十人像,又绘六十子及先儒以业传于世者,皆传之壁"。⑤"先儒

---

① 张可述:《四川省洪雅县志》卷五,《天一阁藏明代方志选刊》第20册,台北:新文丰出版公司,1985年,第271页。
② 《续资治通鉴长编》卷六五景德四年四月甲戌条,北京:中华书局,1979年,第1451页。
③ 许来音:《深泽县志》卷一〇,《稀见中国地方志汇刊》第2册,北京:中国书店,1992年,第212页。
④ 梁克家:《淳熙三山志》卷九《诸县庙学》,收入《宋元方志丛刊》,北京:中华书局,1990年,第7871页。
⑤ 《蔡忠惠集》卷二八《福州修庙学记》,第493页。

以业传于世者"即历代经师。据毛维瞻的《处州缙云县新修文宣王庙记》，在庆历四年修建的缙云县孔庙中，"僦工塑夫子容貌及十哲之像于左右，冠冕服章，咸有秩数。其余六十二子皆图于壁"。① 通过丁宝臣撰写的《嵊县旧学记》可以知道，在庆历八年嵊县的孔庙中，"塑孔子像，与门人之高弟者十人，配坐左右"。② 而在很长一段时间内，繁昌县"旧虽有孔子庙，而庳下不完。又其门人之像，惟颜子一人而已"。③ 以上这些州县孔庙的从祀对象皆不相同，但又都是在朝廷制定的国子监孔庙从祀名单内择取的。

此外，国子监孔庙从祀名单之外的某些先贤也被纳入州县孔庙释奠礼仪中。柳开如此描述太平兴国八年(983)重修后润州孔庙的神位布置："自颜子及孟子已下门人大儒之像各塑缋，配享于座。"④孟子配享国子监孔庙是在元丰七年(1084)，但是在一百年前的润州孔庙中就已经有其神位了。在嘉祐元年(1056)建立的连江县孔庙中，"以颜渊、曾参而下十人配享，七十二弟子及传经左氏、公、穀、孟、荀、韩、扬、王通之徒从祀。以闽之文武始于常衮、欧阳詹，亦图于壁，可瞻可像"。⑤ 除了十哲、七十弟子、左丘明、公羊高、穀梁赤，连江县孔庙的从祀对象还包括孟子、荀子、韩愈、扬雄、王通、常衮、欧阳詹。荀子、韩愈、扬雄与孟子一样，都是在元丰七年获得从祀国子监孔庙的资格，王通入祀孔庙的时间更是迟至嘉靖九年(1530)。正如前文所说，常衮对福建的文教事业功勋卓著，配享福建的孔庙。欧阳詹是常衮的门生，常衮担任福建观察使期间，"始择县乡秀民能文辞者，与为宾主钩礼，观游飨集必与，里人矜耀，故其俗稍相劝仕"，欧阳詹受到了常衮的赏识，考中了进士，"闽人第进士，自詹始"。⑥ 作为福建文教事业的先驱，常衮、欧阳詹在连江县的孔庙中受人祭祀，州县孔庙不时显现的地方色彩在这个例子中得到了淋漓尽致的体现。通过蒲宗孟的

---

① 《括苍金石志》卷三，第 11318 页。
② 《越中金石记》卷四，第 7193 页。
③ 《临川先生文集》卷八二《繁昌县学记》，第 863 页。
④ 柳开：《柳开集》卷四《润州重修文宣王庙碑文》，北京：中华书局，2015 年，第 42 页。
⑤ 《民国连江县志》卷二一《祠祀》，上海：上海书店，2000 年，第 176 页。
⑥ 《新唐书》卷二〇三《欧阳詹传》，第 5786—5787 页。

《重修至圣文宣王庙记》可以看到,经过了治平四年(1067)的整修,夔州孔庙"丰宇广厦,明敞廓大。中严孔子之座,冕旒服章悉用本庙之制,而颜渊以下从燕居之仪,翼侍左右。并图周汉以来及唐之大儒二十余人于壁间"。① 尽管我们不太清楚"周汉已来及唐之大儒"究竟指谁,但是至少可以肯定在治平四年以前国子监的孔庙中尚未有唐代儒生从祀,这个例子亦可说明各州县孔庙释奠礼仪之间的差异。

四、儒学复兴与北宋后期孔庙神位的变化

我们重新把视野拉回朝廷,来看北宋的国子监孔庙释奠礼仪的变化。北宋统治者对孔庙及其释奠礼仪非常重视。例如,《宋史·礼志》:"建隆中,〔太祖〕凡三幸国子监,谒文宣王庙。太宗亦三谒庙。"②仁宗也曾经两次到国子监拜谒孔庙。③ 北宋对孔庙规格的提升更是不遗余力,最突出的事例就是孔子的谥号从文宣王变为至圣文宣王。大中祥符元年(1008),真宗去泰山封禅,仪式结束后,到曲阜拜谒孔庙,并且"诏加谥曰玄圣文宣王,祝文进署,仍修葺祠宇,给近便十户奉莹庙"。④ 次年,真宗"诏追封孔子弟子兖公颜回为国公,费侯闵损等九人为郡公,成伯曾参等六十二人为列侯"。⑤ 大中祥符五年,将孔子的谥号由玄圣文宣王改为至圣文宣王,⑥孔子的神圣性进一步凸显。

北宋国子监孔庙释奠礼仪更重要的动向,体现在配享、从祀对象的变化上。晚唐至北宋孔庙释奠礼仪道统色彩的成长,除了表现为这一礼仪与皇位继承脱钩、州县孔庙释奠礼仪深入开展外,孔庙神位的布置与儒家学术的变迁变得更加息息相关。安史之乱后,因为士大夫对科举制度的

---

① 杨慎:《全蜀艺文志》卷三六,北京:线装书局,2003年,第1014页。
② 《宋史》卷一〇五《礼志八》,第2547页。
③ 《续资治通鉴长编》卷一〇二天圣二年八月已卯条,第2366页;卷一四九庆历四年五月壬申条,第3609页。
④ 《续资治通鉴长编》卷七〇大中祥符元年十一月戊午条,第1574页。
⑤ 《续资治通鉴长编》卷七一大中祥符二年五月乙卯条,第1605页。
⑥ 《续资治通鉴长编》卷七九大中祥符五年十二月壬申条,第1808页。

反思、古文观念的兴起、儒家更新思想资源的需要,《孟子》的地位呈上升趋势,不再是纯粹的子书,常常被视作经书。① 在孟子思想兴起的过程中,韩愈起到了至关重要的作用。他对孟子推崇备至。据他自陈,他对孔子之道的理解开始于阅读《孟子》一书:"始吾读孟轲书,然后知孔子之道尊,圣人之道易行;王易王,霸易霸也。以为孔子之徒没,尊圣人者,孟氏而已。晚得扬雄书,益尊信孟氏。"②他声称只有孟子才是真正理解孔子之道的:"孟轲师子思,子思之学盖出曾子,自孔子没,群弟子莫不有书,独孟轲氏之传得其宗,故吾少而乐观焉。……求观圣人之道,必自孟子始。"③韩愈对孟子最有名的评论出现在《原道》一文中:

> 尧以是传之舜,舜以是传之禹,禹以是传之汤,汤以是传之文武周公,文武周公传之孔子,孔子传之孟轲,轲之死,不得其传焉。荀与扬也,择焉而不精,语焉而不详。④

他将儒家道统明确界定为尧、舜、禹、汤、周文王、周武王、周公、孔子、孟子,孟子之后道统就断裂了。葛兆光指出,韩愈的这一声明除了表明自己拒斥杨、墨、佛、道异端的立场外,还有确立合法性思想和合理性思想的历史系谱的目的,从而显示对儒家思想真理的独占。⑤

在韩愈的门人看来,韩愈也进入了由他自己建构的儒家思想系谱中。例如,李翱说:

> 孔氏去远,杨朱恣行,孟轲拒之,乃坏于成。戎风混华,异学魁横,兄常辨之,孔道益明。建武以还,文卑质丧,气萎体败,剽剥不让。

---

① 李峻岫:《中唐学术思潮新变与孟子地位之变迁》,《国学研究》第14卷,2004年,第33—53页。
② 《韩昌黎文集校注》卷一《读荀》,第36页。
③ 《韩昌黎文集校注》卷四《送王秀才序》,第261—262页。
④ 《韩昌黎文集校注》卷一《原道》,第18页。
⑤ 葛兆光:《重建国家权威与思想秩序——八至九世纪之间思想史的再认识》,《中国学术》第1辑,2000年,第121—122页。

俪花斗叶,颠倒相上,及兄之为,思动鬼神,拨去其华,得其本根,开合怪骇,驱涛涌云,包刘越嬴,并武同殷,六经之风,绝而复新。学者有归,大变于文。①

唐末的皮日休也是非常赞赏韩愈赓续儒家思想传统的功绩:

古者杨、墨塞路,孟子辞而辟之,廓如也。故有周、孔,必有杨、墨,要在有孟子而已矣。今西域之教,岳其基,而溟其源,乱于杨、墨也甚矣。如是为士,则孰有孟子哉?千世之后,独有一昌黎先生,露臂瞋视,诟之于千百人内。其言虽行,其道不胜。苟轩裳之士,世世有昌黎先生,则吾以为孟子矣。②

与韩愈及其门人不同的是,在皮日休看来,韩愈不是直接接续孟子而继承道统,中间有荀子、文中子王通:"夫孟子、荀卿翼传孔道,以至于文中子。文中子之末,降及贞观、开元,其传者醨,其继者浅,或引刑名以为文,或援纵横以为理,或作词赋以为雅,文中之道,旷百祀而得室授者,惟昌黎文公焉。文公之文,蹴杨、墨于不毛之地,踩释、老于无人之境,故得孔道巍然而自正。"③尽管如此,皮日休还是做出了奏请韩愈从祀孔庙的惊人举动:

国家以二十二贤者,代用其书,垂于国胄,并配飨于孔圣庙堂,其为典礼也大矣美矣。苟以代用其书,不能以释圣人之辞,笺圣人之义哉?况有身行其道,口传其文,吾唐以来,一人而已。不得在二十二贤之列,则未闻乎典礼为备。伏请命有司,定其配飨之位。则自兹以

---

① 李翱:《李文公集》卷一六《祭吏部韩侍郎文》,《儒藏精华编》第202册,北京:北京大学出版社,2019年,第1449页。
② 皮日休:《皮子文薮》卷三《原化》,上海:上海古籍出版社,1981年,第22页。
③ 《皮子文薮》卷九《请韩文公配飨太学书》,第88页。

后,天下以文化,未必不由夫是也。①

不过,他的这一努力没有成功。当然我们需要了解的是,在晚唐的儒家阵营中,排斥佛道、重视心性之学的韩愈、李翱并没有像后人虚构的那样占据主导地位,当时的主流思想是探索如何以儒家的价值观念来重建政治、社会秩序,柳宗元是典型的代表。②

在北宋的古文运动中,文人的重点还是外部世界,韩愈、李翱倡导的性命之学没有得到足够的重视,韩愈倡导的道统观却得到了普遍的认同。③ 石介有不少这样的表述,例如,"孔子之道始剥于杨、墨,中剥于庄、韩,又剥于秦、莽,又剥于晋、宋、齐、梁、陈五代,终剥于佛、老,天授之孟轲、荀卿、扬雄、王通、韩愈,孔子之道复",④"古之圣人大儒,有周公,有孔子,有孟轲,有荀卿,有扬雄,有文中子,有吏部",⑤又如:

> 道始于伏羲氏,而成终于孔子。道已成终矣,不生圣人可也。故自孔子来二千余年矣,不生圣人。若孟轲氏、扬雄氏、王通氏、韩愈氏,祖述孔子而师尊之,其智足以为贤。孔子后,道屡塞,辟于孟子,而大明于吏部。道已大明矣,不生贤人可也。故自吏部来三百有年矣,不生贤人。若柳仲涂、孙汉公、张晦之、贾公疏,祖述吏部而归尊之,其智实降。
>
> 噫! 伏羲氏、神农氏、黄帝氏、少昊氏、颛顼氏、高辛氏、唐尧氏、虞舜氏、禹、汤、文、武、周公、孔子者十有四圣人,孔子为圣人之至。噫! 孟轲氏、荀况氏、扬雄氏、王通氏、韩愈氏五贤人,吏部为贤人而卓。不知更几千万亿年复有孔子,不知更几千数百年复有吏部。孔子之《易》、《春秋》,自圣人以来未有也;吏部《原道》、《原仁》、

---

① 《皮子文薮》卷九《请韩文公配飨太学书》,第88页。
② 陈弱水:《柳宗元与中唐儒家复兴》,《新史学》第5卷第1期,1994年,第1—49页。
③ 余英时:《朱熹的历史世界——宋代士大夫政治文化的研究》,台北:允晨文化实业公司,2003年,第67—72页。
④ 石介:《徂徕石先生文集》卷一二《上张兵部书》,北京:中华书局,1984年,第141页。
⑤ 《徂徕石先生文集》卷一五《答欧阳永叔书》,第176页。

《原毁》《行难》《对禹问》《佛骨表》《诤臣论》,自诸子以来未有也。①

在孟子、荀子、扬雄、王通和韩愈五人中,石介显然最看重孟子和韩愈,特别是韩愈,甚至将他看作比孟子更卓越的贤人。类似这样的表述在北宋其他士人笔下也可以看到。北宋古文运动的倡导者之一柳开说:"吾之道,孔子、孟轲、扬雄、韩愈之道;吾之文,孔子、孟轲、扬雄、韩愈之文也。"②强至认为:"某窃以君子之所贵者,道也。道者何?经天下、治国家、修身诚意之大本也。尧、舜之所以帝,禹、汤、文、武之所以王,周公、孔子、孟轲、扬雄、韩愈氏之所以为圣贤,本此者也。"③北宋后期以通晓礼学著称的陈襄表示:"孔子没,圣人之道失其传,百氏之学纷然,肆邪说以枭乱天下。孟轲、荀卿氏作,相与提仁义之言以辟之。陵迟至于汉唐,道益大坏,扬雄、韩愈氏又从而扶持辨正,然后孔子之道熄而复明。"④王安石对孟子和韩愈的评价也是非常高:"时乎杨墨,己不然者,孟轲氏而已。时乎释老,己不然者,韩愈氏而已。如孟韩者,可谓术素修而志素定也,不以时胜道也。惜也不得志于君,使真儒之效不白于当世,然其于众人也卓矣。"⑤由此我们看到,一个由孔子开启、孟子接续、韩愈复兴的道统得到了很多士人的承认,孟子、扬雄、韩愈几乎是必定被提到的道统人物,荀子、王通也不时在他们论述的道统中出现。

除了北宋士人在观念上基本达成了尊孟、尊韩的共识外,《孟子》一书在神宗统治初期取得了经书的地位,成为科举考试的书目,这是孟子得以从祀孔庙的制度性背景。庆历以后,周敦颐、邵雍、二程兄弟、张载、王安

---

① 《徂徕石先生文集》卷七《尊韩》,第79—80页。
② 《柳开集》卷一《应责》,第11页。
③ 强至:《祠部集》卷二六《上通判屯田书》,《景印文渊阁四库全书》第1091册,台北:台湾商务印书馆,1983年,第267页。
④ 陈襄:《古灵先生文集》第二一《策题六道》,《宋集珍本丛刊》第9册,北京:线装书局,2004年,第29页。
⑤ 《临川先生文集》卷八四《送孙正之序》,第885页。

石等大儒都十分推崇《孟子》。① 熙宁四年(1071),中书门下上奏:

> 今定贡举新制,进士罢诗赋、帖经、墨义,各占治《诗》、《书》、《易》、《周礼》、《礼记》一经,兼以《论语》、《孟子》,每试四场,初本经,次兼经并大义十道,务通义理,不须尽用注疏。次论一首,次时务策三道,礼部五道。②

神宗同意了这一奏请。我们可以看到,《诗》、《书》、《易》、《周礼》和《礼记》称作"本经",《论语》和《孟子》称作"兼经"。次年,考试之法稍有改动:"除第三、第四场策论如旧,其第一场试本经五道,第二场《论语》、《孟子》各三道。"③《论语》和《孟子》依然是"本经"之外的"兼经"。

宋神宗看重制度改革,礼制改革是其中重要的组成部分,孔庙神位的增补就出现于这一时期。熙宁七年(1074),"判国子监常秩等乞立孟轲、扬雄像于孔子庙庭,仍加爵号",这一奏请没有得到神宗的同意。④ 元丰六年(1083),神宗"诏封孟轲为邹国公。以吏部尚书曾孝宽言,孟轲有庙在邹,属兖州,未加爵命,故特封之"。⑤ 在此之后,晋州州学教授陆长愈上奏:"近封孟轲为邹国公,谓宜春秋释奠,与颜子并配。"太常少卿叶均、博士盛陶、王古、杨杰、辛公祐认为:"凡配享从祀,皆孔子同时之人,今以孟轲并配,非是。"礼部以贞观二十一年二十二贤配享孔庙为例,指出配享者不必是孔子同时代的人,请求"自今春秋释奠,以邹国公孟子配食,荀况、扬雄、韩愈并以世次先后从祀于左丘明等二十一贤之间",并授予荀况、扬雄、韩愈伯爵。经过反复争论,最终神宗下诏:"自今春秋释奠,以邹国公孟轲配食文宣王,设位于兖国公之次。荀况、扬雄、韩愈以世次从祀于二

---

① 黄进兴,《优入圣域:权力、信仰与正当性》,第250—256页;束景南、王晓华:《四书升格运动与宋代四书学的兴起——汉学向宋学转型的经典诠释历程》,《历史研究》2007年第5期,第82—83页。
② 《续资治通鉴长编》卷二二〇熙宁四年二月丁巳条,第5334页。
③ 《续资治通鉴长编》卷二三四熙宁五年六月癸亥条,第5677页。
④ 《续资治通鉴长编》卷二五八熙宁七年十二月庚寅条,第6304页。
⑤ 《续资治通鉴长编》卷三四〇元丰六年十月戊子条,第8186页。

十一贤之间,并封伯爵:况,兰陵;雄,成都;愈,昌黎。"①于是,孟子跃居颜回之次,配享孔子,荀子、扬雄、韩愈成为从祀者,其神位穿插于历代经师之间,王通则未能进入孔庙。② 如此一来,孔庙中的神位不再仅限于孔子、孔门弟子和历代经师了,后代的思想传承者,也就是所谓的人师,也在孔庙中占据了相应的位置。这是传道一系在儒家思想的历史演变过程中逐渐占据主流和正统位置的重要信号。

到了徽宗时期,孔庙中的神位进一步增加,从中可以看到两个重要现象。第一,继续有人师获得从祀孔庙的资格。大观二年(1108),"从通仕郎侯孟请,绘子思像,从祀于左丘明二十四贤之间"。③ 作为思孟学派的代表,子思继孟子之后入祀孔庙,从孔子到曾参、到子思、再到孟子的道统建构在孔庙礼制中有了初步的体现,到了南宋,曾参和子思由从祀升格为配享,曾参、子思、孟子与颜回构成了四配。二是王学得到的官方认可程度达到了盛极而衰之前的顶峰。崇宁三年(1104),徽宗下诏:"王安石可配享孔子庙,位于邹国公之次。"④通过此举,王安石得到了配享孔子的资格,在孔庙中的位置仅次于孔子、颜回和孟子。我们知道,除了哲宗年幼而未能亲政的那几年,王安石及其亲信长期把持了北宋后期的朝廷政治,思想界的主流也是王安石的新学。王安石在政治上和思想上的支配性影响反映在礼制上,就是他分别于绍圣元年(1094)、崇宁三年分别配享太庙、孔庙。从整个孔庙释奠礼仪的发展历程来看,王安石配享孔庙的另一层意义在于本朝大儒进入孔庙的历史从此开启。到了政和三年(1113),徽宗下御笔手诏:

> 昔我神考,悯天下弊于俗学,训释经典,作新斯人,追述先王,兴起万事,得王安石相与有为,咸有一德,格于皇天。朕述而明之,声名

---

① 《续资治通鉴长编》卷三四五元丰七年五月壬戌条,第8291页。
② 黄进兴推测,这可能与韩愈终生未言及王通有关。参见氏著:《优入圣域:权力、信仰与正当性》,第253页。
③ 《宋史》卷一〇五《礼志八》,第2550页。
④ 《宋史》卷一〇五《礼志八》,第2549页。关于此事的系年,参见程元敏:《王安石雱父子享祀庙庭考》,《台大文史哲学报》第27期,1978年,第118—120页。

文物，礼乐法度，于是大备，推原所自，迄至有成，其可弭忘？夫有功而未褒，有德而未显，非所以报功崇德也。昔赵普、潘美王于韩、郑，郑康成、孔安国从祀孔子。安石被遇先帝，与其子雱修撰经义，功不在数子之下，安石可封王爵，雱可配享文宣王庙廷。①

王安石的儿子王雱成为孔庙释奠礼仪的从祀对象，王安石更是被授予舒王的爵位，其爵位甚至高于颜回的兖国公和孟子的邹国公，这进一步显示了王学在北宋后期的正统地位。在《政和五礼新仪》中，孔庙的神位呈现"以兖国公颜回、邹国公孟轲、舒王王安石配享殿上；琅邪公闵损、东平公冉耕、下邳公冉雍、临淄公宰予、黎阳公端木赐并西向，彭城公冉求、河内公仲由、丹阳公言偃、河东公卜商、武城侯曾参并东向；东庑，颍川侯颛孙师以下至成都伯扬雄四十九人并西向，西庑，长山侯林放以下至临川伯王雱四十八人并东向"的格局。② 不过，随着政局的变化，王学的至尊地位受到了挑战，《宋史·礼志》："靖康元年，右谏议大夫杨时言王安石学术之谬，请追夺王爵，明诏中外，毁去配享之像，使邪说淫辞不为学者之惑。诏降安石从祀庙廷。"③北宋末年孔庙神位的这些复杂变化，为南宋时期孔庙释奠礼仪的演进埋下了伏笔。④

第二节　武庙释奠礼仪

建立于魏晋时期的释奠礼仪在唐代发生了转折性的变化：一方面，随着齐太公庙（后改称武成王庙）及其释奠礼仪的建立，释奠礼仪的举行地点不再限于孔庙；另一方面，孔庙释奠礼仪的主要功能从显示幼帝或太子

---

① 《宋大诏令集》卷二二二《王安石封舒王御笔手诏》，北京：中华书局，1962年，第858页。
② 《宋史》卷一〇五《礼志八》，第2551页。
③ 《宋史》卷一〇五《礼志八》，第2551页。
④ 关于南宋时期孔庙神位的变化，参见黄进兴：《优入圣域：权力、信仰与正当性》，第259—265页。

的知识、人格的养成变为表现儒家学术传统的承继，其类别归属亦从处在吉礼与嘉礼之间的模糊状态明确变为吉礼，前文已经就这一点进行了充分的讨论。释奠礼仪一分为二的格局维持了六个多世纪，直到明朝洪武二十年(1387)武庙祭祀遭到废除，才回到了孔庙释奠礼仪的一元状态。最早探讨武成王庙释奠礼仪的学者是陶希圣，他研究的武庙包括武成王庙、关帝庙和关岳庙，与武庙即武成王庙的通行惯例不同。在他的文章中，武成王庙的历史得到了初步的梳理。① 另一篇全景式的研究论文由黄进兴所撰，他着重从重文轻武、君尊臣卑的角度分析了武庙衰落的原因。② 武庙释奠礼仪的断代研究主要集中在唐代。麦大维(David L. McMullen)从文武关系入手讨论了唐代的齐太公崇拜，武庙释奠礼仪也包括在内。③ 高明士的研究涉及唐代武庙的沿革、武庙与武举的关系。④ 于赓哲通过武成王庙制度的论证，考察了唐后期的文武分途问题。⑤ 研究者大都从文武关系着眼，来讨论武庙及其释奠礼仪的兴衰，特别是证明武庙衰落乃至遭到废除的必然性。需要追问的是：中国古代的文武政策是不是决定了武庙的命运？或者，这是否是唯一的解释？我们将通过唐至北宋时期武庙释奠礼仪的变迁来讨论这一问题。

一、武庙释奠礼仪的建立

武庙的主神是齐太公，齐太公崇拜在唐以前就已经存在。《魏书·地形志》提到，汲郡的治所汲城有太公庙。⑥《水经注》有更详细的记载：

---

① 陶希圣：《武庙之政治社会的演变》，《食货月刊》复刊第 2 卷第 5 期，1972 年，第 229—247 页。
② 黄进兴：《武庙的崛起与衰微（七迄十四世纪）：一个政治文化的考察》，收入周质平、Willard J. Peterson 编《国史浮海开新录——余英时教授荣退论文集》，台北：联经出版事业公司，2002 年，第 249—282 页。
③ David L. McMullen, "The Cult of Ch'i T'ai-kung and T'ang Attitudes to the Military," *T'ang Studies*, 7 (1989), pp. 59 - 103.
④ 高明士：《隋唐贡举制度》，台北：文津出版社，1999 年，第 173—241 页。
⑤ 于赓哲：《由武成王庙制变迁看唐代文武分途》，《魏晋南北朝隋唐史资料》第 19 辑，2002 年，第 133—147 页。
⑥ 《魏书》卷一〇六上《地形志二上》，第 2458 页。

〔汲县〕城西北有石夹水,飞湍濬急,人亦谓之磻溪,言太公尝钓于此也。城东门北侧有太公庙,庙前有碑,碑云:"太公望者,河内汲人也。县民故会稽太守杜宣白令崔瑗曰:'太公本生于汲,旧居犹存。君与高、国同宗太公,载在经传,今临此国,宜正其位,以明尊祖之义。'于是国老王喜、廷掾郑笃、功曹邠勤等咸曰:'宜之。'遂立坛祀,为之位主。"城北三十里,有太公泉,泉上又有太公庙,庙侧高林秀木,翘楚竞茂。相传云:太公之故居也。晋太康中,范阳卢无忌为汲令,立碑于其上。①

由此可见,汲县有两个太公庙。县城东门北侧的太公庙碑文提到了杜宣和崔瑗,两人皆于史有征。《风俗通义·神怪》:"予之祖父郴,为汲令,以夏至日诣见主簿杜宣,赐酒。……〔宣〕官至尚书,历四郡,有威名。"②崔瑗在《后汉书》中有传:"岁中举茂才,迁汲令。在事数言便宜,为人开稻田数百顷。视事七年,百姓歌之。"③所以可以断定,此处的太公庙建于东汉。城北太公庙的建立时间无法确定,庙碑于西晋太康十年(289)由汲县令卢无忌树立。以太公裔孙自任的卢无忌"自太子洗马来为汲令,嶓嶬之下,旧有坛场,而今堕废,荒而不治,乃咨之□征,访诸朝□,金以为太公功施于民,以劳定国,国之典祀,所宜不替。且其山也,能兴云雨,财用所出,遂修复旧祀"。④ 郦道元在北魏撰写《水经注》时,两所太公庙都还存在。至东魏武定八年(550),太公在汲县的后裔尚氏"慨卢忌置碑僻据山阜,崔瑗列石不枕康衢,遂率亲党更营碑祠,以博望之亭、形胜之所,西临沧谷,东带洴川,周秦故道,燕赵旧路,构宫镌石",于是请汲郡太守穆子容来撰写碑文。⑤

长安附近也有一所太公庙,"渭水又迳太公庙北,庙前有太公碑,文字褫缺,今无可寻"。⑥ 此外,岐州岐山县也有一条磻溪:"渭水之右,磻溪水

---

① 郦道元著,陈桥驿校证:《水经注校证》卷九,北京:中华书局,2007年,第226—227页。
② 应劭著,王利器校注:《风俗通义校注》卷九,北京:中华书局,1981年,第388页。
③ 《后汉书》卷五二《崔瑗传》,第1723—1724页。
④ 《金石萃编》卷三二《太公吕望表》,《续修四库全书》第887册,上海:上海古籍出版社,2002年,第369页。
⑤ 《金石萃编》卷三二《太公吕望表》,第369页。
⑥ 《水经注校证》卷一九,第449页。

注之,水出南山兹谷,乘高激流,注于溪中,溪中有泉,谓之兹泉。泉水潭积,自成渊渚,即《吕氏春秋》所谓太公钓兹泉也。"①《史记·齐太公世家》:"以渔钓奸周西伯。"张守节《史记正义》所引《括地志》除了此条《水经注》外,还用《吕氏春秋》和《说苑》的记载,来说明齐太公垂钓的磻溪在岐山县。② 不过,岐山县似乎没有建立太公庙,而且此地的太公崇拜远没有汲县兴盛。

魏晋南北朝时期已经有庙祭祀日后配享武庙的张良。义熙十三年(418),宋武帝北伐途中,"军次留城,经张良庙"。③《水经注》对留城的张良庙有记载:"留县故城,翼佩泗、济,宋邑也。《春秋左传》所谓侵宋吕、留也。故繁休伯《避地赋》曰:朝余发乎泗洲,夕余宿于留乡者也。张良委身汉祖,始自此矣。终亦取封焉,城内有张良庙也。"④

太公庙、张良庙建立以来,其影响主要在地方社会,属于圣贤崇拜性质。即便是唐初官方介入当地的太公崇拜后,仍然如此。贞观年间,朝廷"以其兵家者流,始令磻溪立庙"。⑤ 这里的磻溪当是指汲县的磻溪,因为《元和郡县图志》中唯独汲县有齐太公庙的记载,⑥不见关中有太公庙。此后,朝廷设立了太公庙令,国家对磻溪太公庙的介入更加深入。

太公崇拜的性质在唐前期逐渐有所改变,特别是在两京建立太公庙后。神龙二年(706),太公庙署"始分两京置",⑦由庙令主管。开元十八年(730),两京的太公庙又设丞各一人。⑧ 开元十九年,玄宗更是下诏建立武庙释奠礼仪:

> 两京及天下诸州,各置太公庙一所,以张良配享,春秋取仲月上戊日祭。诸州宾贡武举人,准明经进士,行乡饮酒礼。每出师命将,

---

① 《水经注校证》卷一七,第433页。
② 《史记》卷三二《齐太公世家》,北京:中华书局,1959年,第1477—1478页。
③ 《宋书》卷二《武帝纪》,第41页。
④ 《水经注校证》卷八,第218页。
⑤ 《唐会要》卷二三《武成王庙》,第437页。
⑥ 《元和郡县图志》卷一六,北京:中华书局,2005年,第460页。
⑦ 《唐会要》卷六五《太常寺》,第1134页。
⑧ 《唐六典》卷一四,第415页。

辞讫,发日,便就庙引辞。仍简取自古名将,功成业著,宏济生民,准十哲例配享。①

这条诏书的要点有二:一是规定两京和各州建立太公庙,春秋二仲祭祀,以张良配享,择取历代名将以确定武庙十哲;二是招待武举人的乡饮酒礼、将领出师前的引辞仪式也在太公庙举行。玄宗在诏书中指出:

> 乾坤冲用,阴阳所以运行;帝王大业,文武所以垂范。故四序在乎平分,五材资于并用,式稽乾坤之意,载明文武之道,永言旧章,斯典未洽,自我而始,爰备阙文。②

由此可见,玄宗创立太公庙释奠礼仪的意图是文武学术并举,以此来展现武学传统,这与此前太公庙的圣贤崇拜性质有明显的不同。

在8世纪上半叶,文武关系发生了重大变化。虽说随着儒家思想在国家和社会层面确立起支配地位,重文轻武是一种常态或趋势,但是尚武风气并没有被压制,汉代官吏的理想品质即以允文允武为典型。③ 统治北周隋唐的关陇集团更是以君臣一体、胡汉融合、文武合一为特征。④ 然而,关陇集团的逐步解体引发了一系列连锁反应,其中一个方面是出将入相模式的终结。随着科举制度的发展,文治风气日盛,出身进士科的文人开始垄断仕途,成为社会效法的榜样。为了解决由此带来的武力问题,除了依靠胡人蕃将,还创立了武举和太公庙释奠礼仪,以选拔军事人才,增强武人的凝聚力。于是,有了文举和武举、文庙和武庙的并立,并催生了唐后期文武究竟是合一还是分途的争论。⑤

与孔庙相比,武庙是一个生生被造出来的礼仪空间。正如前文所说,

---

① 《唐会要》卷二三《武成王庙》,第435页。
② 《册府元龟》卷三三《帝王部·崇祭祀二》,第342页。
③ 邢义田:《允文允武:汉代官吏的一种典型》,《史语所集刊》第75本第2分,2004年,第223—282页。
④ 陈寅恪:《唐代政治史述论稿》,第48—49页。
⑤ 高明士:《中国中古政治的探索》,台北:五南图书出版公司,2006年,第215—224页。

孔庙释奠礼仪特别是其中的配享、从祀制度,反映的是正统的、主流的观念对儒家学术传统流传过程的建构。很多复杂曲折的历史固然从这里面被抽离掉了,没有真实地、完整地显示儒学演变的历史,但是作用于配享、从祀制度的评价标准却是真实的、动态的。换言之,孔庙释奠礼仪的背后既有深厚的社会基础,又有儒学的传承历史作支撑。武庙则不然,所谓的武学传统是生拼硬凑的,既没有共同的经典,武学的代表人物之间也没有师承关系,武人对此也谈不上有多大的认同,更何况武人时常处于统治者的猜忌中,因此武庙的发展面临更大的不确定性。事实上,我们也看到开元十九年(731)玄宗的诏书在不少方面没有落到实处。在唐代,除了原有的磻溪太公庙,太公庙未曾在地方上建立。建立武庙十哲的计划,也是到了安史之乱后才实现的。尽管如此,武庙释奠礼仪还是完成了从无到有的过程,在《开元礼》中,其祭祀等级与孔庙释奠礼仪一样,都是中祀。

二、晚唐五代的武庙释奠礼仪

安史之乱及其后的混乱政局,使武庙释奠礼仪一度得到了极大的重视。上元元年(760)闰四月,肃宗下诏:

> 定祸乱者,必先于武德;拯生灵者,谅在于师贞。周武创业,克宁区夏,惟师尚父,实佐兴王。况德有可师,义当禁暴,稽诸古昔,爰崇典礼。其太公望可追封为武成王,有司依文宣王置庙,仍委中书门下择古今名将配享,并置亚圣及十哲等享祭之典,一同文宣。①

安史之乱以前,虽然武庙释奠礼仪与孔庙释奠礼仪一样都是中祀,但是两者在不少祭祀环节上有差距。出于弘扬武力、镇压叛军的需要,朝廷努力提高武庙释奠礼仪的祭祀规格。例如,开元二十七年(739)孔子的身份已经从孔宣父升格为文宣王,上元元年朝廷就追谥齐太公为武成王,使其与

---

① 《册府元龟》卷八七《帝王部·赦宥六》,第966页。

文宣王对等。又如,主持文武释奠礼仪的官员人选也在此时变得一致。开元二十六年颁布的《唐六典》规定:"孔宣父庙,则国子祭酒为初献,司业为亚献,国子博士为终献;齐太公庙,则太常卿为初献,少卿为亚献,丞为终献。"①开元二十八年,玄宗下诏:"先圣文宣王春秋释奠,宜令摄三公行礼,著之常式。"②所谓"三公行礼",主要是指由太尉承担初献的职责。上元元年后,根据肃宗"享祭之典,一同文宣王"的要求,武庙祭祀改由太尉初献。所以,到了贞元四年(788),兵部侍郎李纾说:"开元中,太公庙以张良配,以太常卿、少卿三献,祝文曰:'皇帝遣某敢昭告。'至上元元年赠太公以王爵,祭典同文宣,有司遂以太尉献,祝版亲署。"③

上元元年(760)的诏令在执行中有打折扣的地方。例如,武庙十哲的人选实际上是到了建中三年(782)才确定的,《册府元龟》记载:

> 开元十九年,始于两京置齐太公庙,以张良配。乾元中,追封齐太公为武成王,令选历代名将从祀,然未之行,祠宇日荒。至是,宰相卢杞、京兆尹卢谌以卢者齐之裔,乃鸠其裔孙若卢、崔、丁、吕之族,合钱以崇饰之,请择自古名将如孔门十哲,皆配享。诏下,史官乃定穰苴等,至是始奏定焉。④

---

① 《唐六典》卷四祠部郎中员外郎条,第124页。
② 《册府元龟》卷五〇《帝王部·崇儒术二》,第532页。
③ 《新唐书》卷一五《礼乐志五》,第379页。
④ 《册府元龟》卷三四《帝王部·崇祭祀三》,第351页。根据《新唐书》卷一五《礼乐志五》,武庙十哲确定于上元元年,有张良、田穰苴、孙武、吴起、乐毅、白起、韩信、诸葛亮、李靖和李勣(第377页)。在《资治通鉴》卷二二一上元元年闰月己卯条"追谥太公望为武成王,选历代名将为亚圣、十哲"之下,胡三省附注了十哲的名字(第7091页)。两份名单完全相同。高明士和吴丽娱据此认为,武庙十哲的认定在上元元年和建中三年进行了两次(参见高明士:《隋唐贡举制度》,第214—215页;吴丽娱:《礼制变革与中晚唐政治》,收入黄正建编《中晚唐社会与政治研究》,北京:中国社会科学出版社,2006年,第187—188页)。其实,《新唐志》和《资治通鉴》胡注的说法很可能有误。《唐会要》卷二三《武成王庙》记载了建中三年史馆的奏文:"今年五月十五日敕,武成王庙配享人等,宜令史馆参详定名闻奏者。又准开元十九年四月敕,宜拣取自古名将充十哲。"在自注中,有十哲的名单(第435—436页)。该名单与《新唐志》、胡注的说法一致。若上元元年已经确定了十哲的人选,那么建中三年就不必重复进行,况且史馆奏文并未提及上元元年的情况,上元元年应该还没有确定十哲的人选。所以,应以《册府元龟》的说法为准。

十哲分别是张良、田穰苴、孙武、吴起、乐毅、白起、韩信、诸葛亮、李靖和李勣,同时确定的七十二贤实际上只有六十二人。①

不仅如此,肃宗的敕令颁布后不到一年,武庙释奠礼仪即告中断。为了节省开支,"自上元元年权停中祀已下",等级位列中祀和小祀的祭祀礼仪直到贞元四年(788)才恢复。② 作为中祀,武庙释奠礼仪不可避免地受到了影响,但是它的恢复比多数祭祀要略早一些。建中元年(780),颜真卿奏请恢复这一礼仪:"武成王庙是中祠,上元元年,礼仪使杜鸿渐奏罢祭。今既修葺,庙宇已成,伏请准《月令》,每春秋二仲,以上戊日行释奠之礼。"③武庙释奠礼仪因此重新开始举行,但是在规格上已经不如孔庙释奠礼仪。颜真卿在奏文中提出:"武成王自齐太公追封,侯王名义同,庙廷用乐,合准诸侯之数,今请轩悬。"④前文说过,自从开元二十七年(739)后,在国子监的孔庙释奠礼仪中,乐用宫悬,这是采用了王者的标准。虽然没有上元元年(760)后武成王庙用乐的确切记载,若以肃宗对武庙"享祭之典,一同文宣王"的要求来看,当是使用宫悬。看来建中元年武庙释奠礼仪恢复后,至少在用乐制度上被降格了。

从建中二年(781)开始,河北藩镇因为德宗的强硬政策而反叛,过程可谓一波三折。起初参与平叛的幽州节度使朱滔后来成为叛军的首领,淮西节度使李希烈加入叛军,泾原兵变之后,朱滔之兄朱泚被拥立为帝。贞元二年(786),朝廷最终平定叛乱,随之而来的是文官对武庙的态度进一步恶化。同年,刑部尚书关播上奏:"太公古称大贤,下乃置亚圣,义有未安。而仲尼十哲,皆当时弟子,今以异时名将,列之弟子,非类也。请但用古今名将配享,去亚圣十哲之名。"结果,不但是去掉了亚圣、十哲的名号,而且"唯享武成王及留侯,而诸将不复祭矣"。⑤

贞元四年(788),朝廷就武庙祭祀问题进行了激烈的争论,导火线是

---

① 《唐会要》卷二三《武成王庙》,第 435—436 页。
② 《册府元龟》卷三四《帝王部·崇祭祀三》,第 351 页。
③ 《册府元龟》卷五八九《掌礼部·奏议一七》,第 6759 页。
④ 《册府元龟》卷五八九《掌礼部·奏议一七》,第 6759 页。
⑤ 《新唐书》卷一五《礼乐志五》,第 378—379 页。

兵部侍郎李纾的奏议。他批判了将孔庙和武庙释奠礼仪等量齐观的做法，并建议："太公述作止《六韬》，勋业著一代，请祝辞不进署，改昭告为敬祭，留侯为致祭，献官用太常卿以下。"①接下来其他人的态度更加激烈，对武庙祭祀的定位也更低。把齐太公看成擅长权谋奇技之人的左司郎中严浣等人认为："贞观中，以太公兵家者流，始令磻溪立庙。开元渐著上戊释奠礼，其进不薄矣。上元之际，执事者苟意于兵，遂封王爵，号拟文宣，彼于圣人非伦也。谓宜去武成王号，复为太公庙，奠享之制如纾请。"除了支持李纾降低武庙祭祀规格的建议外，他还要求革去齐太公的"武成王"谥号。态度最激进的是刑部员外郎陆淳，他严重地质疑了齐太公的道德，认为作为殷商之臣的齐太公没有劝谏商纣，反而助周王颠覆了商朝，祭祀这样的人无法鼓舞有气节的仁义之士，因而主张："武成之名，与文宣偶，非不刊之典也。臣愚谓罢上元追封立庙，复磻溪祠，有司以时享，斯得矣。"②经过建中二年(781)的藩镇叛乱，将领的忠诚问题愈发受到文官的关注，他们对齐太公品德的抨击，暗示了对武将群体的不信任和对入祀武庙标准的质疑。贬抑武庙释奠礼仪的建议激起了武将的反对，左领军大将军令狐建等人声称："兵革未靖，宜右武以起忠烈。今特贬损，非劝也。且追王爵，以时祠，为武教主，文、武并宗，典礼已久，改之非也。"③最终，德宗下诏："帝德广运，乃武乃文，文化武功，皇王之二柄，祀礼教敬，国章孔明。自今宜上将军以下充献官，余依纾所奏。"④虽然德宗裁决的结果明显偏袒文官，除了祭官外，李纾的其他建议都被采纳，但是德宗也不得不表态肯定武庙祭祀的重要性，将文武并列为皇帝的两大权柄。

此后唐代武庙释奠礼仪的记载较少，可能是按德宗定下的制度来执行。天祐元年(904)四月，朱温胁迫昭宗迁都洛阳。次年八月，中书门下奏："伏自迁都已来，武成王庙并未置立，今请改为武明王，其庙请于街西选地建立，其余修置及配享十哲七十二弟子，并请准故事者。"朱温之父名

---

① 《新唐书》卷一五《礼乐志五》，第379页。
② 《新唐书》卷一五《礼乐志五》，第379—380页。
③ 《新唐书》卷一五《礼乐志五》，第379—380页。
④ 《旧唐书》卷一三七《李纾传》，第3764页。

诚，为了避讳，将武成王改为武明王。哀帝批准了奏请。① 此时距迁都相隔不久，由此推测，武庙释奠礼仪在晚唐应该还是经常举行的。此次修建计划包括十哲、七十二贤的神位设置，意在更改贞元二年(786)以来不祭祀十哲、七十二贤的制度。

五代一直有武庙释奠礼仪。《宋史·礼志》："梁废从祀之祭，后唐复之。"②可见后梁有武庙释奠礼仪，但是我们不清楚后梁废除的是七十二贤从祀，还是十哲和七十二贤从祀都被废止。从下文后唐的情形看，后梁很可能只废除了七十二贤从祀的制度，所以后唐只需将其恢复即可。后唐长兴三年(933)，国子博士蔡英文上奏："武成王庙中每上戊释奠，汉留侯张良配坐，武安君吴起等为十哲。当排祭之时，止于武成王、张良、十哲面前，其范蠡等六十四人，图形于四壁，面前并无酒醴。自今后乞准本朝旧制例，武成王庙四壁诸英贤画像面前，请各设一豆、一爵祀享。"明宗下敕："武成王庙四壁英贤，自此每至释奠，准《郊祀录》，各陈脯、醢诸物以祭。"③于是，七十二贤重新参与到武庙释奠礼仪中。后周显德五年(958)，兵部申奏："春秋上戊释奠武成王庙，每祭差献官三员：初献官，上将军充；亚献官，上将军充；终献官，将军充。于汉乾祐三年奉中书门下指挥，带使相上将军不差。自后只差大将军行事，仍改亚献为再献官，终献为三献官。"④由此可见，后汉和后周仍然在春秋二仲举行武庙释奠礼仪，三献制度也得到了执行。这一时期，其他割据政权也有武庙释奠礼仪。徐铉在南唐撰写了《武成王庙碑》，⑤碑文提到："列圣盛典，实启孙谋，乃复旧章，爰作新庙。于是宗伯建位，梓人授规。入端门而右回，旁太学以西顾。瞰康庄而列屏，因爽垲而营基。……春秋二仲，时和气清，醴酸交羞，牲牷不疾。鹔

---

① 《册府元龟》卷三四《帝王部·崇祭祀三》，第353—354页。
② 《宋史》卷一〇五《礼志八》，第2556页。
③ 《五代会要》卷三《武成王庙》，上海：上海古籍出版社，1978年，第49—50页。
④ 《五代会要》卷三《武成王庙》，第50页。
⑤ 《景定建康志》卷四四《诸庙》，第2057页："武成王庙在右南厢镇淮桥之北御街西。……南唐徐铉《武成王庙碑》云：'入端门而右回，旁太庙以西顾。'"徐铉在南唐和北宋都有仕途经历，这条史料表明此碑文是南唐时期的作品。

冠礵剑,展告虔荐信之仪;玉戚朱干,俨象德达神之列。"①五代和南唐的事例说明了武庙释奠礼仪在国家礼仪制度中的不可或缺。

三、北宋的武庙释奠礼仪

正如前文所述,武庙的建立是武学价值体系形成的重要一环,并在唐后期引起了文武究竟应该合一还是分途的争论,唐德宗在大体上采纳文官的意见、贬抑武庙释奠礼仪的同时,肯定了武作为与文相对的文化形态的价值。唐末五代,文武两个群体的对立和冲突加剧,文武之间的选任隔离开始形成,并且在北宋进一步制度化。② 文武分途、崇文抑武也成为赵宋祖宗之法的重要内容。③ 这对武庙释奠礼仪有深刻的影响:一方面,作为武的精神价值的一种象征,武庙释奠礼仪依然受到了重视,朝廷以此来维持文、武表面上的对等;④另一方面,朝廷始终维护孔庙对武庙的优势地位。

北宋的皇帝对武成王庙颇为重视。太祖在乾德元年(963)、开宝二年(968),太宗在淳化五年(994),仁宗在天圣二年(1024)、庆历四年(1044),哲宗在元祐六年(1091),光顾过武成王庙。⑤ 其他皇帝也采取了不少措施,拉近武庙和文庙释奠礼仪的差距。景德四年(1007),真宗下诏在西京建立国子监、武成王庙:

---

① 《徐铉集校注》卷一〇,第544页。
② 赵冬梅:《文武之间:北宋武选官研究》,北京:北京大学出版社,2010年,第18—26页。
③ 邓小南:《祖宗之法——北宋前期政治述略》,北京:三联书店,2006年,第174—183页。
④ 宋代不乏持文武合一的观点进而反对武庙释奠礼仪的人。例如,司马光说:"经纬天地之谓文,戡定祸乱之谓武,自古不兼斯二者而称圣人,未之有也。"(《资治通鉴》卷二一三开元十九年三月丙申条臣光曰,第6795页)南宋的员兴宗说:"孔门何尝分文武来,果若分二途,便与晚唐陋儒气象一种,分文宣王为一庙,武成王为一庙。"(员兴宗:《九华集》卷一三《答张南轩书》,《宋集珍本丛刊》第56册,北京:线装书局,2004年,第277页)但是,宋朝在政策层面始终坚持了文武分途的立场,武庙及其释奠礼仪的存在是极具象征意义的。
⑤ 《宋史》卷一《太祖纪一》,第13—14页;卷二《太祖纪二》,第30页;卷五《太宗纪二》,第96页;卷九《仁宗纪一》,第179页;卷一一《仁宗纪三》,第218页;《玉海》卷一一三《元祐幸太学》,南京·上海:江苏古籍出版社·上海书店,1987年,第2082页。

化民成俗,素王祖述于六经;保大定功,尚父章明于七德。胶庠是奉,祠宇载严,四方之人,表则斯在。两京之地,制度宜均。定河南府营建国子监、武成王庙,监成日,当议置官讲说,及赐《九经》书。①

真宗将孔子和齐太公相提并论,褒扬了前者教化民众、后者武力建功的勋业,出于两京机构对应的考虑,他下令河南府同时营建国子监、武成王庙。又如,大中祥符元年(1008),真宗封禅泰山后,亲临曲阜祭祀孔子,追谥孔子为玄圣文宣王,同时改谥齐太公为昭烈武成王,孔庙和武庙的全称遂变为玄圣文宣王庙(后改为至圣文宣王庙)和昭烈武成王庙。真宗在给孔子加谥的同时,并没有忘记齐太公,两者在称谓上依然平起平坐。

文庙和武庙释奠礼仪在不少祭祀环节上趋近。在北宋,两者的祭祀等级都是中祀。正如本书第二章所说,唐至北宋时期,随着祭祀等级制的落实,祭祀的等级差别在斋戒时日、笾豆数量和祭品种类等事项上得到了体现,所以,北宋的文庙和武庙释奠礼仪在这些方面是一致的。即使在那些与祭祀等级没有对应关系的环节上,两者也往往相同。例如,嘉祐七年(1062),知礼院、博士、校理裴煜的奏文提到"释奠文宣王、武成王,皆羊、豕各一",因为这两种祭祀的从祀神位颇多,请求"皆加羊、豕各三",奏请得到了批准。② 此后,两种祭祀的牲牢长期相同,只是到了《政和五礼新仪》颁布后,才有所区别:"释奠文宣王,羊五、豕五;武成王,羊三、豕三。"③自从隋代建立大祀、中祀和小祀制度以来,牲牢与祭祀等级一直没有建立对应关系,文庙和武庙释奠礼仪所用的牲牢在北宋却是长

---

① 《宋大诏令集》卷一五七《西京建国子监武成王庙诏》,第 590 页。
② 《太常因革礼》卷一二《总例一二》,《续修四库全书》第 821 册,上海:上海古籍出版社,1995 年,第 397 页。"羊、豕各一"即少牢。在《开元礼》中,孔庙和武庙的释奠礼仪都是使用太牢(《大唐开元礼》卷一《序例上》,第 19 页)。大历六年(771),两者的牲牢降为少牢(《大唐郊祀录》卷一《凡例上》,第 732 页)。五代时期延续了这一变化(《五代会要》卷三《武成王庙》,第 50 页;卷八《释奠》,第 128 页),一直到嘉祐七年为止。
③ 《政和五礼新仪》卷五《序例五》,第 153 页。

期相同。

　　在三献官方面,文庙和武庙释奠礼仪也经历了逐渐趋同的过程。前文说过,贞元二年(786)以后,武庙释奠礼仪由将军充当三献官,与孔庙释奠礼仪由三公行礼不同。这一差别到了北宋前期依然存在。大中祥符三年(1010),判国子寺孙奭说:"上丁释奠,旧礼以祭酒、司业、博士充三献官,新礼以三公行事,近岁止命献官两员临时通摄,未副崇祀向学之意。望自今备差太尉、太常、光禄卿以充三献。"①此举是为了改正以两位官员通摄三献的做法,孔庙释奠礼仪的初献仍由太尉担当。宋初的武庙释奠礼仪则由判兵部事掌管,《宋史·职官志》:"旧判部事一人,以两制充。掌三驾仪仗、卤簿图、春秋释奠武成王庙及武举,岁终以义军、弓箭手户数上于朝。"②既然武庙释奠礼仪由兵部掌管,三献官很有可能依然是武将出任。元丰四年(1081),因为认为太尉和光禄卿在历史上本与礼仪无关,朝廷对国家祭祀中的祭官进行了重大调整,取消了有司代替皇帝主持重大祭祀时采取的太尉、太常卿和光禄卿三献的形式。③孔庙释奠礼仪改以国子祭酒或司业为初献,丞为亚献,博士为终献,武庙释奠礼仪以国子祭酒或司业为初献,带有武阶的官员亚献和终献。随着武学隶属于国子监,武庙的三献官逐渐改为国子监的学官。国子司业朱服上奏:"今武学隶国子监,长、贰、丞、簿,官属已多,请并以本监官充摄行事,仍令太常寺修入《祀仪》。"④我们不清楚朱服的奏请是否得到了认可,但是在政和三年(1113)颁布的《政和五礼新仪》中,文庙和武庙释奠礼仪的三献官确实是完全一致:"太学辟雍释奠文宣王、武学释奠武成王,大司成、祭酒、司业为初献,祭酒、司业、丞为亚献,丞、博士为终献。"⑤

　　另一方面,孔庙始终保持对武庙的优势地位。与唐代一样,北宋也没

---

① 《宋史》卷一〇五《礼志八》,第 2553 页。
② 《宋史》卷一六三《职官志三》,第 3855 页。
③ 《续资治通鉴长编》卷三一八元丰四年十月庚申条,第 7696 页。
④ 《宋史》卷一〇五《礼志八》,第 2556 页。
⑤ 《政和五礼新仪》卷五《序例五》,第 149 页。

有建立州县的武庙释奠礼仪。① 尽管从制度层面看,文庙和武庙的释奠礼仪大致相当,但是在实际运作中,武庙的神圣性不时受到损害,这与孔庙截然不同。武庙在北宋经常挪作他用。太平兴国六年(981),田锡上奏:"礼部无贡院,每贡士试,或就试武成王庙。是岂太平之制度耶?欲望别修省寺,用列职官。"② 这一问题长期没有得到解决。例如庆历六年(1046),蔡天经"以乡荐覆试武成王庙,名在第二,是年登科"。③ 在张方平和欧阳修的文集中,分别有《武成王庙试举人策问三道》、④《武成王庙问进士策二首》,⑤ 北宋中期的科举考试仍然经常借用武庙。这种状况一直持续到了元符元年(1096),"臣僚上言,请自今太学公补试,视贡院别试所空闲排办,更不以武成王庙作试所,从之"。⑥ 除此之外,武庙还曾用来培训医官。庆历四年,参知政事范仲淹说:"乞于翰林院选医师三五人,于武成王庙召京城习医者,教以诊脉,并修合药饵。"⑦ 这些行为不可避免地损害了武庙的神圣性。

到了南宋,武庙释奠礼仪仍然是不可或缺的。当南宋政权还在东南一带流亡的时候,驻跸于建康的高宗就开始着手建立国家祭祀,武庙释奠礼仪即在其列。绍兴七年(1137),"太常博士黄积厚乞以仲春、仲秋上戊日行礼"。⑧ 于是,高宗"诏礼官条具举行文宣、武成王、荧惑、寿星、岳、渎、

---

① 大中祥符元年(1008),真宗"追谥齐太公曰昭烈武成王,令青州立庙"(《续资治通鉴长编》卷七〇大中祥符元年十一月戊午条,第1574页)。青州是齐太公的受封地,此地的武成王庙属于圣贤崇拜的性质。其他州县都没有武庙及其释奠礼仪。陈峰、胡文宁说:"宋代仅在京师及个别地方保留武成王庙,与唐代各州皆设的情况不可同日而语,反映了其影响范围大为缩小的事实。"见氏著:《宋代武成王庙与朝政关系初探》,《中国史研究》2012年第2期,第139页。这一看法有误,无论是在唐代还是宋代,武成王庙从来不曾遍及天下。与孔庙相比,武庙始终不具备深厚的社会基础。
② 《续资治通鉴长编》卷二二太平兴国六年九月壬寅条,第497页。
③ 朱长文:《乐圃余稿》卷一〇《宋故将仕郎试秘书省校书郎守淄川高苑县主簿蔡君墓志铭》,《景印文渊阁四库全书》第1119册,台北:台湾商务印书馆,1983年,第52页。
④ 张方平:《乐全先生文集》卷三四,《宋集珍本丛刊》第5册,北京:线装书局,2004年,第605页。
⑤ 《欧阳修全集》卷四八,北京:中华书局,2001年,第672—673页。
⑥ 《续资治通鉴长编》卷四九八元符元年五月辛酉条,第11850页。
⑦ 《续资治通鉴长编》卷一四七庆历四年三月丁亥条,第3569—3570页。
⑧ 《宋史》卷一〇五《礼志八》,第2557页。

海、镇、农、蚕、风、雷、雨师之祀。用太常博士黄积厚请也"。① 那时的武庙释奠礼仪怕是没有牲牢,所以到了绍兴九年,国子监丞林保上奏:"上戊享武成王,不应废牲牢,止用枣、脯二笾而无配享。""其后礼官并请从公言,仍增管仲至郭子仪十位配坐"。② 绍兴十六年,南宋政权在临安稳定下来,高宗"诏临安府修建武学,创武成王殿,祀太公曰昭烈武成王,以留侯张良配,诸名将从祀"。③ 此后,武庙释奠礼仪在南宋一直稳定实行,孝宗和宁宗都有前往武成王庙行礼的举动:"淳熙、嘉泰,主上临幸武学,谒武成王,行肃揖礼。"④元初,吴自牧在回忆南宋临安时,还提到"武学祀昭烈武成王,配留侯、历代忠烈臣子"。⑤

第三节 小　　结

帝制时代的释奠礼仪建立于曹魏。在魏晋南北朝,这一礼仪主要是为幼帝或太子而举行的,他们通过出席国子监的讲经和释奠活动,来显示自己知识和人格的养成。除了北齐建立过春秋二仲的释奠礼仪,其他朝代都没有建立常祀制度,这一时期的释奠礼仪几乎都是围绕皇位继承而运行的。与此同时,释奠礼仪在五礼体系中的位置相当模糊。

释奠礼仪在唐前期的动向非常重要,奠定了这一礼仪在后世的基本格局。首先,这一礼仪的功能发生了转折性变化,由佐证太子或幼帝知识、人格的形成变为儒家学术传统的仪式化呈现。虽然在礼典上保留了皇太子孔庙释奠礼仪的仪注,但是从唐后期开始,再也无法找到太子或幼

---

① 《建炎以来系年要录》卷一一一绍兴七年五月壬申条,上海:上海古籍出版社,2018年,第1856页。
② 周必大:《庐陵周益国文忠公集》卷六八《左中奉大夫敷文阁待制赠特进林公神道碑》,《宋集珍本丛刊》第51册,北京:线装书局,2004年,第658页。
③ 潜说友:《咸淳临安志》卷一一《学校》,收入《宋元方志丛刊》,北京:中华书局,1990年,第3469页。
④ 吴自牧:《梦粱录》卷一五《学校》,收入《东京梦华录·外四种》,上海:古典文学出版社,1956年,第255页。
⑤ 《梦粱录》卷一四《祠祭》,第247页。

帝亲行这一礼仪的实例。相反,因为有常祀制度的保证,国子监孔庙释奠礼仪得到了很好的实施,特别是来自官僚士大夫的鼎力支持,使这一礼仪即便在战乱时期也没有受到太大影响,因而压倒名存实亡的皇太子孔庙释奠礼仪,成为孔庙释奠礼仪的首要形式和重心所在。在国子监孔庙释奠礼仪中,体现儒家学统传承的因素不断增加,这在孔庙神位的变动中表现得最为充分。尽管中间经历了反复,但是孔子为先圣、颜回为先师的制度最终确立,孔子的主神地位在此之后再也没有遇到过挑战,周公作为政统人物而被排除在文庙之外。从祀制度的建立是唐前期孔庙释奠礼仪的一个重大变化,国家以此对儒家学术传统进行选择性地认定,进而确立起其心目中的正统儒学,从此以后,孔庙从祀对象的增减成为动态反映官方对正统儒学之界定的风向标。在唐前期,历代经师、孔子门下的十哲和其他弟子陆续成为孔庙的从祀对象,并且形成了相应的位次,直观地表明了传经一系在此时占据儒家学术主流的事实。

其次,随着武庙释奠礼仪的建立,释奠礼仪一分为二,文武释奠礼仪并立的格局一直延续到明初。虽然同是名为齐太公庙,但是磻溪的齐太公庙、两京的齐太公庙与建立了释奠礼仪的齐太公庙在性质上有差异。齐太公崇拜由来已久,特别是受到地方政府和太公后裔的推动,磻溪的齐太公庙祭祀本质上是圣贤崇拜,即使是唐初国家介入磻溪的齐太公祭祀,乃至在两京建立太公庙,都没有改变其性质。齐太公庙释奠礼仪的建立,与文武分途的历史背景有关。随着释奠礼仪的建立,齐太公庙(后来改称为武成王庙)成为武的价值体系和学术传统的象征,与孔庙及其释奠礼仪相对,虽然远不如孔庙成体系、成规模。

复次,伴随着文武释奠礼仪一系列的发展,释奠礼仪成为吉礼之下一个单独的门类。尽管在本质上是一种祭祀礼仪,但是因为与养老礼仪、乡饮酒礼的亲缘关系,释奠礼仪自从建立以后就一直处于吉礼和嘉礼之间。到了唐朝,养老礼仪变得形同虚设,从来没有举行过。乡饮酒礼与释奠礼仪的功能截然分开,其"进贤能"的功能盖过了"明长幼之序"的内涵而与贡举制度结合,变成地方向朝廷举荐贡生的礼仪。同时,孔庙释奠礼仪的祭祀属性比以往更加突出,武庙释奠礼仪也从无到有。在这些因素的作用下,释奠礼仪在唐前期进入了吉礼体系,并成为其中独立的一类。

唐前期是中国古代释奠礼仪演化过程中最具转折意义的时段,为其日后的发展奠定了基础。与此相比,晚唐至北宋文武释奠礼仪的变化幅度要小一些。

就孔庙释奠礼仪而言,晚唐至北宋时期的变化有两点特别重要。一是孔庙释奠礼仪在州县层面深入落实。虽然隋代已有州郡孔庙的释奠制度,但是未能很好实行,直到唐前期,孔庙及其释奠礼仪才在地方上逐渐建立。在晚唐,由于文人士大夫的大力倡导,州县孔庙释奠礼仪有了深入而广泛的发展,韩愈的"天下通祀"说虽然有些言过其实,但还是在一定程度上体现了这一礼仪的推行力度以及士大夫对其所寄托的信念。比起唐后期,北宋的州县孔庙释奠礼仪在深度、广度上进一步推进。以上这些,都极大地增强了儒家学术传统的仪式化表现力度,使儒学的感召力得以在民众面前直接表现出来。

二是北宋后期国子监孔庙释奠礼仪的从祀对象增加。从唐代开始,学术思想的发展、学术权力的建构对孔庙神位的变化产生了深刻的影响。随着古文运动的最终胜利,韩愈建构的道统说成为正统,孟子、荀子、扬雄、韩愈、子思相继进入孔庙,孟子还得以配享孔子,在孔庙中的地位仅次于孔子、颜回。这些被后代认定为孔子思想传承者的儒生在孔庙中占据了一席之地,此后越来越多的人师从祀孔庙,这是传道一派逐渐成为儒学主流在礼制上的反映。王安石配享孔庙的意义有二:一是开启了本朝大儒进入孔庙的帷幕,这一现象以后越来越常见;二是这一措施充分且直观地体现了荆公新学在北宋后期思想界的主流地位,王雱的从祀也是得益于此。不过,随着政治形势的变化,新学的主流地位开始丧失,到了南宋更是彻底成为反面典型,王安石和王雱被逐出孔庙,新学的旋起旋落在孔庙释奠礼仪上动态地反映出来。

相比之下,从晚唐至北宋,武庙及其释奠礼仪的发展一直不顺利。国家的文治倾向、士大夫在州县孔庙释奠礼仪上的积极作为、武庙释奠礼仪民众基础的缺乏,使武庙的声势远不及孔庙。可是,在文武分途的现实下，为了维护文武之间表面上的对等，作为武的价值象征的武庙释奠礼仪一直维持下来，并且在不少祭祀环节上与孔庙释奠礼仪等同。重文轻武、文尊武卑的状况并没有改变武庙释奠礼仪的命运。正因为武庙的存在不是依靠社会基础，而是依托于国家权力，所以那些看似不利的因素没有对其存在与否造成决定性影响。从这个意义上说，武庙及其释奠礼仪在明初被废除的根本原因就是国家对其撤去了原有的支持。①

---

① 有关明初废除武庙及其释奠礼仪的具体原因，参见黄进兴：《武庙的崛起与衰微（七至十四世纪）——一个政治文化的考察》，第267—277页。

第六章 结　　语

西晋以后，中华帝国的礼仪制度都是由五礼构成的。梁满仓认为，汉末三国是五礼体系的孕育期，魏晋之际到萧梁末年（北朝为北魏末年）是发育期，萧梁至隋代是基本成熟期，到了唐代，五礼制度完成了定型。[①] 确实如此，后代五礼制度的模式主要是在唐代形成的。在《周礼》中，五礼的排序是吉礼、凶礼、宾礼、军礼和嘉礼，但是贞观十一年（637）制定《贞观礼》时，五礼依次为吉礼、宾礼、军礼、嘉礼和凶礼，凶礼被挪至五礼的最后，皇帝的丧葬礼仪从凶礼中抽出，以"国恤"的形式置于五礼之后。在显庆三年（658）颁布的《显庆礼》中，国恤更是被排除在外。在后代的礼仪制度中，五礼就是以这样的顺序呈现的，而且清朝以前的凶礼也不包含皇帝的丧葬礼仪。

就吉礼而言，它与其他四种礼仪之间的边界在唐代已是相当明确。最典型的例子就是，曾经在嘉礼与吉礼之间摇摆不定的释奠礼仪，在7世纪中叶固定为吉礼，并成为其中单独的一类。在此之后，仍然有个别祭祀礼仪在吉礼与其他礼仪之间改变归属，例如诸马祭在北宋由军礼转隶吉礼。但是，这样的变化不是很多，属于制度稳定运行下的微调，总的来说，吉礼体系的边界显得相当稳定。

吉礼体系更大更多的变化发生于它的内部。唐至北宋时期，尤其是从唐玄宗统治时期开始，吉礼体系中出现了不少新的祭祀礼仪形式。在此之前，吉礼仪式基本上都是出自经典记载或后代经师对经典的解释。自从开元年间开始，新创的祭祀仪式陆续出现在吉礼制度中，例如玄宗

[①] 梁满仓：《魏晋南北朝五礼制度考论》，第126—146页。

为了神话自己而建立了五龙祠祭祀。到了天宝年间，太清宫和九宫贵神的常祀制度相继建立。这两项礼仪在中晚唐极其重要：在举行南郊亲祭的前两天，皇帝分别祭祀太清宫和太庙，太清宫、太庙和南郊的亲祭史称三大礼；九宫贵神的地位一度仅次于祭天礼仪。与宋徽宗统治时期相比，玄宗时期新建的吉礼仪式在数量上尚不算多，却是开风气之先，直接影响了唐宋吉礼体系的构成。这些缺乏儒家经典支持的礼仪大多受道教影响，五龙祠祭祀就带有一定的道教色彩，太清宫和九宫贵神的祭祀更是道教性质浓厚。因为与老子同姓，唐代皇室异常信奉道教。在历代皇帝的扶持下，道教逐渐渗透到国家礼制中，不但为皇帝个人祈福，而且用来改造国家的意识形态以及强化皇权。这一历史进程在玄宗时期达到了高潮，带有道教色彩的祭祀仪式出现在吉礼制度中，就是其中的一种表现形式。北宋皇帝也是大多崇道，因此这一变化趋势得以继续发展。例如，在保留九宫贵神祭祀的同时，朝廷建立了道教色彩更强烈的十神太一祭祀。虽然景灵宫祭祀取代了太清宫祭祀的位置，成为新的三大礼之一，但是两者的性质基本相同。这些变化主要发生于太宗和真宗朝，并在仁宗和英宗统治时期得到了继承。神宗曾经对这一现象有所抑制，例如，给原本道教色彩很浓的景灵宫祭祀注入了不少儒家性质的礼仪内容。到了徽宗时期，崇道之风又一次达到了顶峰，国家创造和扶持了不少带有道教性质的祭祀礼仪，并使之成为吉礼体系的一部分。以上这些祭祀礼仪存在的时间不算很长，是唐至北宋时期特有的礼仪内容，正因为这样，他们给这一时期的吉礼制度打上了深刻的时代烙印。

尽管受到了道教不小的影响，唐至北宋时期的吉礼制度总体上还是以儒家色彩为基调。在吉礼体系中，由儒家经典或经师注释支撑的礼仪占有压倒性多数，而且儒家性质非常深厚的郊祀礼仪、宗庙祭祀牢牢占据了中心位置。这一时期，维系吉礼体系的基本结构同样出自儒家经典。在横向上，吉礼仪式按照祭祀对象的不同，分为祀天神、祭地祇、享人鬼和释奠先圣先师四类。在《周礼》中，吉礼有祀天神、祭地祇、享人鬼三个类别，唐朝在此基础上又增加了释奠先圣先师，后者同样出自经典。在纵向上,隋代将《周礼》的祭祀等级观念制度化,将吉礼体系中一些仪式的常祀分别定为大祀、中祀和小祀。唐至北宋时期,国家逐渐为那些原本已在吉礼之中、但不在三祀制范围内的祭祀仪式和新创的祭祀礼仪制定等级,三祀制度的范围不断扩大。同时,祭祀等级制在操作层面得到相当程度的落实。这些变化体现了吉礼制度的逐步完善,同时也说明了其深刻的儒家属性。

唐至北宋时期,在吉礼体系中占据中心位置的郊祀礼仪和太庙祭祀经历了不少重要的变化。在郊祀礼仪方面,皇帝亲祭与有司摄事的差距不断拉大。自从唐玄宗统治时期开始,南郊亲祭前后出现了诸多祭祀活动,其中最重要的就是皇帝亲自参与的三大礼。从此之后,皇帝几乎不再参加太庙正祭,只是通过南郊亲祭前的太庙朝享来履行祭祀祖先的义务。连皇帝的太庙祭祀也围绕南郊亲祭而转,南郊亲祭的地位可见一斑。几乎与此同时,南郊亲祭中非祭祀性因素不断成长。南郊亲祭承载了更多的功能,不仅像过去那样用来沟通人神,昭显天子身份的神圣性,佐证天子受命于天、统治人间的合法性,还成为展现人间权力秩序的舞台。君臣之间、中央与地方之间,以多种形式在这一场合进行权力的象征性互动。这些事实说明,南郊亲祭在整个国家礼仪制度中的中心地位更趋巩固和强化,唐宋时期国家礼仪的世俗化命题也可以从这里得到进一步的解释。

同时我们可以看到,唐至北宋时期郊祀制度的发展态势逐渐超越了郑玄与王肃的礼学之争。魏晋以降,郊祀制度一直受郑王之争的影响,直到盛唐时期《开元礼》颁布以后,郊丘之争才成为历史。从玄宗统治后期开始,为了使皇帝能够方便地履行祭祀皇地祇的义务,也为了体现皇帝亲郊高于有司摄事的理念,南郊亲祭时常采取合祭天地的形式,并在宋初得以制度化。到了宋神宗时期,天地合祭的皇帝亲郊制度因为与经典不符而遭到批判,但是也有人力主维持现有的权宜之制。天地分合之争由此而起,并且贯穿了整个北宋后期。起决定性作用的不是官僚士大夫对经典的各自理解,而是实际运作中的卤簿、开销等非祭祀性因素。这些非祭祀性因素的凸显,实与唐至北宋时期皇帝亲郊礼仪的演进密不可分,由此亦可明了,天地分祭的皇帝亲郊制度之所以难以落实,根源在于皇帝亲郊礼仪的政治意义得到了空前的重视，负载的功能日趋增多。天地分合之争不只是发生在宋朝，而且对明代的郊祀制度有深刻的影响。从郊丘之争到天地分合之争，标志着中国历史上郊祀礼仪争论两大话题的历史性转移。

唐宋礼制对郑王礼学之争的超越还体现在宗庙祭祀上。针对经典中"天子七庙"的记载，郑玄和王肃有不同的理解，这直接影响到了魏晋以降宗庙制度的变化，中古政权主要在郑玄模式与王肃模式之间进行择取。在唐玄宗统治时期，太庙供奉了九世祖先，七庙制被打破。随着太祖之外不迁之主的确定，晚唐的太庙恢复了七庙制，兄弟昭穆同位原则的实施使太庙得以容纳更多的祖先。到了北宋中后期，同样的问题又出现了，结果却大不一样。太庙庙室不断扩容，而且不迁之庙越来越多，七庙制最终彻底崩溃。魏晋以降直到唐前期，郑王礼学之争一直左右着国家礼制的制定，[①]但是从郊祀礼仪和太庙祭祀——最重要的吉礼仪式——在唐宋时期的变迁来看，吉礼制度在很大程度上摆脱了郑王礼学的制约，这在中国礼制史上是一个深刻的变化。

唐至北宋时期太庙庙数超越郑王之争的关键事件是僖祖被尊为始祖，这在当时是很有争议的，反对者看重的是太祖的功业和名分，支持者看重的是僖祖与太祖在家族内的关系，究其实质就是公意与私情的对立。从结果看，私情战胜了公意。太庙礼仪本来就具有公私两种属性，一方面它象征着帝国大统的合法传承，另一方面它又是皇帝和宗室祖先崇拜的一种形式。唐至北宋时期，公私之间原有的平衡被打破，私的因素不断凸显，这不仅表现为太庙庙数的变化，在太庙主管机构的更易、太庙祭祀献官身份的变化、庙室中一帝数后形式的出现、祭品的生活化等方面都有反映。这些变化主要始自唐玄宗统治时期，在北宋得到了全面继承和发展。在皇帝亲郊集中越来越多的功能来表征统治合法性的情况下，太庙礼仪有了更多的可能来传递皇帝的私情和展示宗族内的秩序。北宋后期太祖

---

① 《开元礼》的制定就深受郑玄与王肃之争的影响，相关的讨论参见杨华：《论〈开元礼〉对郑玄和王肃礼学的择从》，《中国史研究》2003年第1期，第53—67页。

配侑昊天上帝、始祖在太庙中居东向之位的事实，就是这两种礼仪的意义发生了微妙变化的绝佳反映。

皇权的膨胀在唐至北宋时期的吉礼制度中有鲜明的体现，无论是各种新的祭祀礼仪的创立，还是郊祀礼仪和宗庙礼仪突破礼制传统约束的种种现象，都说明了这一点。但是，吉礼体系仍然给官员特别是文官留下了一定的空间。例如，官员可以按照官阶来建立家庙。更有代表性的是孔庙释奠礼仪。从唐前期开始，这一礼仪的内容得到了很大的充实，常祀制度的巩固、从祀制度的建立、孔庙释奠礼仪在地方社会的展开，使得儒家的学术传统得到了仪式化的展现。随着唐后期皇太子不再参加释奠礼仪，这一礼仪与皇位继承的关系走到了尽头，其学术性格更加显现。唐宋时期，一部分吉礼仪式是由地方官府执行的，这里面又有两种情况：一种是因为祭祀对象不在都城，地方官府代替皇帝和朝廷主持仪式，祝文中出现"皇帝"或"天子"的自称以显示君主的存在，最典型的例子是岳镇海渎祭祀；另一种是朝廷和各地都举行的祭祀礼仪，地方官府举行的仪式规格较低，"皇帝"和"天子"的称号也没有出现在祝文中，祭祀的主体不是皇帝，而是地方长官，这充分表明了其地方性官方祭祀的性质。释奠、社稷、风师、雨师、雷神的州县祭祀皆属此类。透过州县释奠礼仪的探讨，我们看到了吉礼制度中地方祭祀的运行状况。这些祭祀礼仪既有遵守制度规定的地方，同时也有变通之处，而且这种变通往往是制度赋予的。制度文本与实际运作之间虽然没有完全吻合，但是相差也并不远。

通过上面这些历史现象，可以清楚地看到唐宋吉礼制度的连续性，尤其是进入唐玄宗统治时期以后，一直到北宋末年，吉礼制度可谓一脉相承。带有道教色彩的祭祀礼仪的进入、天地合祭的南郊亲祭方式的出现、太庙往私家宗庙一边的倾斜、释奠礼仪的独立成类等重要的礼制变化，都始于玄宗统治时期。这一过程并非单向线性，中间也有过各种或明或暗的抵制力量，尤其是儒家经典的强大感召力使那些与经典不符的礼仪时常遭到批判，北宋后期的天地分合之争就是典型例子。总的来看，这一历史进程并没有因此而受阻，只不过在某些方面作出了妥协。《宋史·职官志》有"宋承唐制"的说法。① "宋承唐制"的表述,不仅存在于职官制度上,唐至北宋时期的礼制演变也可以用此来概括。楼劲认为,北宋初年的礼制直承五代,对唐制的继承是间接的、有选择的,"宋承唐制"的说法不够准确,这一说法出现于仁宗时期,体现了标榜继承唐朝正统、刻意淡化五代历史地位的思潮的兴起。② 他的研究让我们看到了宋初礼制的具体形成过程,以及"宋承唐制"说背后的思想史背景。但是从长时段的变化趋向看,"宋承唐制"的表述没有什么问题,反而更能够揭示出唐至北宋礼制变化的本质特征。

从中国礼制史来看,唐至北宋的吉礼制度经历了这一制度形成以来第二次重大变迁。随着五礼制度在西晋的建立,吉礼制度出现于历史舞台,经过一系列的变化,在唐前期成熟。那些儒家经典中的祭祀礼仪被整合进吉礼体系中,吉礼制度与其他四礼的边界基本明确。一波刚平,一波又起。自从玄宗统治时期开始,儒家经典之外的新创祭祀礼仪,尤其是那些带有浓厚道教色彩的礼仪,逐次成为吉礼,充斥着吉礼体系的边缘;在吉礼体系的中心,郑玄和王肃的礼学思想对朝廷礼制抉择的支配性影响逐渐消退,因为皇权的需要,这些重要礼仪在实施过程中往往突破了儒家经典的规定和后代经师的解释。从南宋到明代,随着程朱理学的兴起,吉礼制度有了重新塑造的契机。小岛毅指出,在宋徽宗统治时期,深受道教、纬书、五德终始说等因素影响的九鼎、太一、九宫贵神、感生帝、火星的祭祀,是以时令律历思想为基础的皇权礼仪的重要组成部分,这些礼仪后来因为不符合朱子学说而在礼典中消失了。③ 事实上,这样的例子还有不少。虽然明代的礼典中不乏从民间信仰中吸收的祭祀礼仪,比如城隍神,④但是与唐宋时

---

① 《宋史》卷一六一《职官志一》,北京:中华书局,1977年,第3768页。
② 楼劲:《宋初礼制沿革及其与唐制的关系——兼论"宋承唐制"说之兴》,《中国史研究》2008年第2期,第57—76页。
③ 小岛毅:《宋代の国家祭祀——〈政和五礼新仪〉の特征》,收入池田温编《中国礼法と日本律令制》,东京:东方书店,1992年,第480—481页。
④ 关于明初城隍神祭祀制度的建立,参见 Romeyn Taylor, "Ming T'ai-tsu and the God of Wall and Moats," *Ming Studies*, 3 (1977), pp. 31-49;滨岛敦俊:《总管信仰——近世江南农村社会と民间信仰》,东京:研文出版,2001年,第125—142页。

期道教性质浓厚的祭祀礼仪相比,这些处于明代吉礼边缘的礼仪少了很多神秘主义色彩,多了理性化和人性化的品格。另一方面,唐至北宋时期吉礼制度的若干发展趋势在后代得到了延续。明代的吉礼制度在不少方面继承了唐至北宋时期的变化,尤其是那些最重要的吉礼仪式。例如,明代郊祀礼仪的争论主题依然是天地究竟应该合祭还是分祭,[1]太庙祭祀实行的九庙制也超出了"天子七庙"的限制。[2] 这些都是唐至北宋吉礼制度演进留下的历史遗产。

---

[1] 小岛毅:《郊祀制度の变迁》,《东洋文化研究所纪要》第 108 册,1989 年,第 194—206 页;小岛毅:《嘉靖の礼制改革について》,《东洋文化研究所纪要》第 117 册,1992 年,第 389—392 页;胡吉勋:《明嘉靖中天地分祀、明堂配享争议关系之考察》,《中国文化研究所学报》第 44 期,2004 年,第 114—129 页;张珣:《天地分合:明代嘉靖朝郊祀礼仪论之考察》,《汉学研究》第 23 卷第 2 期,2005 年,第 169—189 页;赵克生:《明朝嘉靖时期国家祭礼改制》,北京:社会科学文献出版社,2006 年,第 83—126 页。
[2] 小岛毅:《嘉靖の礼制改革について》,第 395—399 页;张珣:《明代嘉靖朝宗庙礼制变革与思想冲突之讨论》,《政治大学历史学报》第 24 期,2005 年,第 20—24 页;赵克生:《明朝嘉靖时期国家祭礼改制》,第 21—56 页。

参考文献

一、原始文献

班固：《汉书》，北京：中华书局，1962年。

班固著，陈立疏证：《白虎通疏证》，北京：中华书局，1994年。

不著撰人：《宋大诏令集》，北京：中华书局，1962年。

蔡襄：《蔡襄集》，上海：上海古籍出版社，1983年。

蔡邕：《蔡中郎集》，《儒藏精华编》第202册，北京：北京大学出版社，2019年。

曹刚等：《民国连江县志》，上海：上海书店，2000年。

曹懋坚：《章邱县志》，《石刻史料新编》第3辑第25册，台北：新文丰出版公司，1986年。

陈均：《皇朝编年纲目备要》，北京：中华书局，2006年。

陈寿：《三国志》，北京：中华书局，1959年。

陈襄：《古灵先生文集》，《宋集珍本丛刊》第8—9册，北京：线装书局，2004年。

陈振孙：《直斋书录解题》，上海：上海古籍出版社，1987年。

程颢、程颐：《二程集》，北京：中华书局，1981年。

戴栩：《浣川集》，《景印文渊阁四库全书》第1176册，台北：台湾商务印书馆，1983年。

董浩等：《全唐文》，北京：中华书局，1983年。

窦仪：《宋刑统》，北京：中华书局，1984年。

独孤及著，刘鹏、李桃校注：《毘陵集校注》，沈阳：辽海出版社，2006年。

杜春生：《越中金石记》，《石刻史料新编》第2辑第10册，台北：新文丰出版公司，1979年。

杜甫著,仇兆鳌注:《杜诗详注》,北京:中华书局,1985年。

杜牧:《樊川文集》,上海:上海古籍出版社,1978年。

杜佑:《通典》,北京:中华书局,1988年。

范晔:《后汉书》,北京:中华书局,1965年。

房玄龄等:《晋书》,北京:中华书局,1974年。

公羊寿传,何休解诂,徐彦疏:《春秋公羊传注疏》,《十三经注疏》本,北京:中华书局,1980年。

穀梁赤传,范宁集解,陆德明音义,杨士勋疏:《春秋穀梁传注疏》,《十三经注疏》本,北京:中华书局,1980年。

韩琦:《安阳集》,《宋集珍本丛刊》第6册,北京:线装书局,2004年。

韩愈著,马其昶校注,马茂元整理:《韩昌黎文集校注》,上海:上海古籍出版社,1986年。

何晏集解,陆德明音义,邢昺疏:《论语注疏》,《十三经注疏》本,北京:中华书局,1980年。

洪迈:《容斋随笔》,上海:上海古籍出版社,1978年。

洪适:《隶释》,北京:中华书局,1985年。

胡聘之:《山右石刻丛编》,《石刻史料新编》第1辑第20册,台北:新文丰出版公司,1982年。

袁说友等:《成都文类》,北京:中华书局,2011年。

孔安国传,陆德明音义,孔颖达疏:《尚书注疏》,《十三经注疏》本,北京:中华书局,1980年。

李翱:《李文公集》,《儒藏精华编》第202册,北京:北京大学出版社,2019年。

李百药:《北齐书》,北京:中华书局,1972年。

李隆基注,邢昺疏:《孝经注疏》,《十三经注疏》本,北京:中华书局,1980年。

李焘:《续资治通鉴长编》,北京:中华书局,1979年。

李德裕著,傅璇琮、周建国校笺:《李德裕文集校笺》,石家庄:河北教育出版社,2000年。

李昉等:《太平御览》,北京:中华书局,1960年。

李昉等:《文苑英华》,北京:中华书局,1966年。

李华:《李遐叔文集》,《景印文渊阁四库全书》第1072册,台北:台湾商务印书馆,1983年。

李吉甫:《元和郡县图志》,北京:中华书局,2005年。

李林甫等:《唐六典》,北京:中华书局,1992年。

李心传:《建炎以来系年要录》,上海:上海古籍出版社,2018年。

李遇孙:《括苍金石志》,《石刻史料新编》第1辑第15册,台北:新文丰出版公司,1982年。

郦道元著,陈桥驿校证:《水经注校证》,北京:中华书局,2007年。

梁克家:《淳熙三山志》,收入《宋元方志丛刊》,北京:中华书局,1990年。

令狐德棻:《周书》,北京:中华书局,1971年。

刘安著,张双棣校释:《淮南子校释》,北京:北京大学出版社,1997年。

刘敞:《公是集》,《儒藏精华编》第217册,北京:北京大学出版社,2016年。

刘昫等:《旧唐书》,北京:中华书局,1975年。

刘禹锡:《刘禹锡集》,北京:中华书局,1990年。

刘挚:《忠肃集》,北京:中华书局,2002年。

柳开:《柳开集》,北京:中华书局,2015年。

柳宗元:《柳宗元集》,北京:中华书局,1979年。

楼钥:《攻媿先生文集》,《儒藏精华编》第235—236册,北京:北京大学出版社,2017年。

陆耀遹:《金石续编》,《石刻史料新编》第1辑第5册,台北:新文丰出版公司,1982年。

吕不韦:《吕氏春秋》,上海:上海古籍出版社,1996年。

吕懋勋:《陕西省蓝田县志》,台北:成文出版社,1969年。

毛亨传,郑玄笺,孔颖达疏:《毛诗正义》,《十三经注疏》本,北京:中华书局,1980年。

马端临:《文献通考》,北京:中华书局,1986年。

孟元老著,邓之诚注:《东京梦华录注》,北京:中华书局,1982年。

慕容彦逢:《摛文堂集》,《景印文渊阁四库全书本》第1123册,台北:台湾商务印书馆,1983年。

欧阳修、宋祁:《新唐书》,北京:中华书局,1975年。

欧阳修:《欧阳修全集》,北京:中华书局,2001年。

欧阳修等:《太常因革礼》,《续修四库全书本》第821册,上海:上海古籍出版社,1995年。

皮日休:《皮子文薮》,上海:上海古籍出版社,1981年。

钱若水等：《太宗皇帝实录》，《续修四库全书》第 348 册，上海：上海古籍出版社，1997 年。

潜说友：《咸淳临安志》，收入《宋元方志丛刊》，北京：中华书局，1990 年。

强至：《祠部集》，《景印文渊阁四库全书》第 1091 册，台北：台湾商务印书馆，1983 年。

秦蕙田：《五礼通考》，《景印文渊阁四库全书》第 135—142 册，台北：台湾商务印书馆，1983 年。

沈傅：《常山贞石志》，《石刻史料新编》第 1 辑第 18 册，台北：新文丰出版公司，1982 年。

沈括：《沈括全集》，杭州：浙江大学出版社，2011 年。

沈约：《宋书》，北京：中华书局，1974 年。

石介：《徂徕石先生文集》，北京：中华书局，1984 年。

司马光：《温国文正公文集》，《儒藏精华编》第 210 册，北京：北京大学出版社，2011 年。

司马光：《书仪》，《景印文渊阁四库全书》第 142 册，台北：台湾商务印书馆，1983 年。

司马光：《资治通鉴》，北京：中华书局，1956 年。

司马迁：《史记》，北京：中华书局，1959 年。

宋敏求：《长安志》，收入《宋元方志丛刊》，北京：中华书局，1990 年。

宋敏求：《春明退朝录》，北京：中华书局，1980 年。

宋敏求：《唐大诏令集》，北京：商务印书馆，1959 年。

宋祁：《景文集》，《景印文渊阁四库全书》第 1088 册，台北：台湾商务印书馆，1983 年。

苏轼：《苏轼文集》，北京：中华书局，1986 年。

苏颂：《苏魏公文集》，北京：中华书局，1988 年。

苏洵著，曾枣庄、金成礼笺注：《嘉祐集笺注》，上海：上海古籍出版社，1993 年。

苏辙：《龙川略志》，北京：中华书局，1982 年。

苏辙：《苏辙集》，北京：中华书局，1990 年。

孙逢吉：《职官分纪》，《景印文渊阁四库全书》第 923 册，台北：台湾商务印书馆，1983 年。

田锡：《咸平集》，《宋集珍本丛刊》第 1 册，北京：线装书局，2004 年。

脱脱等：《宋史》，北京：中华书局，1977 年。

王安礼：《王魏公集》，《景印文渊阁四库全书》第 1100 册，台北：台湾商务印书馆，1983 年。

王安石：《临川先生文集》，上海：中华书局上海编辑所，1959年。
王昶：《金石萃编》，《续修四库全书》第886—891册，上海：上海古籍出版社，2002年。
王充著，刘盼遂集解：《论衡集解》，北京：古籍出版社，1957年。
王谠著，周勋初校证：《唐语林校证》，北京：中华书局，1987年。
王珪：《华阳集》，《景印文渊阁四库全书》第1093册，台北：台湾商务印书馆，1983年。
王泾：《大唐郊祀录》，东京：古典研究会，1972年。
王溥：《唐会要》，北京：中华书局，1955年。
王溥：《五代会要》，上海：上海古籍出版社，1978年。
王钦若等：《册府元龟》，南京：凤凰出版社，2006年。
王圻：《续文献通考》，北京：现代出版社，1986年。
王应麟：《玉海》，南京·上海：江苏古籍出版社·上海书店，1987年。
王禹偁：《王黄州小畜集》，《宋集珍本丛刊》第1册，北京：线装书局，2004年。
魏收：《魏书》，北京：中华书局，1974年。
魏徵等：《隋书》，北京：中华书局，1973年。
文同：《新刻石室先生丹渊集》，《宋集珍本丛刊》第9册，北京：线装书局，2004年。
文彦博：《文潞公文集》，《宋集珍本丛刊》第5册，北京：线装书局，2004年。
吴自牧：《梦粱录》，收入《东京梦华录·外四种》，上海：古典文学出版社，1956年。
萧嵩等：《大唐开元礼》，东京：古典研究会，1972年。
徐坚：《初学记》，北京：中华书局，1980年。
徐松：《宋会要辑稿》，北京：中华书局，1957年。
徐铉著，李振中校注：《徐铉集校注》，北京：中华书局，2018年。
许来音：《深泽县志》，《稀见中国地方志汇刊》第2册，北京：中国书店，1992年。
薛居正等：《旧五代史》，北京：中华书局，1976年。
荀子著，王先谦集解：《荀子集解》，北京：中华书局，1988年。
杨杰：《无为集》，《宋集珍本丛刊》第15册，北京：线装书局，2004年。
杨炯：《杨炯集》，北京：中华书局，1980年。
杨亿：《武夷新集》，《宋集珍本丛刊》第2册，北京：线装书局，2004年。
杨仲良：《续资治通鉴长编纪事本末》，北京：北京图书馆出版社，2003年。
尹洙：《河南先生文集》，《宋集珍本丛刊》第3册，北京：线装书局，2004年。
应劭著，王利器校注：《风俗通义校注》，北京：中华书局，1981年。
余靖：《武溪集》，《宋集珍本丛刊》第3册，北京：线装书局，2004年。

员兴宗：《九华集》，《宋集珍本丛刊》第 56 册，北京：线装书局，2004 年。

曾巩：《曾巩集》，北京：中华书局，1984 年。

张方平：《乐全先生文集》，《宋集珍本丛刊》第 5 册，北京：线装书局，2004 年。

张九龄著，熊飞校注：《张九龄集校注》，北京：中华书局，2008 年。

张可述：《四川省洪雅县志》，《天一阁藏明代方志选刊》第 20 册，台北：新文丰出版公司，1985 年。

长孙无忌：《唐律疏议》，北京：中华书局，1983 年。

赵抃：《赵清献公文集》，《宋集珍本丛刊》第 6 册，北京：线装书局，2004 年。

赵汝愚：《宋朝诸臣奏议》，上海：上海古籍出版社，1999 年。

郑居中等：《政和五礼新仪》，《景印文渊阁四库全书本》第 647 册，台北：台湾商务印书馆，1983 年。

郑玄注，贾公彦疏：《周礼注疏》，《十三经注疏》本，北京：中华书局，1980 年。

郑玄注，孔颖达疏：《礼记正义》，《十三经注疏》本，北京：中华书局，1980 年。

周必大：《庐陵周益国文忠公集》，《宋集珍本丛刊》第 51—53 册，北京：线装书局，2004 年。

杨慎：《全蜀艺文志》，北京：线装书局，2003 年。

周密：《癸辛杂识》，北京：中华书局，1988 年。

周应合：《景定建康志》，收入《宋元方志丛刊》，北京：中华书局，1990 年。

朱长文：《乐圃余稿》，《景印文渊阁四库全书》第 1119 册，台北：台湾商务印书馆，1983 年。

朱熹：《朱子文集》，台北：德富文教基金会，2000 年。

左丘明传，杜预注，孔颖达疏：《春秋左传正义》，《十三经注疏》本，北京：中华书局，1980 年。

二、今人论著

（一）中文论著

包弼德：《唐宋转型的反思——以思想的变化为主》，《中国学术》第 3 辑，2000 年，第 63—87 页。

蔡宗宪：《淫祀、淫祠与祀典——汉唐间几个祠祀概念的历史考察》，《唐研究》第 13

卷,2007年,第203—232页。

曹福铉:《宋代对官员的郊祀赏赐》,《宋史研究论丛》第6辑,2005年,第66—83页。

陈峰、刘缙:《北宋讲武礼初探》,《清华大学学报》2007年第5期,第51—57页。

陈峰、胡文宁:《宋代武成王庙与朝政关系初探》,《中国史研究》2012年第2期,第137—146页。

陈俊强:《唐代录囚制试释》,收入高明士编《东亚传统教育与法制研究(一)——教育与政治社会》,台北:台湾大学出版中心,2005年,第265—295页。

陈丽萍:《唐懿宗的皇后》,《中国史研究》2010年第4期,第167—169页。

陈弱水:《柳宗元与中唐儒家复兴》,《新史学》第5卷第1期,1994年,第1—49页。

陈戍国:《先秦礼制研究》,长沙:湖南教育出版社,1991年。

陈戍国:《中国礼制史·隋唐五代卷》,长沙:湖南教育出版社,1998年。

陈戍国:《中国礼制史·宋辽金卷》,长沙:湖南教育出版社,2001年。

陈寅恪:《隋唐制度渊源略论稿》,上海:上海古籍出版社,1982年。

陈仲安、王素:《汉唐职官制度研究》,北京:中华书局,1993年。

程元敏:《王安石雱父子享祀庙庭考》,《台大文史哲学报》第27期,1978年,第117—144页。

邓小南:《祖宗之法——北宋前期政治述略》,北京:三联书店,2006年。

丁煌:《汉唐道教论集》,北京:中华书局,2009年。

丁山:《宗法考源》,《史语所集刊》第4本第4分,1934年,第399—415页。

杜文玉:《五代十国制度研究》,北京:人民出版社,2006年。

方震华:《文武纠结的困境——宋代的武举与武学》,《台大历史学报》第33期,2004年,第1—42页。

甘怀真:《唐代家庙礼制研究》,台北:台湾商务印书馆,1991年。

甘怀真:《"旧君"的经典诠释——汉唐间的丧服礼与政治秩序》,《新史学》第13卷第2期,2002年,第1—44页。

甘怀真:《皇权、礼仪与经典诠释:中国古代政治史研究》,台北:喜马拉雅研究发展基金会,2003年。

高明士:《唐代的释奠礼制及其在教育上的意义》,《大陆杂志》第61卷第5期,1980年,第20—38页。

高明士:《隋唐庙学制度的成立与道统的关系》,《台大历史学报》第9期,1982年,第93—122页。

高明士：《唐代东亚教育圈的形成——东亚世界形成史的一侧面》，台北：中华丛书编审委员会，1984年。

高明士：《唐代的武举与武庙》，收入中国唐代学会编《第一届国际唐代学术会议论文集》，台北：唐代研究学者联谊会，1989年，第1016—1069页。

高明士：《皇帝制度下的庙制系统——以秦汉至隋唐作为考察中心》，《台大文史哲学报》第40期，1993年，第53—96页。

高明士：《隋代的制礼作乐——隋代立国政策研究之二》，收入黄约瑟、刘健明编《隋唐史论集》，香港：香港大学亚洲研究中心，1993年，第15—35页。

高明士：《论武德到贞观礼的成立——唐朝立国政策的研究之一》，收入中国唐代学会编《第二届国际唐代学术会议论文集》，台北：文津出版社，1993年，第1159—1214页。

高明士：《隋唐教育法制与礼律的关系》，《唐研究》第4卷，1998年，第151—164页。

高明士：《隋唐贡举制度》，台北：文津出版社，1999年。

高明士：《庙学与东亚传统教育》，《唐研究》第10卷，2004年，第227—256页。

高明士：《礼法意义下的宗庙——以中国中古为主》，收入高明士编《东亚传统家礼、教育与国法（一）：家族、家礼与教育》，台北：台湾大学出版中心，2005年，第23—86页。

高明士：《论隋唐学礼中的乡饮酒礼》，《唐史论丛》第8辑，2005年，第1—28页。

高明士：《中国中古的教育与学礼》，台北：台湾大学出版中心，2005年。

高明士：《中国中古政治的探索》，台北：五南图书出版公司，2006年。

高明士：《律令法与天下法》，台北：五南图书出版公司，2012年。

葛兆光：《重建国家权威与思想秩序——八至九世纪之间思想史的再认识》，《中国学术》第1辑，2000年，第100—129页。

葛兆光：《理学诞生前夜的中国》，《中国史研究》2001年第1期，第64—77页。

郭东旭：《宋朝法律史论》，保定：河北大学出版社，2001年。

郭善兵：《中国古代帝王宗庙礼制研究》，北京：人民出版社，2007年。

郭声波：《宋大礼五使系年》，《宋代文化研究》第3辑，1993年，第34—61页。

胡吉勋：《明嘉靖中天地分祀、明堂配享争议关系之考察》，《中国文化研究所学报》第44期，2004年，第105—140页。

胡劲茵：《北宋徽宗朝大晟乐制作与颁行考议》，《中山大学学报》2010年第2期，第100—112页。

胡新生：《乡饮酒礼与食犬风俗——〈仪礼〉酒会用牲制度的地域特征和文化渊源》，《文史哲》2009年第5期，第34—48页。

黄进兴：《权力与信仰：孔庙祭祀制度的形成》，《大陆杂志》第86卷第5期，1993年，第8—34页。

黄进兴：《学术与信仰：论孔庙从祀制与儒家道统意识》，《新史学》第5卷第2期，1994年，第1—82页。

黄进兴：《优入圣域：权力、信仰与正当性》，台北：允晨文化实业公司，1994年。

黄进兴：《武庙的崛起与衰微（七迄十四世纪）：一个政治文化的考察》，收入周质平、Willard J. Peterson编《国史浮海开新录——余英时教授荣退论文集》，台北：联经出版事业公司，2002年，第249—282页。

姜伯勤：《唐贞元、元和间礼的变迁——兼沦唐礼的变迁与敦煌元和书仪》，收入黄约瑟、刘健明编《隋唐史论集》，香港：香港大学亚洲研究中心，1993年，第222—231页。

姜伯勤：《敦煌艺术宗教与礼乐文明》，北京：中国社会科学出版社，1996年。

姜伯勤：《唐敦煌城市的礼仪空间》，《文史》第55辑，2001年，第229—244页。

雷闻：《祈雨与唐代社会研究》，《国学研究》第8卷，2001年，第245—289页。

雷闻：《隋唐朝集制度研究——兼论其与两汉上计制之异同》，《唐研究》第7卷，2001年，第289—310页。

雷闻：《唐代道教与国家礼仪——以高宗封禅活动为中心》，《中华文史论丛》第68辑，2002年，第62—79页。

雷闻：《论唐代皇帝的图像与祭祀》，《唐研究》第9卷，2003年，第261—282页。

雷闻：《五岳真君祠与唐代国家祭祀》，收入荣新江编《唐代宗教信仰与社会》，上海：上海辞书出版社，2003年，第35—83页。

雷闻：《唐代地方祠祀的分层与运作——以生祠与城隍神为中心》，《历史研究》2004年第2期，第27—41页。

雷闻：《唐宋时期地方祠祀政策的变化——兼论"祀典"与"淫祠"概念的落实》，《唐研究》第11卷，2005年，第269—294页。

雷闻：《试论隋唐对于先代帝王的祭祀》，《文史》第78辑，2007年，第123—136页。

雷闻：《郊庙之外：隋唐国家祭祀与宗教》，北京：三联书店，2009年。

黎正甫：《古代郊祀之礼》，《大陆杂志》第33卷第7期，1966年，第9—16页。

李华瑞：《宋代建元与政治》，《中国史研究》1996年第4期，第65—73页。

李佳:《明代皇后入祀奉先殿相关问题考论》,《故宫博物院院刊》2011年第3期,第138—147页。

李峻岫:《中唐学术思潮新变与孟子地位之变迁》,《国学研究》第14卷,2004年,第33—53页。

李焯然:《儒学传统与思想变迁》,香港:香港教育图书公司,2003年。

李焯然:《从〈大学衍义补〉看宋明学者对释奠先师礼仪的讨论》,《明史研究专刊》第17期,2013年,第17—36页。

梁满仓:《魏晋南北朝五礼制度考论》,北京:社会科学文献出版社,2009年。

廖咸惠:《唐宋时期南方后土信仰的演变——以扬州后土崇拜为例》,《汉学研究》第14卷第2期,1996年,第103—134页。

刘安志:《关于〈大唐开元礼〉的性质及行用问题》,《中国史研究》2005年第3期,第95—117页。

刘成国:《论〈周官新义〉与宋代学术之演进》,《国学研究》第11卷,2003年,第147—162页。

刘复生:《宋代"火运"论略——兼谈"五德转移"政治学说的终结》,《历史研究》1997年第3期,第92—106页。

刘增贵:《汉隋之间的车驾制度》,《史语所集刊》第63本第2分,1993年,第371—453页。

柳立言:《何谓"唐宋变革"》,《中华文史论丛》第81辑,2006年,第125—171页。

楼劲:《关于〈开宝通礼〉若干问题的考察》,《中国社会科学院历史研究所学刊》第4集,2007年,第411—437页。

楼劲:《〈周礼〉与北魏开国建制》,《唐研究》第13卷,2007年,第87—148页。

楼劲:《宋初礼制沿革及其与唐制的关系——兼论"宋承唐制"说之兴》,《中国史研究》2008年第2期,第57—76页。

楼劲:《宋初三朝的礼例与礼制形态的变迁》,《中国社会科学院历史研究所学刊》第5集,2008年,第157—189页。

罗祎楠:《孙逢吉〈职官分记〉成书史事考略》,《史学月刊》2002年第9期,第42—46页。

罗祎楠:《模式及其变迁——史学史视野中的唐宋变革问题》,《中国文化研究》2003年夏之卷,第18—31页。

马冬:《唐代大驾卤簿服饰研究》,《文史》第87辑,2009年,第107—139页。

妹尾达彦:《长安:礼仪之都——以圆仁〈入唐求法巡礼行记〉为素材》,《唐研究》第 15 卷,2009 年,第 385—434 页。

彭林:《周礼主体思想与成书年代考》,北京:中国社会科学出版社,1991 年。

皮庆生:《祈雨与宋代社会初探》,《华学》第 6 辑,2003 年,第 322—343 页。

皮庆生:《宋代的"车驾临奠"》,《台大历史学报》第 33 期,2004 年,第 43—69 页。

皮庆生:《宋人的正祀、淫祀观》,《东岳论丛》2005 年第 4 期,第 25—35 页。

皮庆生:《唐宋时期五服制度入令过程试探——以〈丧葬令〉所附〈丧服年月〉为中心》,《唐研究》第 14 卷,2008 年,第 381—411 页。

皮庆生:《论宋代的打击"淫祀"与文明的推广》,《清华大学学报》2008 年第 2 期,第 40—51 页。

皮庆生:《宋代民众祠神信仰研究》,上海:上海古籍出版社,2008 年。

任爽:《唐代礼制研究》,长春:东北师范大学出版社,1999 年。

荣新江、史睿:《俄藏敦煌写本〈唐令〉残卷(Дx. 3558)考释》,《敦煌学辑刊》1999 年第 1 期,第 3—13 页。

荣新江、史睿:《俄藏 Дx. 3558 唐代令式残卷再研究》,《敦煌吐鲁番研究》第 9 卷,2006 年,第 143—167 页。

申万里:《宋元乡饮酒礼考》,《史学月刊》2005 年第 2 期,第 28—36 页。

沈宗宪:《宋代民间祠祀与政府政策》,《大陆杂志》第 91 卷第 6 期,1996 年,第 23—39 页。

史睿:《北周后期至唐初礼制的变迁与学术文化的统一》,《唐研究》第 3 卷,1997 年,第 165—184 页。

史睿:《〈显庆礼〉所见唐代礼典与法典的关系》,收入高田时雄编《唐代宗教文化与制度》,京都:京都大学人文科学研究所,2007 年,第 115—132 页。

束景南、王晓华:《四书升格运动与宋代四书学的兴起——汉学向宋学转型的经典诠释历程》,《历史研究》2007 年第 5 期,第 76—94 页。

孙英刚:《隋唐长安的王府与王宅》,《唐研究》第 9 卷,2003 年,第 185—214 页。

陶希圣:《武庙之政治社会的演变》,《食货月刊》复刊第 2 卷第 5 期,1972 年,第 229—247 页。

天一阁博物馆、中国社会科学院历史研究所天圣令整理课题组校证:《天一阁藏明钞本天圣令校证:附唐令复原研究》,北京:中华书局,2006 年。

汪圣铎:《宋朝宗室制度考略》,《文史》第 33 辑,1990 年,第 171—199 页。

王美华:《唐宋时期乡饮酒礼演变探析》,《中国史研究》2011 年第 2 期,第 91—116 页。

王启发:《礼学思想体系探源》,郑州:中州古籍出版社,2005 年。

王启发:《程颢、程颐的礼学思想述论》,《中国社会科学院历史研究所学刊》第 5 集, 2008 年,第 191—228 页。

王瑞来:《宰相故事——士大夫政治下的权力场》,北京:中华书局,2010 年。

王善军:《宋代宗族和宗族制度研究》,石家庄:河北教育出版社,2000 年。

魏斌:《"伏准敕文"与晚唐行政运作》,《中国史研究》2006 年第 1 期,第 95—106 页。

魏斌:《唐代敕书内容的扩展与大赦职能的变化》,《历史研究》2006 年第 4 期,第 21—35 页。

吴丽娱:《S. 1725 与 P. 4024 写本书仪的撰成年代与贞观丧服礼》,收入宋家钰、刘忠编《英国收藏敦煌汉藏文献研究》,北京:中国社会科学出版社,2000 年,第 282—294 页。

吴丽娱:《P. 3637〈新定书仪镜〉中丧服图的年代质疑》,《中华文史论丛》第 67 辑,2001 年,第 77—106 页。

吴丽娱:《敦煌写本书仪中的丧服图与唐礼》,《中国社会科学院历史研究所学刊》第 1 集,2001 年,第 211—237 页。

吴丽娱:《敦煌 P. 2967 杜佑丧礼服制度图与郑余庆元和书仪》,《敦煌吐鲁番研究》第 5 卷,2001 年,第 195—215 页。

吴丽娱:《唐礼摭遗——中古书仪研究》,北京:商务印书馆,2002 年。

吴丽娱:《论九宫祭祀与道教崇拜》,《唐研究》第 9 卷,2003 年,第 283—314 页。

吴丽娱:《试论唐后期中央长官的上事之仪——以尚书仆射的上事为中心》,《中国社会科学院历史研究所学刊》第 3 集,2004 年,第 263—291 页。

吴丽娱:《礼用之辨:〈大唐开元礼〉的行用释疑》,《文史》第 71 辑,2005 年,第 97—130 页。

吴丽娱:《唐宋之际的礼仪新秩序——以唐代的公卿巡陵和陵庙荐食为中心》,《唐研究》第 11 卷,2005 年,第 233—268 页。

吴丽娱:《新制入礼:〈大唐开元礼〉的最后修订》,《燕京学报》新 19 期,2005 年,第 45—66 页。

吴丽娱:《营造盛世:〈大唐开元礼〉的撰作缘起》,《中国史研究》2005 年第 3 期,第 73—94 页。

吴丽娱:《朝贺皇后:〈大唐开元礼〉中的则天旧仪》,《文史》第 74 辑,2006 年,第 109—

137 页。

吴丽娱:《从〈天圣令〉对唐令的修改看唐宋制度之变迁——〈丧葬令〉研读笔记三篇》,《唐研究》第 12 卷,2006 年,第 123—201 页。

吴丽娱:《敦煌书仪中的奉慰表启与唐宋朝廷的凶礼慰哀》,《燕京学报》新 21 期,2006 年,第 35—67 页。

吴丽娱:《兼容南北:〈大唐开元礼〉的册后之源》,《魏晋南北朝隋唐史资料》第 23 辑,2006 年,第 101—115 页。

吴丽娱:《礼制变革与中晚唐社会政治》,收入黄正建编《中晚唐社会与政治研究》,北京:中国社会科学出版社,2006 年,第 108—267 页。

吴丽娱:《晚唐五代中央地方的礼仪交接——以节度刺史的拜官中谢、上事为中心》,收入卢向前编《唐宋变革论》,合肥:黄山书社,2006 年,第 250—282 页。

吴丽娱:《试论唐五代的起居仪》,《中国社会科学院历史研究所学刊》第 4 集,2007 年,第 345—374 页。

吴丽娱:《太子册礼的演变与中古政治——从〈大唐开元礼〉的两种太子册礼说起》,《唐研究》第 13 卷,2007 年,第 63—86 页。

吴丽娱:《〈显庆礼〉与武则天》,《唐史论丛》第 10 辑,2008 年,第 1—16 页。

吴丽娱:《关于〈贞观礼〉的一些问题——以所增"二十九条"为中心》,《中国史研究》2008 年第 2 期,第 37—55 页。

吴丽娱:《关于唐〈丧葬令〉复原的再检讨》,《文史哲》2008 年第 4 期,第 91—97 页。

吴丽娱:《唐朝的〈丧葬令〉与丧葬礼》,《燕京学报》新 25 期,2008 年,第 89—122 页。

吴丽娱:《唐朝的〈丧葬令〉与唐五代丧葬法式》,《文史》第 79 辑,2008 年,第 87—123 页。

吴丽娱:《唐代的礼仪使与大礼使》,《中国社会科学院历史研究所学刊》第 5 集,2008 年,第 127—156 页。

吴丽娱:《唐代赠官的赠赙与赠谥——从〈天圣令〉看唐代赠官制度》,《唐研究》第 14 卷,2008 年,第 413—438 页。

吴丽娱:《推陈出新:关于〈崇丰二陵集礼〉的创作》,《台湾师大历史学报》第 43 期,2010 年,第 89—117 页。

吴丽娱:《再造"国恤":试论〈大唐元陵仪注〉的礼仪来源》,《隋唐辽宋金元史论丛》第 1 辑,2010 年,第 51—80 页。

吴丽娱:《对〈贞观礼〉渊源问题的再分析——以贞观凶礼和〈国恤〉为中心》,《中国史研究》2010年第2期,第113—139页。

吴丽娱:《试论唐宋皇帝的两重丧制与佛道典礼》,《文史》第91辑,2010年,第203—235页。

吴丽娱:《试论唐宋皇后的服制与祔庙——从义安太后的丧服减降谈起》,《中国社会科学院历史研究所学刊》第7集,2011年,第263—285页。

吴丽娱:《试论中古皇帝"二次即位"礼的唐宋变革》,《文史》第100辑,2012年,第277—311页。

吴丽娱:《终极之典——中古丧葬制度研究》,北京:中华书局,2012年。

吴羽:《北宋玉清昭应宫与道教艺术》,《艺术史研究》第7辑,2005年,第139—178页。

吴羽:《今佚唐代韦彤〈五礼精义〉的学术特点及其影响——兼论中晚唐礼学新趋向对宋代礼仪的影响》,《魏晋南北朝隋唐史资料》第25辑,2009年,第148—168页。

吴羽:《今佚唐〈开元礼义鉴〉的学术渊源与影响》,《魏晋南北朝隋唐史资料》第26辑,2010年,第187—201页。

吴羽:《宋代太一宫及其礼仪——兼论十神太一信仰与晚唐至宋的政治、社会变迁》,《中国史研究》2011年第3期,第87—108页。

吴羽:《〈政和五礼新仪〉编纂考论》,《学术研究》2013年第6期,第119—126页。

伍伯常:《北宋选任陪臣的原则:论猜防制度下的南唐陪臣》,《中国文化研究所学报》第41期,2001年,第1—31页。

邢义田:《允文允武:汉代官吏的一种典型》,《史语所集刊》第75本第2分,2004年,第223—282页。

徐规:《王禹偁事迹著作编年》,北京:中国社会科学出版社,1982年。

许齐雄:《定义我朝真儒:薛瑄从祀孔庙始末与明代思想史的几个侧面》,《中国文化研究所学报》第47期,2007年,第93—114页。

严耕望:《论唐代尚书省之职权与地位》,《史语所集刊》第24本,1953年,第1—68页。

羊华荣:《宋徽宗与道教》,《世界宗教研究》1985年第3期,第70—79页。

杨华:《论〈开元礼〉对郑玄和王肃礼学的择从》,《中国史研究》2003年第1期,第53—67页。

杨晋龙:《神统与圣统——郑玄王肃"感生说"异解探义》,《中国文哲研究集刊》第3期,1993年,第487—526页。

杨俊峰:《五代南方王国的封神运动》,《汉学研究》第28卷第2期,2010年,第327—362页。

杨俊峰:《唐代城隍信仰与官府的立祀——兼论其官僚化神格的形成》,《新史学》第 23 卷第 3 期,2012 年,第 1—43 页。

杨俊峰:《赐封与劝忠——两宋之际的旌忠庙》,《历史人类学学刊》第 10 卷第 2 期,2012 年,第 33—62 页。

杨俊峰:《宋代的封赐与祀典——兼论宋廷的祠祀措施》,《唐研究》第 18 卷,2012 年,第 75—97 页。

杨宽:《中国古代陵寝制度史研究》,上海:上海古籍出版社,1985 年。

杨倩描:《宋代郊祀制度初探》,《世界宗教研究》1988 年第 4 期,第 75—81 页。

杨向奎:《宗周社会与礼乐文明》,北京:人民出版社,1997 年。

杨新成:《明代奉慈殿兴废考》,《故宫博物院院刊》2011 年第 3 期,第 126—137 页。

游彪:《宋代荫补制度研究》,北京:中国社会科学出版社,2001 年。

游自勇:《汉唐时期"乡饮酒"礼制化考论》,《汉学研究》第 22 卷第 2 期,2004 年,第 245—270 页。

游自勇:《礼展奉先之敬——唐代长安的私家庙祀》,《唐研究》第 15 卷,2009 年,第 435—481 页。

于赓哲:《由武成王庙制变迁看唐代文武分途》,《魏晋南北朝隋唐史资料》第 19 辑,2002 年,第 133—147 页。

余英时:《士与中国文化》,上海:上海人民出版社,1987 年。

余英时:《朱熹的历史世界——宋代士大夫政治文化的研究》,台北:允晨文化实业公司,2003 年。

禹成旼:《试论唐代赦文的变化及其意义》,《北京理工大学学报》2004 年第 3 期,第 83—87 页。

禹成旼:《唐代赦文颁布的演变》,《唐史论丛》第 8 辑,2006 年,第 114—132 页。

禹平、王柏中:《明朝内庙祭祀制度探讨》,《吉林大学社会科学学报》2004 年第 1 期,第 125—128 页。

郁贤皓、胡可先:《唐九卿考》,北京:中国社会科学出版社,2003 年。

袁良勇:《宋代功臣配享述论》,《史学月刊》2007 年第 5 期,第 27—34 页。

曾枣庄:《苏辙年谱》,西安:陕西人民出版社,1986 年。

张广达:《内藤湖南的唐宋变革论及其影响》,《唐研究》第 11 卷,2005 年,第 5—71 页。

张鹤泉:《周代祭祀研究》,台北:文津出版社,1993 年。

张焕君:《宋代太庙中的始祖之争——以绍熙五年为中心》,《中国文化研究》2006 年夏之卷,第48—56页。

张琏:《明代嘉靖朝宗庙礼制变革与思想冲突之讨论》,《政治大学历史学报》第24期,2005年,第1—38页。

张琏:《天地分合:明代嘉靖朝郊祀礼仪论之考察》,《汉学研究》第23卷第2期,2005年,第161—196页。

张荣明:《中国的国教——从上古到东汉》,北京:中国社会科学出版社,2001年。

张文昌:《唐德宗重建礼制秩序与〈大唐郊祀录〉的编纂》,《兴大历史学报》第19期,2007年,第1—44页。

张文昌:《论唐代后期之太常礼典》,《文史》第85期,2008年,第169—190页。

张文昌:《论唐宋礼典中的佛教与民俗因素及其影响》,《唐史论丛》第10期,2008年,第17—39页。

张文昌:《唐代国家礼典脉络下之私撰礼书——以〈新唐书·艺文志〉为考察中心》,收入宋德熹编《中国中古社会与国家史料典籍研读会成果论文集》,台北:稻乡出版社,2009年,第339—353页。

张文昌:《中国中古家礼的编纂与发展》,《东吴历史学报》第23期,2010年,第1—84页。

张文昌:《〈大周通礼〉与〈开宝通礼〉内容与体例试探——以"通礼"为切入点》,《早期中国史研究》第2卷第2期,2010年,第109—132页。

张文昌:《唐代以降国家礼仪发展之变迁》,收入朱凤玉、汪娟编《张广达先生八十华诞祝寿论文集》,台北:新文丰出版公司,2010年,第159—209页。

张文昌:《制礼以教天下:唐宋礼书与国家社会》,台北:台湾大学出版中心,2012年。

张驭寰:《北宋东京城建筑复原研究》,杭州:浙江工商大学出版社,2011年。

赵大莹:《唐宋〈假宁令〉研究》,《唐研究》第12卷,2006年,第73—100页。

赵冬梅:《先帝皇后与今上生母——试论皇太后在北宋政治文化中的含义》,收入张希清、田浩、黄宽重、于建设编《10—13世纪中国文化的碰撞与融合》,上海:上海人民出版社,2006年,第388—407页。

赵冬梅:《文武之间:北宋武选官研究》,北京:北京大学出版社,2010年。

赵克生:《明朝嘉靖时期国家祭礼改制》,北京:社会科学文献出版社,2006年。

赵澜:《〈大唐开元礼〉初探——论唐代礼制的演化历程》,《复旦学报》1994年第5期,第87—92页。

赵旭:《唐宋时期私家祖考祭祀礼制考论》,《中国史研究》2008年第3期,第17—

44 页。

中国社会科学院考古研究所西安唐城队：《西安市唐长安城大明宫丹凤门遗址的发掘》，《考古》2006 年第 7 期，第 39—49 页。

周宝珠：《北宋时期的西京洛阳》，《史学月刊》2001 年第 4 期，第 109—116 页。

周愚文：《宋代的学礼》，收入高明士编《东亚传统教育与学礼学规》，台北：台湾大学出版中心，2005 年，第 37—70 页。

朱鸿林：《中国近世儒学实质的思辨与习学》，北京：北京大学出版社，2005 年。

朱溢：《论唐代的山川封爵现象——兼论唐代的官方山川崇拜》，《新史学》第 18 卷第 4 期，2007 年，第 71—124 页。

朱溢：《唐宋时期太庙庙数的变迁》，《中华文史论丛》第 98 期，2010 年，第 123—160 页。

（二）日文论著

Thomas Thilo 著，池田温译：《唐史における帝王符瑞の一例とその背景》，《东方学》第 48 辑，1974 年，第 12—27 页。

安居香山：《纬书の成立とその展开》，东京：国书刊行会，1979 年。

安居香山、中村璋八：《纬书の基础的研究》，东京：汉魏文化研究会，1966 年。

安居香山、中村璋八编：《重修纬书集成》，东京：明德出版社，1988 年。

坂出祥伸：《中国古代の占法——技术と呪术の周边》，东京：研文出版，1991 年。

板野长八：《儒教成立史の研究》，东京：岩波书店，1995 年。

滨岛敦俊：《总管信仰——近世江南农村社会と民间信仰》，东京：研文出版，2001 年。

池田末利：《中国古代宗教史研究——制度と思想》，东京：东海大学出版会，1989 年。

池田温：《沙州图经略考》，收入榎博士还历记念东洋史论丛编纂委员会编《榎博士还历记念东洋史论丛》，东京：山川出版社，1975 年，第 31—101 页。

池田温编集代表：《唐令拾遗补》，东京：东京大学出版会，1997 年。

川本芳昭：《魏晋南北朝时代の民族问题》，东京：汲古书院，1998 年。

川上恭司：《宋代の都市と教育——州县学を中心に》，收入梅原郁编《中国近世の都市と文化》，京都：京都大学人文科学研究所，1984 年，第 361—375 页。

岛一：《贞观年间の礼の修定と〈礼记正义〉》（上），《学林》第 26 号，1997 年，第 27—49 页。

岛一：《贞观年间の礼の修定と〈礼记正义〉》（下），《立命馆文学》第 549 号，1997 年，第

37—70 页。

渡边信一郎:《天空の玉座——中国古代帝国の朝政と仪礼》,东京:柏书房,1996年。

渡边信一郎:《中国古代の王权と天下秩序——日中比较史の视点から》,东京:校仓书房,2004年。

多贺秋五郎:《唐代教育史の研究——日本学校教育の源流》,东京:不昧堂,1953年。

福岛正:《濮议と兴献议》,收入小南一郎编《中国の礼制と礼学》,京都:朋友书店,2001年,第577—611页。

高明士:《治统庙制と道统庙制との消长——秦汉より隋唐までの考察を中心として》,收入西嶋定生博士追悼论文集编集委员会编《东アジア史の展开と日本》,东京:山川出版社,2000年,第349—368页。

高桥弘臣:《南宋の皇帝祭祀と临安》,《东洋史研究》第69卷第4期,2011年,第611—643页。

根本诚:《唐代の大赦に就いて》,《早稻田大学大学院文学研究科纪要》第6辑,1960年,第241—259页。

宫川尚志:《宋の徽宗と道教》,《东海大学文学部纪要》第23辑,1975年,第1—10页。

古胜隆一:《中国中古の学术》,东京:研文出版,2006年。

谷川道雄:《总论》,收入谷川道雄编《战后日本の中国史论争》,名古屋:河合文化教育研究所,1993年,第9—26页。

桂小兰:《古代中国の犬文化——食用と祭祀を中心に》,吹田:大阪大学出版会,2005年。

好并隆司:《前汉政治史研究》,东京:研文出版,2004年。

户崎哲彦:《唐代における太庙制度の変迁》,《彦根论丛》第262、263号,1989年,第371—390页。

户崎哲彦:《唐代における禘祫论争とその意义》,《东方学》第80辑,1990年,第82—96页。

户崎哲彦:《唐诸帝号考(上)——皋陶から睿宗まで》,《彦根论丛》第264号,1990年,第71—96页。

户崎哲彦:《唐诸帝号考(下)——殇帝から哀帝まで》,《彦根论丛》第266号,1990年,第71—98页。

户崎哲彦:《唐代君主号制度に由来する"尊号"てその别称——唐から清,および日本における用语と用法》,《彦根论丛》第270、271号,1991年,第123—141页。

户崎哲彦:《唐代皇帝受册尊号仪の复元(上)——唐代皇帝即位仪礼の复元に向かって》,《彦根论丛》第 272 号,1991 年,第 11—34 页。

户崎哲彦:《唐代皇帝受册尊号仪の复元(下)——唐代皇帝即位仪礼の复元に向かって》,《彦根论丛》第 273、274 页,1991 年,第 377—400 页。

户崎哲彦:《唐代尊号制度の构造》,《彦根论丛》第 278 号,1992 年,第 43—65 页。

加藤繁:《支那经济史考证》上卷,东京:东洋文库,1952 年。

江川式部:《唐朝祭祀における五齐三酒》,《明治大学文学研究论集》第 14 号,2001 年,第 187—202 页。

江川式部:《唐朝祭祀における玄酒と明水——〈大唐开元礼〉の记载とその背景》,《骏台史学》第 113 号,2001 年,第 1—26 页。

江川式部:《唐の庙享と祼礼》,《明治大学人文科学研究所纪要》第 55 册,2004 年,第 174—200 页。

江川式部:《唐朝祭祀における三献》,《骏台史学》第 129 号,2006 年,第 21—51 页。

江川式部:《唐朝の丧葬仪礼における哀册と谥册——出土例を中心に》,《明治大学古代学研究所纪要》第 5 号,2007 年,第 3—23 页。

江川式部:《北岳庙题记にみえる唐代の常祀と三献官》,收入气贺泽保规编《中国石刻资料とその社会——北朝隋唐期を中心に》,东京:汲古书院,2007 年,第 145—178 页。

江川式部:《唐代の上墓仪礼——墓祭习俗の礼典编入とその意义について》,《东方学》第 120 辑,2010 年,第 34—50 页。

江川式部:《贞元年间の太庙奏议と唐代后期の礼制改革》,《中国史学》第 20 号,2010 年,第 153—175 页。

金子修一:《唐代の大祀・中祀・小祀について》,《高知大学学术研究报告・人文科学编》第 25 号,1976 年,第 13—19 页。

金子修一:《中国古代における皇帝祭祀の一考察》,《史学杂志》第 87 编第 2 号,1978 年,第 174—202 页。

金子修一:《魏晋より隋唐に至る郊祀・宗庙の制度について》,《史学杂志》第 88 编第 10 号,1979 年,第 1498—1539 页。

金子修一:《唐代皇帝祭祀の亲祭と有司摄事》,《东洋史研究》第 47 卷第 2 号,1988 年,第 284—313 页。

金子修一:《唐代皇帝祭祀の二つの事例——太宗贞观十七年の场合と玄宗开元十一

年の場合》，收入栗原益男先生古稀记念论集编集委员会编《中国古代の法と社会》，东京：汲古书院，1988年，第313—330页。

金子修一：《唐玄宗の谒庙の礼について》，《山梨大学教育学部研究报告》第42号第1分册，1991年，第59—69页。

金子修一：《唐太宗—睿宗郊庙亲祭について——唐代における皇帝の郊庙亲祭その一》，收入唐代史研究会编《中国の都市と农村》，东京：汲古书院，1992年，第235—262页。

金子修一：《玄宗朝の皇帝亲祭について》，收入池田温编《中国礼法と日本律令制》，东京：东方书店，1992年，第139—164页。

金子修一：《唐后半期の郊庙亲祭について——唐代における皇帝の郊庙亲祭その三》，《东洋史研究》第55卷第2号，1996年，第323—357页。

金子修一：《唐代皇帝祭祀の特质——皇帝の郊庙祭祀を通して》，收入西嶋定生博士追悼论文集编集委员会编《东アジア史の展开と日本》，东京：山川出版社，2000年，第291—308页。

金子修一：《古代中国と皇帝祭祀》，东京：汲古书院，2001年。

金子修一：《中国古代皇帝祭祀の研究》，东京：岩波书店，2006年。

金子修一、江川式部、稻田奈津子、金子由纪：《大唐元陵仪注试释（一）》，《山梨大学教育人间科学部纪要》第3卷第2号，2002年，第1—16页。

金子修一、河内春人、铃木桂、野田有纪子、稻田奈津子、江川式部：《大唐元陵仪注试释（二）》，《山梨大学教育人间科学部纪要》第4卷第2号，2003年，第1—18页。

金子修一、金子由纪、河内春人、榊佳子、牧飞鸟、江川式部：《大唐元陵仪注试释（三）》，《山梨大学教育人间科学部纪要》第5卷第2号，2003年，第1—23页。

金子修一、江川式部、稻田奈津子、金子由纪：《大唐元陵仪注试释（四）》，《山梨大学教育人间科学部纪要》第6卷第2号，2005年，第1—13页。

金子修一、小幡みちる、野田有纪子、牧飞鸟：《大唐元陵仪注试释（五）》，《山梨大学教育人间科学部纪要》第7卷第1号，2005年，第1—17页。

金子修一、河内春人、榊佳子、江川式部：《大唐元陵仪注试释（六）》，《国学院大学大学院文学研究科纪要》第38辑，2007年，第65—90页。

金子修一、稻田奈津子、金子由纪、小幡みちる：《大唐元陵仪注试释（七）》，收入《シンジポウム"东アジア世界における王权の态样——陵墓・王权仪礼の视点から"》，东京：国学院大学文学部古代王权研究会，2007年，第1—19页。

金子修一、野田有纪子、牧飞鸟：《大唐元陵仪注试释（八）》，《国学院大学大学院文学研究科纪要》第39辑，2008年，第25—41页。

金子修一、稻田奈津子、小仓久美子、铃木桂、河内春人：《大唐元陵仪注试释（终章）》，《国学院大学大学院文学研究科纪要》第41辑，2009年，第21—53页。

金子修一：《〈大唐元陵仪注〉と〈大唐开元礼〉》，收入铃木靖民编《日本古代の王权と东アジア》，东京：吉川弘文馆，2012年，第316—334页。

金子修一主编：《大唐元陵仪注新释》，东京：汲古书院，2013年。

金子由纪：《宋代の大朝会仪礼》，《上智史学》第47号，2002年，第49—85页。

金子由纪：《南宋の大朝会仪礼——高宗绍兴15年の元会を中心として》，《纪尾井史学》第23号，2003年，第25—36页。

久保田和男：《宋代开封の研究》，东京：汲古书院，2007年。

来村多加史：《唐代皇帝陵の研究》，东京：学生社，2001年。

麦谷邦夫：《唐代封禅议小考》，收入小南一郎编《中国文明の形成》，京都：朋友书店，2005年，第311—340页。

梅原郁：《宋代の开封と都市制度》，《鹰陵史学》第3、4号，1977年，第47—74页。

梅原郁：《皇帝·祭祀·国都》，收入中村贤二郎编《历史のなかの都市——续都市の社会史》，京都：ミネルヴア书房，1986年，第284—307页。

妹尾达彦：《唐长安城の仪礼空间——皇帝仪礼の舞台を中心に》，《东洋文化》第72号，1992年，第1—35页。

妹尾达彦：《世界史の时期区分と唐宋变革论》，《中央大学文学部史学纪要》第52号，2007年，第19—68页。

妹尾达彦：《圆仁の长安——9世纪の中国都城と王权仪礼》，《中央大学文学部史学纪要》第53号，2008年，第17—76页。

片冈一忠：《中国官印制度研究》，东京：东方书店，2008年。

仁井田陞：《唐令拾遗》，东京：东京大学出版会，1964年。

森田健太郎：《宋朝四海信仰の实像——祠庙政策を通して》，《早稻田大学大学院文学研究科纪要》第49辑第4分册，2004年，第67—79页。

山根三芳：《宋代礼说研究》，广岛：溪水社，1996年。

山口智哉：《宋代乡饮酒礼考——仪礼空间としてみた人的结合の"场"》，《史学研究》第241号，2003年，第66—99页。

山内弘一：《北宋の国家と玉皇——新礼恭谢天地を中心に》，《东方学》第62辑，1981

年,第 83—97 页。

山内弘一:《北宋时代の神御殿と景灵宫》,《东方学》第 70 辑,1985 年,第 46—60 页。

山内弘一:《北宋时代の郊祀》,《史学杂志》第 92 编第 1 号,1985 年,第 40—66 页。

山内弘一:《北宋时代の太庙》,《上智史学》第 35 号,1990 年,第 91—119 页。

石见清裕:《唐の北方问题と国际秩序》,东京:汲古书院,1998 年。

石见清裕:《唐の国书授与仪礼について》,《东洋史研究》第 57 卷第 2 号,1998 年,第 243—276 页。

石见清裕:《唐代凶礼の构造——〈大唐开元礼〉官僚丧葬仪礼を中心に》,收入福井文雅博士古稀・退职记念论集刊行会编《福井文雅博士古稀记念论集——アジア文化の思想と仪礼》,东京:春秋社,2005 年,第 117—142 页。

石见清裕:《唐代の官僚丧葬仪礼と开元二十五年丧葬令》,收入吾妻重二、二阶堂善弘编《东アジアの仪礼と宗教》,东京:雄松堂,2008 年,第 167—185 页。

水越知:《宋代社会と祠庙信仰の展开——地域核としての祠庙の出现》,《东洋史研究》第 60 卷第 4 号,2002 年,第 629—666 页。

松本浩一:《宋代の道教と民间信仰》,东京:汲古书院,2006 年。

松浦千春:《玄宗朝の国家祭祀と"王权"のシソボリズム》,《古代文化》第 49 卷第 1 期,1997 年,第 47—58 页。

松浦千春:《释奠仪礼についての觉え书き——その一 释奠仪礼の形成》,《一关工业高等专门学校研究纪要》第 36 号,2001 年,第 1—7 页。

松浦千春:《魏晋南朝の帝位继承と释奠仪礼》,《东北大学东洋史论集》第 9 辑,2003 年,第 159—185 页。

松崎哲之:《明代の一帝一后制と太庙》,《筑波中国文化论丛》第 20 号,2001 年,第 29—55 页。

藤川正数:《汉代における礼学の研究》,东京:风间书房,1985 年。

丸桥充拓:《唐宋变革期の军礼と秩序》,《东洋史研究》第 64 卷第 3 号,2005 年,第 490—522 页。

尾形勇:《中国古代の"家"と国家——皇帝支配下の秩序构造》,东京:岩波书店,1979 年。

吾妻重二:《宋代の家庙と祖先祭祀》,收入小南一郎编《中国の礼制と礼学》,京都:朋友书店,2001 年,第 505—575 页。

吾妻重二:《宋代の景灵宫について——道教祭祀と儒教祭祀の交差》,收入小林正美

编《道教の斎法儀礼の思想史研究》,东京：知泉书馆,2006 年,第 283—333 页。

西嶋定生：《中国古代帝国の形成と构造：二十等爵制の研究》,东京：东京大学出版会,1961 年。

西嶋定生：《皇帝支配の成立》,收入《岩波讲座世界历史》第 4 卷《东アジア世界の形成 I》,东京：岩波书店,1970 年,第 229—256 页。

西嶋定生：《汉代について即位仪礼——とくに帝位继承のばあいについて》,收入榎博士还历记念编集委员会编《榎博士还历记念东洋史论丛》,东京：山川出版社,1975 年,第 403—422 页。

西冈市祐：《释冬鱼：〈大唐开元礼〉荐新于太庙礼の荐新物その一》,《国学院中国学会报》第 38 卷,1992 年,第 74—90 页。

西冈市祐：《〈大唐开元礼〉"荐新于太庙"の仪礼复元：玄宗朝から宪宗朝までの准备》,《国学院中国学会报》第 40 卷,1994 年,第 32—42 页。

西冈市祐：《唐代"荐新于太庙"の仪礼复元：〈大唐开元礼〉を中心として》,《国学院杂志》第 97 卷第 3 号,1996 年,第 16—27 页。

西冈市祐：《释蕨·笋·蒲白·韭：〈大唐开元礼〉の荐新物について》,《国学院杂志》第 97 卷第 8 号,1996 年,第 56—69 页。

西冈市祐：《〈大唐开元礼〉の七祀について》,《国学院杂志》第 97 卷第 11 号,1996 年,第 88—100 页。

西冈市祐：《"二月甲午、亲享太庙"の读解：记述の存否と日付を中心にして》,《国学院中国学会报》第 43 卷,1997 年,第 33—45 页。

西冈市祐：《銮驾の构成："天宝元年二月甲午、亲享太庙"の解读》,《国学院大学纪要》第 37 卷,1999 年,第 35—56 页。

西冈市祐：《省牲器·晨祼仪礼の差异：时享仪礼の比较》,《国学院杂志》第 100 卷第 10 号,1999 年,第 13—25 页。

小岛毅：《郊祀制度の变迁》,《东洋文化研究所纪要》第 108 册,1989 年,第 123—219 页。

小岛毅：《天子と皇帝——中华帝国の祭祀体系》,收入松原正毅编《王权の位相》,东京：弘文堂,1991 年,第 333—350 页。

小岛毅：《宋代の国家祭祀——〈政和五礼新仪〉の特征》,收入池田温编《中国礼法と日本律令制》,东京：东方书店,1992 年,第 463—484 页。

小岛毅：《嘉靖の礼制改革について》,《东洋文化研究所纪要》第 117 册,1992 年,第

381—426 页。

小岛毅：《宋学の形成と展开》，东京：创文社，1999 年。

小林义广：《欧阳修その生涯と宗族》，东京：创文社，2000 年。

新城理惠：《先蚕仪礼と中国の蚕神信仰》，《比较民俗研究》第 4 号，1991 年，第 7—27 页。

新城理惠：《先蚕仪礼と唐代の皇后》，《史论》第 46 集，1993 年，第 37—50 页。

新城理惠：《唐代先蚕仪礼の复元》，《史峰》第 7 号，1994 年，第 1—33 页。

新城理惠：《唐代における国家仪礼と皇太后——皇后・皇太后受朝贺を中心に》，《社会文化史学》第 39 号，1998 年，第 55—80 页。

新城理惠：《中国の籍田仪礼について》，《史境》第 41 号，2000 年，第 25—38 页。

新城理惠：《绢と皇后——中国の国家仪礼と养蚕》，收入网野善彦等编《天皇と王权を考える》第 3 卷《生产と流通》，东京：岩波书店，2002 年，第 141—160 页。

新城理惠：《唐宋期の皇后・皇太后——太庙制度と皇后》，收入野口铁郎先生古稀记念论集刊行委员会编《中华世界の历史的展开》，东京：汲古书院，2002 年，第 133—155 页。

须江隆：《唐宋期における祠庙の庙额・封号の下赐について》，《中国——社会と文化》第 9 号，1994 年，第 96—119 页。

须江隆：《"熙宁七年の诏"——北宋神宗朝期の赐额・赐号》，《东北大学东洋史论集》第 8 号，2001 年，第 54—93 页。

须江隆：《唐宋期における社会构造の变质过程——祠庙制の推移を中心として》，《东北大学东洋史论集》第 9 号，2003 年，第 247—294 页。

伊藤德男：《前汉の宗庙制——七庙制の成立を中心にして》，《东北学院大学论集・历史学地理学》第 13 号，1983 年，第 43—67 页。

斋木哲郎：《秦汉儒教の研究》，东京：汲古书院，2004 年。

中村裕一：《唐代制敕研究》，东京：汲古书院，1991 年。

中野昌代：《唐の释奠について》，《史窗》第 58 号，2001 年，第 197—208 页。

佐藤和彦：《唐代における皇后・皇太后の册位に关する一问题——〈大唐开元礼〉所见の"皇后正殿"を手がかりに》，《立正大学大学院文学研究科年报》第 17 号，1999 年，第 39—50 页。

佐藤和彦：《〈大唐开元礼〉に见る皇太子の师父尊崇仪礼について——仪礼から见る东宫机构の变化》，《立正史学》第 97 号，2005 年，第 49—65 页。

佐藤和彦:《〈大唐开元礼〉からみる立皇后仪礼》,《立正大学东洋史论集》第 17 号,2005 年,第 15—33 页。

(三) 英文论著

Barrett, Timothy H. *Li Ao: Buddhist, Taoist, or Neo-Confucian?* Oxford: Oxford University Press, 1992.

Cahill, Suzanne C. "Taoism at the Sung Court: The Heavenly Text Affair of 1008," *Bulletin of Sung Yuan Studies*, 16 (1980), pp. 23 - 44.

Chaffee, John W. *Branches of Heaven: A History of the Imperial Clan of Sung China*, Cambridge, Mass. : Harvard University Asia Center, 1999.

Chard, Robert L. "The Imperial Household Cults," in Joseph P. McDermott, ed., *State and Court Ritual in China*, Cambridge: Cambridge University Press, 1999, pp. 237 - 266.

Chu, Hung-lam, "The Debate over Recognition of Wang Yang-ming," *Harvard Journal of Asiatic Studies*, 48: 1 (1988), pp. 47 - 70.

Ebrey, Patricia B. "Portrait Sculptures in Imperial Ancestral Rites in Song China," *T'oung Pao*, 83: 4 - 5 (1997), pp. 42 - 92.

Ebrey, Patricia B. "Taking out the Grand Carriage: Imperial Spectacle and the Visual Culture of Northern Song Kaifeng," *Asia Major*, 3rd series, 12: 1 (1999), pp. 33 - 65.

Fisher, Carney T. "The Ritual Dispute of Sung Ying-tsung," *Papers on Far Eastern History*, 35 (1987), pp. 109 - 138.

Hartwell, Robert M. "Demographic, Political, and Social Transformation of China, 750 - 1550," *Harvard Journal of Asiatic Studies*, 42: 2 (1982), pp. 365 - 442.

Lam, Joseph S. C. "Huizong's Dashengyue, a Musical Performance of Emperorship and Officialdom," in Patricia Buckley Ebrey and Maggie Bickford, eds., *Emperor Huizong and Late Northern Song China: The Politics of Culture and the Culture of Politics*, Cambridge, Mass. : Harvard University Asia Center, 2006, pp. 395 - 452.

McMullen, David L. "Bureaucrats and Cosmology: The Ritual Code of T'ang China," in David Cannadine and Simon Price, eds., *Ritual of Royalty: Power and Ceremony in Traditional Societies*, Cambridge: Cambridge University Press, 1987, pp. 181-236.

McMullen, David L. *State and Scholars in T'ang China*, Cambridge: Cambridge University Press, 1988.

McMullen, David L. "The Cult of Ch'i T'ai-kung and T'ang Attitudes to the Military," *T'ang Studies*, 7, (1989), pp. 59-103.

McMullen, David L. "The Death Rites of Tang Daizong," in Joseph P. McDermott, ed., *State and Court Ritual in China*, Cambridge: Cambridge University Press, 1999, pp. 150-196.

Taylor, Romeyn. "Ming T'ai-tsu and the God of Wall and Moats," *Ming Studies*, 3 (1977), pp. 31-49.

Twitchett, Denis C. "The T'ang Imperial Family," *Asia Major*, 3rd series, 7: 2 (1994), pp. 1-61.

Wechsler, Howard J. *Offerings of Jade and Silk: Ritual and Symbol in the Legitimation of the T'ang Dynasty*, New Haven: Yale University Press, 1985.

Xiong, Victor Cunrui. "Ritual Innovations and Taoism under Tang Xuanzong," *T'oung Pao*, 82: 4-5 (1996), pp. 258-316.

Xiong, Victor Cunrui. *Sui-Tang Chang'an: A Study in the Urban History of Medieval China*, Ann Arbor: Center for Chinese Studies, University of Michigan, 2000.

Yamauchi, Kōichi. "State Sacrifices and Daoism during the Northern Song," *Memoirs of the Research Department of the Toyo Bunko*, 58 (2000), pp. 1-18.

附：作者与本书相关之论文

1. 《唐至北宋时期的大祀、中祀和小祀》,《清华学报》新 39 卷第 2 期(新竹,2009.6),第 287—324 页。
2. 《从郊丘之争到天地分合之争——唐至北宋时期郊祀主神位的变化》,《汉学研究》第 27 卷第 2 期(台北,2009.6),第 267—302 页。
3. 《唐宋时期太庙庙数的变迁》,《中华文史论丛》第 98 期(上海,2010.6),第 123—160 页。
4. 《唐至北宋时期的皇帝亲郊》,《政治大学历史学报》第 34 期(台北,2010.11),第 1—51 页。
5. 《唐至北宋时期太庙祭祀中私家因素的成长》,《台大历史学报》第 46 期(台北,2010.12),第 35—83 页。
6. 《唐代孔庙释奠礼仪新探——以其功能和类别归属的讨论为中心》,《史学月刊》2011 年第 1 期(开封,2011.1),第 33—40 页。
7. 《隋唐礼制史研究的回顾和思考》,《史林》2011 年第 5 期(上海,2011.10),第 178—187 页。
8. 《唐至北宋时期的太庙禘祫礼仪》,《复旦学报》2012 年第 1 期(上海,2012.1),第 75—84 页。
9. 《论唐宋时期的武庙释奠礼仪》,收入余欣编《中古时代的礼仪、宗教与制度》(上海：上海古籍出版社,2012.6),第 179—193 页。

索　引

B

白招拒　89，92

北郊　54，71，82，87，89－91，93，95，97－99，104，107－110，115－121，124，126，138，148，206

笾豆　48－50，61，65，79，224－230，259，263，282，315

兵部　133－135，177，184，225，300，310，311－313，316

C

蔡京　118，137，189

蔡谟　239，240

蔡襄　142，289，295

《春秋文耀钩》　92

常衮　283，296

常食　49，50，226，227，229－231，233，263，264

常祀　19，39，41－44，48－50，52－56，61，62，64－67，69－72，74，76－78，80，82，83，85，89，91，104，108，109，130，200，203，205，206，227，228，231，252，255，269－273，278，287，318，319，323，324，326

常馔　49，223，225－228，262，263

朝集使　139，140

朝献　58，66，73，78，81，101，120，121，125－131，153，159，161

朝享　53，66，121，125－131，159，161，218，254

陈京　182，238－242

陈彭年　250

陈襄　103，106－109，116，119，301

陈寅恪　9，10，35－37，105，308

陈贞节　63，64，207，208

承天门　136，144，145，196

程颐　179，188

赤熛怒　88，89，91，92

初献　51，52，54，55，132，202，206，207，277，278，295，310，313，316

祠庙　19，22，166，273

祠祀　21－23，83，84，296，313

慈圣光献皇后　252，221

赐额　22，37，84

赐号　22，37，84

从祀　13，18，40，61，62，74，90，94，96，99，102，274－276，283，287，294，296，297，299，301－304，309，310，313，315，318－320，326

崔沔 224,226

D

大火星 78,79

大驾 107,134,135

大九州 90

大礼使 104,132-135,138,161

大明宫 34,136,144,154

大庆殿 129,130,156

《大唐郊祀录》 49,57,63,64,66,67,71,96,227,239,257,265,272,277,278,315

戴栩 193,194

丹凤门 144-146

道统 13,18,37,267,274,297-301,303,320

德音 148

东向之位 12,18,166,169,179,181,183,187,188,193,238-246,256,259,262,264,326

董仲舒 283

杜牧 281,293

端诚殿 124,156

E

二祧 168,169,190,241

二王三恪 14,72

F

法驾 134,136

范纯礼 115,118

范仲淹 290,291,317

范祖禹 101,115

方丘 56,87,90,91,93,95,96,99,104,106,107,109,110,112-117,121-123,158,160,162

方术 3,82,83,97

坊州 58,78,80,81

房玄龄 88,91,182,234,273,274

风师 21,42,48,57,58,71,75,83,326

封禅 4,14,15,20,21,67,71,111,126,139,153,297,315

奉慈庙 127,128,201,218,220,221,250,251

G

甘怀真 18,23,36,97,164,195

感生帝 43,50,56,58,75,88,89,91-95,97,184,187,327

皋陶 29,80,186,239

高禖 56,58,67,69,70,76

高明士 1,12,13,17,29,31,37,41,42,48,59,61,63,88,91,149,165,170,195,267-269,305,308,310

高堂隆 224,247,248,258

公羊高 274,283,296

功臣配享 233,235,257-259

宫闱令 200,201,227,233

宫悬 132,277,311

恭谢天地 15,111,112

穀梁赤 274,296

光禄卿 52,54,66,202,206,243,316

衮冕 80,141,277

国恤 24,25,88,133,322

国子祭酒 52,98,202,272,273,277,310,316

索 引

国子监　103,202,271-273,277,278,283,296,297,302,311,314-316,318-320

国子司业　176,275-277,316

H

含枢纽　88,89,92

含元殿　136,140

韩琦　288,291,295

韩维　185,186,244,250,251

韩愈　182,202,241,244,281,293,294,296,298-303,320

昊天上帝　3,11,14,15,42,43,50,56-58,66,73-75,88,89,91-97,99-102,107,108,110,115,121,123,124,130,148,155,156,158,160,184,187,204,264,326

何休　230,257,274,275

《河图括地象》　90,91

贺循　173

后土　3,21,58,62,78,81,82,97,111,126

胡三省　137,208,224,310

胡宿　79,250

户崎哲彦　12,29,165,170,175,240

皇地祇　42,43,50,56-58,75,90,91,94-97,99,101,102,104,106-110,113-116,121-124,148,158,160,324

皇帝臣某　11,44,165

皇帝某　11,44,279

黄帝　73,80-82,126,186,253,254,256,300

黄进兴　18,19,61,63,267,276,301,303-305,321

黄履　103,104,117,118,200

黄裳　119,136,148,174,235

毁庙　165,177,194,237-240,242-245,251,254-257,262

火德星君　80

J

汲县　306,307

即位礼仪　11,24

籍田　20,47,49,61,109,111,119

家庙　18,163,164,195,215,229,326

贾昌朝　127,129,130

贾逵　66,257,274

荐新　17,49,76,77,199,200,220,224-226,228,230-233

江川式部　17,19,20,25,41,44,52,165,202

姜嫄　68,207,208,218,220,221,241,247,248,250

金子修一　3,11,12,16,17,25,37,41,43,44,66,82,86,87,91,95,97,99,102,123,125,165

景灵宫　15,17,58,67,73,74,120,121,124,126-131,136,137,141,148,159,186,264,323

九鼎　81,82,327

九宫贵神　20,21,57-60,63,65,66,71,75,323,327

K

《开宝通礼》　8,33,38,101,146,147,

155,232,242

《开皇礼》 31,42,48

《开元礼》 8,10,15,25-28,30-33,41,43,46,48,49,52,56,58,59,63-65,67,68,71,77,82,83,93,95,96,123,124,128,132,136,144,152,153,159,209,224,225,228,232,246,247,257,259,264,272,273,277,279,282,309,315,324,325

孔纬 132,250,273

孔颖达 89,164,171,266

孔子 61,139,266,268,269,271,273-278,280-283,285,289,292-298,300-304,309,315,319,320

L

腊享 68,70,77,78,130,224

雷师 71,83

雷闻 6,13,20-22,37,62,65,83,84,139,268

礼部 26,33,54,55,71,80,92,96,104,114-119,131,136,143,148,149,152-154,189,192,203-206,225,229,284,302,311,317

礼仪局 46,47

礼仪使 53,64,100,104,130,132-134,138,155,161,174,212,215,239,286,311

礼仪院 73,80,184,217

礼馔 49,224,229

《礼阁新编》 32

《礼稽命曜》 237

《礼记》 4,30,32,44,96,106,178,187,266,268-270,274,275,302

《礼纬稽命征》 168,237

李翱 227,228,298-300

李昉 119

李弘 172,173,270,284

李南公 137,189

李清臣 103,106,108,124,200

李纾 310,312

李元瓘 275,276

李昭述 220,250

历代帝王 58,78

凉武昭王 182,186,239

梁满仓 1,4,5,41,106,169,284,322

灵威仰 89,91,92

灵星 57,58,63,66,67,71,75,79

陵寝 20,40,166,197,223,225-229

令狐楚 153,154

刘敞 128,204,251

刘承庆 172

刘筠 73,129,130

刘歆 167,168,257

刘禹锡 281,282,284

柳开 296,301

柳宗元 242,280,281,283,300

六亲庙 167-171,174-176,178-180,186,193,261

楼钥 131

卢就 56,60

卢士宗 179,180,251

卤簿 107,108,133-138,160,161,

316,324

卤簿使 133-136,138,161

陆佃 106,109,189

吕大防 115

吕公著 128,138,208,220

吕升卿 128-131

吕希纯 50,231

M

马步 58,68,72,75

马端临 2,125,131,134,182,209

马社 58,68,72,75

马祖 43,58,67,72,75

麦大维 12-15,25,37,195,305

妹尾达彦 34,84,136

孟子 90,281,283,296,298-304,320

明德皇后 214-220,222,243,252

明德门 146

明堂 14,15,30,62,75,87,89,92-96,
101,102,109,112-114,119,121,
124,126,131,134,136,138,139,141,
142,150,152,153,156,157,161,196,
256,328

N

南郊 45,47,53,56,61,66,68,69,71,
77,79,86,87,89,91-93,95-102,
104,108-142,144-161,184,203,
256,323,324,326

聂崇义 97,176

O

欧阳修 8,35,204,221,251,252,317

P

磻溪 306,307,309,312,319

裴堪 228,230

彭汝砺 114

皮庆生 22,26,27

皮日休 299

Q

七祀 17,58,70,77,78,200

祈谷 75,89,93,95-97,101,109,111,
135,139

钱惟演 127,217,220

桥道顿递使 133,134,137,138,161

秦蕙田 2,99,286

青词 66,81

《庆历祀仪》 69,229

《曲台礼》 32,246,249,250

R

日月 42,43,48,52,56,57,59,287,293

S

三大礼 66,73,124-131,136,137,
159,161,162,323,324

三公 5,45,52,54,132,202,203,205,
227,277,310,316

三老 5,285-287

三献 19,52,54,55,66,79,201,202,
205-207,262,278,294,295,310,
313,316

散斋 43-47,128

丧服 23,27,30,31,128,208,256,259,
262,263

山林川泽 43,57,58,68,78,91

山陵使 24,133

山内弘一 15,73,87,117,166,170

社稷　3,42,43,48,52,56-60,62,68,76,78,83,164,195,196,281,293,295,326

神州地祇　43,50,56,58,75,89,90,94-97,108

沈括　289,293,294

圣祖　15,58,73,78,80,81,126,129,186,251

十神太一　21,73,74,323

十哲　276-278,282,283,296,308-313,319

石介　300,301

时享　17,49,50,64,68,70,77,78,130,131,204,208,209,224,226-230,233,237,247,248,250,258,312

寿星　58,67,71,72,75,79,317

淑德皇后　214,252,213,221,222,243,250

《水经注》　305-307

朔望荐食　227,228,231,233,262,263

司寒　58,67,70-72,75-77

司禄　57,58,63,66,67,75

司马光　164,179-181,229,236,289,314

司民　58,66,67,75

司命　3,42,48,57,58,67,70,75-77,80,81

司中　3,42,48,57,58,67,75

四亲庙　167-171,175-179,183,186,193,253,255,261

祀典　22,23,47,60,62,64,71,75,76,79,80,83-85,91,97,113,114,238

松浦千春　20,65,267,269

宋祁　105,152,178

宋僖祖　177-181,184-195,233,242-246,253,255,259

苏轼　116,117,120,160,188

苏颂　104,116,141,200

苏辙　157,158

肃明皇后　68,99,207-209,212-216,219,220,247

孙抃　180,250

孙固　134,185,186,244

T

太常博士　55,64,79,103,118,171,172,174,176,182,183,193,206,207,228,238,317

太常礼院　54,59,79,82,96,102,104,105,108,130,147,175,176,178-181,186,187,203,206,218,219,243-245,249,250,252,259,260,295

太常卿　49,52,54-56,64-66,132,133,196,198,202,206,225,227,233,240,258,260,310,312,316

太常寺　40,52,54,55,64,101,103-105,110,113,114,121,128,131,132,134,178,186,187,189,195-199,220,229,244,262,284,307,316

《太常因革礼》　8,53,69,72,101,130,133,146-148,155,227,229,230,243,246,250,252,315

太极殿　128,136

索 引

太清宫 20,57,63,65,66,68,73,74,82,124,125,127-129,136,153,159,161,323

太微宫 45,66,92,93,101,125,126,203

太尉 52-54,59,66,108,127,132,164,202-206,254,277,310,316

太学 55,196,215,260,267,270,272,274,275,285-287,291,299,313,314,316,317

太一 3,58,59,66,73-77,82,97,258,264,327

太一宫 21,55,58,67,73,74,77,79,81

唐六典 39,51,52,58,72,106,132,197,200,202,265,277,307,310

唐献祖 174,186,238-242

《天圣令》 26,27,46

天子臣某 11,44,56,60,165

天子某 11,44,60

天子七庙 40,163,165-168,170,171,174,178,193,195,238,255,256,261,325,328

田锡 119,141,151,317

W

王安石 103,106,141,142,147,185-188,236,243-245,293,301,303,304,320

王存 101,103,106,109,200

王珪 127,146,147,164,184,200

王泾 174,228

王莽 3,97-99,101,105,107,117

王雱 304,320

王起 56,60

王钦若 71,135,215

王肃 12,14,31,40,87,92,93,95,159,168,169,171,174,175,178,179,181,188,192-194,208,238,257,261,264,274,324,325,327

王通 296,299-301,303

王彦威 32,59,182,246

王禹偁 152,293,294

韦公肃 215

韦缜 48,49,65,197,225,226,260

韦彤 32,228,230

韦玄成 167,168,170,237,256

魏侯玮 12-14,36,158

文彦博 164,229,288

吴丽娱 6,20,21,23-28,30-33,37,41,49,65-67,74,95,104,123,133,144,149,166,209,223,226,227,264,310

吴淑 213,214

吾妻重二 18,27,73,126,164

五方上帝 42,57,58,62,68,88,89,91

五凤楼 145,146

五龙祠 57,63,65,78,323

五行 47,62,66,74,78-80,83,85,88,97

五時 97,196

武举 13,305,307,308,316

武学 55,308,309,314,316,318

武则天 28,31,98,172

X

西嶋定生　10,11,16,86,267

《熙宁太常祠祭总要》　75,76

祫享　77,109,119,173,238,239,243,246,250,252,253,256-258

先蚕　20,48,52,57,58,60-62,75

先代帝王　14,20,52,57,58,60,62,76,82,274,279

先牧　58,68,72,75

先农　20,48,52,58,60-62,75

先圣　13,18,39,61,211,265,266,269-279,282-284,288,290,291,293,294,310,319,323

先师　13,18,39,61,265,266,269-276,278,279,282-284,288,293,319,323

《显庆礼》　15,24,30,31,48,61,91,93-96,322

乡饮酒礼　10,27-29,270,284-287,307,308,319

详定礼文所　50,54,76,77,103-109,200,205,206,221,230,232,233,245,252,253,255,259,260

小岛毅　15,16,33,78,86,87,97,109,117,264,327,328

孝惠皇后　69,213,221,222,243,250,252

《孝经钩命决》　168

孝明皇后　69,212,213,217,221,222,243,252

孝章皇后　213,217,218,221,222,243,250,252

谢绛　105,184

新城理惠　17,18,20,27,61,207

兴庆宫　65,154,155

兴圣德明庙　186,239,241,242,245

行宫　128-130,132,155,156

徐邈　245,248,259,260

徐铉　289,313

许敬宗　48,61,92-94,234,267,274,287

宣德门　124,141,146-148,157

荀子　167,230,231,283,296,299,301,303,320

Y

牙盘　49,50,226,227,229-231,233,263,264

亚献　52-55,98,99,101,132,202,204-207,277,278,295,310,313,316

颜回　61,268,273-276,278,283,297,303,304,319,320

颜真卿　24,174,202,215,239-242,311

扬雄　283,296,298,300-304,320

阳德观　55,58,78-80

杨杰　75,76,187,221,222,302

杨倩描　16,108,123

养老礼仪　284-287,319

仪仗使　133-136,138,161

《仪礼》　4,41,106,187,237,254,283

议礼局　80,105,121

懿德皇后　213-215,217-222,243,

252

殷盈孙　249
淫祠　22,23,83
尹知章　172,182
尹洙　293,294
荧惑　58,78-80
《永徽令》　45,61,92,274,275
游自勇　18,29,287
有司摄事　12,16,50,52,70,77,78,91,96,97,100-102,104,110,120,123,124,132,156,158,200,202,209,231,246,250-252,257,324
雩祀　62,75,88,89,93-96,101,109,111
雨师　3,21,42,48,57,58,65,71,75,78,82,83,317,326
玉清昭应宫　73,129
御容　15,73
御史台　103,119,134,152,194
元德皇后　127,214-222,243,252
元会　27,139,140,142,143,162
元绛　185,186,244
《元陵仪注》　24-26
圜丘　73,75,87,89,91,93-97,100,101,104,106,107,109,113,121-124,128,130,132,135,136,139,155,184,256
岳镇海渎　52,57,58,60,68,77,91,279,326
《月令》　69,71,92,96,224,231,232,283,311

Z

曾布　121,185,244
曾参　276,278,296,297,303,304
曾巩　141,152
曾肇　109,115,158,189
蜡祭　56,58,62,67,68,75-77
张纯　237,256
张洞　250,251
张方平　150,157,181,317
张商英　117
张师颜　186,243,244
张璪　109,110,116
张昭　135,177,183,184
章怀皇后　221,222,243,250,252
章惠皇后　127,218,219
章穆皇后　217-220,222
章献明肃皇后　127,157,217-222,243,251
章懿皇后　127,217-222,243,251
长孙无忌　52,234,274,275
昭成皇后　68,99,207-209,212-216,219,220,247
昭穆同位　175,178,261,325
昭穆异位　174,175,178
赵抃　119,150
《贞观礼》　5,15,24,30,31,48,59,88,91,93-96,228,258,259,322
正祠　22
郑宣后　208,247,248
郑玄　12,14,31,32,39,40,42,62,70,87,89-95,159,164,167-171,174,

175,178,192,193,208,224,231,238,256,257,259 - 261,264 - 266,274,275,283,324,325,327

郑余庆　23,215,272,273

《政和五礼新仪》　5,8,33,39,47,50,55,56,58,76,78 - 83,121,124,129,148,156,157,206,207,231,233,245,246,265,271,273,304,315,316

郑众　42,274

汁光纪　89,92

致斋　43 - 47,53,65,128 - 131,202,204,295

中霤　58,67,70,75 - 78

终献　52 - 55,202,204,206,207,277,278,295,310,313,316

周公　62,138,163,266,271,273 - 275,277,285,298,300,301,319

《周官新义》　106

《周礼》　3 - 5,24,31,36,39,42,47,54,85,92,93,105,106,109,110,114 - 116,156,187,207,218,230,246,254,266,284,302,322 - 324

周六庙　58,67,72,76,168

周武王　98,208,274,298

朱子奢　170,171,273,274

诸太子庙　52,57,63,64

祝版　41,56,59,60,66,79,81,310

祝文　44,56,60,81,164,279,297,310,326

子思　291,298,303,320

子夏　274,276,278,282,283

紫宸殿　156,157

宗室　40,53 - 55,68,108,127,137,139,195,197 - 207,209 - 211,214 - 216,221,234,236,242,246,247,249,252,261,262,264,325

宗正寺　40,64,73,195,197 - 201,215,233,243,262

左丘明　274,275,283,296,302,303

后　　记

　　这部书稿的基础是我的博士论文《唐宋吉礼变迁研究》,这是我四年新加坡留学生涯结下的果实。我在新加坡的生活寂寞而充实。位于北纬一度上的新加坡素有花园城市的美名,多少游客在圣淘沙、乌节路、滨海湾、牛车水、小印度留下了足迹。其实,只有在新加坡长住过,才知道这里的生活相当乏味。从住处坐着公车前往市中心的路上是一片接一片的组屋和私人公寓,几乎没有什么娱乐设施。长长雨季中时常倾泻而下的雨水,也让人少了很多出去聚会的心情。幸好,这种单调的生活让人有很多时间读书、写论文、沉淀自己。大多数时候,我都待在房间里从事研究,或者在图书馆翻阅各种图书、期刊。如今教学任务、项目申请、学术会议、交际应酬占用了越来越多的时间,令我倍感那段在一年到头都是夏季的新加坡静心当学术宅男的时光是何等珍贵。

　　这本专著最终能够完成,首先要感谢我的导师李焯然老师。九年前,我成为李老师的学生,从此以后,我的每一点进步都离不开李老师的关怀和支持,他的期待是我勇往直前的动力。李老师对我极其宽容,不强求我从事他擅长的明史研究,而是放任我由着自己的兴趣选择研究的时段和题材。当然,在他的门下,我也在一定程度上接受了明史的训练,时至今日,我对明史仍然保持浓厚的兴趣,在研究唐宋礼制的时候,时时留意这些礼制现象在明代的状况,习惯于将研究对象放在更长的时间段里思考。李老师在给我充分的研究空间的同时,也一再告诫我,不宜将博士论文做得太窄,要选择一个宽口径的课题长期经营,作为未来学术生涯的立足点。原本研究隋唐五代史的我在研究时段上所作的延伸,也是出自他的建议和鼓励。在我撰写博士论文期间,他的时时提醒,让我避免了陷入只拉车不看路的困境。李老师不仅指导我的学业,还关心我的个人成长,即便是在我离开新加坡后也是如此。对我来说,他既是我在学术上的导师,也是我的人生榜样,我一直期待自己能成为他那样的人。

其次,我要向金子修一先生致谢。金子先生是中国古代礼制研究最重要的学者,长期在汉唐礼制研究中处于领先地位。无论是早年对汉唐郊祀、宗庙、即位礼仪的梳理,还是后来对唐代皇帝亲祭的挖掘,抑或是最近十年带领青年学者译注《元陵仪注》,都取得了丰硕的业绩。我之所以走上礼制研究的道路,是因为此前读到了金子先生和魏侯玮(Howard J. Wechsler)的论著,让我深感这一领域的魅力和潜力。当初我冒昧地通过电邮联络金子先生,告知我的博士论文题目,他当即回信表示鼓励,此后就有了在北京首都机场的初次相见。后来,为了收集日本学者研究唐宋礼制的论文、专著,我有了利用国大提供的出访经费去一趟日本的想法,金子先生一手促成了这次收获颇丰的学术旅行。他在东京热情接待了我,并介绍我结识相关领域的日本学者。他一直视我为自己的学生,给过我很多宝贵的建议。我毕业后,他每次来上海,必然会找我一起吃饭聊天;当我去东京开会、讲演时,他都会前来为我鼓劲并且发表高见。

我的日本访学计划能够顺利进行,还要感谢平势隆郎先生、江川式部女士、孙正军博士的大力帮助。平势先生不但为我预定了东京大学附近的旅馆,而且将我收为东洋文化研究所外国人研究员,让我可以充分使用东大各图书馆的藏书。尽管当时东文研的图书馆刚刚完成防震加固,无法提供阅览服务,但是我在综合图书馆、文学部图书馆、法学部图书馆和经济学部图书馆畅行无阻,甚至可以进入书库翻检藏书,收集了很多与我的研究密切相关的论著。作为从事唐代礼制研究的同行,江川女士与我有过很多交流,得益于她为我提供的目录,逗留东京期间,我在资料收集的顺利程度上远远超过了预期。当时正在京都大学留学的孙正军为我预定了京大会馆的房间,并到京都站来接我,还帮我复印了在东京未能找到的几篇论文。

多年来,妹尾达彦、渡边信一郎先生一直关心我,激励我的研究。妹尾先生的隋唐长安研究久负盛名,他的论文《唐长安城的礼仪空间——以皇帝礼仪的舞台为中心》更是对我有很深的影响，促使我留意礼制中的空间因素。"东京与京都之外"的渡边先生独树一帜，在汉唐间的生产方式、社会形态、帝国结构特质的研究上成绩突出，他对元会礼仪、郊祀礼仪、乐制的研究给予我很多启迪和灵感。在此向二位先生致以诚挚的谢意。

陈学霖先生曾经给过我很多教诲。陈先生在宋、辽、金、元、明史的研究中有很高的成就，我最初是在陈先生来国大中文系访问时有幸认识他的，还和好友杨军一起跟他共进早餐。此后，我一直与他有联系，时常向他请教，他在博士论文的写作和修改上向我提供了很多建议。斯人已逝，对于陈先生，我除了感谢，更多的是怀念，还有未能让他看到拙著出版的遗憾。

苏瑞隆老师、王昌伟老师是我的博士论文指导小组成员，他们给过我的帮助也是不能忘怀的。苏老师随和，王老师严肃，两人的个性不一样，但是都对学术充满热忱。苏老师经常询问我的论文进展，并用心为我辅导道教知识，我经常到他的办公室找他聊天，如沐春风。毕业前夕，他还在教授餐厅请我吃饭，为我饯行。王老师则经常问我："你的论文有哪些创见？是否可以让我们重新思考某个重大问题？"他的逼问让我不敢懈怠、努力求新，现在我早已经习惯于用他的这句口头禅来追问自己的每项研究是否有价值。

感谢在我求学北大期间向我传道、授业的老师。硕士导师王小甫老师给我打下了扎实的基础，他的敬业、正直始终感染着我。我也很庆幸，在自己刚刚入门之际，可以在阎步克老师、邓小南老师、荣新江老师这些如此优秀的学者身边成长。在我撰写博士论文期间，邓老师正好来新加坡开会，通过与她的交谈，我坚定了自己的论点。

国大图书馆丰富的图书资源、高效的馆际互借和文献传递系统，使我受益良多，尤其是要谢谢中文图书馆（建制上包括日文图书组）的诸位职员。我在就读期间提过很多购书请求，两任馆长李金生先生、沈俊平先生都一一满足。张莱英女士将中文图书馆的阅览室管理得井井有条，我几乎每天都去那里读书。负责日文图书采购和编目的谭惠芳女士也时常给我各种帮助。

如果没有刘增娇、吴旭晟和杨军这些朋友，我在新加坡的日子会黯淡很多。旭晟、增娇夫妇是我最好的朋友，我是他们家的常客，四年里，有两个除夕我是与他们一起度过的。网球场上，我和旭晟经常一起切磋球艺。如今旭晟已经离开我们两年多了，希望他在另一个世界安好。杨军善良、仗义，每当我遇到困难，总会热情相助。我们经常在看了一下午的书后，相约去文学院、工学院、商学院或 YIH 的食堂吃晚饭、交流心得。相片会发黄，但是与他们的真挚情谊在我心中不曾褪色。

博士毕业后，我回国入职复旦大学。感谢文史研究院两任院长葛兆光老师、杨志刚老师为我创造了宽松的研究氛围。葛老师致力于推动新的研究方向，在他的影响下，除了修改博士论文外，我还将自己的兴趣和院里的方向结合起来，开始研究宾礼，目前此项研究已经步入正轨。杨老师是礼制研究的前辈，他的专著《中国礼仪制度研究》影响过很多人，他一直关注我的研究，如今同在文史研究院，我可以时常向他请教。

近年来，礼制研究进展很快，相关论著层出不穷，幸好我可以利用外出访学的机会，收集境外发表的研究成果。感谢黄进兴先生、李孝悌先生的盛情接待，我在访问史语所期间收获颇丰。黄先生的孔庙研究享有盛誉，他对中国古代孔庙祭祀制度、儒教之宗教性质的探索，使我受益无穷。近年来因为机缘巧合，在上海，在台北，我有很多机会向他请益。黄先生对我非常关心，多次赠予图书，并将他的研究经验与我分享，他的鼓励和肯定让我倍感温暖。李先生是文史研究院的学术委员，多次接触让我与他熟稔起来，当得知我想去史语所访问时，便一口答应做我的邀请人，实现了我的夙愿。他的明清城市文化研究别开生面，让我对城市史研究始终怀有浓厚的兴趣、探索的欲望，我希望将来自己的礼制研究更多地从城市史的角度切入。

感谢羽田正先生、古濑奈津子女士、阿部幸信先生的邀请，我得以在近些年又三次赴日交流，进一步了解日本学界的学术动态。羽田先生家世显赫，学问气象宏大，但却非常随和，对年轻人大力提携。承蒙他的邀请和关照，我再次造访了东京大学，在银杏飘坠的季节度过了无比充实的四十天。古濑女士长于日本古代礼制、日唐礼制比较研究，她的研究启发我从更广阔的视域来理解中国古代礼制。古濑女士对我的研究多有鼓励和关注,并邀请我参加她组织的研讨会,一起探讨东亚礼制,为我与日本及台湾地区的同行的交流提供了极好的平台。阿部先生是我近年来结识进而交往甚密的一位好朋友,他为学才思敏捷,为人真诚热情。除了受邀赴日参会外,他还曾经带我在镰仓、横滨、国立、八王子游览。特别有幸的是,我曾经住在他家喜迎新年,此情此景至今难忘。

我还要向高明士、田浩(Hoyt Tillman)、邢义田、夫马进、气贺泽保规、吴丽娱、李星明、平田茂树、松本保宣、吾妻重二、甘怀真、陈俊强、小寺敦、佐川英治、大野公贺、金子由纪、盐卓悟、张文昌、杨俊峰、廖宜方、翁育瑄、郑雅如、何淑宜、许雅惠、叶炜、雷闻、余欣、董少新、安部聪一郎、山口智哉、高柯立、王安泰、游自勇、徐冲、方诚峰、陈波、仇鹿鸣、陈侃理、刘欣宁、游逸飞、梶山智史、速水大、申斌、严茹蕙等师友致谢,他们或是赠送论著,或是予以勉励,或是邀请与会,或是分享信息,或是提供其他形式的帮助,盛情可感,谨志于此。

书稿中的很多章节,此前以单篇论文的形式发表于海峡两岸的期刊上。在我投稿的过程中,这些期刊不但慷慨提供版面、精心进行编校,而且在审稿过程中转来匿名审稿人提供的审稿意见、修改建议,这些对论文品质的提升甚是关键,我深受其益。作为这些论文进一步修订、整合的成果,这部专著眼下即将出版,不能忘了向这些期刊谨致谢忱。

最后,我要感谢家人的支持和包容,特别是妻子陈姣姣的陪伴和付出,是她的照顾和督促让我过上了更为健康的生活,也因为她的鼓励和宽慰,让我更加从容地面对困难和挫折,倍感家的温暖。